はじめに

「おいしい魚が手に入らなくなった」
「魚を自分でさばきたいけれど、どうしたらいいのかわからない」
魚のおろし方や料理の方法を学べる
「築地お魚くらぶ」を始めるきっかけになったのは、
私を支えてくれる大切な人達の声でした。
「習うより慣れろ！」が鉄則ではありますが、
慣れようにも、日常的に魚をおろして料理することは
年々難しくなってきています。
それでも、自分でおろした魚を料理するという経験を一度でもしてみると、
「またやってみたい」と思うのが魚の魅力です。
魚のおろし方はいろいろあり、「これが正解」というものはありません。
料理に頭を使いたければ頭側に身を多くつけて落とし、
身崩れしやすい魚なら、できるだけ触らず動かさずおろしたりもします。
用途によって包丁を入れる順番が変わりますし、
この本で紹介するおろし方はその一例にすぎません。
ただ、魚をおろすことは、そもそもそれほど難しいことではありません。
本の通りに事細かな手順に沿っていけば、必ずできるはずです。
この本をきっかけに、
一人でも多くの方が、本当においしい魚に出会えますように。

島津 修

目次

本書の使い方

●本書は原則として、魚類とその他の魚介類に分け、それぞれ五十音順に紹介しています。
●名称は一般的に使用されている標準和名を表記。［分類］は生物学上の分類、［別名］は地域別の呼び方から数例を選び、［産地］は築地市場への入荷量が多い地域を掲載しています。［旬］に関しては、その魚介類が最もおいしくなる時期を記載。しかし近年、気候や海の環境変化による魚介類への影響、船の性能や鮮度管理技術の向上によって遠方での漁や名産地以外での流通が可能となるなど、旬の捉え方が変わってきています。ここで示す時期はあくまでも目安としてください。
●「三枚おろし」「大名おろし」にした身は、魚の頭を左に、腹を手前にして置いたとき、上になる側の身を「上身（うわみ）」、下側になる身を「下身（したみ）」と呼びます。しかし、おろした身から腹骨、小骨（血合い骨）などを取り除いた正味の身「上身（じょうみ）」と混同されやすいため、本誌では上身（うわみ）を「上側の身」、下身を「下側の身」、上身（じょうみ）を「上身」と表記しています。

【材料表について】

●計量単位は、小さじ1＝5㎖、大さじ1＝15㎖、1カップ＝200㎖、米1合＝180㎖です。1㎖＝1㏄です。
●カッコ内の人数は、でき上がりのおおよその分量です。少量では作りにくい料理などは、（作りやすい分量）としてあります。
●適量は好みで加減してちょうどよい量を入れる、適宜は好みで入れなくてもよい、という意味です。
●特別に表記がない場合、しょうゆは濃口しょうゆ、砂糖は上白糖、酒は日本酒、みりんは本みりん、酢は米酢、こしょうは白こしょうを使っています。塩は天然のにがりを含む塩をおすすめします。オリーブ油は、エクストラ・ヴァージン・オリーブ油です。
●昆布だしは、鍋に水1ℓと昆布10～15gを入れて30分おき、そこから中火にかけて沸騰直前で昆布を取り出したもの。だしは、昆布だしを再加熱し、沸騰させてアクを取り、火を止めて削り節20gを加え、削り節が軽く沈むまで1～2分おいて、厚手のキッチンペーパーを敷いたざるでこしたもの。でき上がった昆布だし、だしは、冷蔵庫で2～3日保存可能です。

【作り方について】

●野菜類などは、特に表記がない場合、洗う、皮をむくなどの作業をすませてからの手順を説明しています。
●フライパンは、原則としてフッ素樹脂加工のものを使用しています。
●火加減は、特に表記のないものは中火で調理してください。
●鍋やコンロ、魚焼きグリルにはそれぞれくせや特徴があるので、火加減や加熱時間は状態を見ながら調整してください。
●オーブンは機種によって加熱温度、加熱時間、焼き上がりが異なります。表記の時間を目安に、様子を見ながら調整してください。
●調味料は製品によって食味に違いがあるので、必ず味見をして仕上げてください。
●「振り塩」は、塩を薄く振りかけて時間をおくこと。素材に塩味を付ける他、余分な水分を抜き、身を引き締め、臭みを抜く効果があります。塩の量は素材の重さの2～3％を目安とし、素材の20～30㎝上から全体に薄くむらなく振ります。おく時間は各作り方にある設定時間を目安としてください。
●でき上がり写真は盛りつけ例です。材料の分量と異なることがあるのでご注意ください。

第一章 魚をおろす基礎知識

魚の部位と構造を知る

魚の部位や構造は、大きさや姿形などが違っても基本的には同じ。頭から尾までをつなぐまっすぐな背骨、そこから上下に中骨が伸び、その先に背びれ、腹びれ、尻びれの各ひれ骨があります。さらに、中骨とは90度の向きに背骨から短い小骨が突き出し、腹側には内臓を守る腹骨があります。この構造を覚えておくことで、おろす手順が理解しやすくなるはずです。

魚の表と裏

頭を左、腹を手前にして置いたとき、上になる面が表（表身）、下になる面が裏（裏身）になります。尾頭付きで盛り付ける際はこの形が定番。調理中も表と裏を意識して作業を進めます。焼き魚に打つ串は表に出ないようにし、飾りにもなる切り目は表に入れます。ただし、かれいだけは例外で、頭を右にしたときに上になる面が表になります。

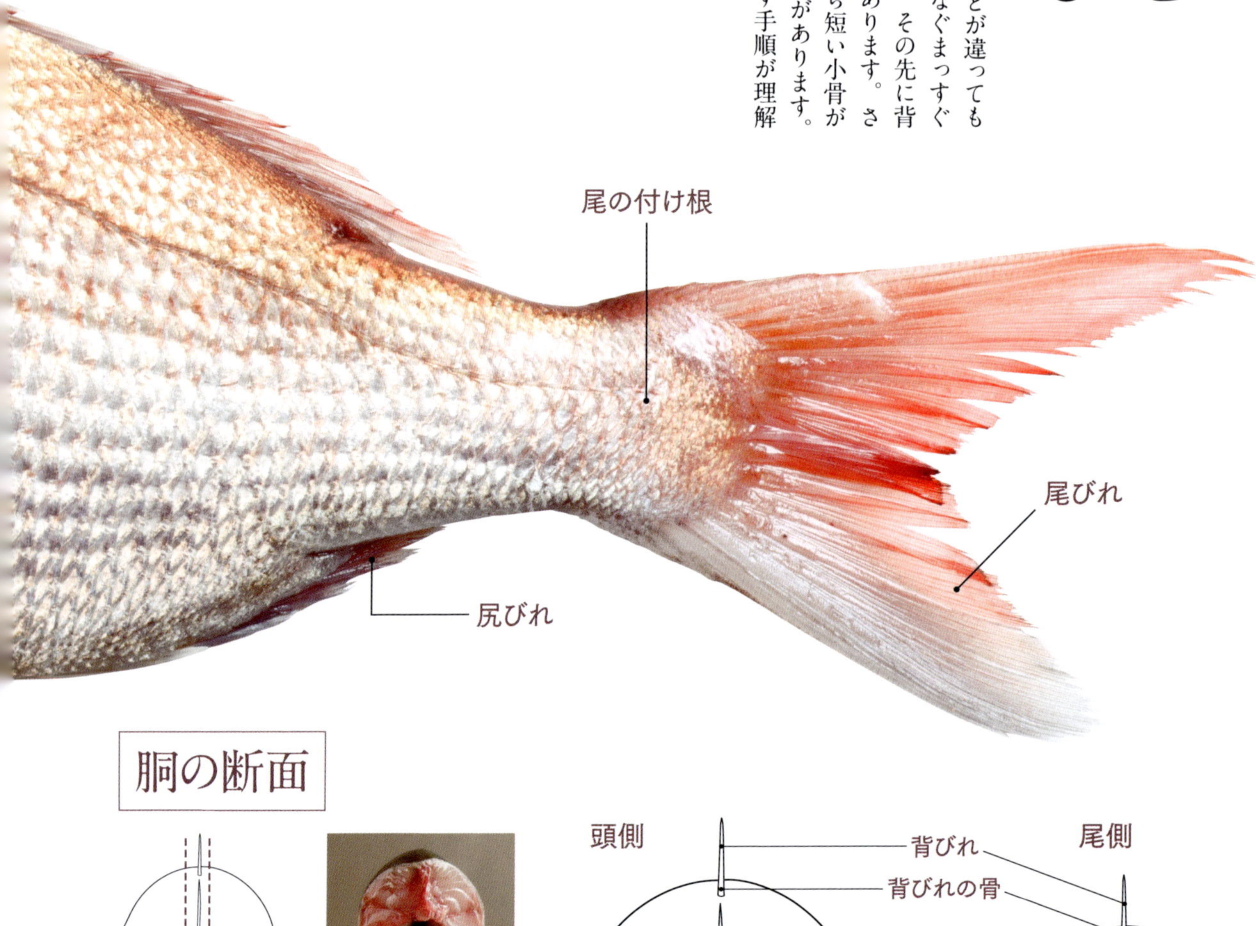

尾の付け根
尾びれ
尻びれ

胴の断面

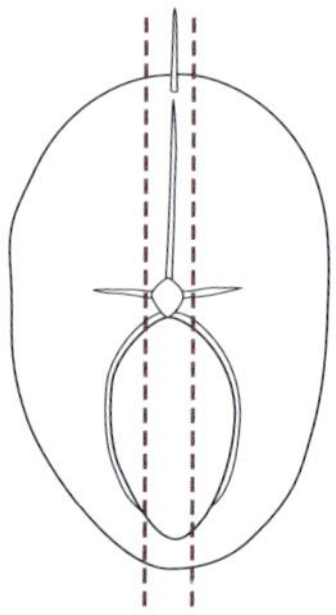

背骨と中骨を合わせた1枚の板のような骨部分から、両側の身をはずしたものが「三枚おろし」、片側だけをはずしたものが「二枚おろし」になります。

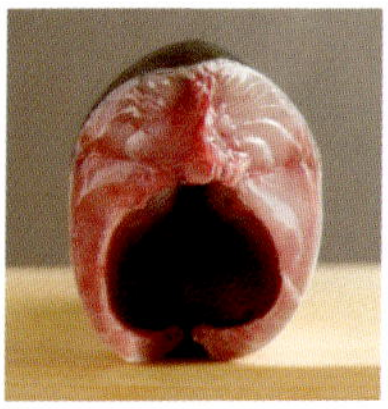

三枚おろし

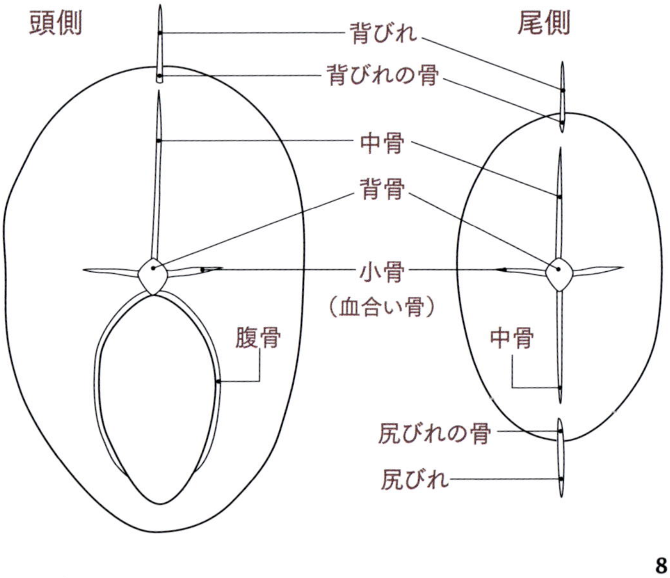

頭側
尾側
背びれ
背びれの骨
中骨
背骨
小骨
（血合い骨）
腹骨
中骨
尻びれの骨
尻びれ

部位の名称

頭

武士の兜に由来し、「かぶと」とも呼ぶ。たいやあまだいなどは、かまを付けて切り落とし、焼き物、煮物、蒸し物にする。

えら蓋

骨質の薄い板の部分。開くと、内部にえらがある。尾頭付きで使う場合は、ここから包丁を入れてえらを切り取る。えらは傷みが早く生臭さのもとにもなるので、下処理で取り除く。

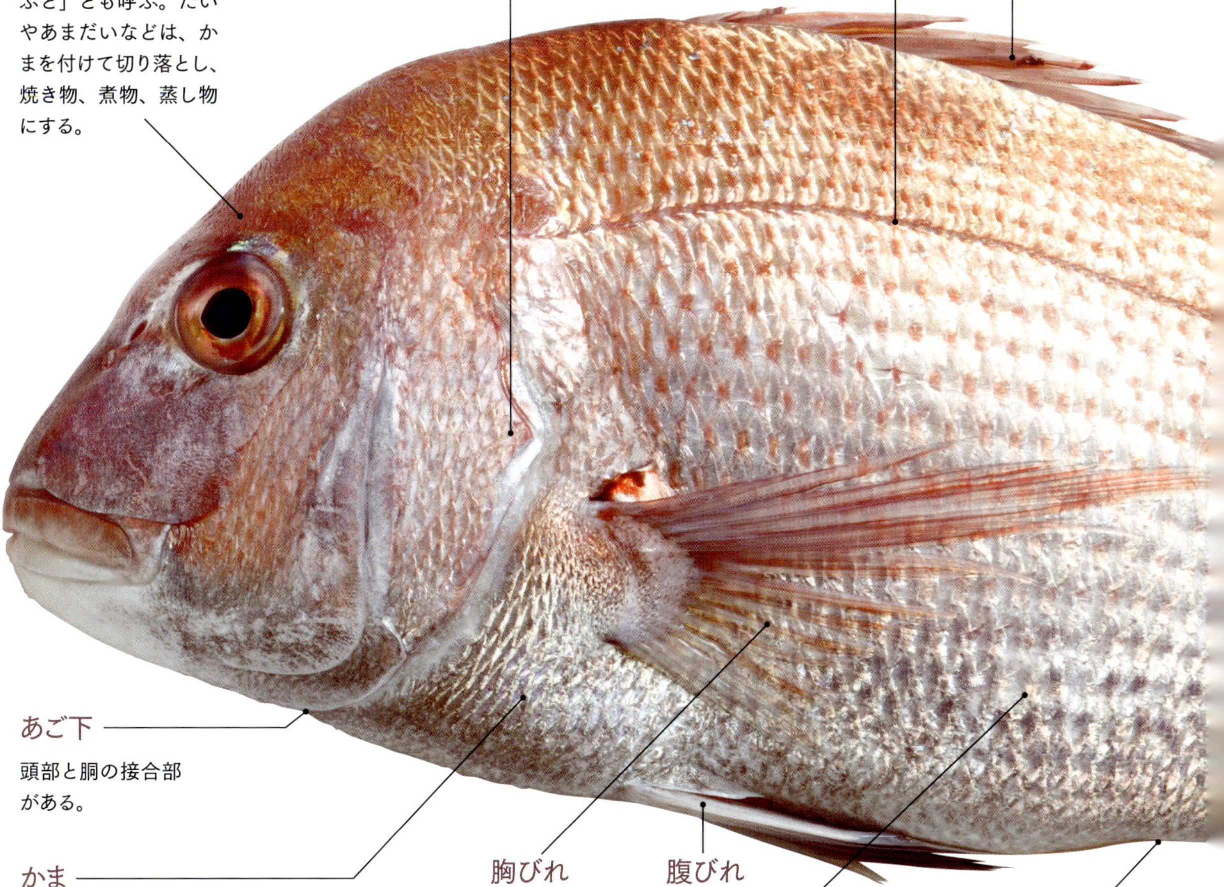
側線
背びれ
胸びれ
腹びれ

あご下

頭部と胴の接合部がある。

かま

えら下の、頭の骨と背骨の接合部辺りから腹びれの中央部辺りの部位。運動量が多いため、身はきめが細かく締まっていながら脂がよくのっている。切り取った形が鎌に似ていることから名付けられた。

腹(内臓)

腹骨で囲まれた部分。「はらわた」とも呼ばれる内臓は、腹膜に覆われている。おろすときは、背骨裏にある血わたも取り除く。

肛門

内臓を取り除くときは、ここまで包丁を入れる。

骨の構造と名称

＊小骨(血合い骨)は、中骨とは90度の向きで背骨から突起状に出ている。

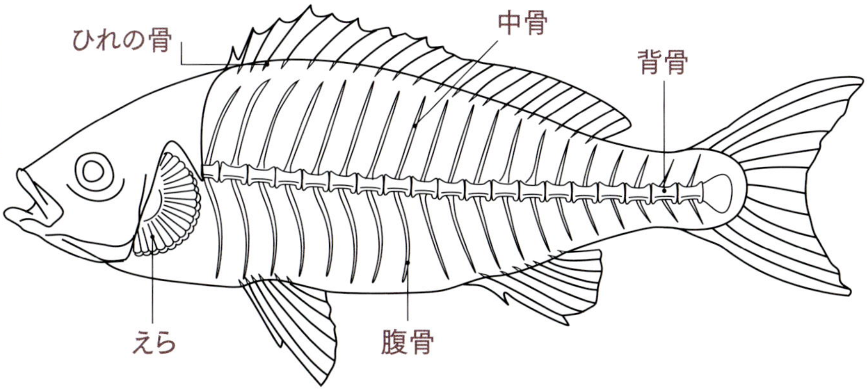
ひれの骨
中骨
背骨
えら
腹骨

包丁を知る

魚をおろす上で、最も重要な道具が包丁です。包丁をどのように持って、どこを使って切るかで、作業にかかる時間と仕上がりは随分違ってきます。包丁について知ることは、魚を上手におろすための第一歩です。

和包丁と洋包丁

日本で使われている包丁は、日本刀が原形とされる「和包丁」と、明治時代以降に輸入された「洋包丁」に大別されます。この2種の包丁の大きな違いは刃の付き方。和包丁（一部は除く）は片方だけに刃が付いている「片刃」。洋包丁は左右両方に刃がある「両刃」になっています。魚をおろす際は、それぞれの特徴を生かして使い分けます。

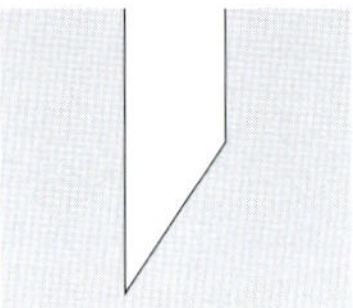

片刃

切ったときに断面の組織が壊れにくい。まっすぐ切り下ろすと刃先がやや左にくい込むので、切ったものが離れやすく、スムーズに切り進められる。

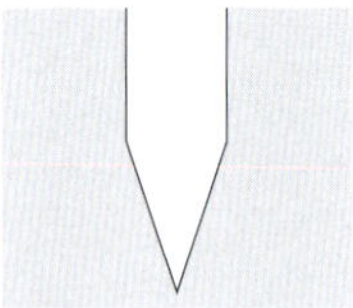

両刃

両側から同じ角度で刃が付いているため、垂直にまっすぐ切り下ろせる。肉や魚、野菜から豆腐まで、あらゆる食材を1本で切ることができる。

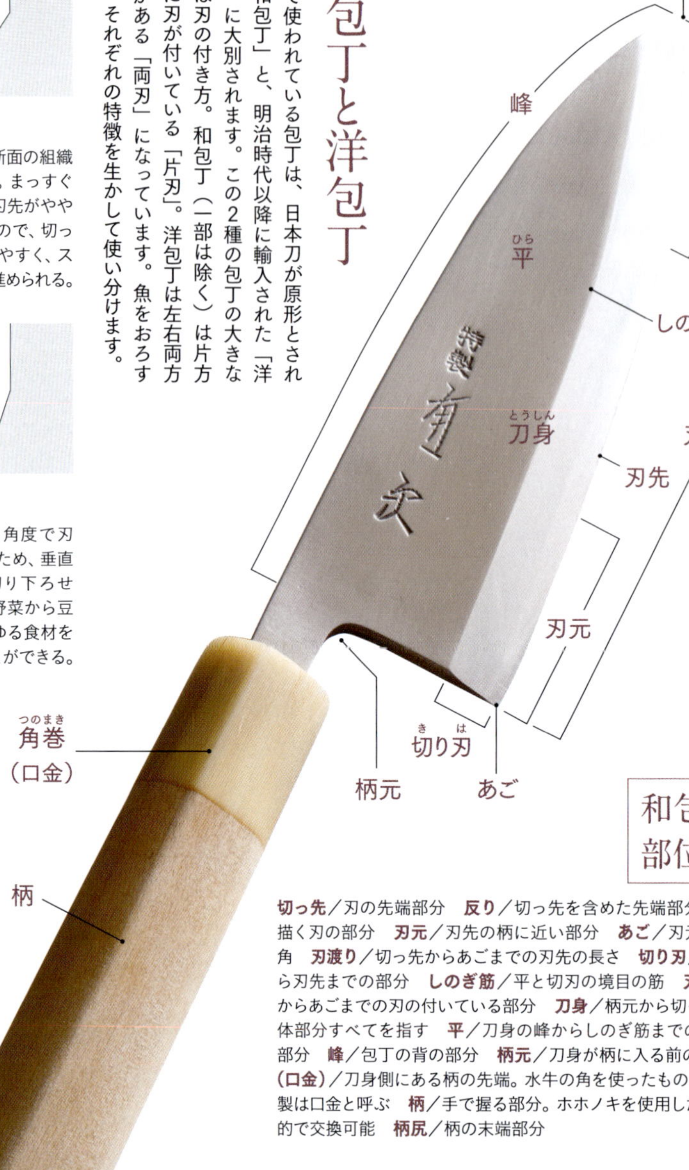

切《き》っ先《さき》
峰
反り
平《ひら》
しのぎ筋
特製
有次
刀身《とうしん》
刃渡り
刃先
刃元
切《き》り刃《は》
柄元
あご
角巻《つのまき》
（口金）
柄
柄尻

和包丁の部位名称

切っ先／刃の先端部分　**反り**／切っ先を含めた先端部分のカーブを描く刃の部分　**刃元**／刃先の柄に近い部分　**あご**／刃元にある刃の角　**刃渡り**／切っ先からあごまでの刃先の長さ　**切り刃**／しのぎ筋から刃先までの部分　**しのぎ筋**／平と切刃の境目の筋　**刃先**／切っ先からあごまでの刃の付いている部分　**刀身**／柄元から切っ先までの本体部分すべてを指す　**平**／刀身の峰からしのぎ筋までの平らな面の部分　**峰**／包丁の背の部分　**柄元**／刀身が柄に入る前の部分　**角巻（口金）**／刀身側にある柄の先端。水牛の角を使ったものを角巻、金属製は口金と呼ぶ　**柄**／手で握る部分。ホホノキを使用したものが一般的で交換可能　**柄尻**／柄の末端部分

魚をおろすために用意したい包丁

家庭で魚をおろす際に必要な包丁は、出刃包丁と牛刀（または三徳包丁）、柳刃包丁の3本。下ごしらえには出刃包丁と牛刀を、きれいな刺身を作るためには、柳刃包丁を使います。

柳刃《やなぎば》包丁

切り口の美しい、きれいな刺身を作るためには必須の和包丁。薄く長い刃先全体を使ってスーッと一度引くだけで、身の繊維を崩さずに切れる。

牛刀《ぎゅうとう》

本来は肉を切る両刃の洋包丁だが、小型の魚ならおろせる。切っ先が細いので、腹骨の付け根をはずしてそぎ取るなどの細かい作業にも使える。

出刃《でば》包丁

魚をおろすための基本の和包丁。うろこを取る、三枚におろすなど、主に下ごしらえに使う。峰が厚く重みがあるので、硬い骨を叩き切るときにも重宝する。

持ち方の基本

包丁の持ち方は「この場合はこの持ち方」と決まっているわけではなく、基本の持ち方を状況に合わせて臨機応変に使い分けていくことが大切です。

包丁は軽く握り、腕の延長線上になるように持つ。柄を強く握りしめると、余分な力が入って包丁がコントロールしにくくなる。

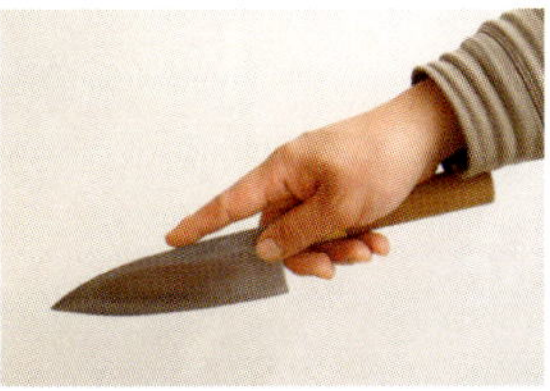

指差し型

包丁の柄元に中指をかけて柄を持ち、人差し指を峰にのせる。刃のブレを抑え、人差し指の動きが刃先全体に確実に伝わり、正確かつ繊細な切り方ができる。

握り型

親指、人差し指で柄を挟むように持ち、残りの指は柄を包むように添える。力まずに握れていれば、手のひらと柄の間に隙間できる。押し切りや切り落としなどに便利。

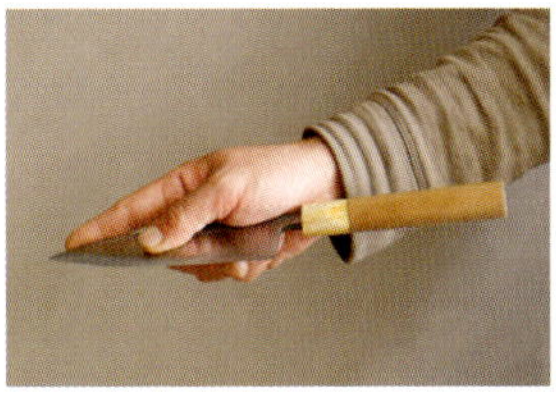

押さえ型

親指を包丁のしのぎ筋に当て、人差し指を伸ばして峰にのせる。刃の長さを短くして安定させる。小さなものをおろすときなどに使う。

逆さ包丁

包丁の刃先を上に向けたり外側に向けてねかせて使う。人差し指を平に当てて刃を安定させる。腹骨の付け根をはずす、腹を開くなど、下ごしらえによく用いる。

構え方の基本

包丁をスムーズに動かすためには、まな板との距離や立ち方も重要です。正しい構え方ができれば、余分な力を使わなくなるので疲れにくくなります。

まな板の正面に両足を肩幅くらいに開いて自然に立つ。まな板の高さは、へその位置または少し低めがよい。調整は両足の間隔で行う（開けば低く、閉じれば高くなる）。

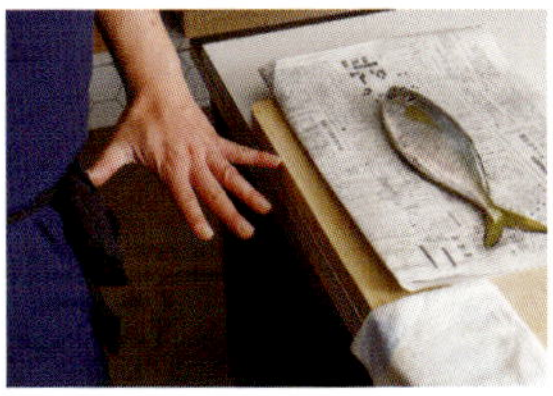

立ち位置

まな板からの距離は20cm程。開いた手のひらひとつ分が目安。このくらい離れると腕を自由に動かせ、包丁を十分に引くことができる。

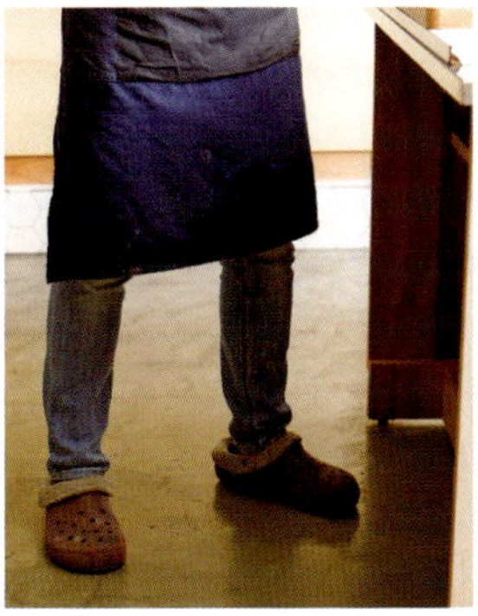

足元

左足を軸にして、右足を半歩後ろに引き、まな板に対して体を斜めに開く。斜めに構えて立つと、包丁の刃先から肘がまっすぐになり、腕が体にぶつからず前後に大きく動かせる。

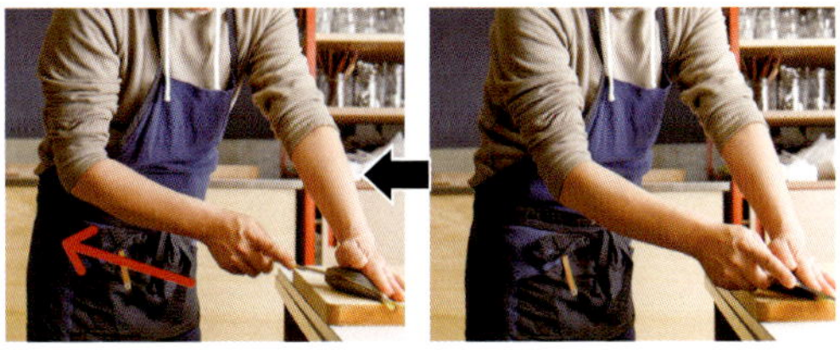

腕の動き

包丁を引いて切るときには、脇をしめて肘の角度を変えないまま後ろに引く。

揃えたい道具

包丁だけでは難しい作業も、専用の道具があればはかどります。

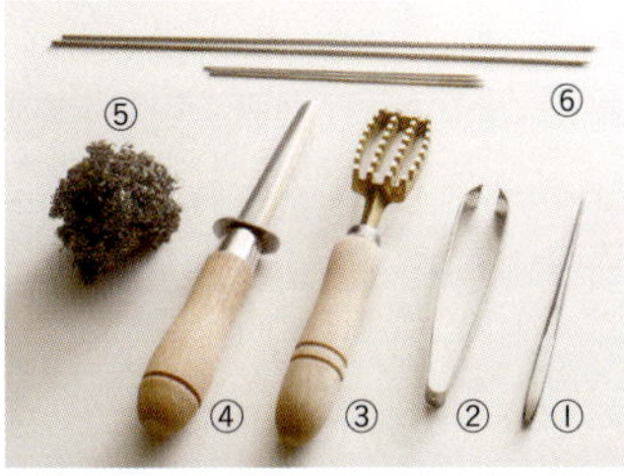

①**目打ち**／あなごやうなぎなど、細長い魚をおろす際、頭に打ち込んでまな板に固定する。T字型になったものもある。②**骨抜き**／小骨などを1本ずつ引き抜く際に用いる。③**うろこ引き**／うろこを取るための道具。金属の凹凸にうろこを引っかけて落とす。硬いうろこを取るときに便利。④**貝むき**／二枚貝の殻をこじ開けるための道具。「貝割り」とも呼ばれる。ほとんどの貝に使える万能タイプ（写真）の他、かきや帆立貝など殻の形に合わせた専用のものもある。⑤**金たわし**／あいなめやひらめなどの細かくて硬いうろこを取り除くとき使う。研磨剤の入っていないものを選ぶ。⑥**金串（丸串）**／魚を焼くときに使う銅製、ステンレス製の串。串打ちをすると見栄えよく焼き上がり、直火にかけることもできる。上の金串は長さ45cm、下は15cm。

包丁の手入れ

包丁の切れ味は、味や食感、仕上がりの美しさに大きく影響します。包丁は使い終わった後の手入れが大切。正しい手入れ方法を知って丁寧に扱えば、切り味を保ちながら、長く愛用することができます。

日常の手入れ

毎日使う包丁は、洗剤で汚れを落とし、きれいにすすぐ。すぐに水気を拭き取り、十分に乾かしてから湿気のない場所で保管する。

洗う

1 食器用洗剤を含ませたスポンジで、まず峰側を洗う。スポンジを半分に折って**峰側から包丁を挟み、前後にこすって洗う。**

2 包丁の向きを変えて刃側をスポンジで挟み、**峰側から刃先に向かってこする。**反り、中央、刃元と3回位に分けて洗う。**1**の峰側のように、**スポンジを前後に動かさないこと。**手に持って洗うのが怖ければ、まな板に刃の部分のみを平らに置いて洗うとよい。

3 柄元は汚れが入りやすいので、丁寧に洗う。

4 柄の部分も意外と汚れているので、しっかり洗う。柄尻も忘れずに。全体を洗い終えたら水でよくすすぐ。

拭く

1 洗い終わったら、すぐに清潔な布巾で水気を拭き取る。このときも刃に注意し、**峰側から挟んで前後に拭く。**水気は一滴残さず拭き取る。

2 柄元やあご部分などは特に水気が残りやすいので、丁寧に拭き取る。

3 布巾で水気を拭き取った後に、**新聞紙で再度拭いて湿気を取り除く。**この場合も、峰側から挟む。

磨く

乾いた新聞紙で包丁の両面を磨く。新聞紙のインクが艶出しとさび止めになる。

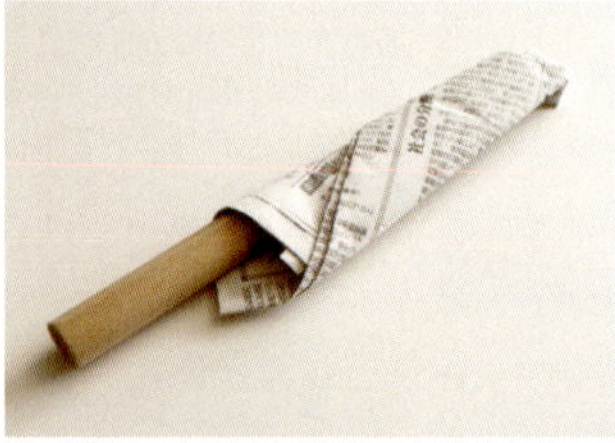

保管

しばらく使わないときは、新聞紙で包み、湿気のない場所に保管する。新聞紙は通気性があり、インクがさび止めにもなる。

まな板の手入れ

木製、プラスチック製共に、食器用洗剤を付けたスポンジやたわしで両面と側面をこすり洗いする。よくすすいで水気を拭き取り、風通しのよい所に立てて乾かす。

研ぐ（出刃包丁）

包丁の切れ味が鈍ってきたら、砥石を使って研ぐと切れ味がよくなる。余分な力を抜き、砥石全体を使って大きく研ぐ。砥石に刃先をピタリと当ててリズミカルに滑らせれば、自然に研ぐことができる。包丁研ぎは、難しいことではない。

砥石の準備

1 砥石には粒子の違いで荒砥、中砥、仕上げ砥があるが、一般家庭なら中砥があればよい。砥石は使う前に水に浸けて十分に水分を含ませる。浸ける時間は、**砥石から気泡が出なくなるまで、15～30分**。

2 砥石を水から取り出し、滑り止め用の固く絞った濡れ布巾の上に縦向きに置く。

表面を研ぐ

刃のある面（包丁の表面）から研ぐ。刃先を左にして砥石に当てる。このとき、刃先が砥石に対して斜め45度ぐらいになるように置く。この角度だと、柄を持つ右手が前方にまっすぐ動かしやすくなる。刃は、反り、中央、刃元の順に研ぐ。

1 **反りを研ぐ。**反りを砥石の右下に当て、左の人差し指、中指で押さえて、刃についている自然な角度に合わせて砥石に密着させる。そのままの角度を保ち、向こう側へまっすぐ押し出し、そのまま戻す。リズミカルに7～8回繰り返す。

POINT

刃の角度に合わせると、峰側が少し浮く。指を当てる位置は、表面のしのぎ筋を意識するとよい。

2 **中央を研ぐ。**指を中央部にずらし、同様に研ぐ。砥石には時々水を振り、常に濡れている状態で研ぐ。

3 **刃元を研ぐ。**あごまで丁寧に研ぐ。

裏面を研ぐ

1 削られた細かい鋼が刃先についてできる「かえり（まくれ）」を落とすために裏面を研ぐ。包丁を裏返して砥石にぴたりと当て、反りから刃元まで表面と同じ要領で2～3回ずつ研ぐ。

2 刃元の裏を研ぐときは、柄が砥石に当たらないように、刃を真横にして研ぐ。

水気を拭き取る

表裏共に研ぎ終わったら、日常の手入れと同じ要領で洗い、水気を拭き取って保管する。

おろし方の基本

魚のおいしさの鍵は鮮度にあり。鮮度を損なわないためにするのが下ごしらえであり、料理に応じた身の仕立てです。「魚をおろす」とは、傷みやすい部位を除き、骨から身をはずすことで、この作業はすべての魚に共通します。実際に魚を触る前に、おろし方の基本を把握しておきましょう。

作業台の準備

作業台に洗って水気を拭き取ったまな板を置き、その上に新聞紙を敷いて魚を置く。まな板は乾いていると魚の臭いや血が染み込みやすいので、濡らした状態で使う。魚の位置は、真正面ではなく、利き手の右側の前に置くと包丁が入れやすい。まな板の右下に、包丁の汚れを拭うための軽く絞った厚手のキッチンペーパーを置く。包丁はまな板の向こう側に、刃先を外に向けて置く。

包丁に付いた汚れは、キッチンペーパーを置いたまな板の角を利用して拭い取る。一辺を使い切ったら、キッチンペーパーを90度回し、きれいな辺を手前にする。

魚の扱い方

手のひらで身や腹の部分を触っていると手の温度で魚が傷むので、頭あるいは尾を持つようにする。頭は、目の脇の硬い部分を持つと安定する。

おろした身から腹骨、小骨を取り除いた正味の身を、上身(じょうみ)と呼ぶ。

魚をおろす流れ

下処理

うろこを取って、えらや内臓を取り除き(用途によっては頭を落とす)、きれいに洗って、水気をしっかり拭き取るまでの作業。「水洗い」とも呼ぶ。

うろこを取る

表面に付着している汚れや雑菌が身に付くのを防ぐため、また、堅いうろこが付いていると包丁が入りにくく、食べたときに口当たりが悪くなるため、うろこは最初にきれいに取り除く。

頭を落とす

尾頭付きの焼き物や煮物など以外、ほとんどの場合頭を落とす。落とし方は、頭を料理に使うか使わないかで変わってくる。

えら、内臓を取り除く

魚の鮮度を保つため、雑菌が多く、腐りやすい部位であるえらと内臓を取り除く。さらに、背骨の裏にある血わたも除く。えら、内臓の取り方は、調理用途によって違ってくる。

洗う

真水で表面、腹の中の汚れや残ったうろこなどを洗い落とす。ここではサッと流す程度にする。長時間水にさらすと、身が水を含んでしまい、魚本来の旨味が失われてしまう。

拭く

水気を素早く拭き取る。水気は傷みの原因となるので、完全に拭き取る。これ以後、原則として魚は水で洗わない。血わたなどで汚れた場合は、キッチンペーパーで拭き取る。

包丁・まな板を洗う

身をおろす

おろし方にはいろいろあるが、いずれも1枚の板状の骨から身をはずすことは同じ。基本を覚えてしまえば、魚の種類や調理法に応じて使い分ければよい。

包丁・まな板を洗う

腹骨・小骨(血合い骨)を取る 皮を取る

用途に合わせて、おろした身に残る腹骨、小骨を取り除く。皮をはがすことを「皮を引く」とも言う。刺身にする場合、ほとんどの魚は皮を取り除く。

まな板を拭く

身を切り分ける

焼き物、煮物、刺身など、調理の内容に応じておろし身を切り分ける。

買ってきたら

すぐに調理をしない場合は、全体をキッチンペーパーでくるんで、ラップで空気が入らないように包み、購入時に入っていたトレイまたは尾の付け根まで入るバットにのせて、使うまで冷蔵庫で保存する。**調理が翌日になる場合は、下処理を済ませておく。**

おろす前に

流水(水道水)で表面の汚れやぬめりをきれいに洗い流す。魚、特に海水魚には腸炎ビブリオなどの好塩菌が付いている可能性があるので、**水道水(真水)でしっかり洗う**ことが肝要。これは魚をおろす前の必須作業。

基本のおろし方

三枚おろし

三枚おろしができれば、ほとんどの魚がおろせるようになる。三枚とは、背骨の両側の身2枚と骨の部分1枚を合わせた数。身に骨を残したくないときに用いるおろし方。「腹→背→背→腹」の順で包丁を入れていくのが基本となる。

腹身
腹骨
背身
上側の身
背骨
中骨
背身
腹骨
腹身
下側の身

大名おろし

頭側から背骨の上に包丁を入れ、そのまま尾の付け根まで背骨に沿って一気に身をはずす方法。骨に身が残りやすく贅沢なので、この名で呼ばれる。主に、小ぶりで身幅の細い魚に用いる。

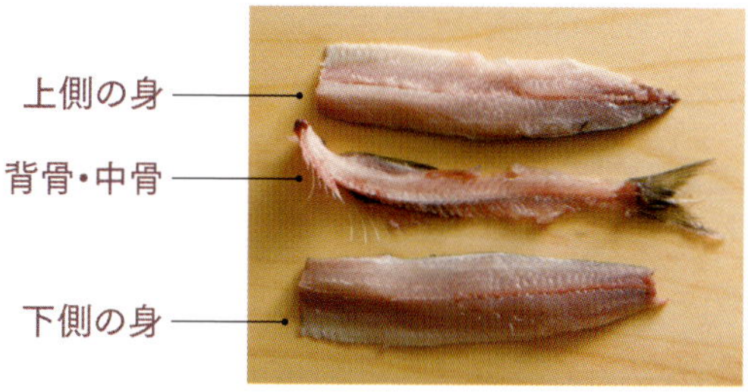
上側の身
背骨・中骨
下側の身

二枚おろし

切り離した上側の身と、骨の付いた下側の身の2枚にする方法。三枚おろしで、片身をおろしたところで包丁を置いた状態。焼き魚、煮魚など、骨の旨味を利用した料理に用いられる。

五枚おろし

かれいやひらめ、まながつおなど、平らで身幅の広い魚をおろす方法。上側の身と下側の身を、それぞれ背骨を境に背側、腹側の2枚にし、骨の部分を加えて5枚になる。

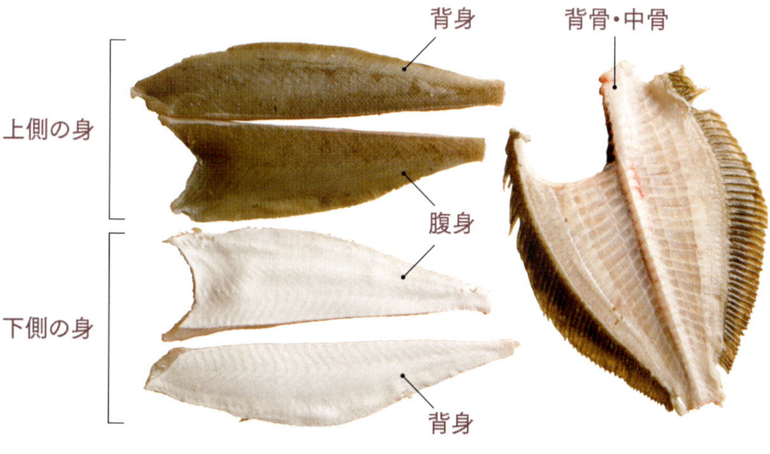
背身
背骨・中骨
上側の身
腹身
下側の身
背身

下処理の基本

うろこを取る

うろこは尾から頭に向かってこそげ取っていくのが原則。残っているとおろしにくく、口当たりも悪くなるので、素早くかつ丁寧に隅々まで取り除くことが大切です。

POINT

多くの魚のひれやえら蓋にはトゲがあるので、作業中は十分注意すること。また、魚をつかむと手の温度で身が温まり、鮮度落ちや身崩れの原因となるので、頭か尾を持つ。頭の場合、目の脇の硬い部分を持つと安定する。魚の表面が乾いているとうろこが取りにくいので、水で濡らしておく。

POINT

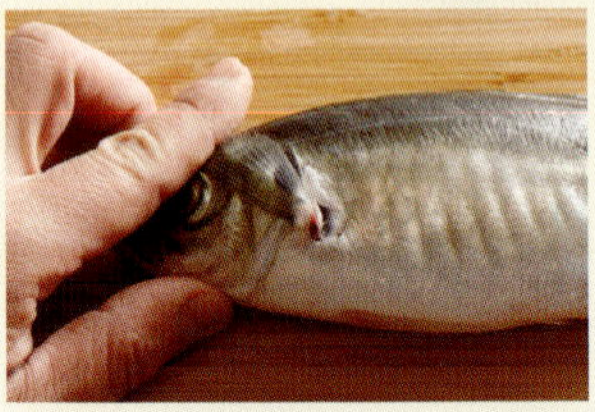

頭を左にして置き、胸びれを頭側に倒し、左手で頭部を挟むようにして軽く持つ。

POINT

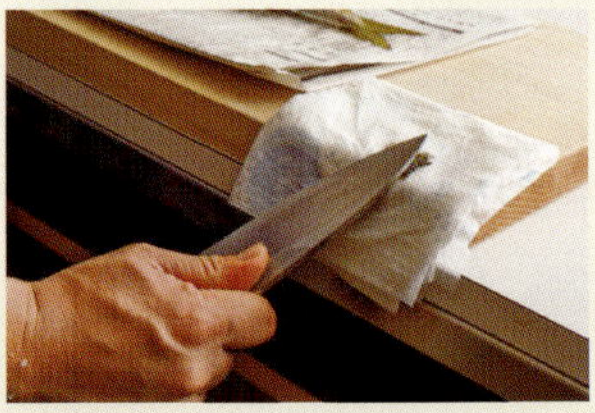

包丁についたうろこは、濡らした厚手のキッチンペーパーでこまめに拭い取る。

ばら引き1

［出刃包丁を使う］

一般的な取り方。特に小型の魚、身の柔らかい魚に向く。包丁の先の方だけでこそげ取ろうとすると身を傷めやすいので、置いた魚の向こう側は反り、中央は刃の真ん中、手前は刃元と、包丁全体を使う。強くこすると身が崩れるので注意する。

使う道具	使用した魚
出刃包丁	あじ

1 背側の身を少し起こす。尾の付け根に反り側を当て、頭に向かって小刻みに動かしながらうろこをこそげ取る。

2 起こしていた身を水平に戻し、身の中央部分のうろこを包丁の刃の真ん中辺りを使ってこそげ取る。

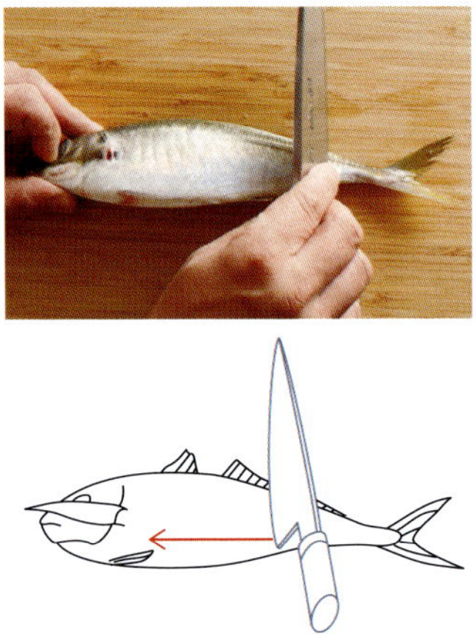

3 身の腹側を少し起こし、刃元側を使って腹側のうろこをこそげ取る。

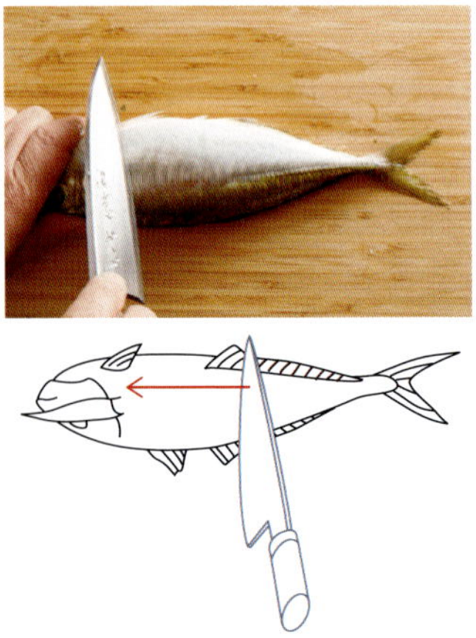

4 裏返して裏身のうろこも同様に取る。向こう側になる腹側の身を少し起こし、反り側でうろこをこそげ取る。

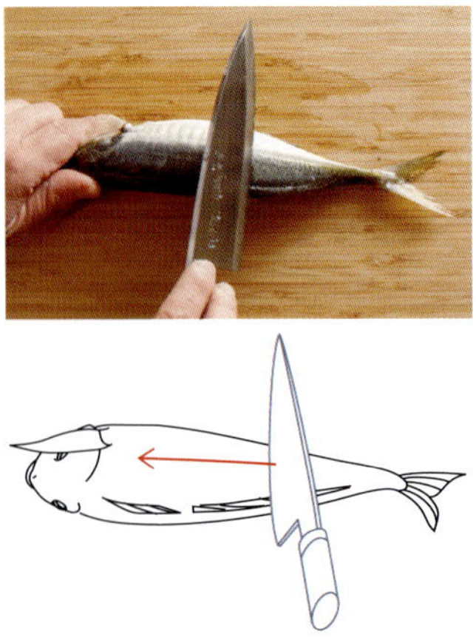

5 身の中央部分は刃の真ん中辺りで、手前の背側は刃元側を使ってこそげ取る。

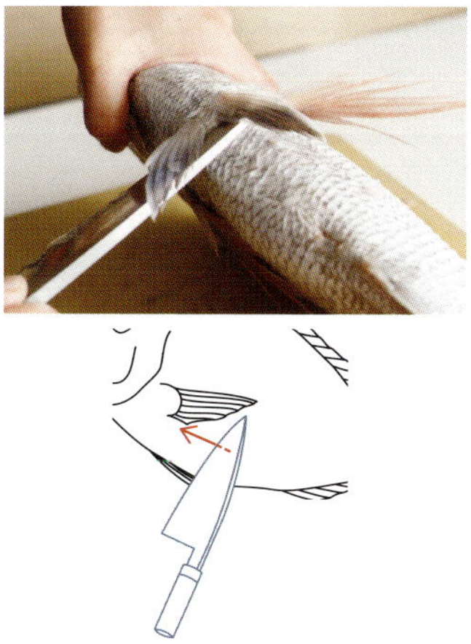

3 えら際、ひれ際のうろこも忘れずに取り除く。背びれの際には細かいうろこが密集しているので、反りや刃元を小刻みに動かして丁寧に取る。

細部のうろこを取る

ひれの際や付け根、頭の周辺、えら蓋の下など、細部のうろこも丁寧に取る。うろこ引きを使う場合、細かい部分の取り残しが多くなるので、包丁に持ち替えて仕上げる。

使う道具	使用した魚
出刃包丁	たい

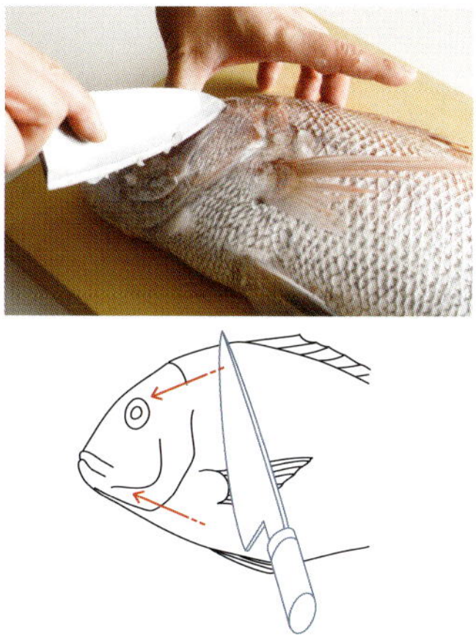

1 頭を料理に使う場合は、目や口の周り、頭の上、ほおなどのうろこを、反りや刃元を使い分けて身を傷つけないように取り除く。

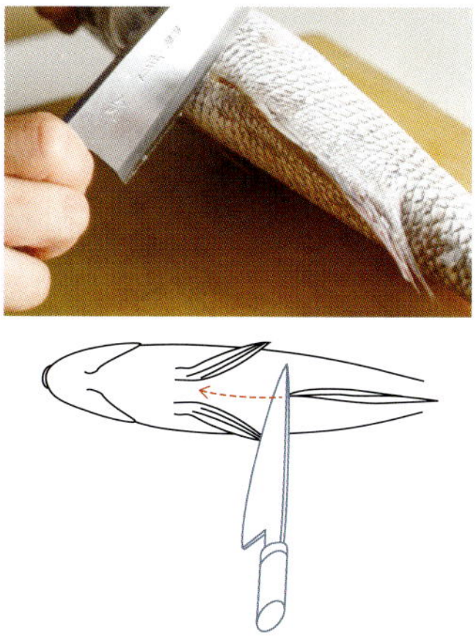

2 腹部の尻びれ、腹びれの際も、腹が破れないように、あまり力を入れずにこそげ取る。

ばら引き2

［うろこ引きを使う］

うろこが大きくて堅い魚（たい、いさき、すずきなど）は、包丁が刃こぼれ(刃が欠ける)する場合があるので、「うろこ引き」を使う。うろこが飛び散るので、シンクの中で作業をすると後片付けがラク。

使う道具	使用した魚
うろこ引き	いしだい

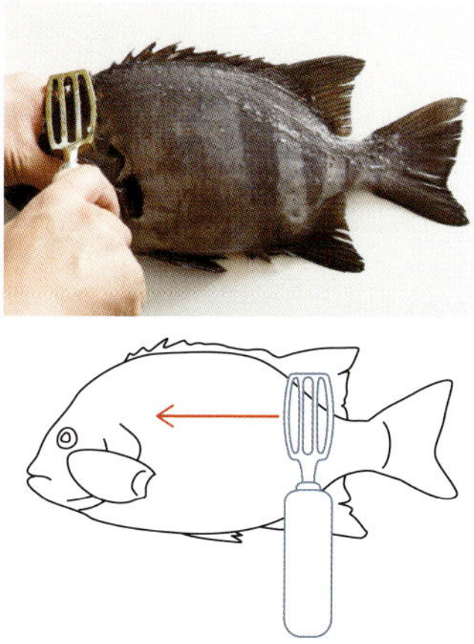

1 胸びれを頭側に倒し、頭を挟むように軽く持つ。うろこ引きで尾から頭に向かってうろこをひっかけて起こすようにしてこそげ取る。

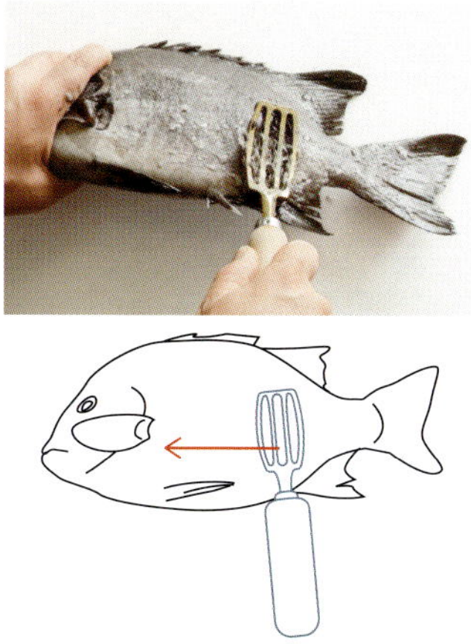

2 魚の向こう側から順に進める。背側、腹側は身を少し起こし、えらやひれ際も丁寧に取る。裏側も同様にする。

すき引き1

うろこの付いた薄皮1枚を切り取るイメージで、帯状にそぎ取っていく手法。細かいうろこが密集している魚、厚い皮のような堅いうろこがしっかり付いている魚、身が柔らかくうろこが硬い魚などに用いる。うろこ皮のすぐ下にある薄皮や身を切りやすいので、細心の注意が必要。

使う道具 柳刃包丁

使用した魚 あまだい

POINT

頭を右にして置き、左手で尾を引っ張るようにして押さえ、包丁を当てる部分をピンと張る。包丁は逆さ包丁にして刃先を頭の方へ向けてねかせ、安定するように人差し指で包丁の平を押さえる。

POINT

包丁をフレキシブルに大きく動かせるように、まな板から20cm程離れて立つ。

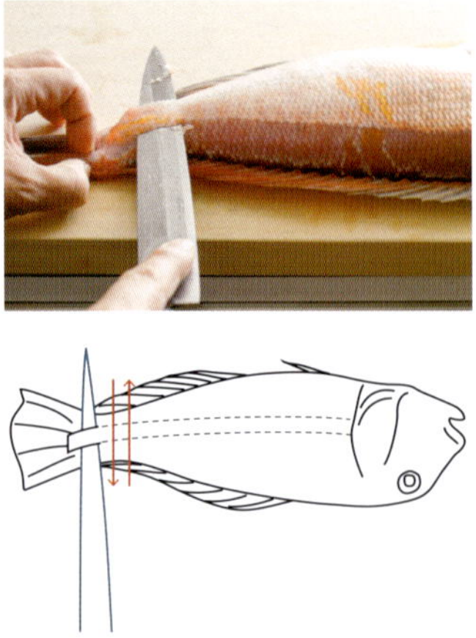

1 中央部分のうろこから取る。包丁を逆さ包丁でねかせ、尾の付け根から皮とうろこの間に刃先を入れて、大きく前後に動かしながらすき取っていく。

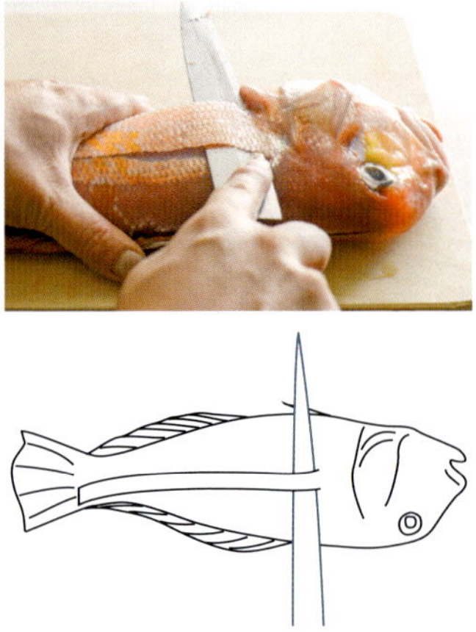

2 包丁が進んだら、左手は胴を挟むようにして軽く押さえる。上から強く押さえつけてしまうと、身が崩れたりするので、握り込まないこと。

3 背側は包丁を動かしやすいように魚をまな板の手前に移し、包丁を立てるようにして大きく上下させてそぐ。

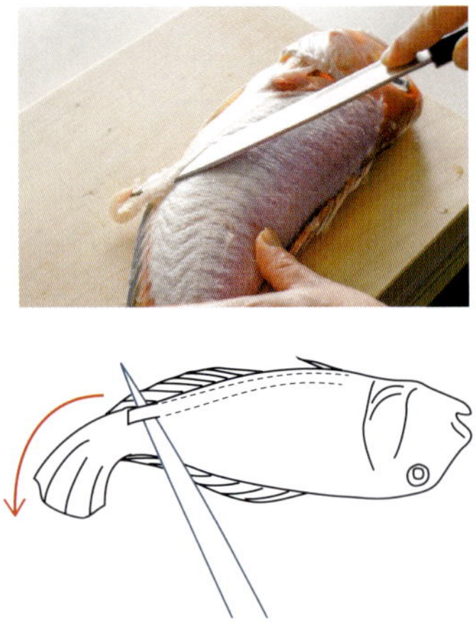

4 腹側のうろこは、身を少し起こし、反りを使ってそぎ取る。包丁を入れる部分の皮がピンと張るように、尾を手前に引くと作業がしやすくなる。

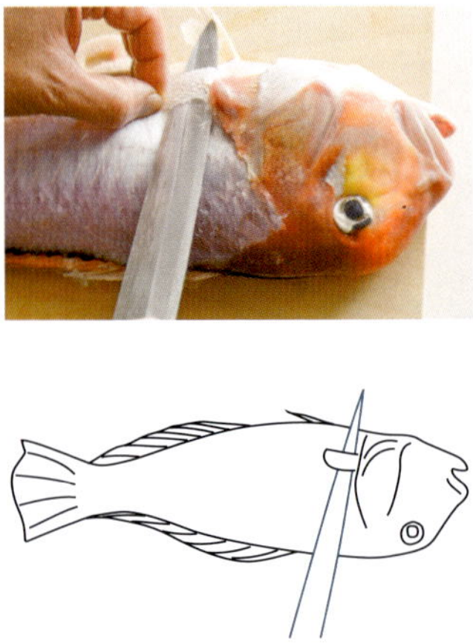

5 ひれ下のうろこも丁寧にそぎ取る。

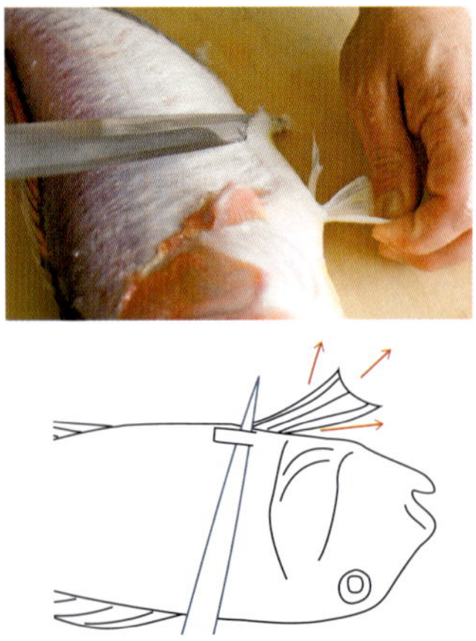

6 ひれの際は、ひれを引っ張って皮をピンと張ると包丁を進めやすい。

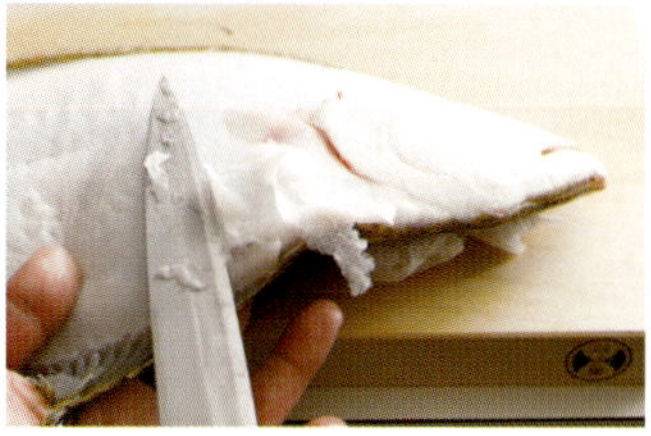

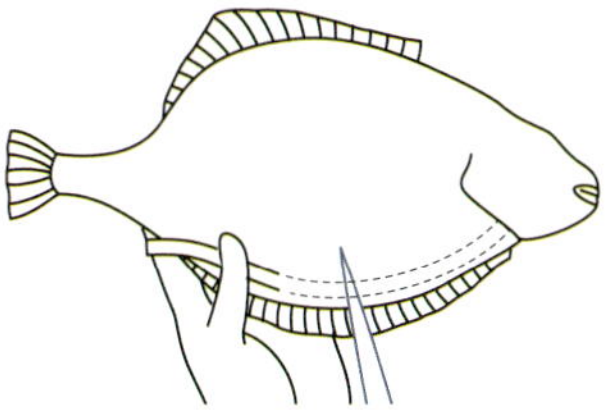

3 裏側も同様にそぎ取る。柔らかい腹の部分も下から手を添えて持ち上げ、刃先が当たる部分の皮を張り、傾斜を上に向かって包丁を進める。

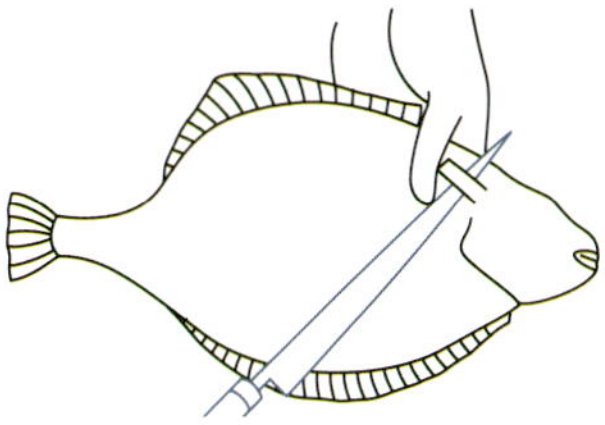

4 頭の部分のうろこも下から手を添えて持ち上げながら、丁寧にそぎ取る。

すき引き2

［平たい魚］

身が薄く横幅のある平たい魚（ひらめ、かれいなど）はうろこがすきづらい。作業の基本は「すき引き1」と同じだが、特にすきにくいひれ際や腹側は、下から手を添えて身を持ち上げると作業がしやすくなる。

使う道具	使用した魚
柳刃包丁	ひらめ

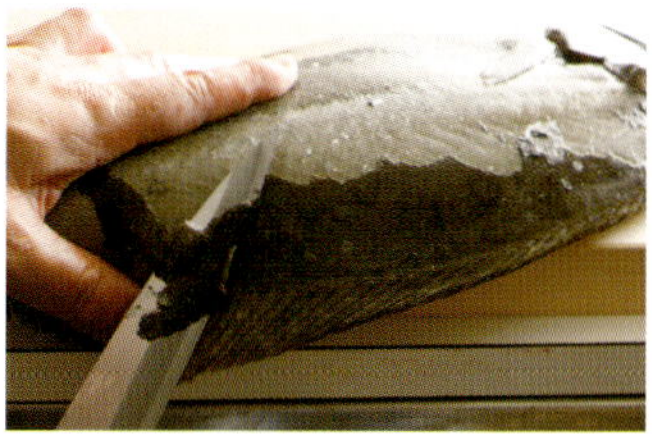

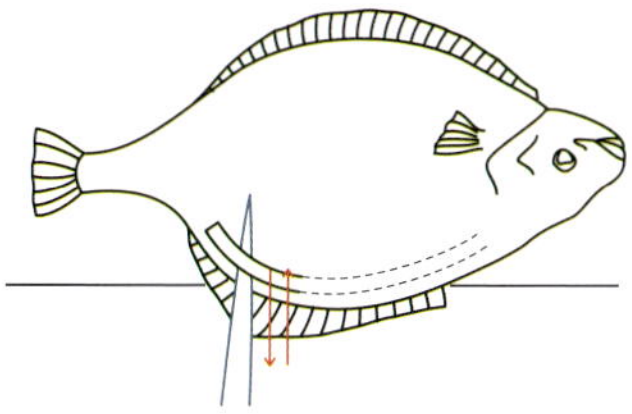

1 ひれに近い部分のうろこは、包丁を動かしやすいように魚をまな板の手前に移し、包丁を立てるようしてそぎ取る。

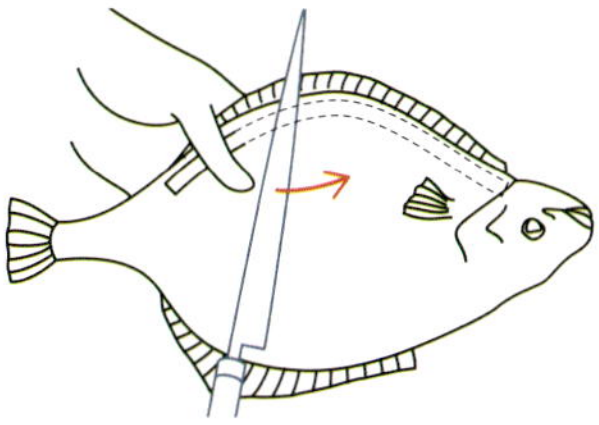

2 向こう側のひれ際は、そぐ部分の身を下から手を添えて持ち上げ、山なりになっている傾斜を上がるように刃先を進めるとそぎやすい。

7 頭の部分も丁寧に取る。裏側のうろこも同様にそぎ取る。

仕上がり

9 すき引きしたもの

頭を落とす

かま下落とし1

小～中型の魚で多く用いる落とし方。頭に胸びれ、腹びれを付けて斜めに落とす。頭はだしなどに使うとよい。

使う道具	使用した魚
出刃包丁	あじ

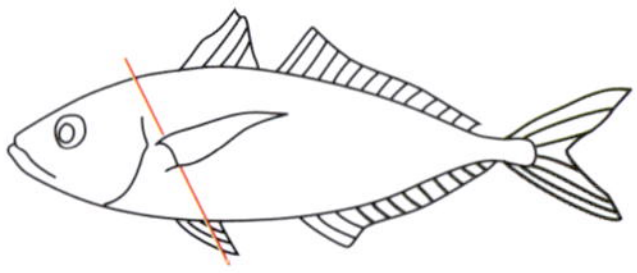

1 尾側から刃先でなでつけていくと、胸びれの後ろで自然と止まる位置がある。ここが包丁を入れるポイント。

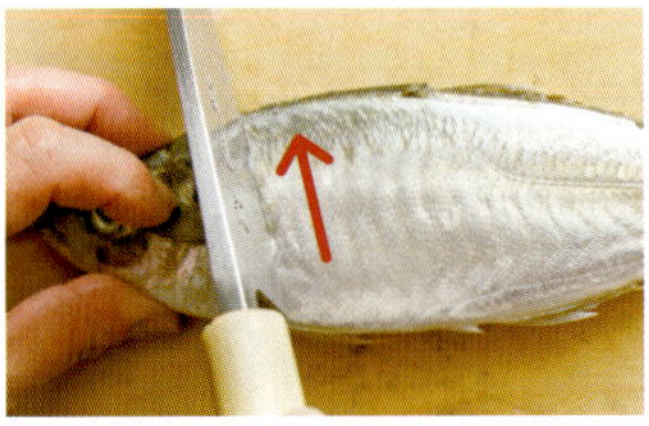

2 包丁を**1**の位置（胸びれの筋肉部分）から頭の付け根、腹びれの中央に斜めに当て、向こう側へ突くように切る。

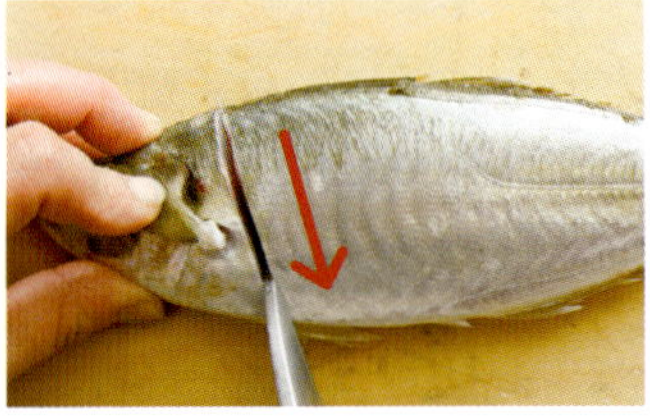

3 背骨に当たるまで切り込んだら、包丁を手前に引いて腹側を切る。

4 頭の付け根部分の切り口に包丁を入れ、裏側に少し切り込む。

5 裏返して、**4**で付けた切り込みから腹びれの中央に向かって包丁を斜めに当て、**2**、**3**と同様に包丁を入れる。

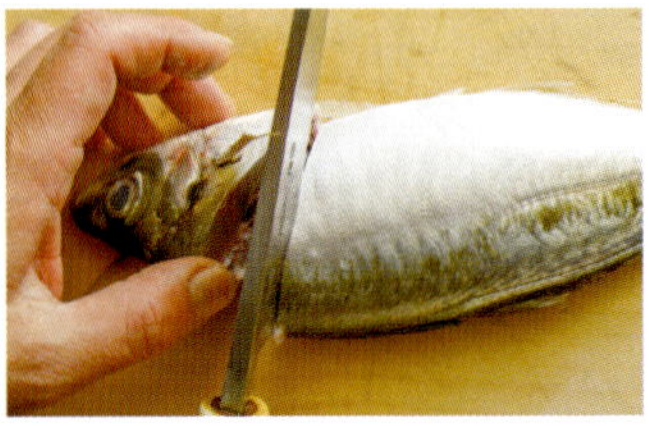

6 最後に、刃元を頭の骨と背骨の接合部に当て、峰を軽く叩いて断ち切り、頭を落とす。

かま下落とし2

中～大型の魚で、頭を料理に使うときの落とし方。脂がのっておいしい部位「かま」を付けて斜めに落とす。

使う道具	使用した魚
出刃包丁	たい

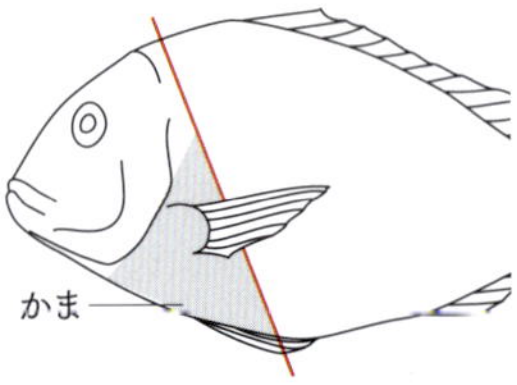

1 胸びれの後ろに包丁を入れ、頭の付け根から腹びれの中央へ向け、かまを頭側に残す角度で斜めに切る。

2 魚を裏返し、同じ要領で胸びれの後ろから斜めに切る。背骨に刃元を当て、峰を叩いて頭を落とす。

3 かまの部分をたっぷり付けて切り落とす。

魚の頭は、尾頭付きで使う以外、落としてから内臓などの処理をするのが基本となります。落とし方は、頭を調理するかしないかで変わってきます。頭と胴は頭の骨の上部と背骨でつながっているので、その部分を切り離します。

素頭落とし

頭に身を残さない落とし方。身に「かま」をつけて料理するときに用いる。えら蓋に沿って包丁を入れ、頭だけを落とす。

使う道具	使用した魚
出刃包丁	きんめだい

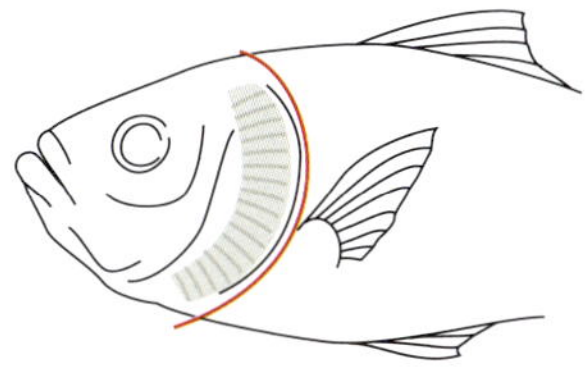

1 頭にできるだけ身を残さないように、えら蓋の際に包丁を右に少し倒して斜めに入れる。

2 えら蓋に沿って深く切り込む。身を裏返し、同じ要領で切り込み、背骨を押し切って頭を落とす。

まっすぐ落とす

頭を調理しないときの落とし方。胸びれの後ろでまっすぐ切り落とす。小型の魚や筒切りにして使う場合に用いる。

使う道具	使用した魚
出刃包丁	いわし

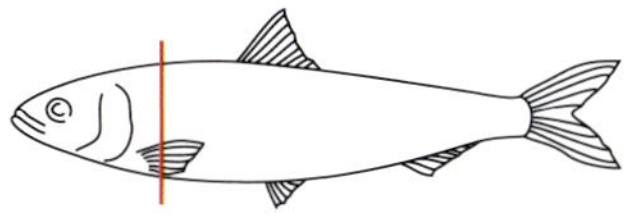

1 胸びれの後ろに包丁の反りの部分を当て、下に向かって斜めに突くように切り込む。

2 刃先が背骨に当たったら、切っ先をはね上げるようにして押し切り、そのまま刃元で背骨を断ち切る。

3 はね上げた切っ先を下げながら手前に引いて腹側を切り、頭を落とす。

たすき落とし

中～大型の魚で頭を調理しないときの落とし方。頭に身が残らないように、両面から頭に向け斜めに包丁を入れる。

使う道具	使用した魚
出刃包丁	さば

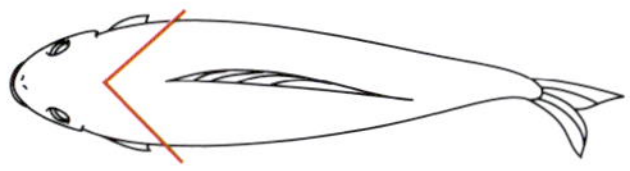

1 胸びれの後ろから頭の方に向けて、包丁を右に少し倒して斜めに入れ、背骨まで切り込む。

2 背が手前になるように裏返し、**1**と同じ要領で胸びれの後ろから斜めに包丁を入れる。

3 背骨に当たったら包丁を立てる。背骨を断ち切り、頭を落とす。表裏の切り込みが深いV字形になるように包丁を入れると、頭に身が残らない。

えらを取り除く

えらは呼吸器官のため、毛細血管が集中していて血液量も多く、処理せずに調理すると血生臭さが全体に回ってしまいます。さらに、腐敗が最も早い部位でもあるので、頭を落として調理する以外は必ず取り除きます。

えらをはずす1

えらは頭頂部と下あご、カーブ部分の薄膜（胴との境）でつながっている。ここを切り離せばはずすことができる。

使う道具 出刃包丁　**使用した魚** きんめだい

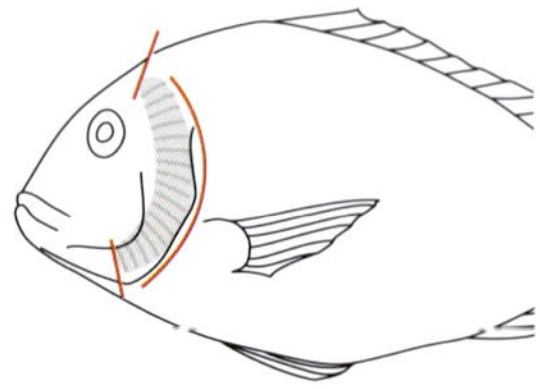

1 頭を左、腹を手前にして置く。えら蓋を開き、頭とあご下の接合部に切っ先を差し入れ、切り離す。

2 下あごと左右のえらの接合部を切り離す。適切な位置に包丁が入れば、力を入れずに切ることができる。

3 包丁の刃先を右に向け、えら外側のカーブ部分にある上下2枚の薄皮に切っ先を突き通す。

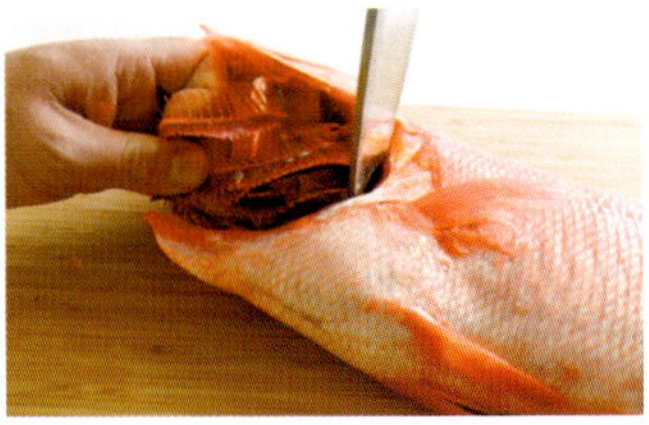

4 カーブに沿って包丁を動かし、胴とつながる薄膜を2枚分一緒に切る。やりにくければ反対側からも切る。

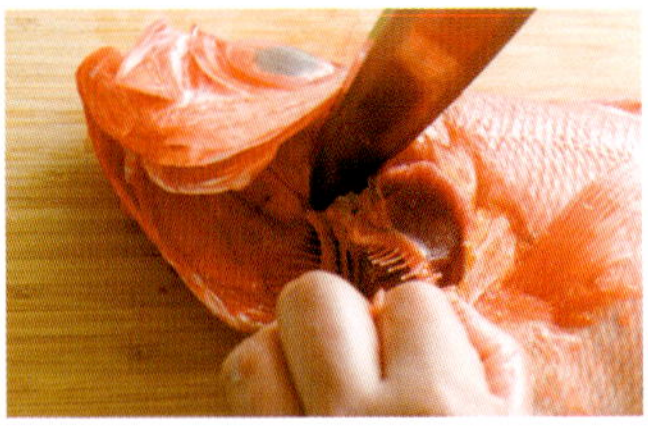

5 えらと頭頂部の接合部を切り離し、手で引き出して取り除く。

＊この後、腹を切り開いて内臓と一緒に取り除く（p.23「腹を切り開く1」参照）場合もある。

えらをはずす2

小～中型の魚は、接合部を切り離したえらを包丁で引っかけて、内蔵ごと取り出すこともできる。

使う道具 出刃包丁　**使用した魚** いさき

1 えら蓋を開いて切っ先を差し入れ、えらの上下にある接合部を切り離し、カーブをなぞるようにして薄膜を切る。

2 はずしたえらの中央に逆さ包丁で切っ先を差し入れ、引っかけてえらを外に出す。

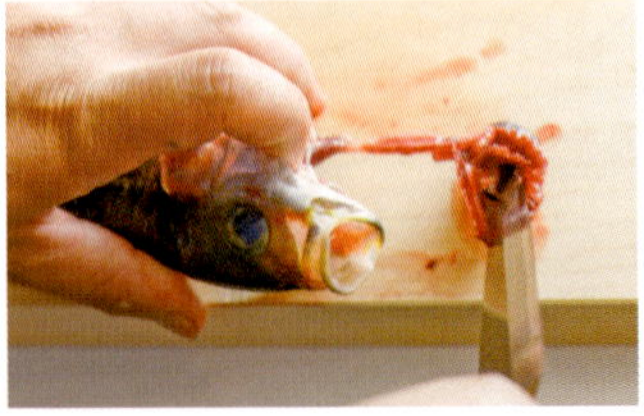

3 そのまま包丁でまな板に押さえつけ、魚を左へゆっくり動かして、えらと一緒に内臓を引っ張り出す。

内臓を取り除く

内臓は細菌増殖の元凶となります。あゆやさんまなどその苦みを味わう場合以外は、すぐに調理しないときでも、できるだけ早く取り除くことが鮮度を保つ基本。取り方は魚の大きさや調理法で変わってきます。

腹を切り開く1

内臓は食道でえらとつながっているので、頭をつけたまま腹を開けば、えらと内臓を一緒に取り出すことができる。

使う道具 出刃包丁
使用した魚 きんめだい

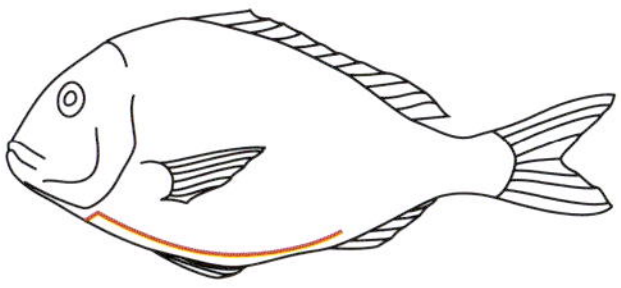

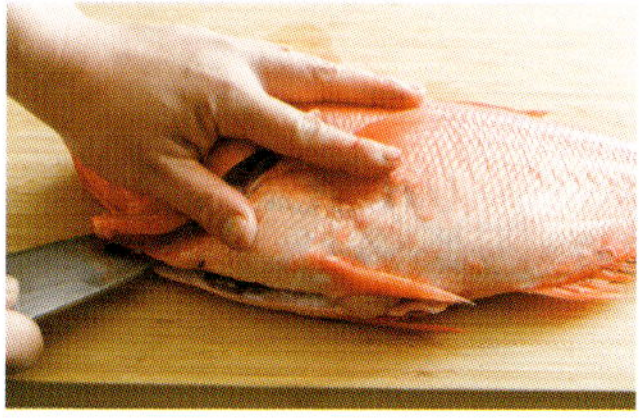

1 頭を左、腹を手前にして置く。肛門からあご下まで切る。包丁を深く入れると内臓を傷付けるので注意する。

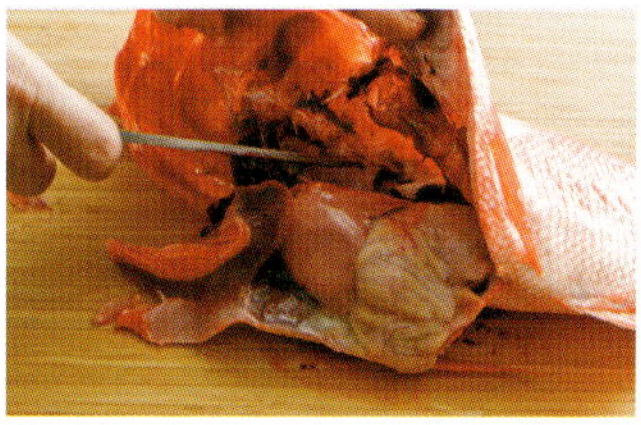

2 手で持って腹を広げ、えらの付け根と薄膜を切ってはずし、筋や腹膜から内臓を丁寧に切り離す。

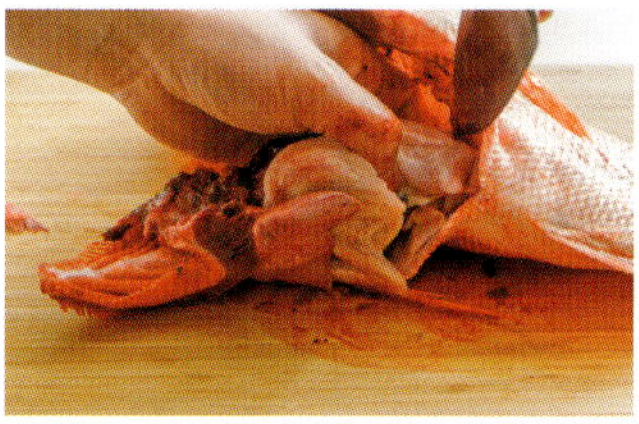

3 腹腔の奥に包丁を入れて、身を傷付けないようにして内臓を取り出す。

頭を落として腹を開く

頭を落とす際、内臓につながる食道を切らないように残し、腹を開いて頭ごと内臓を取り除く。中～大型の魚に用いる。

使う道具 出刃包丁
使用した魚 いしだい

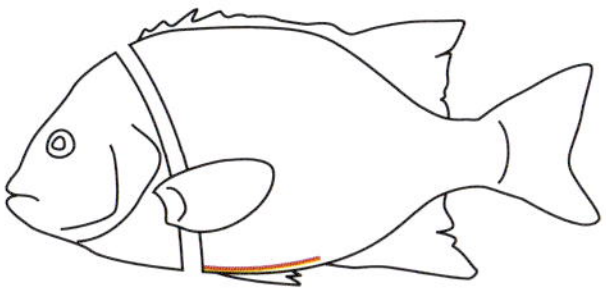

1 内臓につながる食道を切らないようにp.20「かま下落とし1」の要領で頭に切り込み、背骨を断ち切る。

2 頭側から逆さ包丁で切っ先を入れ、内臓を傷つけないように肛門まで切り進める。

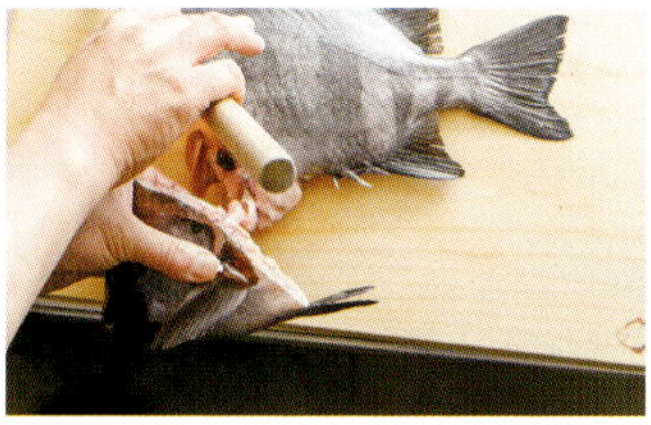

3 頭を折り曲げるように手前へ引き、包丁を腹腔の奥に入れて筋や腹膜を丁寧に切り、頭ごと内臓を取り除く。

腹を切り開く2

頭を落とした小～中型の魚に用いる。頭を落とした切り口から肛門まで腹を切り開き、内臓を取り出す。

使う道具 出刃包丁
使用した魚 あじ

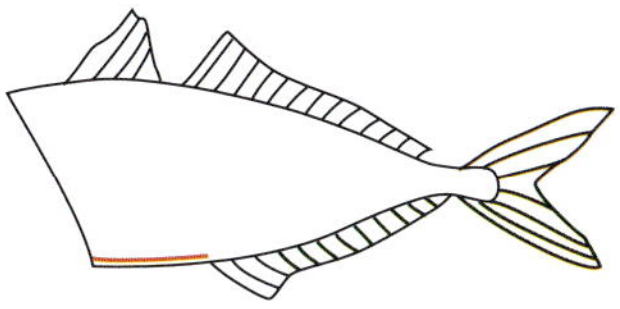

1 頭を手前、腹を右にして縦に置く。切り口から逆さ包丁で切っ先を入れ、腹の皮を切る感覚で肛門まで進める。

2 包丁を順手に持ち替えて腹腔に入れ、カーブに沿わせるように包丁を動かし、腹膜ごと内臓を中央にまとめる。

3 内臓を外に引き出して包丁で押さえ、身を指で軽く向こう側へ押しやると腹腔の奥に残った内臓が出てくる。

内臓を取り除く

血わたを取り除く

腹腔から内臓を取り出した後、背骨の裏に沿って付いている血わた(腎臓)を取り除く。

使う道具	使用した魚
出刃包丁	さば

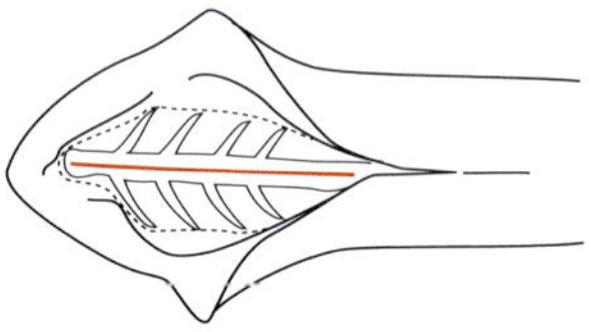

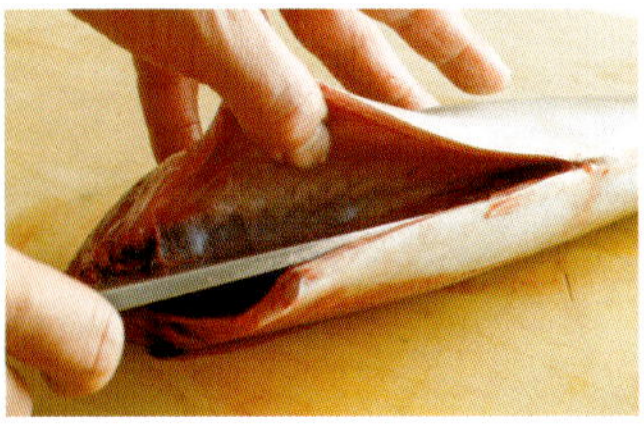

1 内臓を取り出した腹腔内。背骨の裏側に沿って薄膜があり、その後ろに黒く見えるのが血わた。

2 薄膜に切り目を入れる。

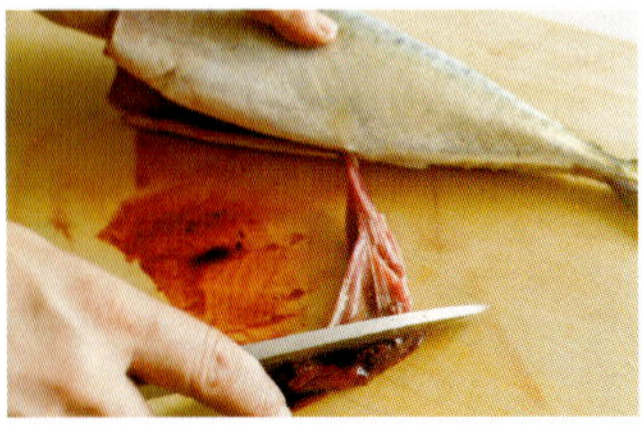

3 血わたと薄膜を包丁の刃先でこそげてかき出す。

隠し包丁

尾頭付きで料理する場合に用いる。盛り付けたときに見えない裏身の腹部に切り込みを入れ、内臓を取り除く。

使う道具	使用した魚
出刃包丁	あじ

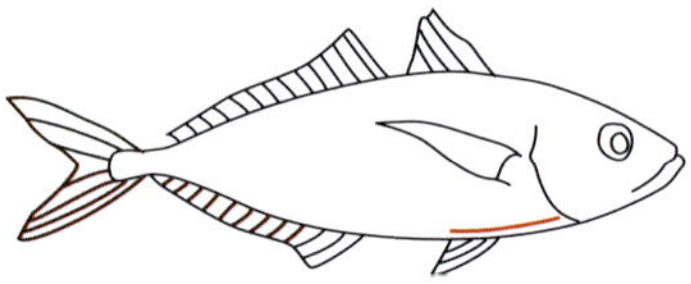

1 えらを取り除いた魚を、頭を右、腹を手前に置く(裏身を上にする)。腹びれの上に3cm程の切り込みを入れる。

2 魚の表面を傷つけないように内臓をかき出す。そのまま包丁で押さえ、魚を持ち上げると残った内臓が出てくる。

腹を切り取る

いわしのように腹部に硬いうろこが付いている魚や腹身の薄い魚は、腹の下部を肛門まで切り落として内臓を取る。

使う道具	使用した魚
出刃包丁	いわし

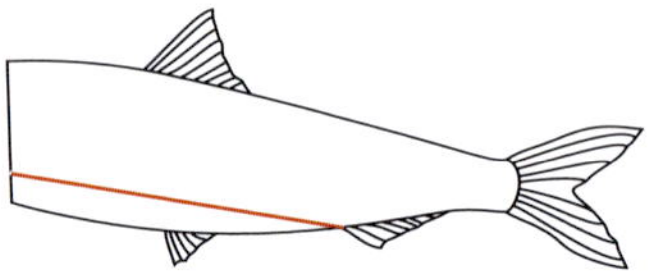

1 頭を落とした魚を、尾を右、腹を手前に置く。腹の下側を、肛門から頭側まで斜めに切り落とす。

2 腹腔の奥に包丁を入れ、身を傷つけないように内臓を丁寧にかき出す。

3 開きが足りなければ尾側に少し切り足し、奥にある内臓を引き出して、取り残しがないようにする。

洗う・拭く

魚の身はスポンジ並に吸水します。時間をかけていると水っぽくなるだけでなく、その水分がドリップとなって旨味成分も流出してしまいます。水洗いは短時間で終わらせ、残った血わたなどは拭い取ります。

洗う

表面に残ったうろこ、腹の中の血わたや汚れをサッと洗い流す。小型の魚や身の柔らかい魚は溜め水、中～大型の魚は流水で洗うとよい。

1 魚を水にサッと通し、表面を軽くなでるようにして、うろこや汚れを落とす。水に浸けた状態にはしないこと。

2 腹の中は、指先で身に傷をつけないように洗う。2～3度軽くこする程度でよい。

3 大きめの魚で、背骨の窪みが深く血わたが取りにくい場合は、歯ブラシでかき出すようにして取り除くとよい。

拭く

下処理の仕上げ作業。洗った魚は水気を素早く拭き取る。傷みの原因となるので、水分は絶対残さないこと。

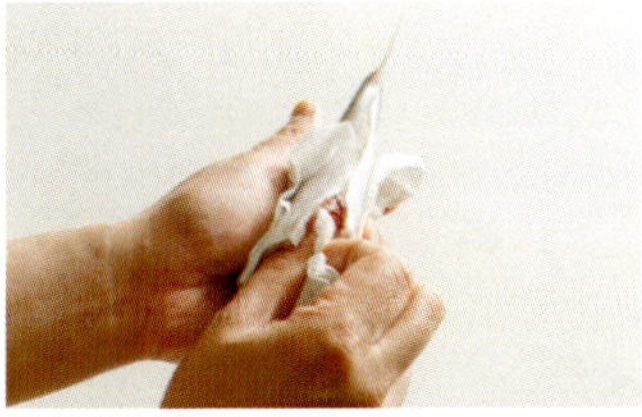

キッチンペーパーで全体の水気をしっかり拭き取る。腹の中に残った血わたや汚れも、キッチンペーパーを折りたたみ、角や折り目をうまく使って拭き取る。その際、キッチンペーパーは頭側から尾に向かって動かすのがコツ。背びれのトゲが刺さると危ないので、身をキッチンペーパーで包んで作業をする。

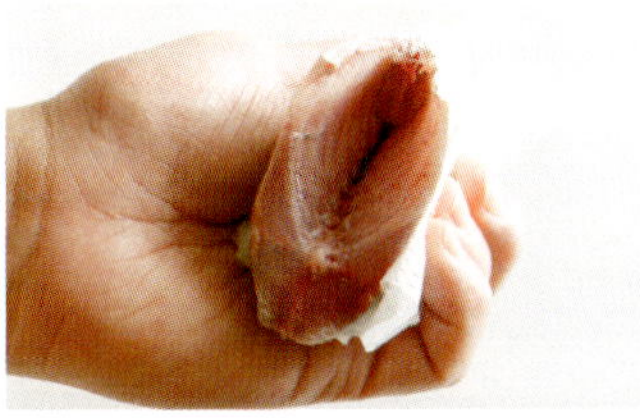

拭き終わった身。腹の中は血わたがなくなり、ピンク色の身がきれい。

下処理終了

下処理をきっちりした身は鮮度が落ちにくく、生臭みもない。これ以後、水洗いしたり、乾燥させたりしない。

使うまでは、キッチンペーパーでくるみ、ラップで包んで冷蔵庫で保存する。キッチンペーパーは水分を取るためのものなので、ドリップが出て湿ってきた場合は取り替える。

内臓の処理

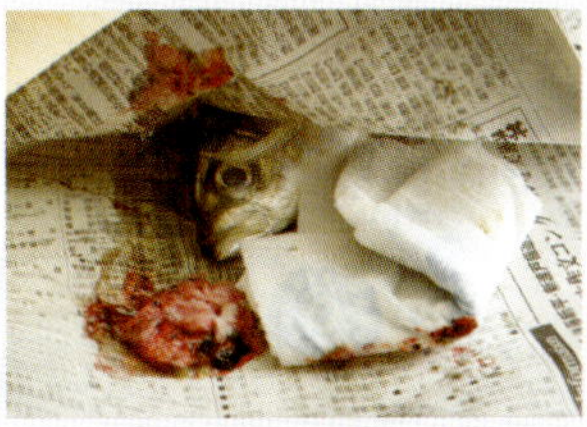

切り落とした頭や取り出した内臓は、まな板に敷いた新聞紙で包み、二重にしたポリ袋に入れて口をしばり、生ごみ収集日まで冷凍庫へ。

基本のおろし方

三枚おろし（両面おろし）

頭を落とした魚を、身2枚と骨の部分1枚（背骨と中骨）の3枚に切り分ける、最も基本的なおろし方。

使う道具 出刃包丁

使用した魚 あじ

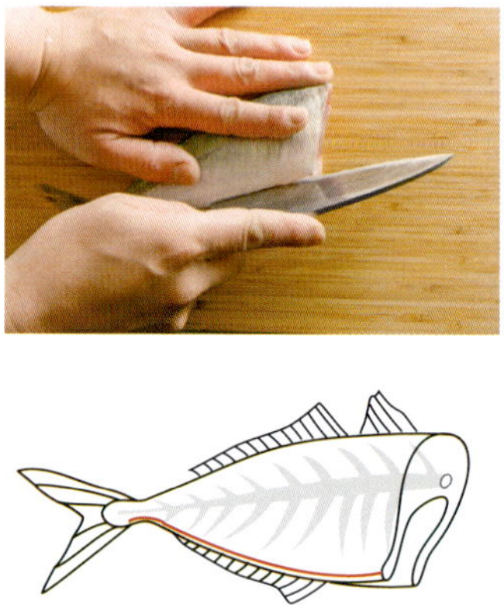

1 頭側を右、腹を手前に置く。腹の断面の際から尻びれの上を結ぶ線上に刃元を当てる。左手は魚を押さえる。

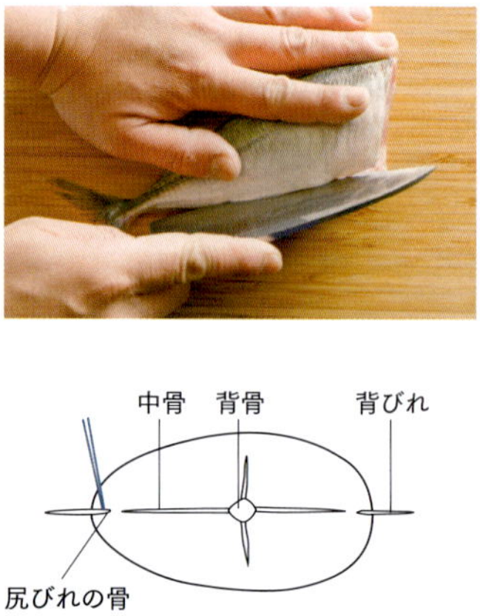

2 包丁の刃元を、尻びれの骨に向かって縦方向になるようにセットする。

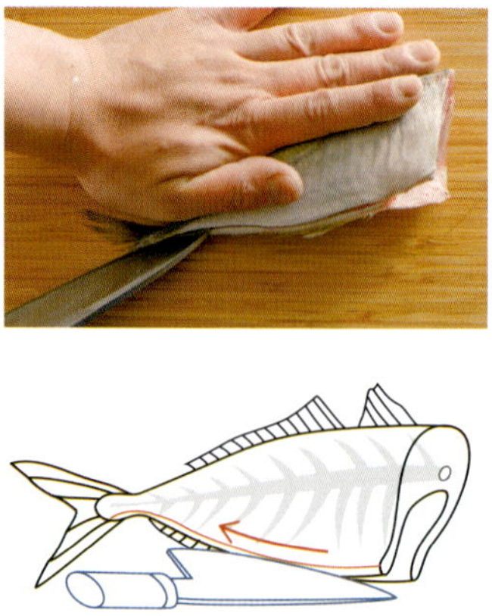

3 包丁を尾の付け根に向かって力を入れずにスーッと進め、切り目を付ける。これが目印の線となる。

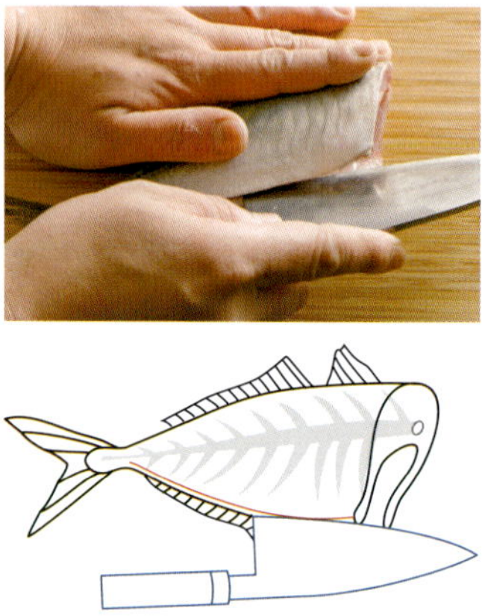

4 身をおろすための正しい位置に包丁をセットする。まず包丁を水平にねかせて刃元を切り目の端に当てる。

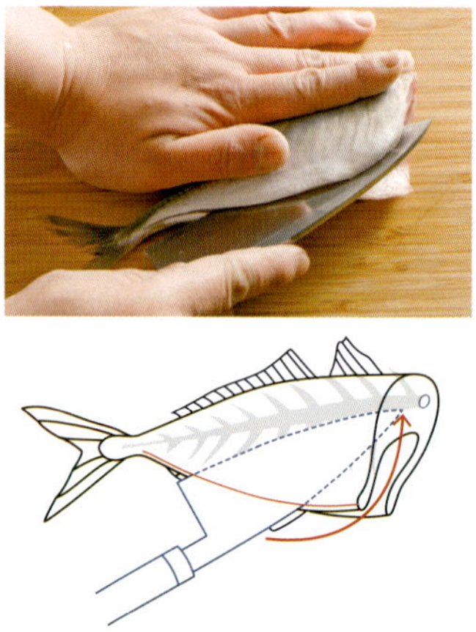

5 切り目に沿って尾の付け根の方へ切り進めながら、包丁の角度を変えて切っ先を背骨に合わせる。

POINT

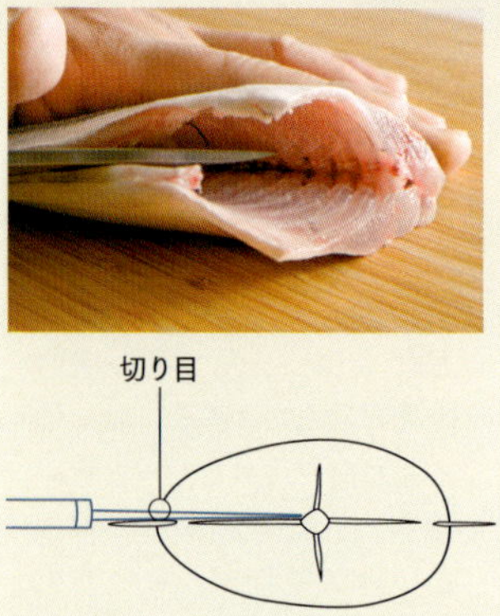

背骨に切っ先が当たるように、包丁の角度を変える。

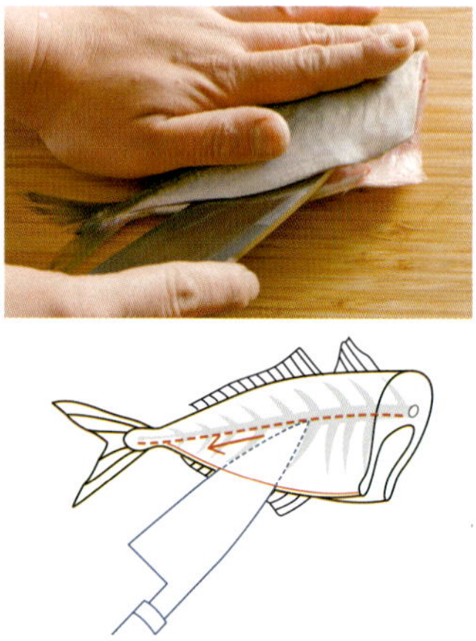

6 右手の力を抜いて包丁の平を中骨にぴたりとのせる。そのまま切っ先で背骨をなぞりながら尾の付け根まで切る。

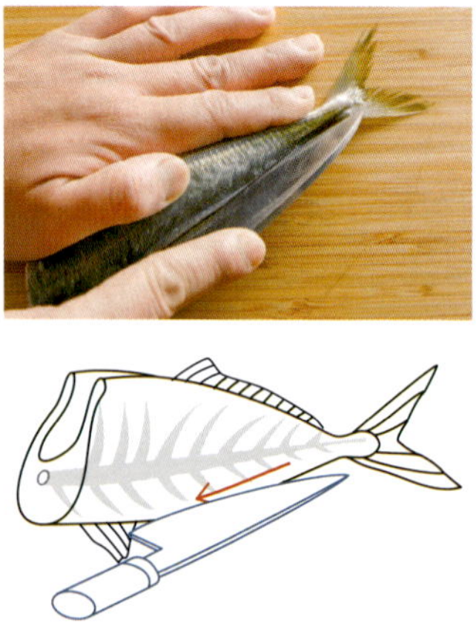

7 頭側を左、背を手前に置く。**1**～**3**の要領で、尾の付け根から肩口まで背びれの上に切り目を入れる。

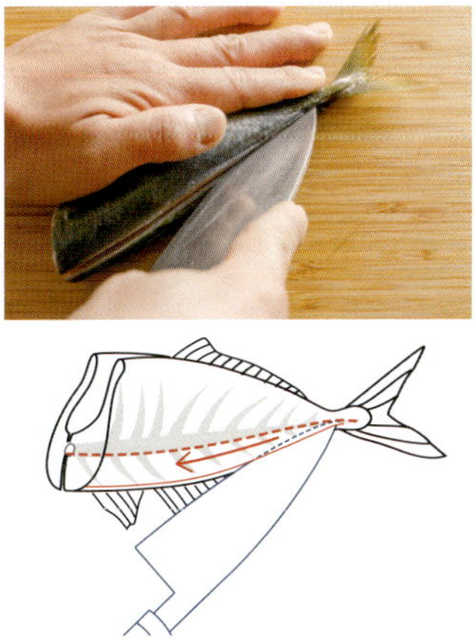

8 切り目に沿って切り進めながら、切っ先を背骨に合わせる。尾側は身幅が狭く、少し引けば背骨に当たる。

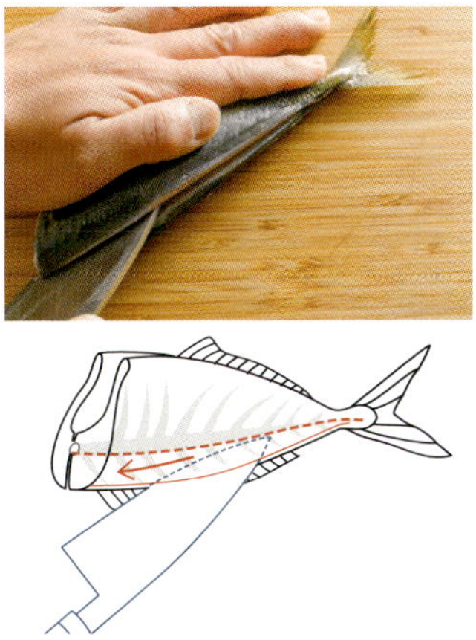

9 右手の力を抜いて包丁の平を中骨にぴたりとのせる。そのまま背骨をなぞりながら肩口まで切る。

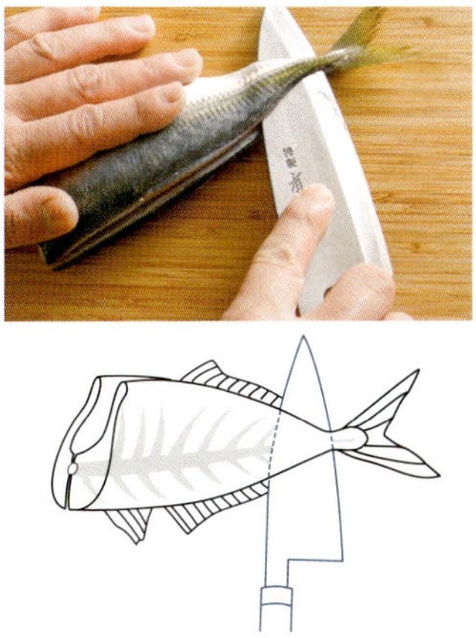

10 尾の付け根の中骨の上に逆さ包丁を差し込み、尾に向かって少し切り込む。ここでは切り離さない。

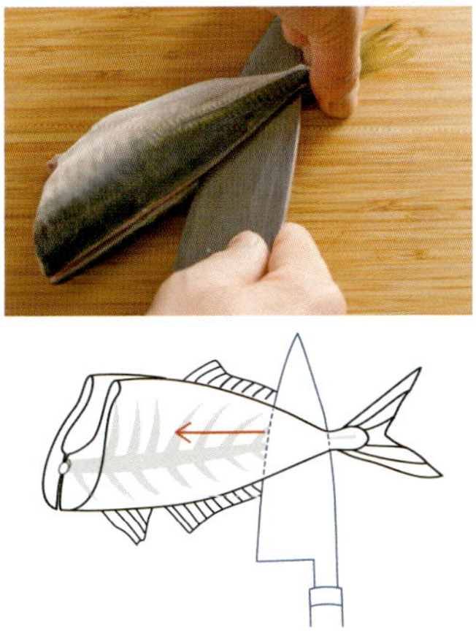

11 包丁を反転させて刃先を頭側に向け、左手で尾を押さえて、背骨の上を滑らせるように動かして身を切り離す。

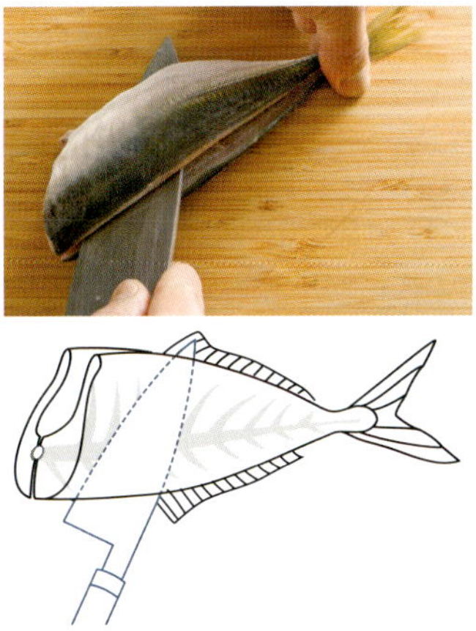

12 腹骨(p.9)に当たったら、包丁の先をまな板側に下向きに傾け、刃元を肩口方向に向けて斜めにして切り進める。

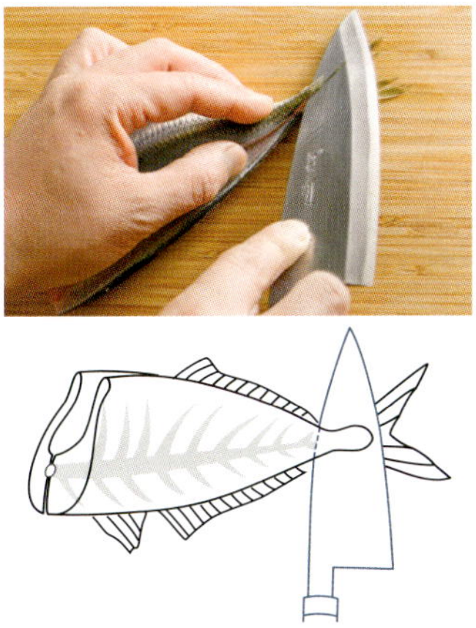

13 頭側まで切ったら、逆さ包丁で尾の付け根を切り離す。

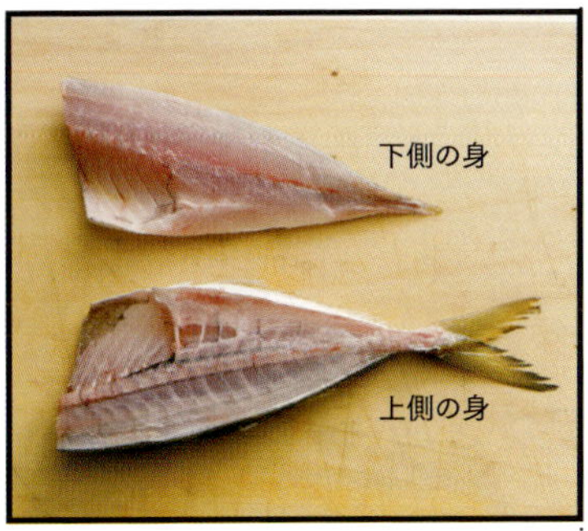

二枚おろし

下側の身と骨の付いた上身の2枚に切り分けたもの。ここまでの手順で「二枚おろし」が完成。

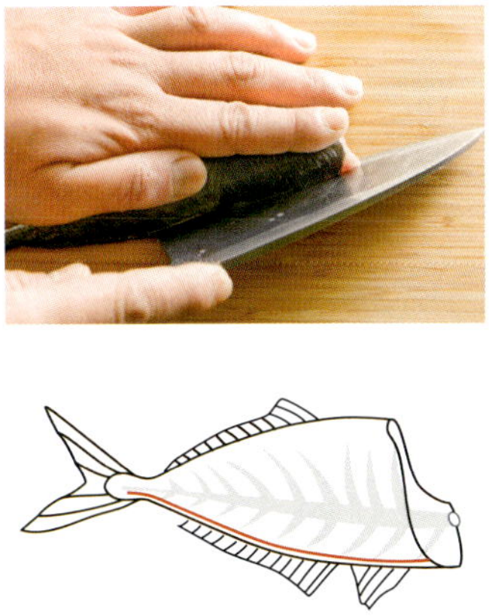

14 骨側を下にし、頭側を右、背を手前に置く。肩口から尾の付け根まで、背びれの上に切り目を入れる。

POINT

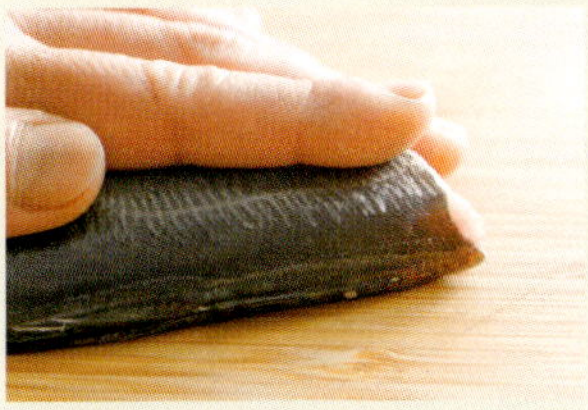

魚を押さえている左手を腹側に少しずらすと、包丁を入れる部分の皮がピンと張って切り目が入れやすくなる。

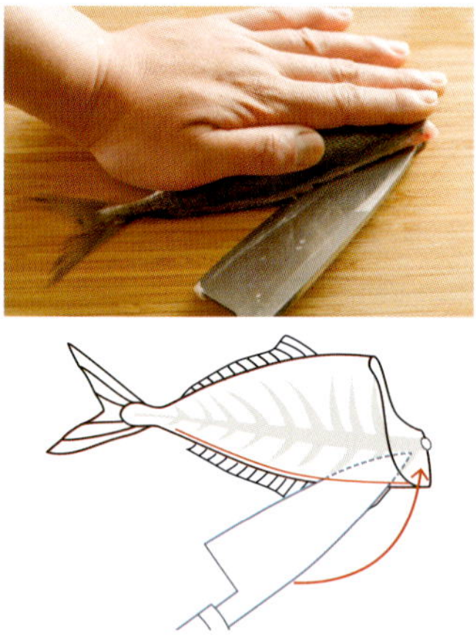

15 切り目に沿って切り進めながら、切っ先を背骨に合わせる。肩口から背骨が見えるので、合わせやすい。

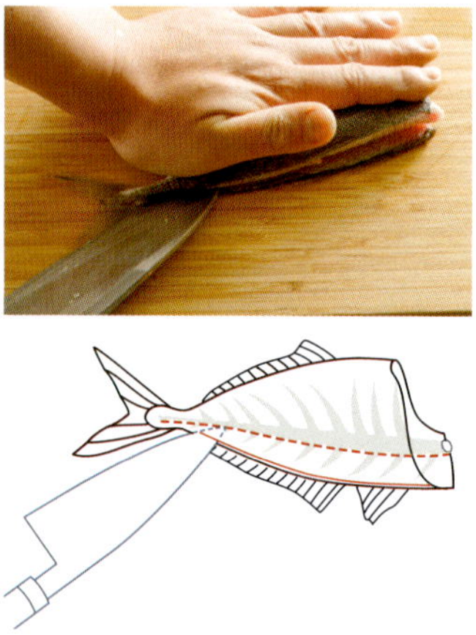

16 右手の力を抜いて包丁の平を中骨にぴたりとのせ、切っ先で背骨をなぞりながら尾の付け根まで切る。

17 向きを変えて頭側を左、腹を手前に置き、尾の付け根から腹の断面の際まで、尻びれの上に切り目を入れる。

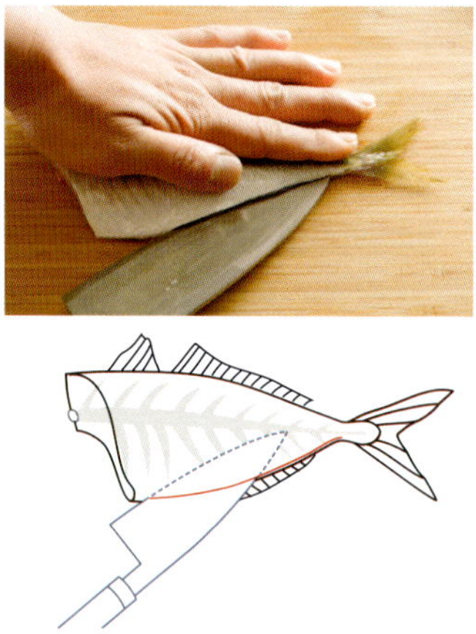

18 切り目に沿って切り進めながら、切っ先を背骨に合わせる。尾側は身幅が狭く、少し引けば背骨に当たる。

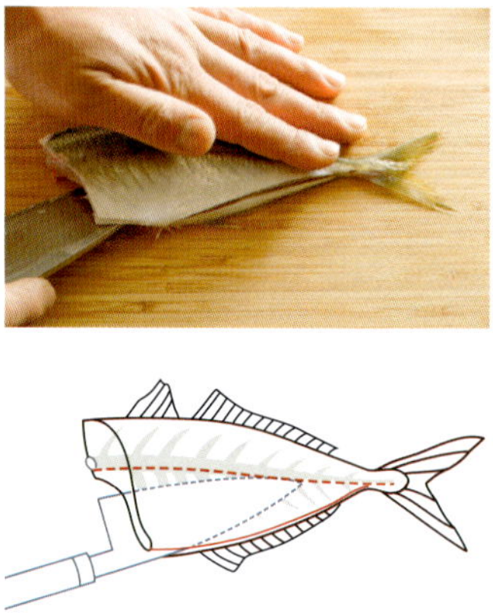

19 右手の力を抜いて包丁の平を中骨にぴたりとのせる。切っ先で背骨をなぞりながら腹の断面の際まで切る。

POINT

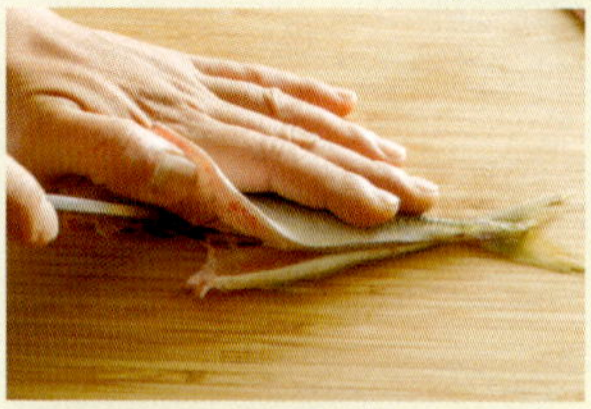

腹骨の部分は、身を指で少し持ち上げて腹骨の付け根のカーブを確認しながら、切っ先で腹骨と背骨の接合部を切り離していく。

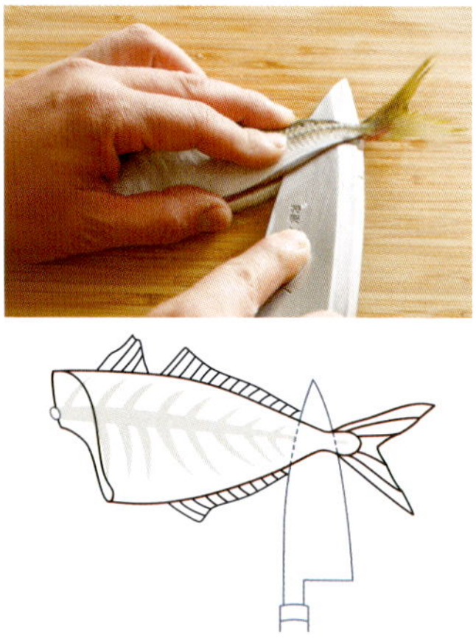

20 背骨部分にくっついている身を切り離すため、**10**と同様に尾の付け根に逆さ包丁を差し込み、少し切り込む。

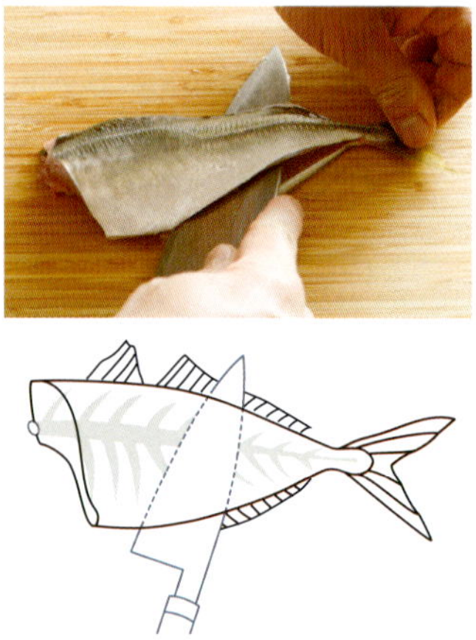

21 **11**、**13**の要領で身を切り離す。腹骨の付け根は既に切れているので、一気に切り進むことができる。

仕上がり

9 三枚おろしにしたもの

大名おろし

三枚おろしの一種。身を一気に切り取る方法で、小型で細長い魚に適しています。骨に身が残り贅沢なためこの名で呼ばれますが、背骨の面の角度（背骨の形状はひし形）に合わせて包丁を入れると、骨に身を残さずおろせます。

使う道具 出刃包丁

使用した魚 いわし

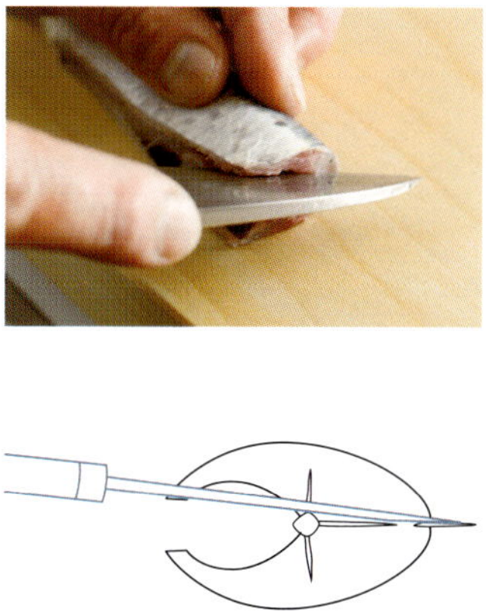

1 頭側を右、腹を手前に置く。刃の先が背びれの上に出るように、切っ先を下に少し傾けて背骨の上に当てる。

2 肛門の手前まで腹骨があるので、腹骨の向きに合わせて切っ先を尾の方へ向け斜めにして切り進める。

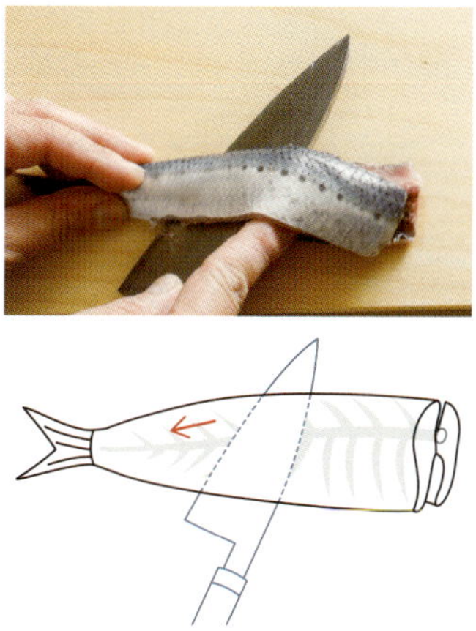

3 肛門から尾の付け根までは骨がフラットになるので、包丁を中骨に対して平行にする。

4 背骨の上を滑らせるようにして尾の付け根まで切り進め、身を切り離す。

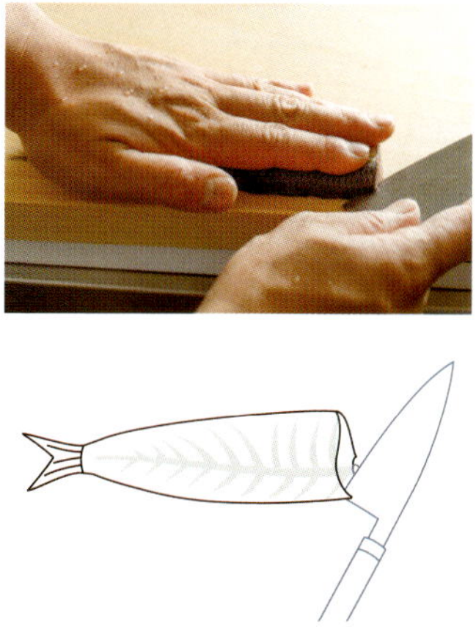

5 骨側を下にし、頭側を右、背を手前に置く。背骨の角度に合わせて切っ先を少し上げ、刃元を肩口に当てる。

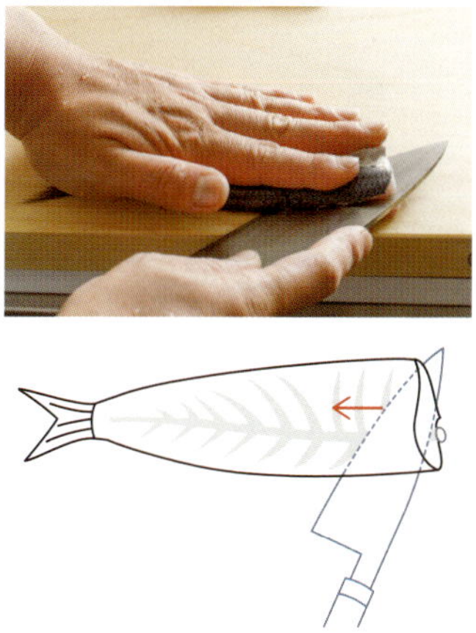

6 腹骨の角度に合わせて刃元を尾の方に向けて斜めにし、肛門の手前まで切り進める。

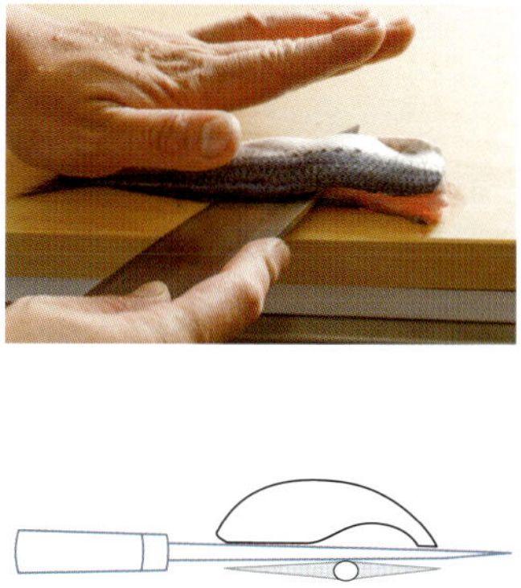

7 3、4と同様に、包丁を中骨に対して平行にし、背骨の上を滑らせるようにして切り進め、身を切り離す。

仕上がり

9 大名おろしにしたもの

五枚おろし

表裏それぞれの身を、背骨を境にして背身、腹身に切り分け、身4枚と骨の部分（背骨と中骨）1枚の計5枚におろす方法。ひらめやかれいのように、扁平で幅広の魚に用います。

使う道具 出刃包丁

使用した魚 ひらめ

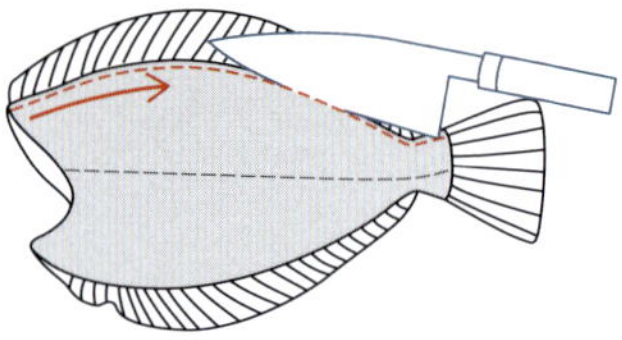

1 表身を上にし、頭側を左に置く。背びれの際に、切っ先で肩口から尾の付け根まで切り目を入れる。

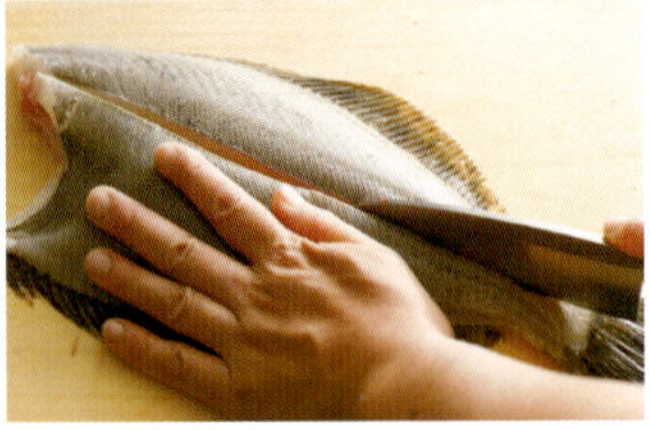

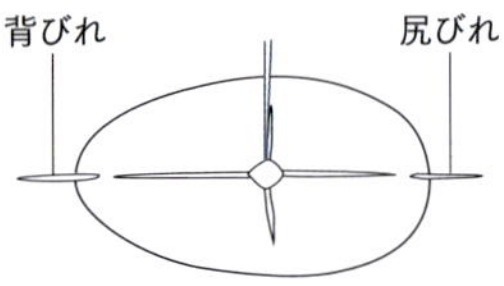

2 側線（身の中央にある節目）に沿って、肩口から尾の付け根まで、背骨に達する切り目をまっすぐ入れる。

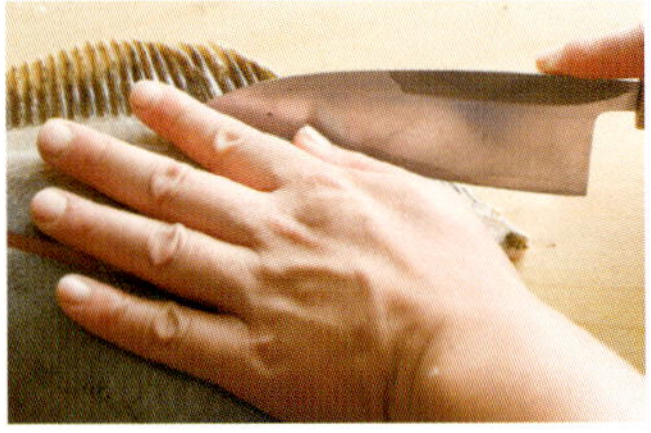

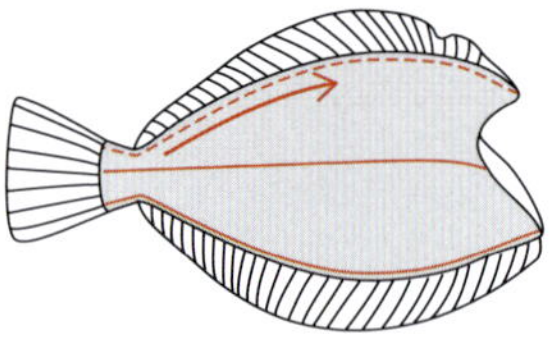

3 向きを変えて頭側を右に置き、尻びれの際に、尾の付け根から腹の断面の際まで切り目を入れる。

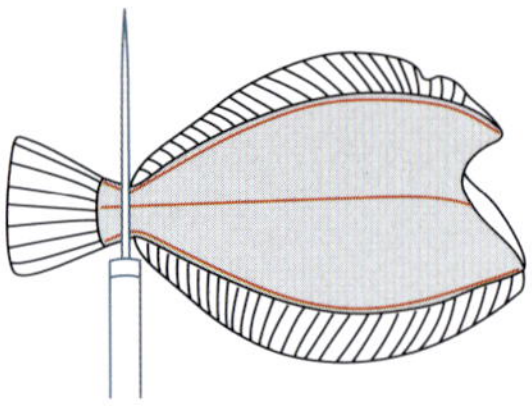

4 尾の付け根部分の関節（盛り上がっている所）に刃元を当て、峰を叩いて尾を切り落とす。

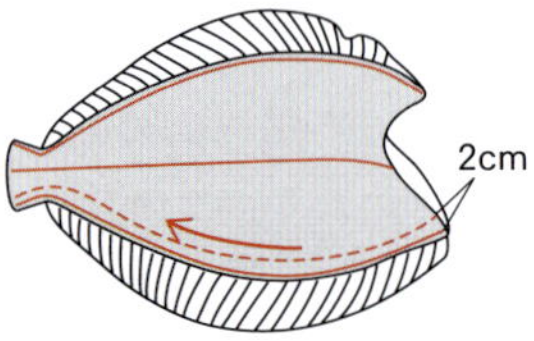

5 包丁をねかせて**1**の切り目に肩口から入れ、縁側（ひれ際から2cm幅くらい）に沿って尾の付け根まで切る。

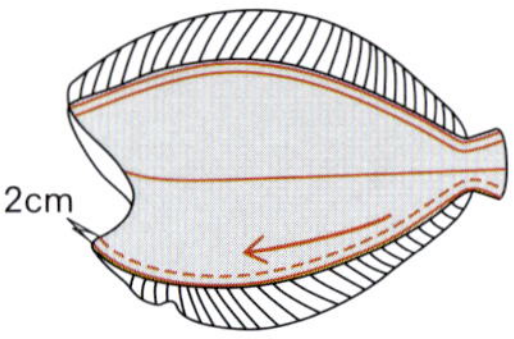

6 頭側を左に置く。包丁を**3**の切り目に尾の付け根からねかせて入れ、縁側に沿って腹の断面の際まで切る。

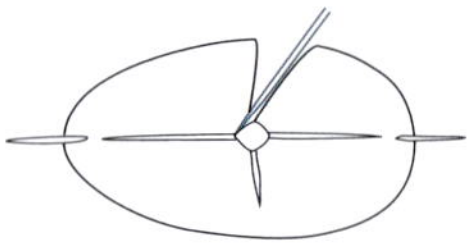

7 魚を押さえる手を少し外側にずらして身を引っ張りながら、**2**の切り目をなぞるように再度包丁を入れる。

POINT

側線に沿って背骨にまっすぐ切り目を入れただけでは、身が背骨の高さ分の厚さで残ってしまう。それを避けるため、背骨の角度に合わせて斜めに切り込む。腹骨部分は押し切っておく。

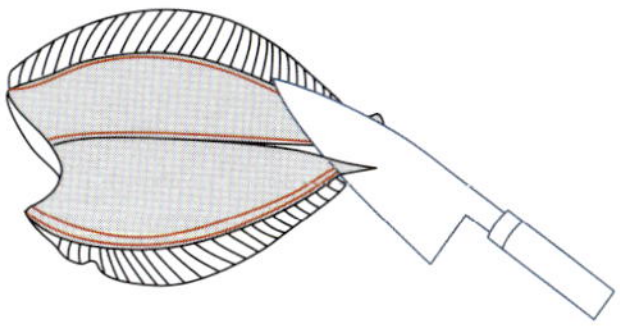

8 中央の切り目に尾の付け根から包丁を入れ、中骨に沿って手前に引くように動かして腹身を切り離していく。

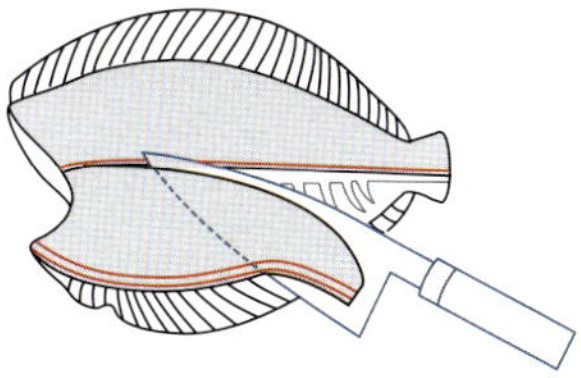

9 刃先で中骨をなぞるように少しずつ切り進み、身を切り離す。力を入れず、中骨に沿って繰り返し切り込む。

POINT

3と**6**で入れた切り込みによって、縁側はすでにひれ骨から切り離されているので、**9**で縁側の位置まで切り進むと、表身の腹身は自動的に中骨から離れる。

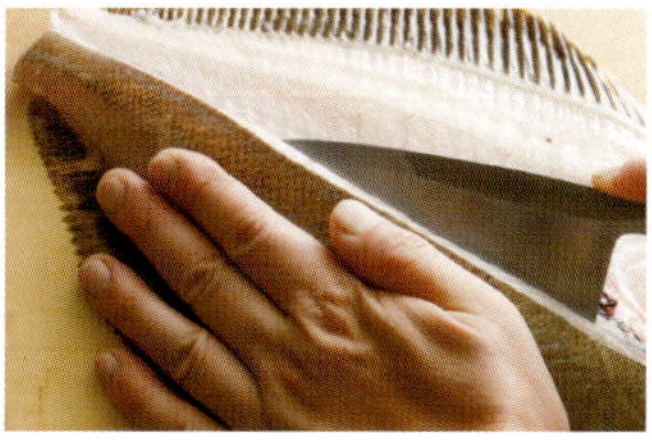

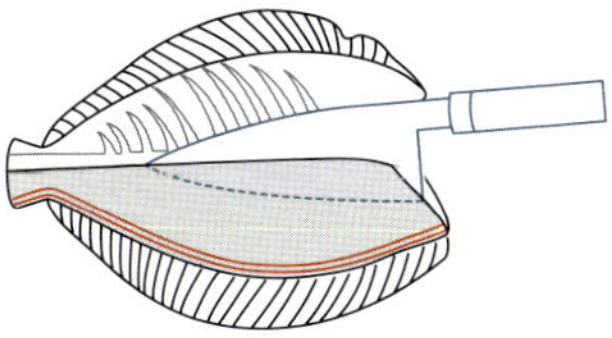

10 頭側を右にし、**7**の要領で背骨から身を切り離す。左手を外側にずらすように押さえると包丁を入れやすい。

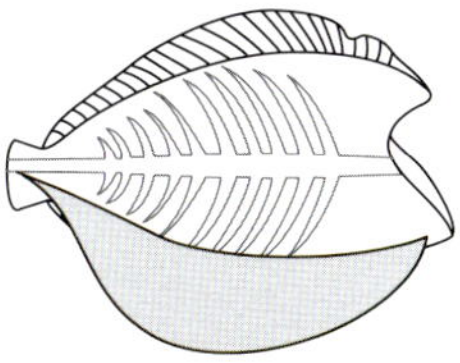

11 尾の付け根から包丁を入れ、**8**、**9**の要領で身を切り離す。腹身がはずれているので、包丁を大きく動かせる。

POINT

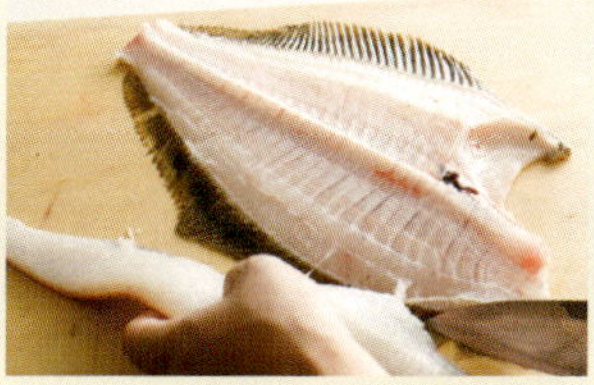

5で入れた縁側の切り込み部分まで包丁を進めると、表身の背身が自動的に中骨から離れる。

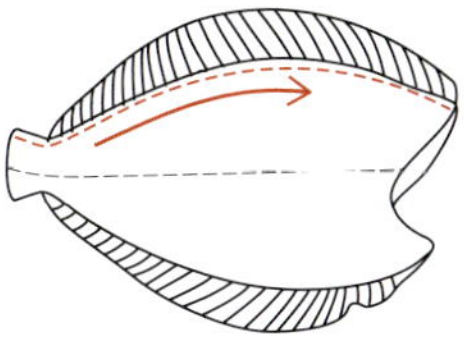

12 裏身を上にし、頭側を右に置く。背びれの際に、切っ先で尾の付け根から肩口まで切り目を入れる。

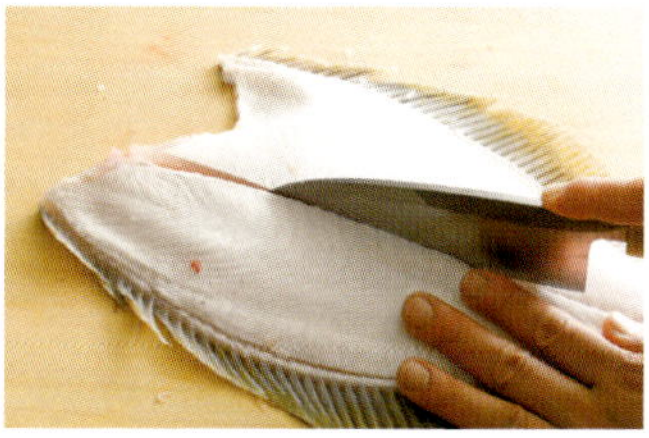

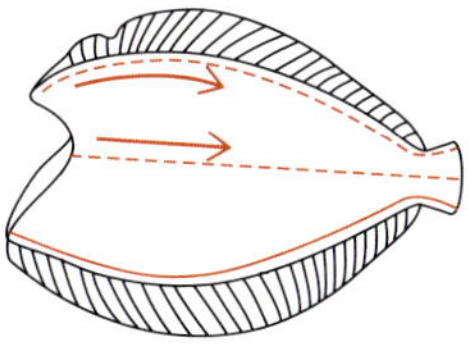

13 頭側を左に置く。**2**の要領で、側線に沿って切り目を入れ、さらに、尻びれの際に切り目を入れる。

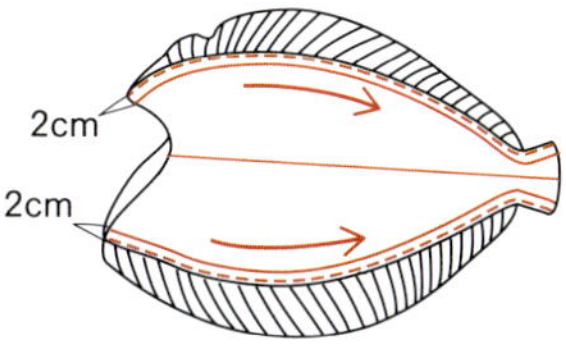

14 **5**、**6**の要領で腹びれ側、背びれ側の縁側に沿って包丁を入れる。

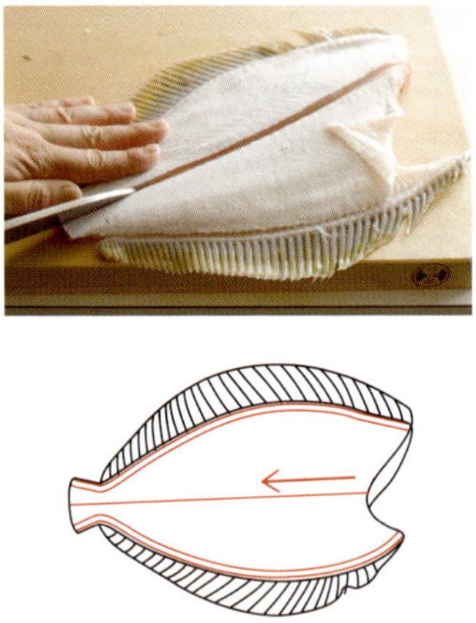

15 頭側を右に置く。**7**の要領で側線に入れた切り目をなぞるように再度包丁を入れ、背骨から身を切り離す。

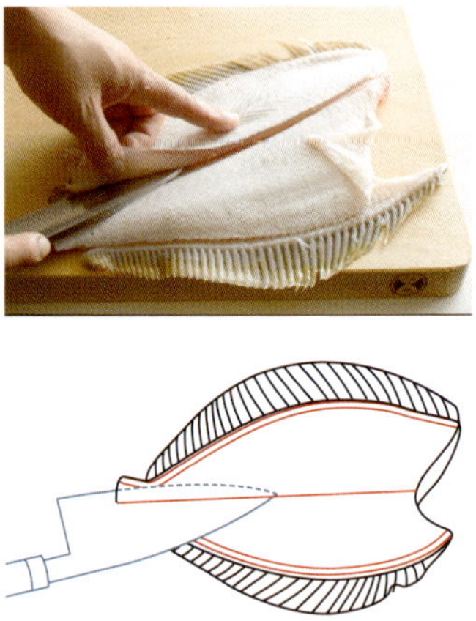

16 **8**、**9**の要領で尾の付け根から切り目に包丁を入れ、中骨に沿って身を切り離していく。

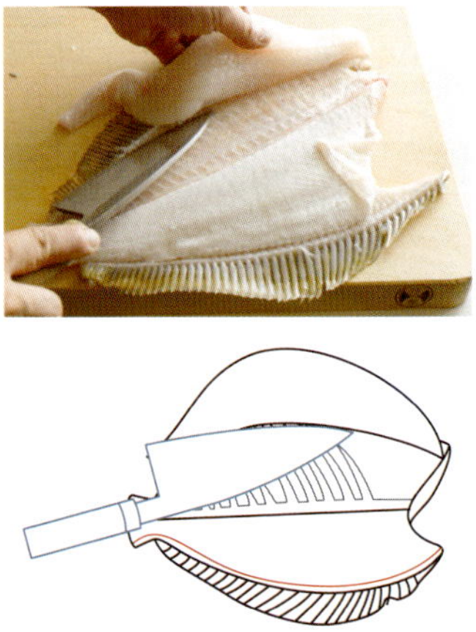

17 刃先で中骨をなぞるように縁側部分まで少しずつ切り進めて、背身を切り離す。

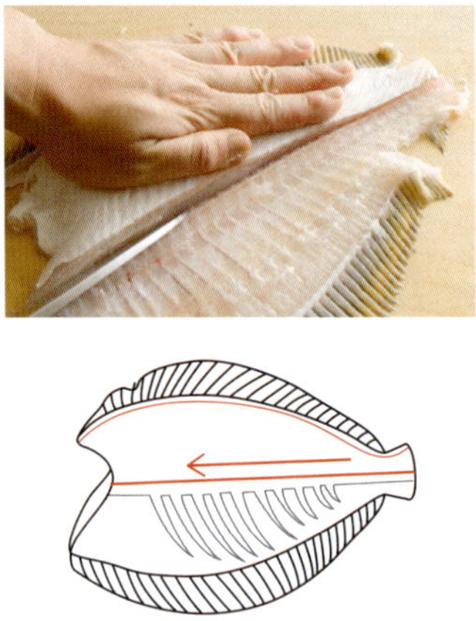

18 頭側を左にし、**7**の要領で側線に入れた切り目に再度包丁を入れ、背骨から身を切り離す。

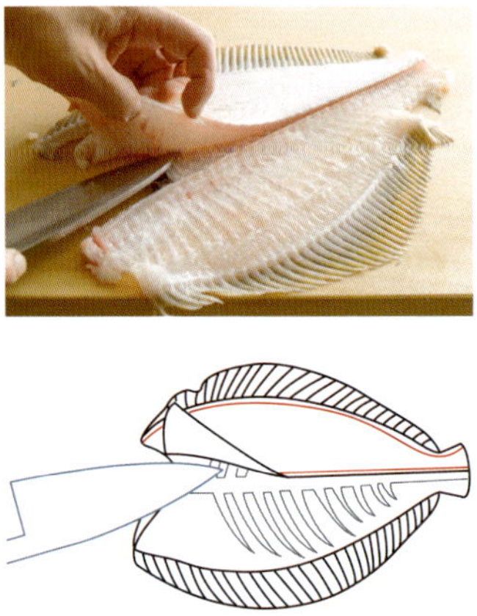

19 腹の断面の際から包丁を入れ、刃先で中骨をなぞるように少しずつ切り進めて腹骨部分の身を切り離す。

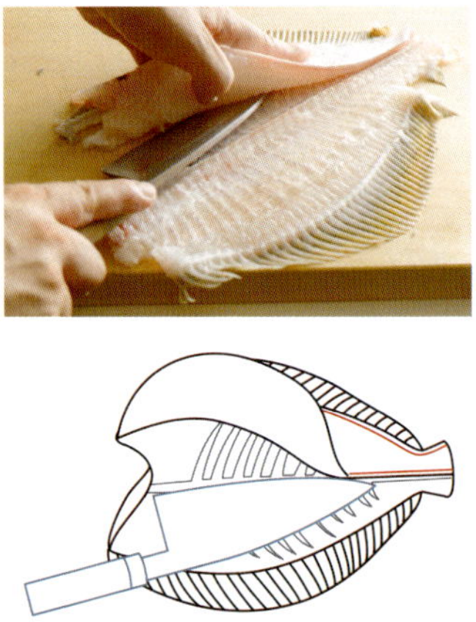

20 中骨に沿って包丁を手前に引くように動かして切り進める。背身ははずれているので、包丁を大きく動かせる。

POINT

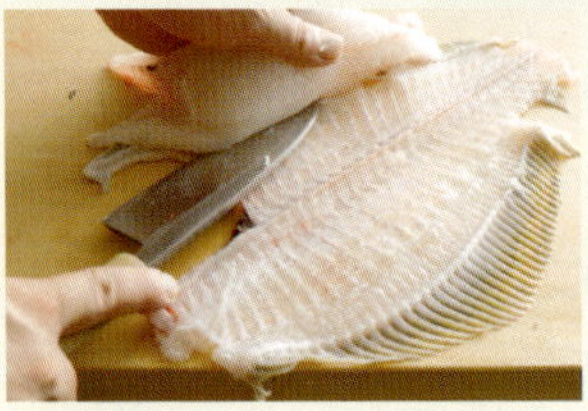

切り離した身を持ち上げるようにしてめくり過ぎると、骨まで持ち上がってしまい、包丁がまっすぐ進まなくなる。中骨が平らな状態を保つことを心がけて身をめくり、切り進めるとよい。

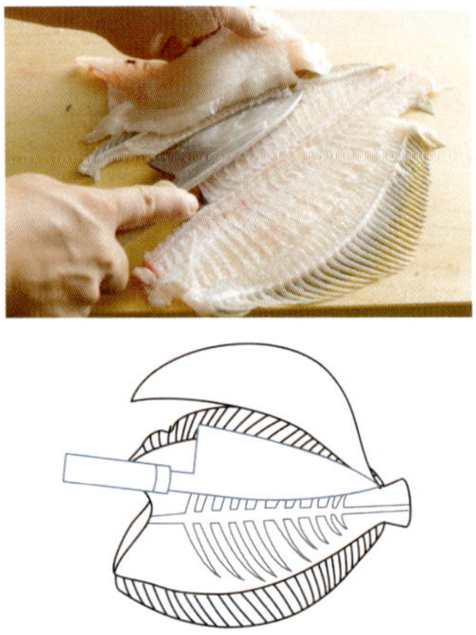

21 縁側部分まで包丁を進め、腹身を切り離す。

仕上がり

9 五枚おろしにしたもの

腹骨を取る

おろした身を刺身やソテーなどにする場合、腹の部分に残った腹骨をそぐようにして取り除きます。腹骨のあるところは脂がのって刺身にしてもおいしい部分なので、身をできるだけ残すように包丁を入れましょう。

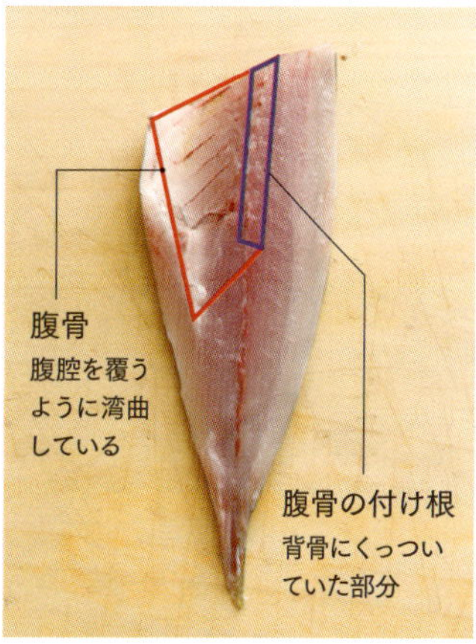
腹骨
腹腔を覆うように湾曲している
腹骨の付け根
背骨にくっついていた部分

腹骨の付け根をはずす1

骨が太くて硬い魚（たい、すずき、さばなど）の腹骨は、まず逆さ包丁で腹骨の付け根を身からはずし、腹骨を起こす。

＊この後、腹骨をそぎ取る（p.34「腹骨をそぎ取る」参照）。

使う道具
出刃包丁

使用した魚
すずき（下側の身）

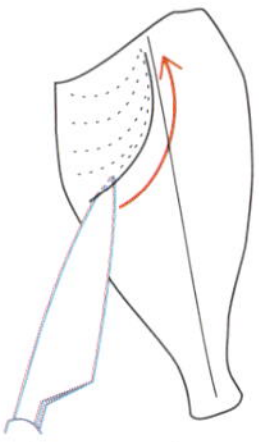

1 腹側を左にして縦に置く。腹骨の付け根に逆さ包丁で切っ先を入れ、切り上げて骨の端を1本ずつ身からはずす。

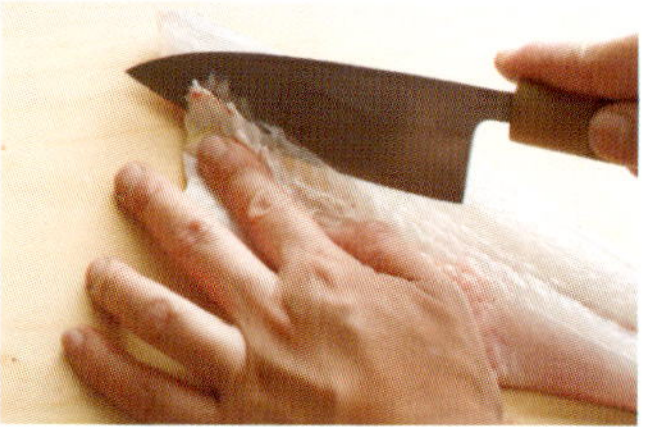

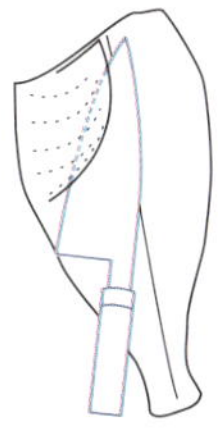

2 包丁を順手に持ち替え、右にねかせて切り口に刃先を差し入れ、右手の力を抜いて、腹骨の端を浮かせる。

腹骨の付け根をはずす2

骨が細くて身が柔らかい魚（あじ、さんまなど）は、まず腹骨の付け根に包丁を沿わせ、軽く押し切って身からはずし、骨を起こす。

＊この後、腹骨をそぎ取る（p.34「腹骨をそぎ取る」参照）。

使う道具
出刃包丁

使用した魚
あじ（下側の身）

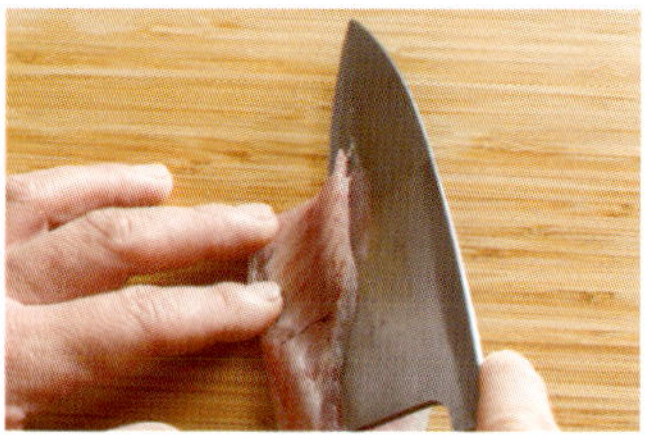

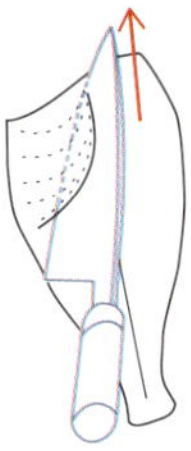

1 腹側を左にして縦に置く。腹骨の付け根に刃先を当て、プツッと付け根がはずれる音が聞こえるまで押し込む。

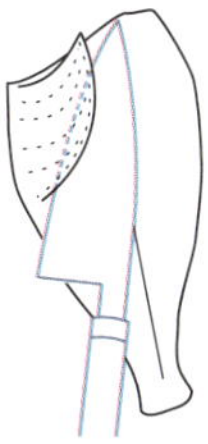

2 右手の力を抜き、包丁の平を身にのせるように右にねかせて、腹骨の端を浮かせる。

腹骨をそぎ取る

身から付け根をはずして起こした腹骨を、薄くそぎ取る。腹骨を取るときは、常におろした身の腹側を左にして縦に置く。

使う道具　出刃包丁

使用した魚　あじ

上側の身

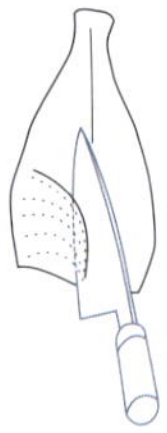

1 魚に合わせて腹骨の付け根をはずしておく（p.33「腹骨の付け根をはずす1･2」参照）。

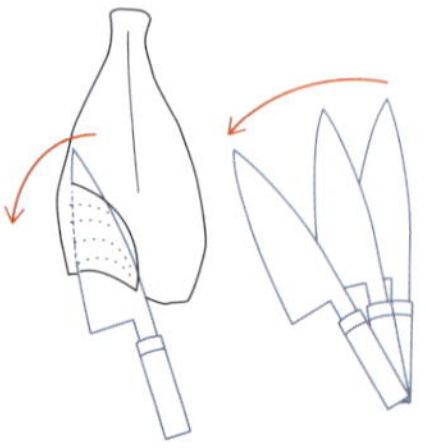

2 包丁をねかせたまま、手元を支点に左へ回しながら、腹の薄皮ごと腹骨をそぐように少しずつ切り進める。

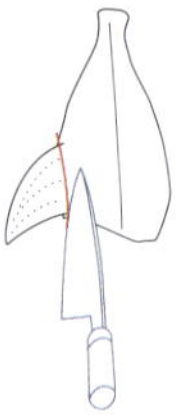

3 腹骨の先端まで切り進んだら、切り込んだ部分をめくり上げ、包丁を立てて腹の薄い部分と一緒に引き切る。

仕上がり

腹骨をそぎ取ったもの

下側の身

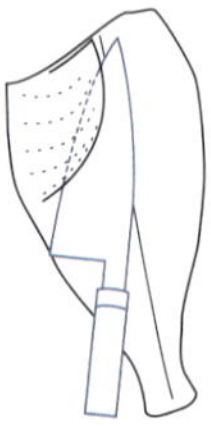

1 魚に合わせて腹骨の付け根をはずしておく（p.33「腹骨の付け根をはずす1･2」参照）。

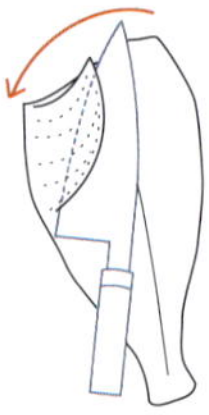

2 包丁をねかせたまま、手元を支点に左へ回しながら、腹の薄皮ごと腹骨をそぐように少しずつ切り進める。

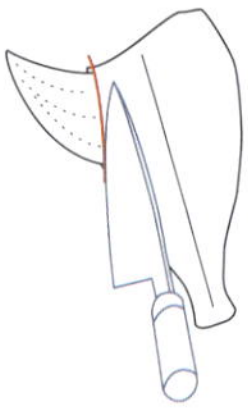

3 腹骨の先端まで切り進んだら、切り込んだ部分をめくり上げ、包丁を立てて腹の薄い部分と一緒に引き切る。

仕上がり

腹骨をそぎ取ったもの

小骨（血合い骨）を取る

おろした身には、背骨があった位置に沿って頭側から肛門辺りまで「血合い骨」と呼ばれる小骨が残っています。触ると骨が当たるのですぐにわかるはず。この骨を取り除きます。

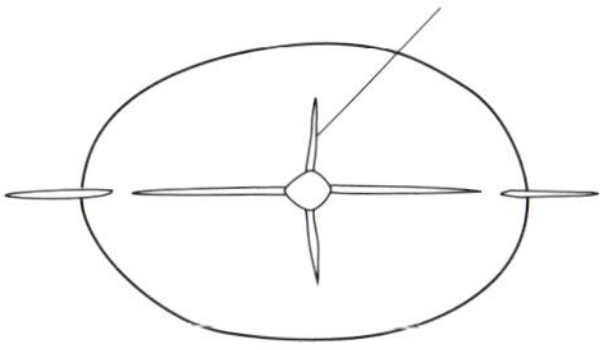

おろした身から腹骨、小骨を取り除き、料理にすぐ使えるようにしたものを「上身（じょうみ）」と呼ぶ。

切り取る

大きな魚や刺身用などに節取り（背身と腹身を切り分ける）する場合、あるいは骨抜きで抜き取れない場合は、血合い部分と一緒に小骨を切り取る。

使う道具 出刃包丁

使用した魚 あじ（下側の身）

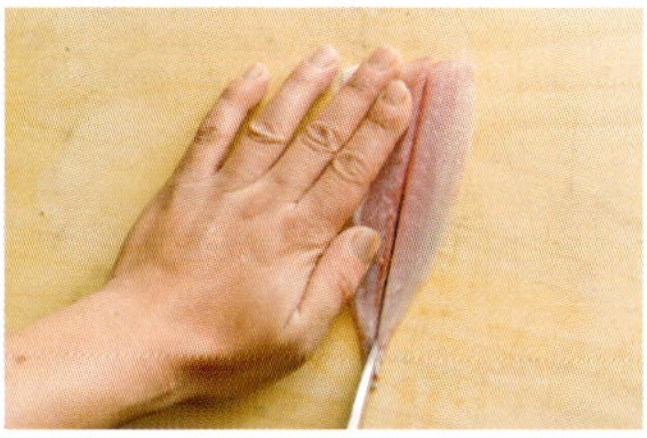

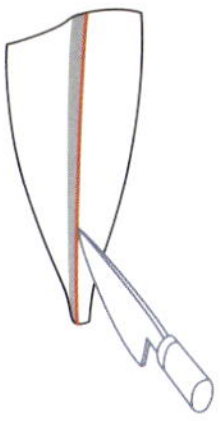

1 頭側を上にして縦に置く。身の中央にある小骨と血合い部分の右側ギリギリの所を、肩口から尾の付け根までまっすぐ切り、背身と腹身に切り分ける。

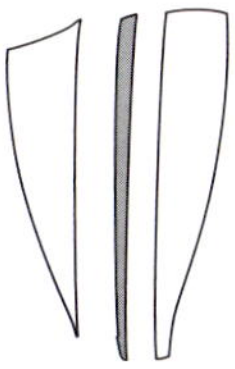

2 左側の身に残った小骨と血合い部分を、左側ギリギリの所で切り取る。

抜き取る

小～中型の魚や身の柔らかい魚は、骨抜きで1本ずつ抜く。指先で頭側から尾に向かって身をなぞり、骨の位置を確認しながら取り残しがないように抜いていく。手の温度で鮮度が落ちていくので、作業は手早くする。

使う道具 骨抜き

使用した魚 あじ

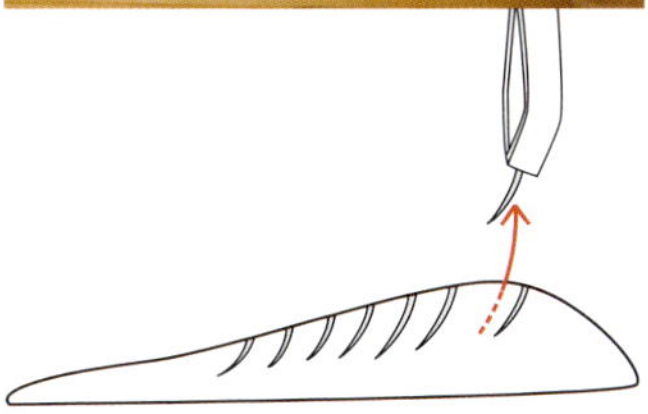

頭側を右にして置く。小骨は頭から尾に向かって斜めに入っていて、尾に近づくにつれ立ってくる。その角度に逆らわないように、骨抜きで右斜め上に向け1本ずつ引き抜く。骨に付いて抜けてしまう身を少なくするために、小骨の両脇を指で軽く押さえて引き抜く。

POINT

小さな容器に水を用意し、骨抜きにくっついている抜いた骨を洗い落とす。濡れた骨抜きは水気をしっかり拭き取ってから使う。

皮を除く

刺身やたたき、昆布締めにするときは、皮を取り除くのが基本。包丁で尾側から肩口に向かってはぎ取る方法と、手で皮をむく方法と二通りあります。皮を取り除くことを、「皮を引く」とも言います。

包丁で除く

中〜大型の魚（かつお、たい、すずき、ぶりなど）は、包丁で皮を取り除く。皮が途中で切れてしまわないように、慎重に進める。

使う道具
柳刃包丁

使用した魚
たい

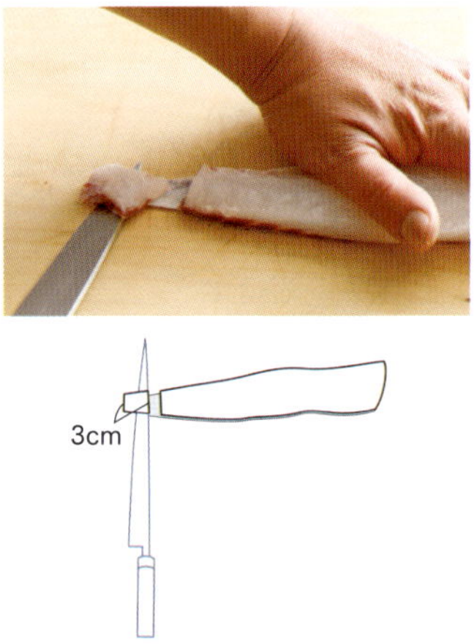

1 皮を下、尾側を左に置く。尾側の端から3cmくらいの所に皮の際まで切り目を入れ、尾側に向かって身をそぐ。

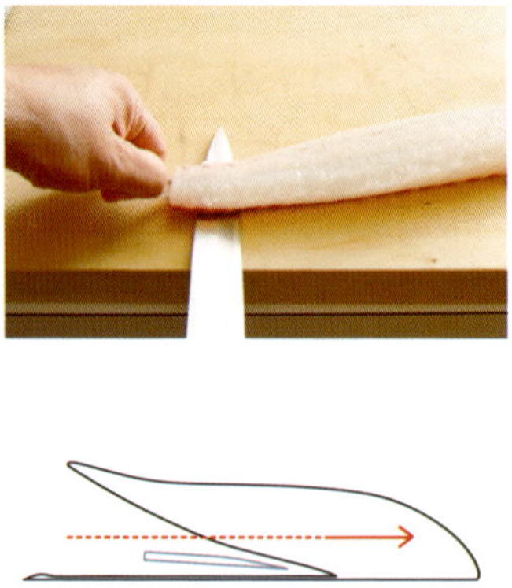

2 左手で身をそいだ部分の皮をしっかりつかみ、包丁の刃先を切り目から皮と身の間に入れる。

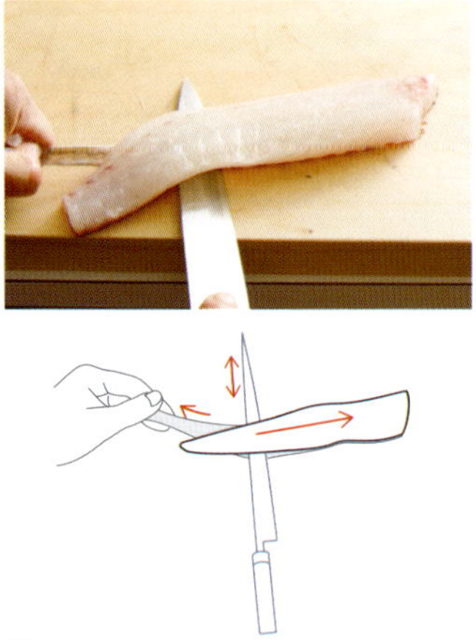

3 刃先をまな板に押しつけて密着させ、皮を左へ引っ張りながら小さく上下に動かして頭の方へ押し進める。

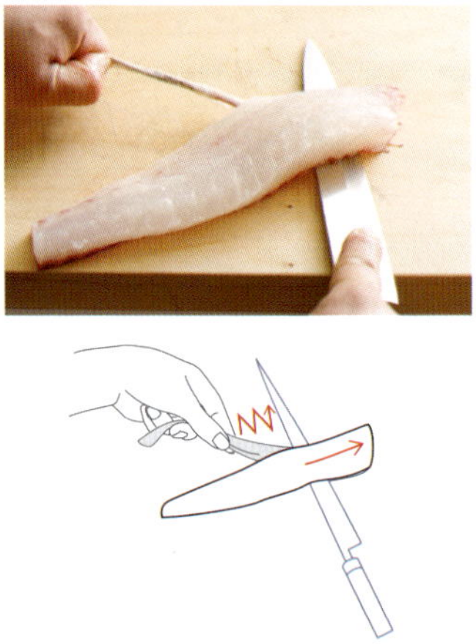

4 刃先はまな板につけたまま動かさず、皮を上下に動かしながら引っ張って頭側まではぎ取る。

仕上がり

9 皮を取り除いたもの

食感が悪くなるので、身に残ってしまった皮はそぎ取る。

手で除く

小さな魚や身の柔らかい魚（いわし、さよりなど）は手で皮をむく。力を入れると身が潰れたり、皮がちぎれたりするので注意する。

使用した魚
いわし

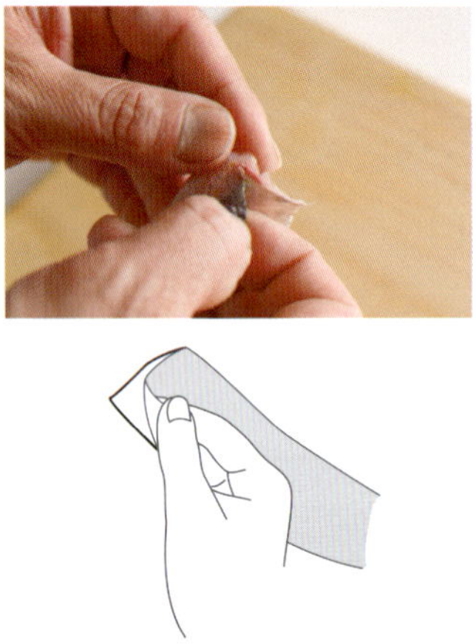

1 肩口の端の皮を、指先で慎重にはがす。

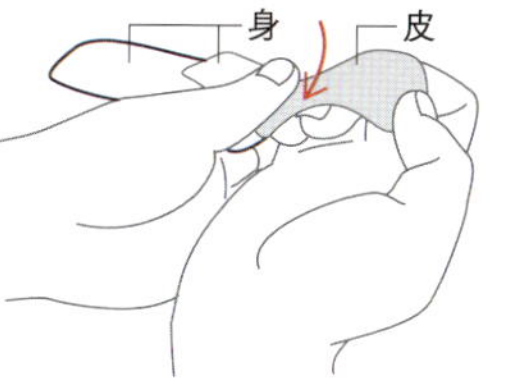

2 身を上にして持ち、皮を身からはがすのではなく、身を親指で押し下げるようにして皮からはがしていく。

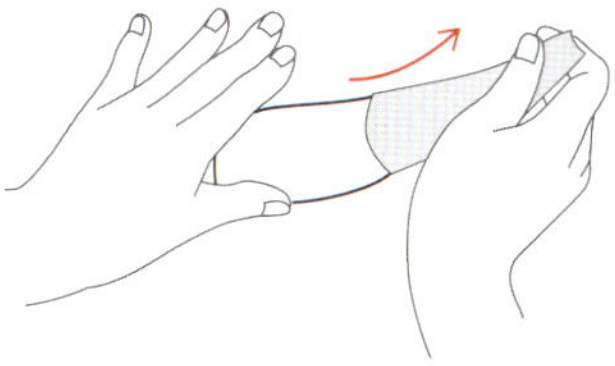

3 半分以上はがしたら、皮を上にして尾側を右に置く。身を押さえ、皮を斜め上に向けて引っ張ってむき取る。

頭を割る

中型以上の魚の頭には頬や唇など旨味の濃い身があり、煮物、焼き物などにすると美味。魚の中で最も硬い部分なので、二つに割り、食べやすく切り分けて料理に用います。この作業には、よく切れる包丁と腕力、そして細心の注意が必要です。

梨割り

頭を縦二つに割る方法。"グシュッ"と梨を割るような音がする、などがこの名の由来。

使う道具
出刃包丁

使用した魚
たい

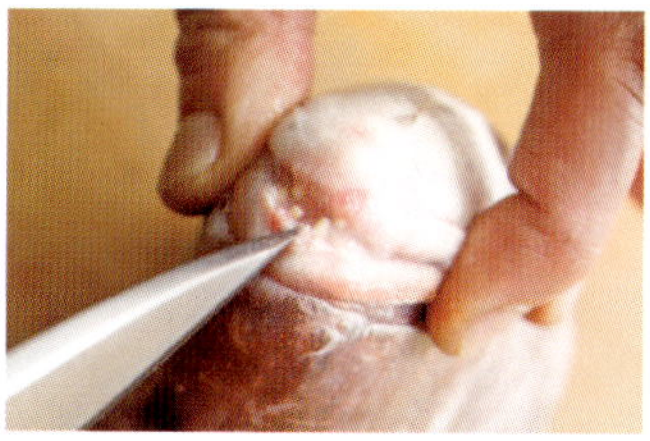

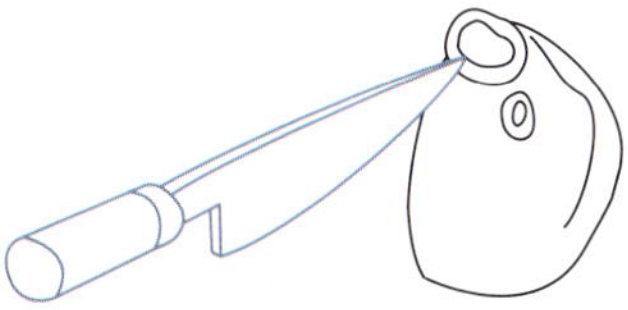

1 口を上に目を手前にして立てて置く。左手で固定し、上中央の前歯2本の間に包丁の切っ先を当てる。

POINT

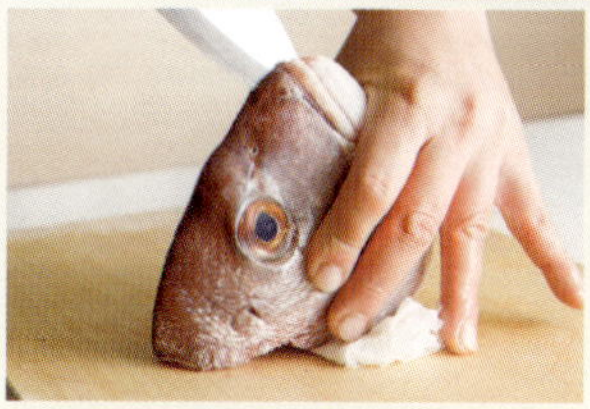

力を入れたときに滑らないように、固く絞った濡れ布巾を敷き、左手で下あご側からしっかり押さえて固定する。薬指の指先をまな板につけるとぐらつかず安定する。

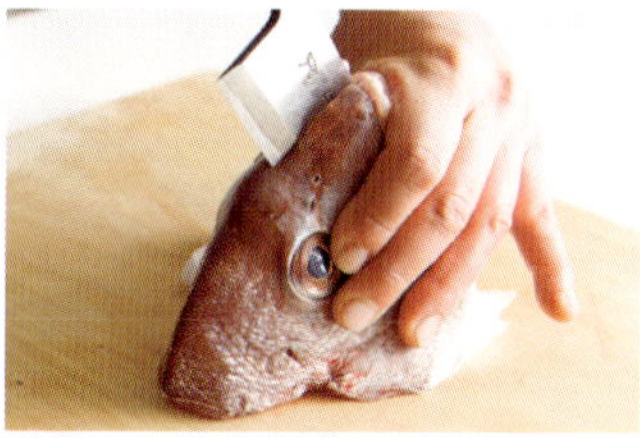

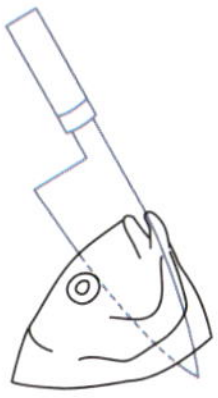

2 そのまま包丁をまな板に向かって斜めにグッと突き刺す。

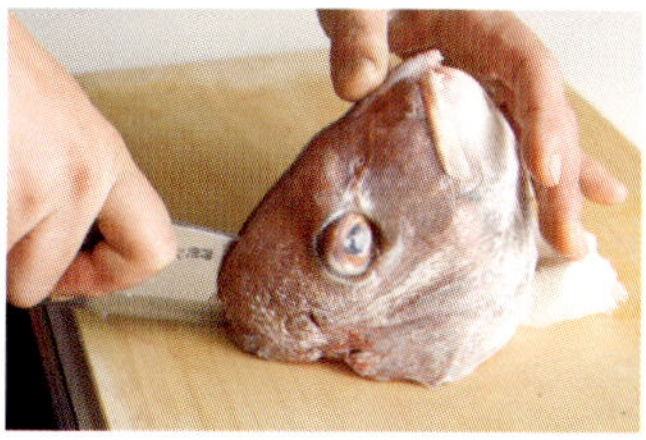

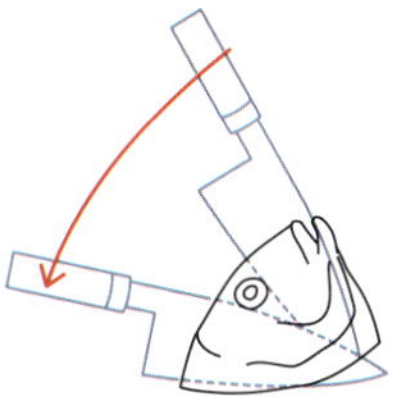

3 切っ先を支点にして、包丁を一気に押し下げる。下まで刃を入れたら、頭を左右にグッと開く。

POINT

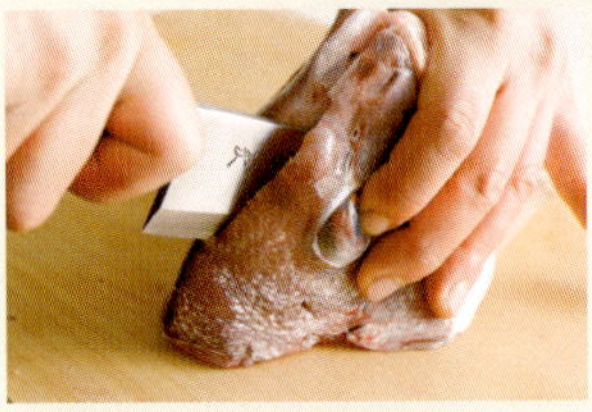

目の下辺りに硬い骨がある。そこに包丁の刃が当たったら、左右に少しずらした位置で切り下ろす。

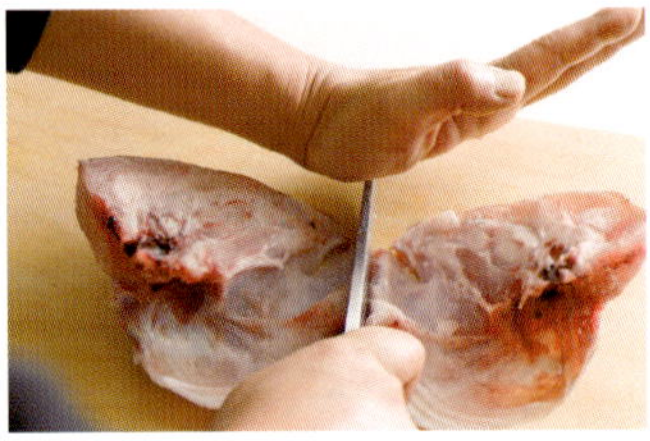

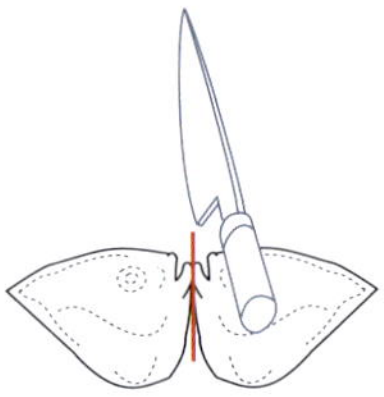

4 頭を左右に開き、つながっている下あごの付け根に刃元を入れて峰を叩き、二つに切り離す。

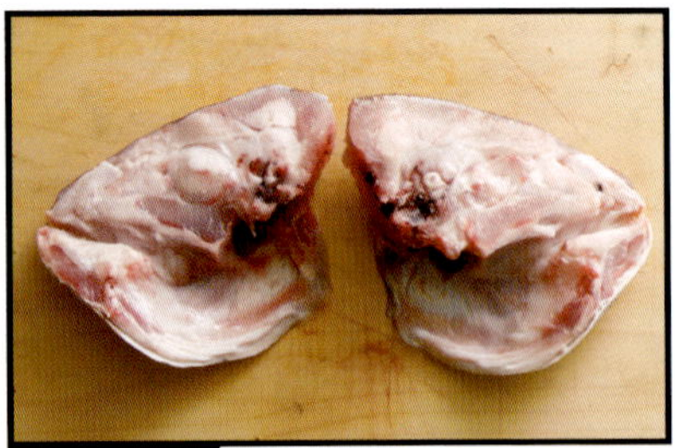

仕上がり

頭を左右二つに切り分けたもの

内側から割る

骨の柔らかい魚（きんめだい、きちじ、ぶりなど）の頭は、内側から比較的簡単に割ることができる。

使う道具 柳刃包丁

使用した魚 きんめだい

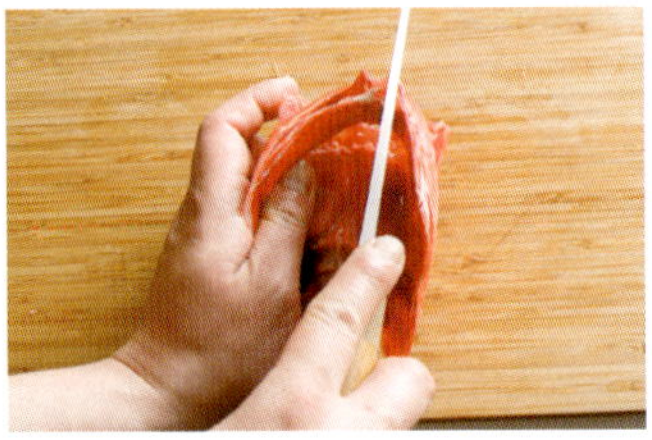

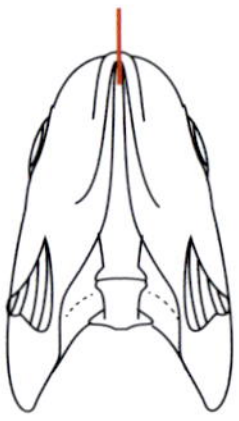

1 口を上にあごを手前にして立てて置き、下唇の中央を切る。

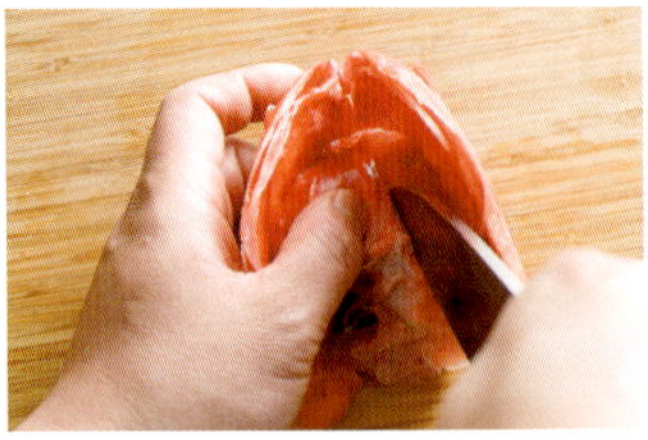

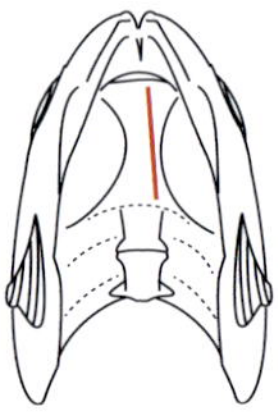

2 右側の目と太い骨の間に切り目を入れる。

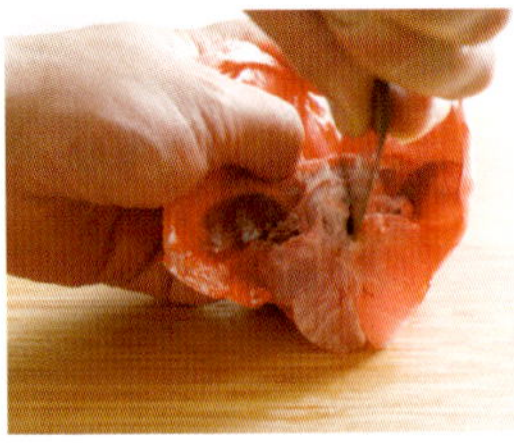

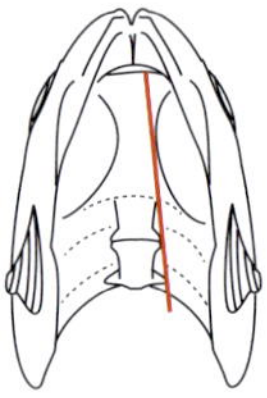

3 2の切り目に包丁を当て、太い骨を避けるように少し右下に向かって押し切るように動かす。

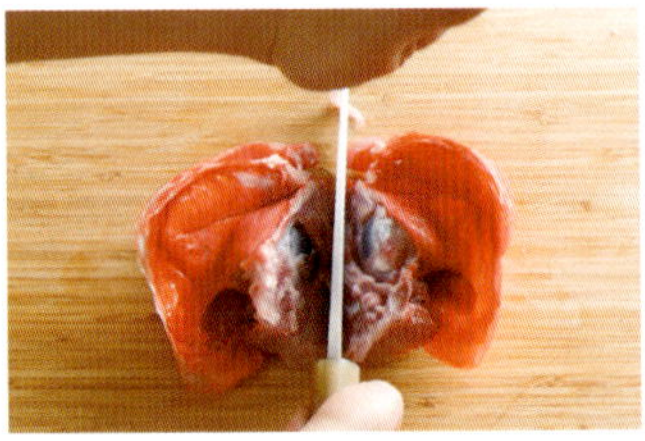

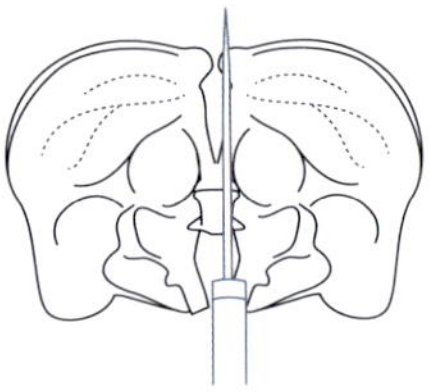

4 頭を左右にグッと開き、つながっている部分に包丁を当てて峰を叩き、二つに切り離す。

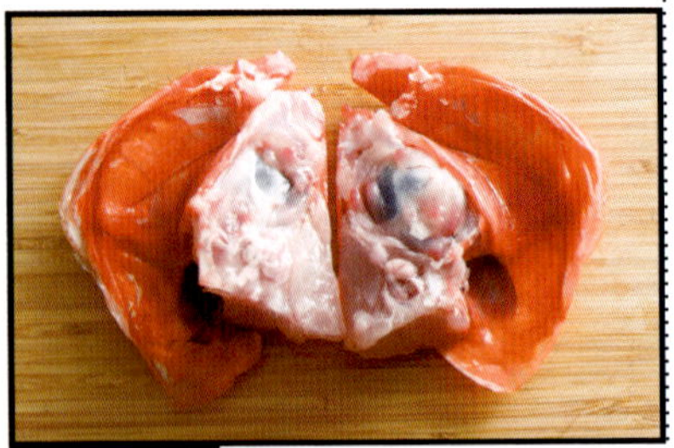

仕上がり

頭を内側から割ったもの

あらを切り分ける

魚をおろした後に残る頭や骨、それらについている身も含めたものが「あら」。濃厚なだしが取れて旨味も豊富。料理の前に切り分けて、生臭みを抑えるための下処理をします。

使う道具 出刃包丁
使用した魚 たい

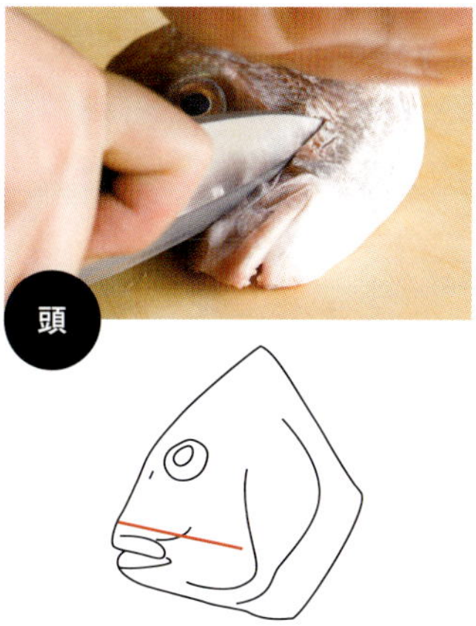

1 頭は、表を上にして置く。上唇の上に鼻筋と直角になるように切っ先を突き刺し、峰を叩いて深く切り込む。

2 1の切り込みの端から、えら蓋の上部に向けて包丁を入れ、峰を叩いて切り離す。

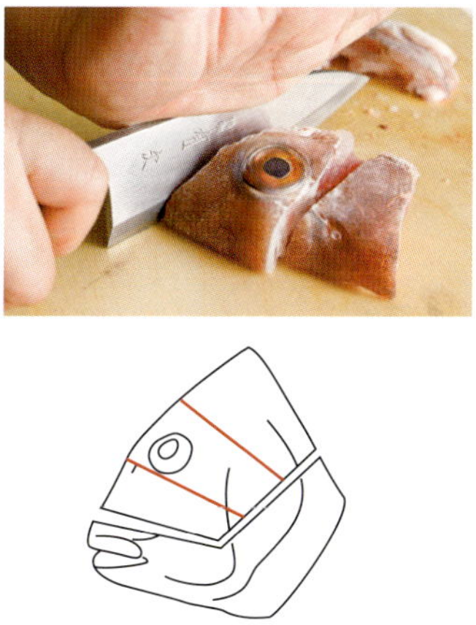

3 頭と目の部分を食べやすい大きさに切り分ける。骨が硬いので、峰を叩くようにして切り離す。

4 口側の部位から、えら蓋を切り落とす。

仕上がり

9 二つに割った頭を食べやすく5切れに切り分けたもの

身が付いていないえら蓋部分はだし用に。

5 ひれの部分は、数回に分けて、ひれ骨と中骨の間にある隙間に刃元を当て、峰を叩いて切り離していく。

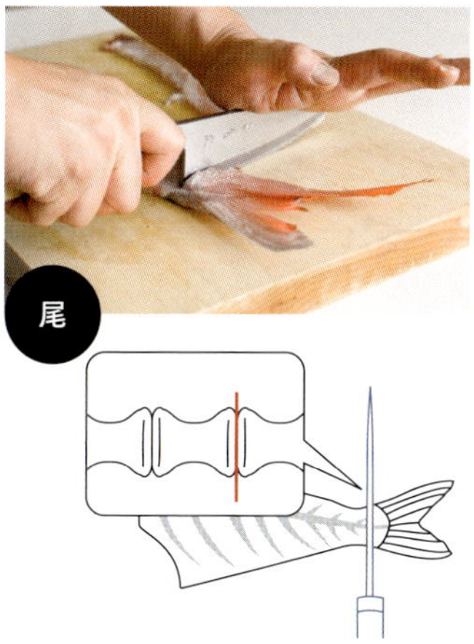

6 尾は、付け根部分の関節（盛り上がっている所）に刃元を当て、峰を叩いて切り落とす。

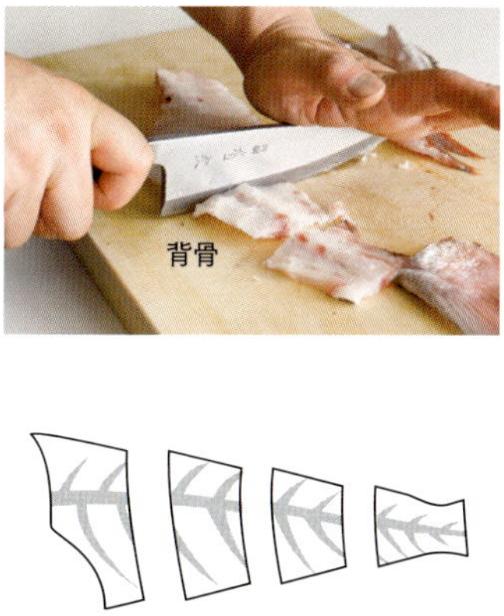

7 背骨は、関節に刃元を当て、峰を叩いて切り分ける。

刺身の基本

生のままの魚を食べる刺身は、鮮度はもちろんのこと、それぞれの魚の特性、状態に合わせた切り方で美しく仕上げることが求められます。ポイントは包丁の刃渡りの長さと動かし方。包丁は刃渡りが長いものなら普段使っている包丁でも構いませんが、柳刃包丁があると、よりシャープな切り口が得られます。包丁を前後に何度も動かすと身が崩れてしまうので、長い刃の端から端まで使って一気に引き切ります。正しい切り方がマスターできれば、見た目も味わいもワンランク上の刺身を楽しめます。

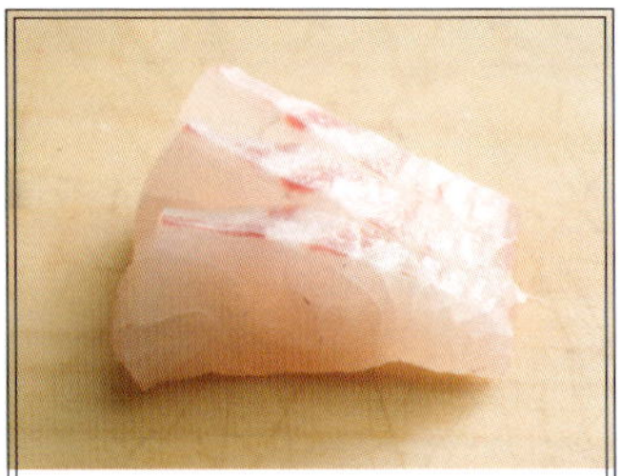

平作り

最も一般的な切り方。たい、まぐろ、かつお、ぶりなど、比較的大型で身の厚い魚に用いるが、極端に身の薄い魚でなければほとんどの魚に使える。

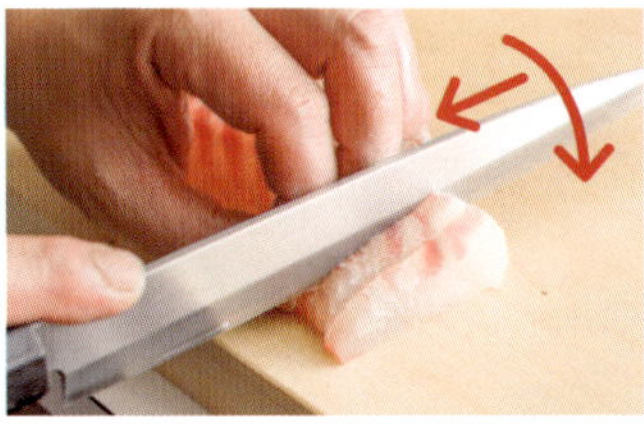

1 皮側を上にし、身の向こうと手前で厚さが違う場合は向こう高(身の厚い方を向こう側)に置き、右から切る。刃元を身の手前側の角に当て、切っ先を上げる。向こう高に置いた場合は、刃先を身の傾斜に沿わせる。切っ先が弧を描くように包丁を手前に引く。

2 刃元から切っ先まで刃渡りいっぱい使い、一気に引く。決してのこぎりのように包丁を前後に動かさないこと。

3 切っ先がまな板についたら、そのまま包丁をまっすぐ引き抜く。切り終わった身は包丁で右に送るか、そのまま置く。

そぎ作り

平作りより薄く、断面が広くなる切り方。繊維が強く身の締まった白身魚や身の薄い魚、厚みの違う身に向くが、かつお、まぐろなど多くの魚に活用できる。

1 尾側を左にして向こう高に置き、左から切る。左手の人差し指を身に軽く添え、包丁は右にほぼ水平にねかせて刃元を身の手前側の角に斜めに当てる。切っ先が弧を描くように包丁を手前に引き、薄くそぐように身を切る。

2 刃先がまな板についたら、包丁を起こして刃先を立て、手前に引いて切り離す。包丁を前後に動かすと、身がよじれてきれいなそぎ作りにならない。

3 1枚切るごとに、左手で脇に移す。そぎ作りの応用で、身を透けるほどに薄く切る切り方を「薄作り」と呼ぶ。

POINT

- ◆よく研いだ包丁を使う。
- ◆まな板は水気をしっかり拭く。
- ◆まな板は作業台の手前に置き、魚はまな板の手前の方に置く。この位置に置くと、包丁を持つ手がまな板に当たらず、長い刃を十分に引くことができる。
- ◆一つの作業が終わるごとに、固く絞った濡れ布巾で包丁とまな板を拭く。
- ◆手で魚を触り過ぎると、身が崩れ、鮮度も落ちるので、できるだけ手早く仕上げる。

切りかけ作り

切り目を入れてから平作りにする切り方。切れ目によって食べやすくなり、しょうゆなどの付きもよくなる。皮付きで刺身にするときや、身を厚く作る魚、脂の強い魚に用いるとよい。

1 皮側を上にして向こう高に置き、右端から切る。左手で身を軽く押さえ、刃元を身の手前側の角に当てて切っ先を上げる。切っ先が弧を描くようにして包丁を手前にすっと引いて身の中程まで切り目を入れる。

2 一刃目と同じ幅分包丁を左にずらし、「平作り」の要領で引き切る。切り離した身は包丁で右へ送る。

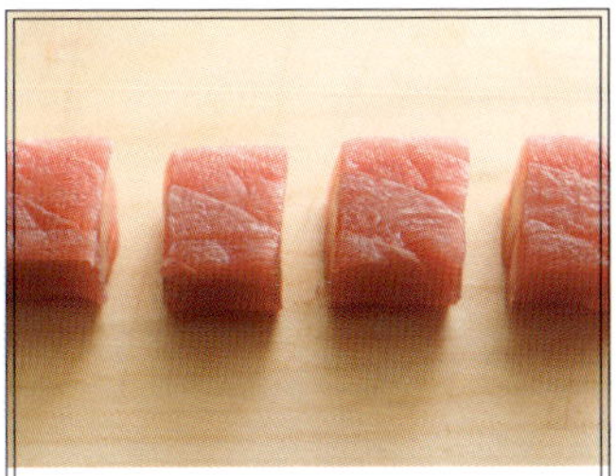

角作り

さいころのように四角く切り出す切り方。まぐろ、かつお、ぶりのように身が厚く、柔らかい魚に用いる。別名「角切り」「小角」。

1 2～3㎝厚さの身を、厚みと同じ幅で棒状に切る。切っ先を入れ、そのままままっすぐ引いて切る。

2 棒状にした身を横向きに置き、右端から厚みと同じ幅で切る。刃元を身の手前側の角に当て、切っ先を上げる。

3 切っ先が弧を描くようにして、一気に引き切る。角が尖っていないと鮮度が落ちたように見えるので、包丁は決して前後に動かさず、切っ先から刃元まで刃渡りいっぱい使って切る。角作りの応用で、小さく切り揃えたものは「さいの目作り」と呼び、刺身を切って残った端の部分などに適している。

細作り

身に弾力のあるいかや、身の細いきす、さよりなどに適した切り方。いわゆる魚のせん切り。厚みのある魚の場合は、身を2～3枚にそいで薄くしてから、繊維に沿って細切りにする。

1 右端から細く切っていく。左手で身を軽く押さえ、切っ先を身の向こう側のまな板に付けて刃元を浮かし、縦か斜めに一気に引いて切る。

2 線を引くように、リズミカルに切っていく。形を崩さないように切り、そのまま盛り付けてもよい。細切りの応用で、さらに細く切る切り方を「糸作り」と呼ぶ。

皮霜作り

たいやきんめだいのように、皮が美しくおいしい魚に向く。硬い皮に熱湯をかけると加熱されて柔らかくなり、余分な脂が抜けて生臭みも抜ける。たいの皮霜作りは「松皮作り」とも言う。

1 「**焼き霜作り**」と同様に振り塩をして10分程おいた身を、キッチンペーパーでくるみ、皮側を上にして傾けたまな板、または盆ざるに置き、熱湯をかける。皮がキュッと縮み、その後少し伸びるまでしっかりかけて皮に熱を通す。

2 すぐに氷水に取って余熱が回らないようにする。粗熱が取れたら引き上げ、水気を拭く。

3 皮側を上にし、向こう高に置く。縦に等間隔の切り目を2本入れ、p.40「**平作り**」の要領で引き切る。切り目を入れると皮が噛み切りやすく、仕上がりの見栄えもよくなる。

4 裏返したバットに**3**を皮を上にして置き、料理用ガスバーナーなどで皮部分だけを強火で焼く。焼き過ぎると刺身ではなくなるので、皮目に焼き目が付けばよい。

5 全体に焼き目が付けば、バットからおろして粗熱を取る。このとき、冷ますために氷水などに入れると、おいしい脂や香ばしい焼き目がすべて落ちてしまい、身が水分を吸ってベチャッとしてしまうので、常温に置く。焼き霜作りは、ほんのり温かいものを食べる。冷たくしたければ、冷蔵庫に入れる。

6 粗熱の取れた身を、皮側を上にして向こう高に置き、p.41「**切りかけ作り**」の要領で切り目を入れてから引き切る。ただし、切り目は2本入れる。

焼き霜作り

皮の持つおいしさを生かす手法。皮だけを強火で焼くことで生臭みや余分な脂が抜けて食べやすくなり、風味も増す。たい、さばなど、皮に旨味のある魚に用いる。かつおのたたきはこの一種。

1 刺身にする前に、振り塩（魚の重量の約2%）をする。まずバットに塩を適量振り、その塩の上に、皮を下にして身を置く。残りの塩を少し高いところから全体にまんべんなくかかるように振る。

2 そのまま5〜10分程おく。

3 表面に浮き出た水分をキッチンペーパーで吸い取る。塩の脱水作用で水分がしみ出てくるときに、生臭みの成分も出てくるので、水分と一緒に取り除く。また、塩の作用で身に含まれるタンパク質が変成して糊状になり、これが加熱によって固まり、皮が身からはがれにくくなる。

第二章
魚介のおろし方と料理

あいなめ

Greenling　鮎並／鮎魚女／愛魚女／相嘗

［分類］カサゴ目アイナメ科　［別名］あぶらめ、あぶらこ、しじゅう、ねうお他　［産地］北海道、青森、福島、茨城、千葉など

旬 年間を通して味わえるが、産卵期前の晩春、木の芽期が最も美味

体表が油を塗ったようにぬめっていることから「あぶらめ」とも呼ばれる白身魚。脂の多い身は、白身らしからぬ濃厚な甘みと旨味があり、それでいて後味は軽やか。シコシコと弾力があり、舌触りもよい。皮下部分の旨味が濃いので、料理は皮付きのままがおすすめ。刺身なら、皮霜や焼き霜作りにすると美味。油との相性もよく、揚げ煮などにするとおいしさが際立つ。比較的おろしやすい魚だが、小骨が非常に多いので、骨切りが必要。鮮度が落ちると特有の臭いが出てくるので、活け締めされた新鮮なものを選ぶとよい。

おろすポイント

- うろこは細かくはがれにくい。しかもぬめりもあるので、金だわしで丁寧に取る。
- えらと共に内臓を取り出し、頭は活き締めの切り口から斜めに落とす。
- 小骨が非常に多いので、骨切りをして食べやすくする。包丁を同じリズムとスピードで動かし、皮ギリギリまで切る。

選ぶポイント

頭が小さく、肩が盛り上がっている
体表にぬめりがあり、光っている
活け締めの跡
目が膨らんでいる
体色は棲息地の環境によって黄色、赤褐色、紫褐色などに変化する。味に変わりはない
脂がのってくると、尾の付け根や肛門の下辺りがふっくらする

下処理

使う道具

金だわし、出刃包丁

1

1 左手で頭を押さえ、金だわしで尾から頭に向かってまんべんなくこすり、**うろこを取る。** 細部は包丁でこそげ取る。力を入れ過ぎると、柔らかい身を傷つけてしまうので注意する。

2

2 **えらをはずす**（p.22「えらをはずす1」**1**～**5**参照）。

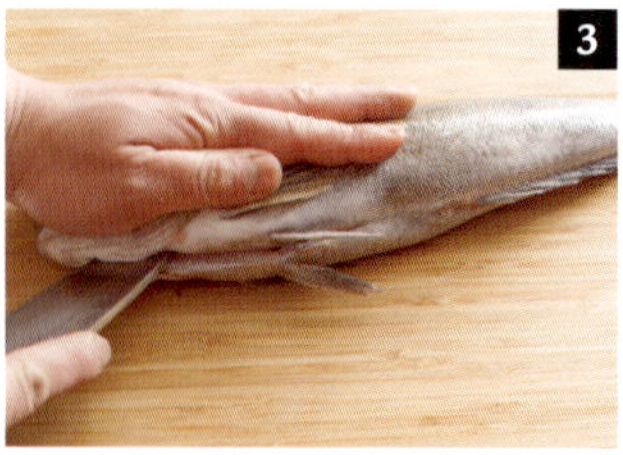

3

3 切っ先を肛門に入れ、あご下まで包丁を進め、**腹を切り開く。** 内臓を傷つけないように注意する。

POINT

肛門部分の切り込みが足りなければ、逆さ包丁で尾の方に向かって少し切り足す。

頭を落とす
［かま下落とし］

使う道具
出刃包丁

1 頭を左、腹を手前に置く。胸びれと腹びれを頭側へ倒して押さえ、胸びれの後ろに包丁を入れ、腹びれの中央まで**斜めに切る**。

2 胸びれの後ろから頭の付け根（活け締めの切り口）に向かって包丁を入れ、背骨まで切り込む。その後、背骨に刃元を当て、手のひらで峰を叩いて**背骨を断ち切る**。

3 頭の位置を変えずに裏返し、胸びれと腹びれを持って頭を少し起こし、腹びれの後ろから頭の付け根（活け締めの切り口）へ向かって斜めに引き切り、**頭を落とす**。

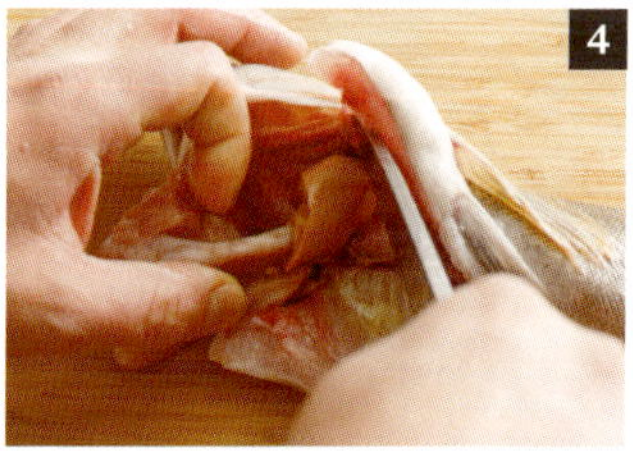

4 腹を開き、内臓をまとめて頭の方へ引き上げる。腹の奥へ包丁を入れて、腹膜や背骨との接合部を切る。

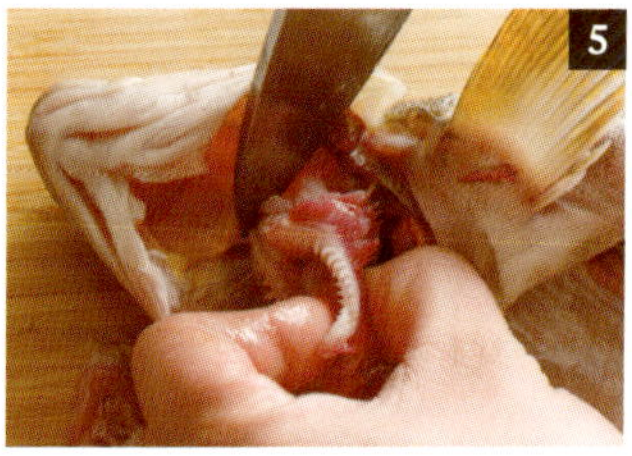

5 えらと頭の接合部を切り、そのままえらをつかんで静かに引っ張り、**えらと内臓と一緒に取り出す**。

6 血わたの縁に沿って背骨の薄膜に切り目を上下2本入れ、刃先で**血わたをかき出す**。

POINT

背骨の溝などに残った血わたは、切っ先でかき出す。

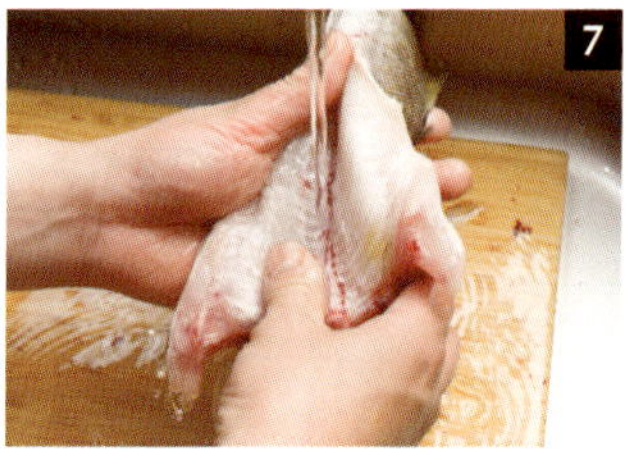

7 **水で手早く洗い**、表面や腹の中に残ったうろこや汚れを落とす。

8 キッチンペーパーで表面と腹の中の**水気をしっかり拭き取る**。腹の中に残った血わたや内臓などもきれいに拭い取る。

身をおろす
［三枚おろし］

＊p.26～28「三枚おろし」参照

使う道具
出刃包丁

1 腹の断面の際から尾の付け根まで目印の線となる切り目を入れ、その線に沿って、切っ先で背骨をなぞりながら尾の付け根まで切る。

2 背側に目印の線となる切り目を入れ、背骨をなぞりながら肩口まで切る。切り目を入れる際に、左手で腹側をまな板に押しつけるようにして皮を引っ張って身を起こすと、包丁が入れやすくなる。

腹骨・小骨（血合い骨）を取る

使う道具

出刃包丁、骨抜き

1 **腹骨を取る**（p.33「腹骨の付け根をはずす1」、p.34「腹骨をそぎ取る」参照）

2 骨抜きを使って**小骨を引き抜く**（p.35「抜き取る」参照）。

くず打ちあいなめ椀
▸ p.47

あいなめの揚げ出し
▸ p.47

骨切りする

＊上身《じょうみ》を使用

使う道具

柳刃包丁

1 身を上にして向こう高に置く。2～3㎜間隔で包丁を前に押し出すように動かし、皮1枚残るところまで深く切り込み、**皮際にある小骨を切る**。

POINT

しっかり切り込んで、皮の際にある小骨を切る。切り口を広げてみて、皮の裏面が見えていればOK。

仕上がり

骨切りしたもの

POINT

尾の部分が丸くなっているので包丁の位置が決めにくい。目印の切り目を入れる際は、尻びれの延長線上に刃先をきちんと当てる。ひれの骨の下に入れないように注意する。

3 尾の付け根に逆さ包丁を差し入れて尾に向かって少し切り込み、包丁を返して頭側まで背骨の上を滑らせるように動かし、身を切り離す。

4 中骨を下にして、尾を左、背を手前に置く。背びれに沿って切り目を入れ、その切り目に沿って切っ先で背骨をなぞりながら尾の付け根まで切る。

5 向きを変え、腹側に尾の付け根から腹の断面の際まで包丁を入れる。

6 尾の付け根に逆さ包丁を差し入れて尾に向かって少し切り込み、包丁を返して頭側まで背骨の上を滑らせるように動かし、身をはずす。最後に尾の付け根を切り離す。

仕上がり

三枚おろしにしたもの

くず打ちあいなめ椀

材料（4人分）

あいなめの上身……½尾分（約200g）
菜の花……8本
くず粉（または片栗粉）、塩……各適量
だし……4カップ

A
- 酒……大さじ1
- 塩……小さじ⅓〜⅔
- 薄口しょうゆ……小さじ½〜⅔

1. あいなめは振り塩をして15分程おき、表面に浮き出た水気を拭いて骨切りし、4等分に切る。
2. **1**の切り身にくず粉を刷毛で切り目の中まで丁寧にまぶす。
3. 菜の花は根元の硬い部分を切り落として塩ゆでにし、水に取って粗熱を取り、水気をきる。
4. 鍋にだしを温め、**A**で調味する。
5. 別の鍋にたっぷりの湯を沸かし、**2**を静かに入れて、切れ目が開いて火が通るまで2〜3分ゆでる。
6. あいなめの湯をきり、熱いうちに椀に盛る。菜の花を**4**の汁で温めて添え、あつあつの汁を張る。

あいなめの揚げ出し

材料（4人分）

あいなめの上身……½尾分（約200g）
塩、片栗粉……各適量
大根おろし……適量
だし……1½カップ

A
- しょうゆ……大さじ2
- 薄口しょうゆ……大さじ2
- みりん……大さじ3

おろししょうが……適量
揚げ油……適量

1. あいなめは振り塩をして15分程おき、表面に浮き出た水気を拭いて骨切りし、4等分に切る。
2. **1**に片栗粉を刷毛で切り目の中まで丁寧にまぶす。
3. 揚げ油を170〜180℃に熱して**2**を入れ、切り目が少し開き、きつね色になるまで揚げ、油をきる。
4. 鍋にだしを温め、**A**で調味する。**3**を切り目を上にして入れて汁を絡め、取り出す。
5. **4**の汁に大根おろしを加えて温め、火を止める。
6. 器に**5**と**4**のあいなめを盛り合わせ、おろししょうがをのせる。

Blackthroat sea perch

あかむつ 赤鯥

[分類]スズキ目ホタルジャコ科 [別名]のどぐろ、めぶと他 [産地]日本海側は北陸から山陰地方、長崎。太平洋側は千葉、神奈川など

旬 脂がのるのは晩秋から冬。産卵前の7月〜8月も美味

のどが黒いことから別名「のどぐろ」。近年はこちらの名称が全国区になっている人気の魚。脂ののりがよく「白身のトロ」とも言われるが、産地によってその味わいが微妙に違う。日本海側で漁獲されるあかむつは、脂をたっぷり蓄え、身が柔らかくしっとりしている。その分、加熱調理しても硬くならず、焼き物、煮付けにすると美味。太平洋側で獲れたものは、日本海側に比べると脂は少ないが、透明感のあるきれいな身で刺身向き。皮を残して軽く炙ると、身との間の旨味を香ばしさと共に楽しめる。水分が多い魚なので、振り塩などの下ごしらえをすることで、脂の旨味と身のおいしさを堪能できる。

おろすポイント

- 押さえると指の跡がつくほど身が柔らかいので、力を入れず丁寧に扱う。
- うろこは比較的大きいので、うろこ引きを使う。細部で包丁を使う際は、柔らかい身を傷つけないように注意する。

選ぶポイント

透明の部分に張りがあり、しぼんでいないもの
色、艶、うろこのあるなしなどは、鮮度や脂ののりのポイントにはならない
のどが黒い色をしている
腹が硬く膨らんでいる

下処理

使う道具
うろこ引き、出刃包丁

1

1 **うろこはうろこ引きでばら引きし**(p.17「ばら引き2」参照)、細部は出刃包丁でこそげ取る。切っ先で柔らかい身を傷つけないように注意する。

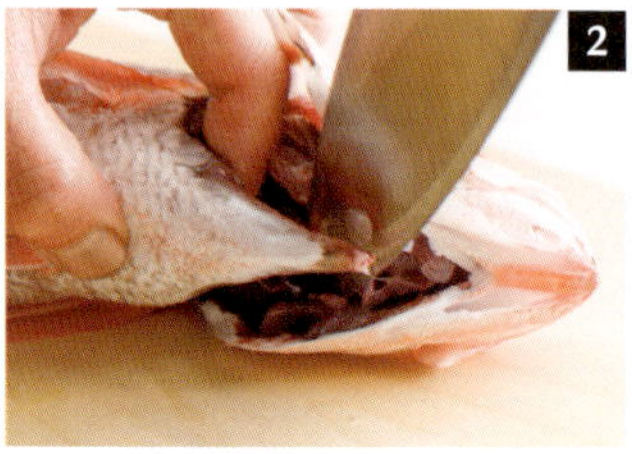

2

2 頭を右にし、あご下と頭の接合部を切ってあご部分を広げる。えら蓋を開いて切っ先を差し入れ、**えらをはずす**(p.22「えらをはずす1」参照)。

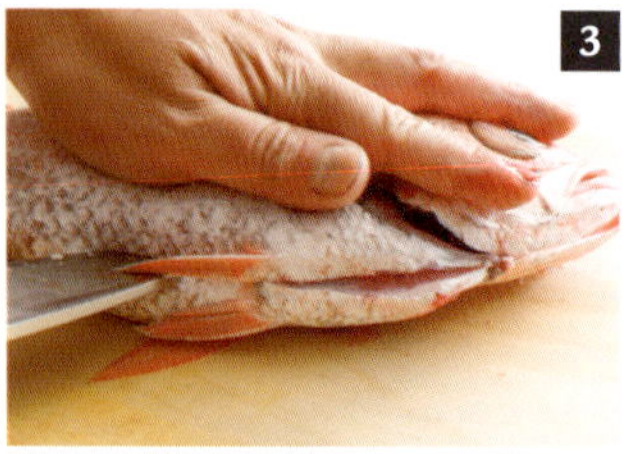

3

3 あご下に包丁を入れて肛門まで切り進め、**腹を切り開く**。内臓を切らないように注意する。

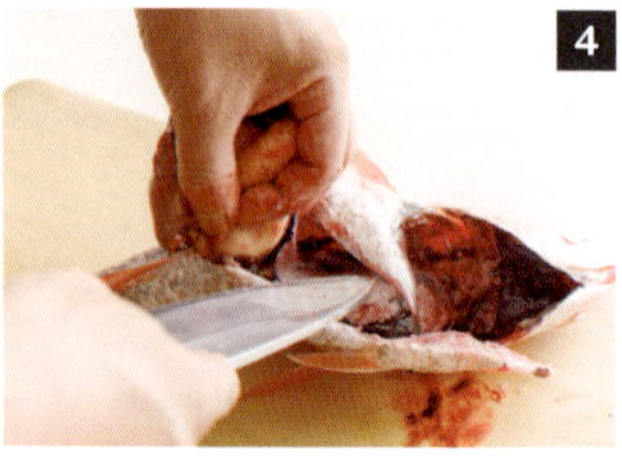

4

4 腹を開き、包丁を腹の奥に入れて、内臓と腹膜や背骨の接合部、えらと頭部との接合部などを切り離し、**えらと内臓を一緒に取り出す**(p.23「腹を切り開く1」参照)。背骨の薄膜に切り目を入れ、刃先で血わたをかき出す。

5

5 **水で手早く洗い**、キッチンペーパーで表面と腹の中の**水気をしっかり拭き取る**。腹の中に残った血わたや内臓などもきれいに拭い取る。

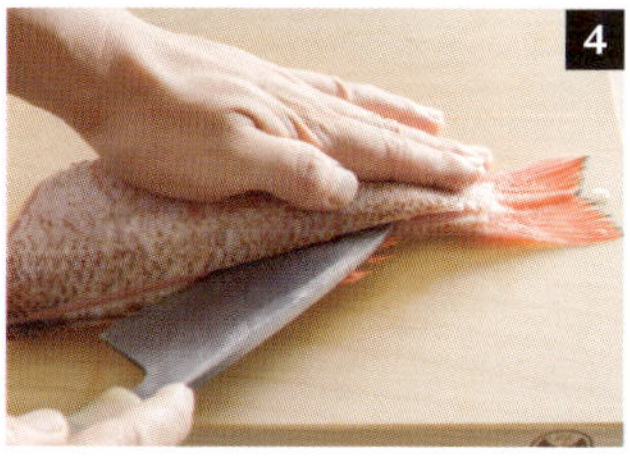

頭を落とす

［かま下落とし］

＊p.20「かま下落とし2」参照

使う道具

出刃包丁

1 頭を左、腹を手前に置く。胸びれを頭側に倒して押さえ、包丁を胸びれの後ろに入れて、頭の付け根からかま下に向かって**斜めに切る**。

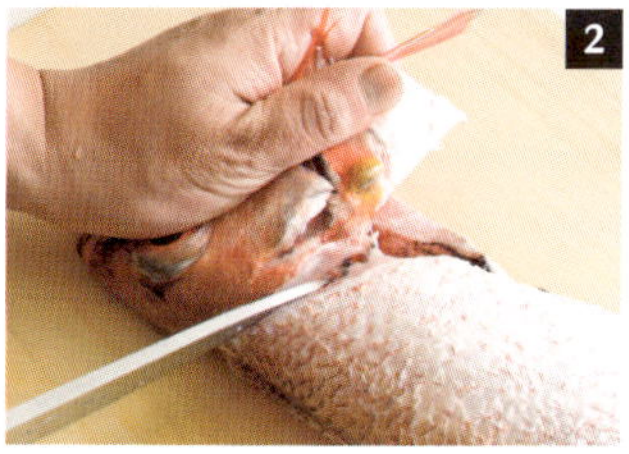

2 頭の位置を変えずに裏返し、**1**の切り口に合わせて切る。さらに、背骨に刃元を当て、峰を叩いて、**頭を切り落とす**。

身をおろす

［三枚おろし］

＊p.26～28「三枚おろし」参照

使う道具

出刃包丁

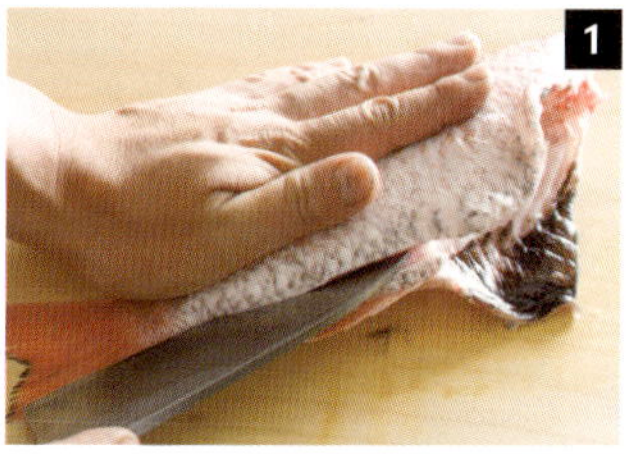

1 腹の断面の際から尾の付け根まで、尻びれの上に目印の線となる切り目を入れる。

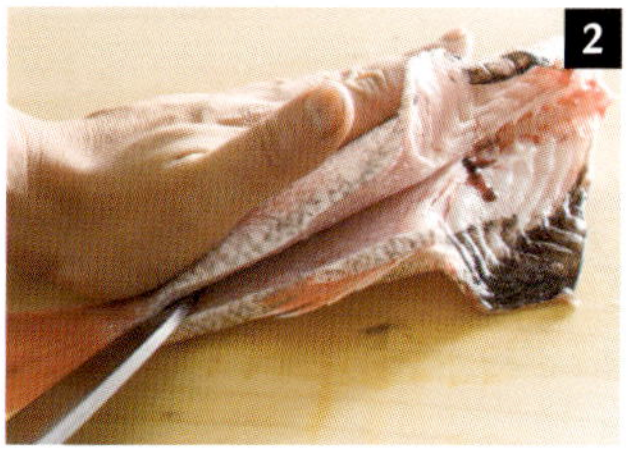

2 線に沿って、切っ先で背骨をなぞりながら尾の付け根まで切る。身が柔らかいので、負荷をかけないように、刃を何度も入れるのではなく、一気に切り進める。

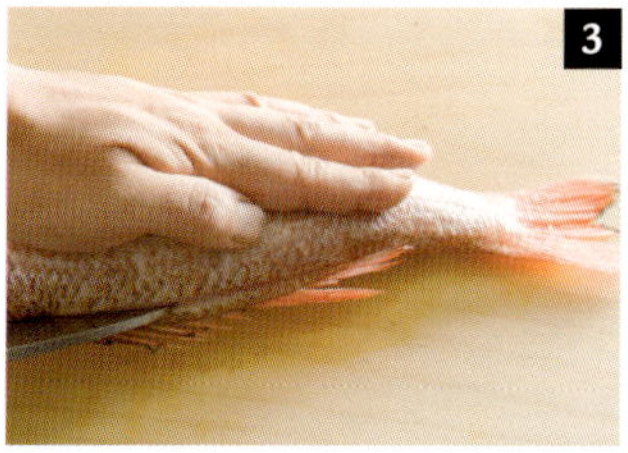

3 背側にも目印の線となる切り目を入れる。

4 **3**の線に沿って、切っ先で背骨をなぞりながら肩口まで切る。骨が柔らかいので、切っ先で中骨を突き通さないように注意する。

5 尾の付け根に逆さ包丁を差し入れて尾の方に少し切り込み、包丁を返して頭側まで背骨の上を滑らせるように動かし、身を切り離す。

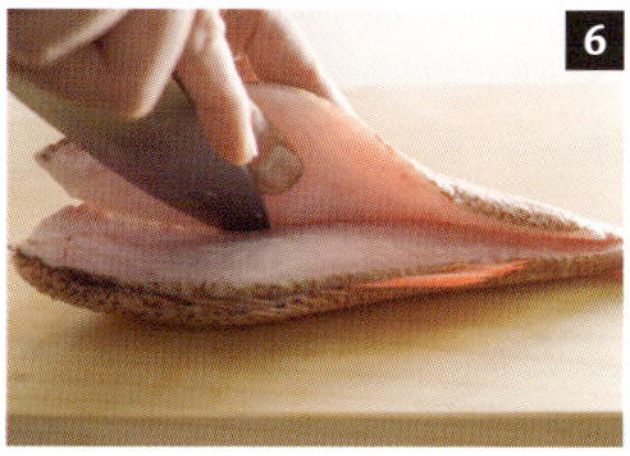

6 背骨と腹骨の接合部は、包丁を少し斜めに持ち上げて刃先を背骨の角度に合わせ、背骨をなぞるようにして切り離す。
＊「三枚おろし」の途中の、片身をおろしたところで「二枚おろし」になる。

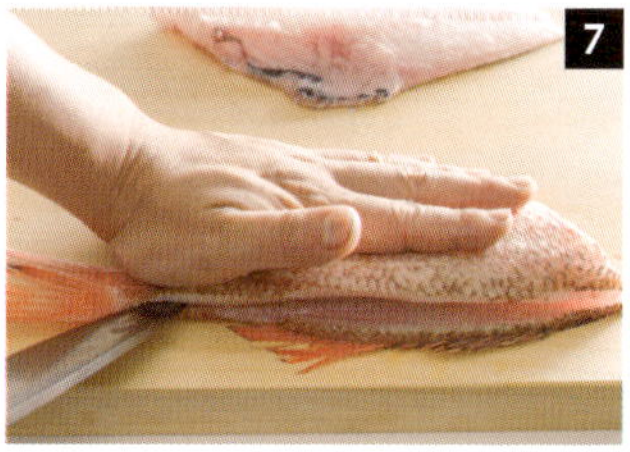

7 中骨を下にして、尾を左、背を手前に置く。背びれに沿って切り目を入れ、その切り目に沿って切っ先で背骨をなぞりながら尾の付け根まで切る。

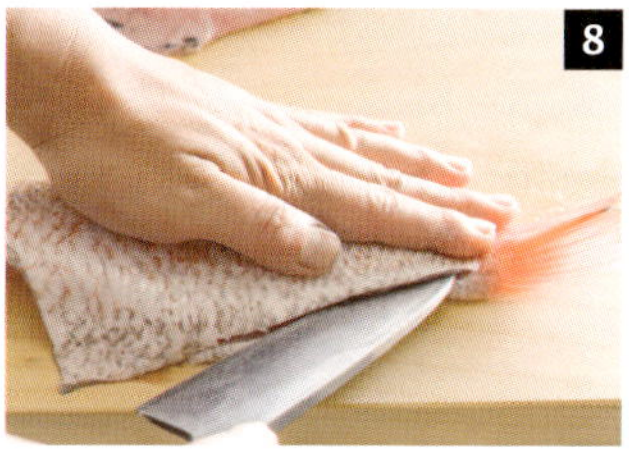

8 向きを変え、腹側に尾の付け根から腹の断面の際まで包丁を入れる。

9 腹骨に当たったら身を少し持ち上げ、切っ先で腹骨と背骨の接合部を切る。その後、**5**の要領で背骨から身を切り離す。

仕上がり

9 三枚おろしにしたもの

2 身の厚い部分に、柳刃包丁で厚みの半分くらいの深さまで、斜めの切り目（飾り包丁）を2本入れる。

仕上がり

切り身にしたもの

あかむつの塩焼き
►p.51

＊塩焼きにする時は、おろし身に振り塩をしてから切り身にする。

焼き霜作り

＊p.42「焼き霜作り」参照

使う道具

柳刃包丁

1 バットに塩を振り、節身（背身を使用）を皮を下にしてのせ、上から軽く塩を振る。そのまま10分程おき、表面に浮き出た水気を拭き取る。

2 裏返したバットに1を皮を上にして置き、料理用ガスバーナーなどの炎で炙り、焼き目をつける。

3 皮側を上にして向こう高に置く。右端から3～4㎜間隔で2本切り目を入れてから切り離す。身と皮がずれやすいので、包丁を押しつけずにスッと引き切る。

腹骨・小骨（血合い骨）を取る

使う道具

出刃包丁

1 腹骨を取る（p.33「腹骨の付け根をはずす1」、p.34「腹骨をそぎ取る」参照）。

POINT

身と皮の部分に厚みの差があるので、一緒に切り落とさず、身の部分、皮の部分を分けてそぎ取る。

2 小骨を切り取る（p.35「切り取る」参照）。

仕上がり

腹骨・小骨を取り、節取りしたもの

赤むつの焼き霜作り
►p.51

切り身にする

＊二枚おろしにした骨付きの上側の身を使用

使う道具

出刃包丁、柳刃包丁

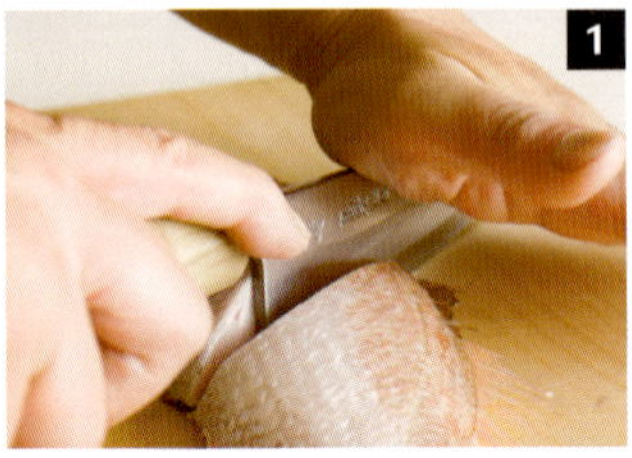

1 皮側を上に、腹を手前に置く。出刃包丁で尾を切り落とし、切り口が斜めになるように身を切る。背骨は刃元を当て、峰に左手を当てて押し切る。

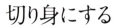

あかむつの焼き霜作り

材料（2人分）
あかむつの上《じょう》身《み》（皮付きの背身）……1節
大根（せん切り）……適量
青じそ……1枚
ねぎ（細切り）……適量
おろしわさび……適量

1 あかむつは焼き霜作りにする。

2 器に大根、青じそ、**1**、ねぎの順に盛り、おろしわさびを添える。

あかむつの塩焼き

材料（2人分）
あかむつ……½尾分（骨付き）
いちじく（あれば）……1個
塩……適量

1 いちじくは縦4等分に切り、210℃に予熱したオーブンで香ばしく焼く。

2 あかむつは振り塩をして30分程おき、水分を抜く。表面に浮き出た水気を拭き取り、切り身にする。

3 210℃に予熱したオーブンで**2**を皮目を上にして15〜20分焼く。魚焼きグリル（両面焼き）を使う場合は、十分予熱して、中火で7〜8分焼く。

4 器に焼き上がったあかむつを盛り、いちじくを添える。

あじ（真あじ）

Horse-mackerel 鯵

【分類】スズキ目アジ科　【別名】あおこ、おにあじ、とっかあじなど

【産地】日本全国津々浦々。鹿児島、長崎、島根、千葉などが有名

旬 日本各地で通年獲れるが、漁獲量が多く脂がのるのは春〜初夏

青背魚の中では比較的くせがなく、どんな調理法でもおいしく食べられる大衆魚の代表格。通常「あじ」と言えば真あじを指すが、体長20〜30㎝のものを「中あじ」、10〜20㎝未満を「小あじ」。10㎝未満を「豆あじ」と呼び分ける。本来は回遊性の魚だが、餌が豊富な内湾などに棲みつき、回遊しないものもいる。これらは「瀬付き」「根付き」と呼ばれ、脂を蓄えて体色が黄色味を帯びることから「黄あじ」とも呼ばれる。一方、回遊するあじは身が締まりスリムで脂ののりは少なく、全体に黒っぽいので「黒あじ」とも呼ばれる。大量に水揚げされ、スーパーなどに並ぶのはこちらのタイプ。

おろすポイント

- 刺身のように皮を除いて使う以外は、ぜいご（両側面にある、あじ特有のトゲ状のうろこ）をそぎ落としてからうろこを取り除く。

選ぶポイント

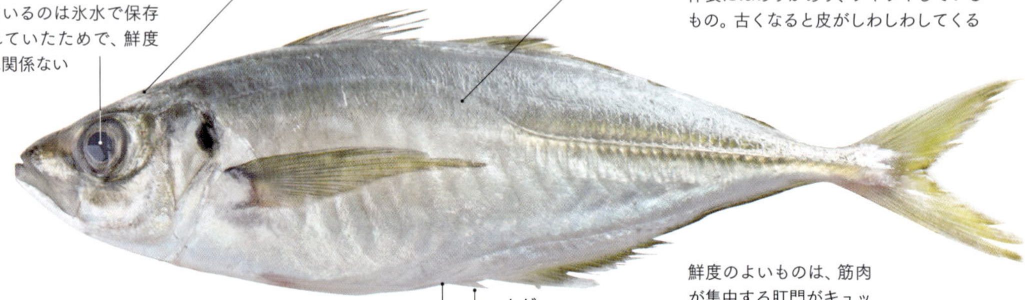

鮮度のよいものは、透明の部分に張りがあり、ぷっくりとして出っ張っている（出目）。目の色が白濁しているのは氷水で保存されていたためで、鮮度とは関係ない
脂がのったものは、頭の付け根から背にかけて盛り上がり、頭が小さく見える
体表にぬめりがあり、ツヤツヤしているもの。古くなると皮がしわしわしてくる
鮮度のよいものは、筋肉が集中する肛門がキュッと締まっている
トゲ

ぜいごを取る

使う道具

出刃包丁

1

1 頭を左、腹を手前に置く。尾の付け根にある**ぜいごの先端に包丁を入れる**。ぜいごの両脇に親指と人差し指を添える。この際、爪を立てて包丁の刃から指をガードする。

2

2 刃先を少し上に向けて包丁を上下に細かく動かしながら切り進み、**ぜいごをそぎ取る**。途中で先に進まなくなったら、力を入れるのではなく、包丁の向きを少し変えると再び進むようになる。

3

3 触れて痛い部分が取れればよい。できるだけ赤い身が露出しないようにそぐ。裏側のぜいごも同様に取る。

ぜいご

ぜいごはあらかじめ取っておく。ただし、刺身など皮を除いて調理する場合はその必要はない。

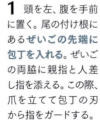

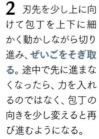

下処理

使う道具

出刃包丁

1 **うろこは包丁でばら引きする**（p.16「ばら引き1」と同様にする）。あじのうろこは乾くと取りづらいので、包丁についたうろこはこまめに拭う。

2 胸びれの後ろから頭の付け根に向かって包丁を斜めに入れ、**頭を落とす**（p.20「かま下落とし1」と同様にする）。

3 頭を手前、腹を右にして縦に置く。頭側の切り口から切っ先を差し入れ、皮を外に張るようにして肛門まで切り進み、**腹を開く**。内臓を切らないように注意する。

4 包丁の刃先を腹腔のカーブを沿わせるように動かして、腹膜と一緒に**内臓を取り出す**。

5 取り出した内臓を包丁で押さえて身を閉じ、親指を腹腔に差し入れて、そのままあじを向こう側に押し出すと、身に負荷をかけず内臓を抜き取れる。

6 背骨の薄膜に切り目を入れ、**血わたをかき出す**。

7 **水で手早く洗う**。うろこと血わたを洗い流す程度でよい。

8 キッチンペーパーで表面と腹の中の**水気をしっかり拭き取る**。腹の中に残った血わたや内臓などもきれいに拭い取る。

仕上がり

9 下処理したもの

身をおろす
［三枚おろし］

使う道具

出刃包丁

p.26～28「三枚おろし」と同様にする。

腹骨・小骨（血合い骨）を取る

使う道具

出刃包丁、骨抜き

1 下身の腹骨を取る（p.33「腹骨の付け根をはずす2」、p.34「腹骨をそぎ取る／下側の身」と同様にする）。

POINT

腹骨の先端まで切り進んだら、包丁を立てて腹の薄い部分を切り落とす。

仕上がり

腹骨を取った下側の身

2 上側の身の腹骨を取る（p.33「腹骨の付け根をはずす2」、p.34「腹骨をそぎ取る／上側の身」と同様にする）。

POINT

腹骨の先端まで切り進んだら、包丁を立てて腹の薄い部分と一緒に切り落とす。

仕上がり

腹骨を取った上側の身

3 骨抜きを使って小骨を引き抜く（p.35「抜き取る」と同様にする）。

あじの酢じめときゅうりの和え物 ▶ *p.59*

あじの香草パン粉焼き ▶ *p.60*

皮を除く

使う道具

出刃包丁

1 あじの皮は薄くてはがれやすい。この段階で肩口の皮が少しめくれているはずなので、そこを指先でつまむ。はがれていなければ、爪を使って少しはがす。

一尾付け用
下処理

使う道具
出刃包丁

1 ぜいごを取り（p.52「ぜいごを取る」と同様にする）、**うろこは包丁でばら引きする**（p.16「ばら引き1」と同様にする）。頭を左、腹を手前に置く。えら蓋を開き、**指であご下の接合部をはずす**。

2 えらをつまみ、あごとの接合部をはずし、薄膜をはがしながら**外に引っ張り出して取り除く**。

3 頭を右、腹を手前に置く。腹びれの上に3cm程切り込みを入れ、切っ先を入れて**内臓をかき出す**（p.24「隠し包丁」と同様にする）。**水で手早く洗い、水気を拭き取る**。

4 頭を右、腹を手前に置き、盛り付けたときに裏になる面を上にする。頭から尾に向けて、**背骨に沿って1本切り目を入れる**。背骨の手前まで深く切り込む。

5 裏返して頭を左、腹を手前に置く。**身の厚い部分に斜めの切り目（飾り包丁）を2本入れる**。

仕上がり

一尾付け用に下処理したもの

あじのアクアパッツァ
▶p.60

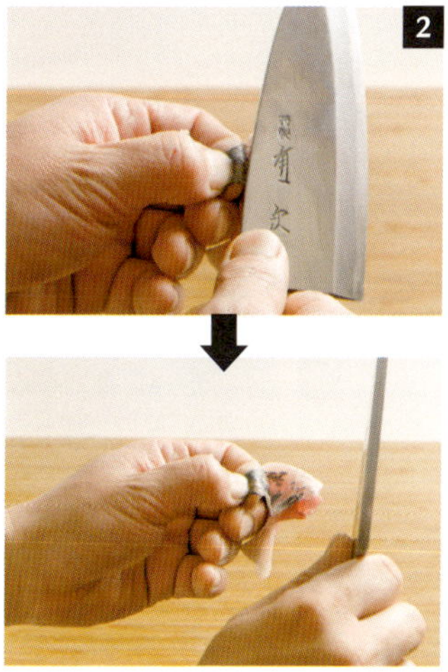

2 包丁の平で、身の方をトントンと軽く叩きながら押し出し、皮から身を2〜3cm程はがす。

3 はがした皮を持ったまま、まな板の手前に皮を下にして置く。包丁の峰側の元、いちばん太くてまっすぐな部分で皮を押さえる。

4 左手で皮を引っ張りながら、包丁の峰をまな板にぴったり押しつけて尾の方向へ動かし、**皮から身をはがしていく**。

5 身の$\frac{2}{3}$くらいまで皮をはがしたら、皮を上にして尾側を左に置く。

6 身を右手で軽く押さえ、はがした皮を斜め上に向けて一気に引っ張り、**残った皮をはぎ取る**。やりにくければ向きを変えて、左手で押さえて右手で皮を引っ張る。

仕上がり

皮を除いたもの

うまくはがせると銀皮が残る。

あじのたたき
▶p.58

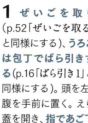

身を開く

［頭を付けて腹開き］

＊ぜいごとうろこを取ったものを使用

使う道具
出刃包丁

1 頭を左、腹を手前に置く。肛門に切っ先を差し入れ、内臓を傷つけないようにあご下まで切る。腹を開き、えらとあごの接合部を切り離し、えらの周りの薄膜を切る。**内臓を筋や腹膜から切り離す。**

2 **えらと内臓を外に引き出し、取り除く。水で手早く洗い、水気を拭き取る。**腹の中に残った血わたや内臓などもきれいに拭い取る（p.23「腹を切り開く 1」参照）。

3 p.26～28「三枚おろし」と同じ要領で、尻びれの上とその延長線上に、**尾の付け根から肛門まで切り目を入れる。**

4 切り目に沿って刃先を入れ、背骨をなぞりながら包丁を進め、**腹側の身を切り離す。**

5 身を起こし、あごを半分に割るようにして切り込みを入れる。このとき、くちびる部分は切り離さない。さらに背骨に沿って包丁を入れ、**背の皮ギリギリまで切り込んで一枚に開く。**腹膜などが残っていたら、包丁でそぎ取る。

仕上がり

頭を付けて腹開きにしたもの

あじの一夜干し
► p.61

小あじ、豆あじ用下処理

＊ぜいごとうろこを取った小あじと豆あじを使用

使う道具
出刃包丁

1 **小あじ**は頭を左、腹を手前に置く。切っ先で頭とあご下の接合部を切り離す。

2 切り離した部分を包丁で押さえ、左手で魚を持ち上げるようにして内臓を引き出す。手早く水で洗い、水気を拭き取る。

仕上がり

下処理した小あじ

えらと内臓、かまが三角形に取れる。

小あじの南蛮漬け
► p.59

1 **豆あじ**は腹を上にしてえら蓋を開き、えらをつまんでグッと引き出す。そのまま下へ引くようにしてえらをはずす。

2 はずしたえらと腹びれを持ち、尾に向かってスーッと引っ張り、かまと一緒に内臓を取り除く。手早く水で洗い、水気を拭き取る。

仕上がり

下処理した豆あじ

えらと内臓、かまが三角形に取れる。

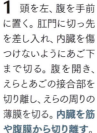

身を開く

［背開き］

＊ぜいごとうろこを取ったものを使用

使う道具
出刃包丁

1 **頭をかま下落としにし**(p.20「かま下落とし1」と同様にする)、**内臓をかき出す**。水で手早く洗い、水気を拭き取る。腹の中に残った血わたや内臓などもきれいに拭い取る。

2 尾を左、背を手前に置く。(p.26～28「三枚おろし」)と同じ要領で背骨をなぞりながら肩口から尾の付け根まで包丁を進める。さらに、繰り返し包丁を入れ、**背骨の上の身を切り離す**。

3 包丁を少し斜めに持ち上げて刃先を背骨の角度に合わせ、腹骨の付け根を切り離す。

4 背骨の上を滑らすように包丁を動かし、骨から身を切り離す。

5 身を持ち上げながら、腹側の中骨の上をなぞるようにして繰り返し包丁を入れ、**腹の皮ギリギリまで切り込んで一枚に開く**。

6 尾を右にし、裏返して中骨を下にする。尾の付け根から肩口まで、**2～5**と同じ要領で切り込みを入れて**骨から身を切り離す**。

7 上側の身と下側の身の皮同士を合わせるように重ね、尻びれの骨と身の接合部に包丁を縦に入れて**身と骨を切り離す**。

8 尾の付け根で背骨と中骨の部分を切り落とす。

9 **トゲを取る**。包丁の刃元で尻びれの手前にある2本のトゲをぐっと押さえ、身を持ち上げるようにして引き抜く。

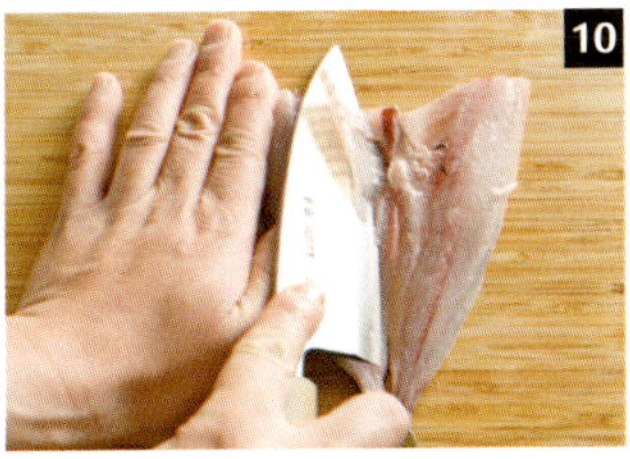

10 **腹骨をV字に切り取る**。尾を手前にして縦に置く。左側の腹骨の付け根に逆さ包丁を入れ、腹骨の先端まで薄くそぐ。

11 右側の腹骨の付け根に包丁を入れ、腹骨の先端まで薄くそぐ。

12 そいだ腹骨を反りでかき取る。

仕上がり

背開きにしたもの

あじフライ
▶p.61

3 柳刃包丁に持ち替える。まな板の手前に切り分けた身を皮側を上にして向こう高に置き、切り身の傾斜に刃元を合わせる。

4 刃渡りいっぱい使って一気に引き切る。切った身は動かさずにそのまま置いて残りの身を切る。切り幅は7～8㎜を目安に。

仕上がり

たたきにしたもの

あじのたたき
▶下記

たたき

＊皮を除いた上《じょう》身《み》を使用

使う道具

出刃包丁、柳刃包丁

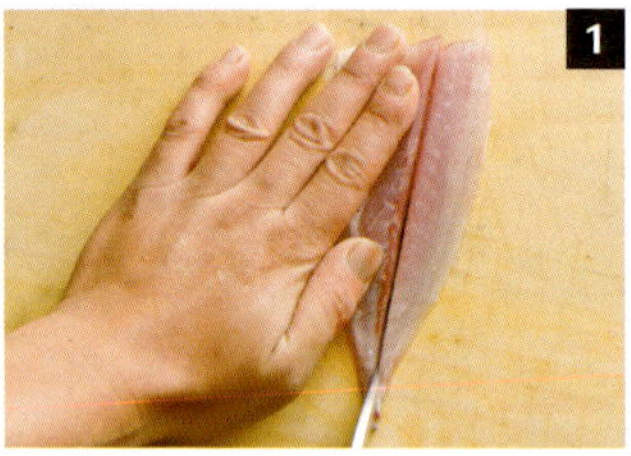

1 頭側を上にして縦に置く。血合い骨と小骨部分を左側の身に残して、出刃包丁で肩口から尾の付け根までまっすぐ切る。

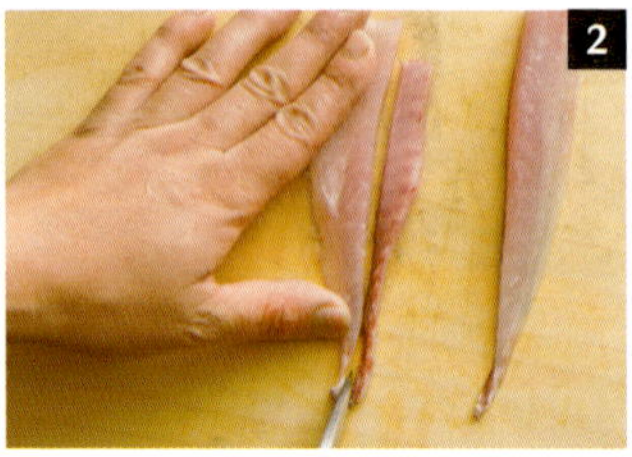

2 左側の身に残した血合いと小骨部分を、まっすぐ切り落とす。

あじのたたき

材料（2人分）

あじの上身（皮を除いたもの）…… ½尾分
みょうが …… ½個
青じそ …… 2枚
万能ねぎ …… 1～2本

1 みょうがは飾り用に数枚薄切りにし、残りはせん切りにする。青じそはせん切りにし、万能ねぎは小口切りにする。

2 あじはたたきにし、みょうがのせん切りと合わせる。

3 器に**2**を盛り、青じそと飾り用のみょうがをのせ、万能ねぎを添える。

あじの酢締めときゅうりの和え物

材料（2人分）

あじの上身……½尾分
きゅうり……⅓本
針しょうが……適量

○二杯酢
　酢……大さじ3
　しょうゆ
　　……大さじ2
塩、酢……各適量

1 あじは立て塩（海水と同じ塩分濃度3%程度の塩水）に1分程浸け、水気を拭き取る。

2 あじが浸かるくらいの量の酢水（酢：水=1:1）を用意し、**1**を表面が白くなるまで30〜40秒浸け、水気を拭き取る。

3 きゅうりは薄い輪切りにし、塩を小さじ1/4程振ってもみ、しんなりしたら冷水で塩を洗い流し、水気をしっかり絞る。

4 **2**のあじの皮をはぎ取り、細切りにする。

5 二杯酢の材料を合わせ、**4**、**3**を和える。器に盛り、針しょうがをのせる。

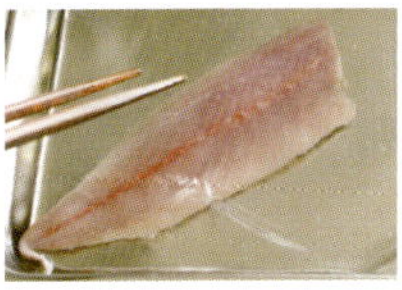

酢水に浸けるのは味付けではなく、生臭みを抑えるためのひと手間。

小あじの南蛮漬け

材料（2人分）

小あじ（下処理したもの）
　……6尾
玉ねぎ……½個
にんじん……⅓本

○南蛮酢
　だし……1カップ
　酢……½カップ
　砂糖……大さじ2
　薄口しょうゆ、
　　みりん……各大さじ2
　塩……大さじ½
　赤唐辛子（小口切り）
　　……1〜2本
塩、片栗粉……各適量
揚げ油……適量

1 小あじは振り塩をして2〜3分おき、表面に浮き出た水気を拭き取る。

2 玉ねぎは厚めにスライスし、にんじんはせん切りにする。

3 小鍋に南蛮酢の材料を合わせてひと煮立ちさせ、耐熱性の密閉容器に移す。

4 **1**に片栗粉をまぶし、余分な粉を落とす。

5 揚げ油を170℃に熱し、**4**を入れる。菜箸で静かに混ぜながら7〜8分かけてカラリと揚げる。

6 **5**を熱いうちに**3**に浸けて**2**を加え、冷蔵庫に一晩おいて味をなじませる。

あじのアクアパッツァ

材料（2人分）

あじ（一尾付け用に下処理したもの）……1尾
ミニトマト……5個
あさり……200g
菜の花……適量
オリーブ油……適量
塩、粗びき黒こしょう……各適量

1 あじは振り塩をして15分程おく。表面に浮き出た水気を拭き取る。
2 ミニトマトはへたを取る。菜の花は茎元の硬い部分を切り落とし、塩少々を加えた熱湯で下ゆでし、冷水に取って粗熱を取り、水気を絞る。
3 フライパンにオリーブ油大さじ2程を熱し、**1**を入れて両面をこんがりと焼く。
4 水を魚が半分浸かるくらい入れ、強火にする。魚に火が通ったらミニトマト、あさりを加え、オリーブ油を水の半量程加えて煮る。途中で煮汁が少なくなったら水を足す。
5 あさりの殻が全て開いたら菜の花を加えて温め、塩、粗びき黒こしょうで味を調える。

あじの香草パン粉焼き

材料（2人分）

あじの上身《じょうみ》（皮付き）……2尾分
○香草パン粉
　パン粉……大さじ6
　パセリのみじん切り……小さじ2
　オリーブ油……大さじ2
塩、こしょう……各適量
マイクロトマト（またはミニトマト）……適宜

1 あじは振り塩をして15分程おく。表面に浮き出た水気を拭き取り、こしょうを振る。
2 香草パン粉の材料を混ぜ合わせる。
3 耐熱皿に**1**を並べて**2**をかける。220℃に予熱したオーブンに入れ、様子を見ながらパン粉に焼き色がつくまで10～15分焼く。
4 器に盛り、好みでマイクロトマトなどを添える。

あじフライ

材料（2人分）
あじ（背開きにしたもの）…… 2尾
○衣
　薄力粉 …… 適量
　溶き卵 …… 1個分
　パン粉 …… 適量
キャベツ（せん切り）…… 2枚分
パセリのみじん切り …… 少々
塩、こしょう …… 各少々
揚げ油 …… 適量

1. あじは振り塩をして15分程おく。表面に浮き出た水気を拭き取り、こしょうを振る。
2. キャベツとパセリを混ぜる。
3. **1**に薄力粉、溶き卵、パン粉の順で衣をつける。
4. 揚げ油を170〜180℃に熱して**3**を揚げ、油をきる。
5. 器に**2**と**4**を盛り合わせる。

あじの一夜干し

材料（2人分）
あじ（腹開きしたもの）…… 2尾
酒 …… 1½カップ
塩 …… 30g
大根おろし …… 適量
しょうゆ …… 少々
＊塩の分量は酒の10％としたが、塩加減は好みで。

1. 酒に塩を溶き混ぜ、あじを40〜60分浸ける。
2. **1**を流水で洗って水気を拭き取り、ざるにのせてラップなどかけずにそのまま冷蔵庫に一晩おく。
3. 予熱した魚焼きグリル（両面焼き）で皮目を上にして、中火で7〜8分焼く。
4. 器に盛り、大根おろしを添えてしょうゆをかける。

冷蔵庫で乾燥させる際、市販の脱水シートを利用してもよい。

あなご（真あなご）

Conger-eel　穴子／穴魚

［分類］ウナギ目アナゴ科　［別名］はかりめ、はも、はむ、めじろ他
［産地］東京湾（羽田沖、小柴、富津）、宮城、対馬、韓国（済州島沖）など
旬 **通年入荷するが、卵を持つ前の梅雨時の6月～7月が美味**

一般に「あなご」と言えば「真あなご」のこと。その生態はよくわかっていないが、産卵地の一つとされるフィリピン海域で孵化後、柳の葉の形に似たレプトケファルスと呼ばれる仔魚《しぎょ》になり、黒潮にのって太平洋沿岸に辿り着く。その後成魚になり、日本海側と太平洋側に分かれて日本沿岸のほぼ全域に棲息。また、朝鮮半島沿岸、東シナ海などに広く分布する。あっさりとして独特の甘みがあり、寿司種、天ぷら、白焼きなどで親しまれている。表面のぬめりが生臭みの原因となるので、しっかり除くことが肝要。

おろすポイント

- ぬめりで滑らないように、目打ちでしっかり固定する。
- 背骨は肛門の辺りまで三角骨になっている。ギリギリの位置で切ると骨の先端が身に残ってしまうので、刃の角度をやや斜め上に向けて、骨の方に身を残すよう切り進める。

選ぶポイント

＊開いたものを求めるときは、肉厚で身が透き通ったものを選ぶ。

活け締めを選ぶ
鮮度のよいものは、表面のぬめりに虹色の光彩がある
首の回りがむっくりと膨らんで、頭が小さく見えるもの
腹の白っぽいところが、脂がのってくると金色になる

身を開く

［背開き］

使う道具

目打ち、出刃包丁、
板（長さ90×幅16×厚さ2cmくらい）

1 水で十分濡らした板の手前右端に目打ちをする。頭を右、背を手前に置き、**頬の硬い部分に目打ちを刺し**、包丁の峰で叩いて固定する。

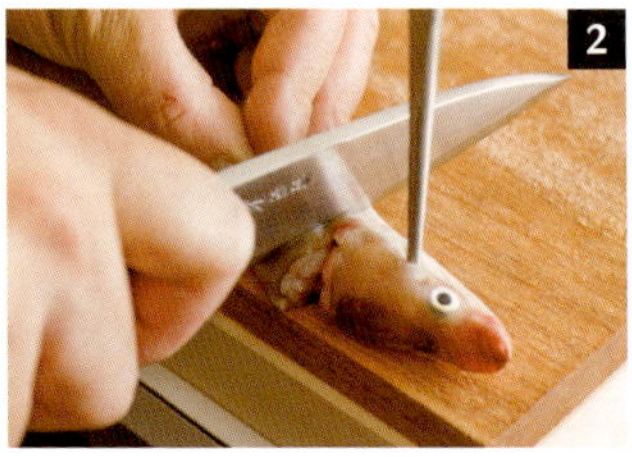

2 活け締めの切り口のすぐ横に包丁を入れ、背骨に当たるまで切り込む。

3 切り口から腹の皮の際まで包丁をねかせて刃の先を指し入れ、**刃先を少し斜め上に向けて、背骨に沿って切り進める。**

肛門辺りまで切り進んだら包丁を水平にし、左親指を包丁の峰に添え、包丁を左に押し出すようにして動かす。さらに、腹の皮を切ってしまわないように、左中指の腹を、あなごの腹の皮ごしに切っ先に当て、包丁と一緒に動かす。

POINT

あなごの背骨は、肛門辺りまで三角形をしている。骨ギリギリのところで切り進めると、腹骨との接合部分の骨が身に残ってしまう。それを避けるために、刃先を斜め上に向けて、骨に身を少しつけるように切り進める。肛門の辺りからは骨が平らになるので、包丁を水平にして切る。

4 **内臓を取り除く。**身を開き、頭側の内臓の付け根を逆さ包丁で切り、手でつまんで尾の方へ引っ張って身からむしり取る。内臓を傷つけると腹の身に臭いがついてしまうので注意。特に胆のう（苦玉）を潰さないように気をつける。

5 背骨の腹側の縁に沿って逆さ包丁で頭側から尾の付け根まで切り目を入れる。身から切り離された骨が浮いてくる。

6 刃元で**頭から背骨を切り離す。**頭を切り落とさないように気をつける。

7 **6**の切り口から背骨の下に刃先を差し入れ、左の指で背骨をつまんで押さえながら、そぐように包丁を進め、**身から背骨を切り離す。**

8 包丁は尾の付け根で止める。

9 残した背骨と共に、尾を背びれの際まで斜めに切る。

10 左手で尾の部分を持って引っ張りながら、切っ先を背びれに沿って頭の付け根まで進めて**背びれを切り取る。**

POINT

背びれを引きはがすような感じで包丁を進めると、きれいにはずせる。

11 残っている内臓をしごくようにして頭の付け根まで寄せる。力を入れると身が潰れてしまうので軽くしごく。

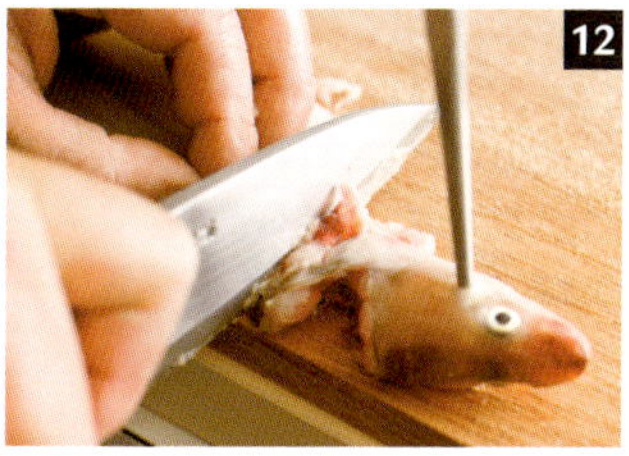

12 寄せた内臓と共に、**頭を切り落とす。**

13 尻びれが手前になるように身を閉じる。尻びれの端を左手で持ち、ひれの付け根に沿って切り目を入れる。そのままひれを引っ張りながら、尻びれが終わる肛門手前まで切っ先を進めて**尻びれを切り取る。**

ぬめりを取る

使う道具
出刃包丁

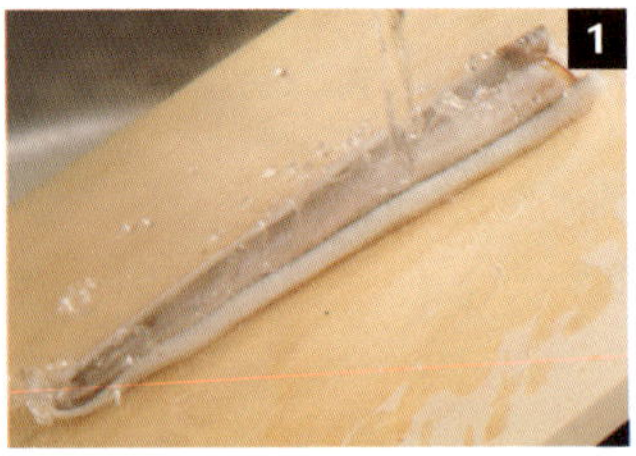

1 まな板に皮側を上にして置く。頭側が上になるようにまな板を傾けてシンクに置き、**熱湯を全体にまんべんなくかける。**

2 冷水に取って冷ます。

3 熱湯をかけて白くなったぬめりを、頭側から尾側へ向かって**包丁でしごいて取り除く。**

4 包丁で取りきれなかったぬめりは、キッチンペーパーで拭き取る。力を入れると身が崩れてしまうので注意する。

煮あなご▸下記

あなごの白焼き
▸*p.65*

あなごの天ぷら
▸*p.65*

煮あなご

材料（2人分）
あなご（背開きにしてぬめりを取ったもの）……1尾（約150g）
酒……適量
みりん……½カップ
中ざら糖……大さじ2
しょうゆ……¼カップ

1. あなごは食べやすい幅に切る。
2. 口の広い鍋に酒を目分量であなごがひたひたに浸かるくらい入れ、みりん、中ざら糖を加え、煮立ててアルコール分をとばす。
3. 1を皮側を下にして重ならないように並べ入れる。落とし蓋をして、弱火であなごが柔らかくなるまで20分程煮る。
4. しょうゆを加え、一煮立ちしたら火を止め、そのまま冷まして味を含ませる。
5. 食べる直前に再加熱し、あなごが温まったら取り出す。煮汁を強火でとろみがつくまで煮詰める。
6. 器にあなごを盛り、煮詰めた煮汁をかける。

あなごの白焼き

材料（2人分）

あなご（背開きにしてぬめりを取ったもの）
……1尾（約150g）

塩……適量

おろしわさび、すだち……各適量

1 あなごは半分に切って塩を振る。

2 200℃に予熱したオーブンで10分程焼く。

3 器に盛り、おろしわさびとすだちを添える。

あなごの天ぷら

材料（1人分）

あなご（背開きにしてぬめりを取ったもの）
……1尾（約150g）

○衣（作りやすい分量）
- 卵……1個
- 冷水……½カップ
- 薄力粉……120g

揚げ油……適量

大根おろし、天つゆ……各適量

1 衣を作る。ボウルに卵と冷水を合わせて溶き混ぜ、薄力粉を加えてさっくりと混ぜる。

2 揚げ油を170～180℃に熱し、あなごに**1**の衣をつけて入れる。菜箸で返しながらカラッと揚げる。

3 引き上げて油をよくきって器に盛り、大根おろしを添える。別の器で天つゆを添える。

あまだい

Tilefish　甘鯛／尼鯛

［分類］スズキ目キツネアマダイ科［別名］ぐじ、ぐずな、おきつだい他
［産地］福井・京都（若狭）、島根（出雲）、神奈川（佐島）など
旬 産卵後に体力を回復し、脂がのってくるのは冬

ほどよく脂がのり、上品な甘さが特徴の高級魚。関西で人気が高く、京都では「ぐじ」と呼ばれ、懐石料理には欠かせない食材の一つとなっている。身質は柔らかく水っぽいので、しっかり塩で締めて余分な水分を抜き、旨味を凝縮させてから使う。うろこを揚げたり焼いたりし、サクサクの食感と芳しい香りを楽しむのもこの魚ならではの調理法。あらからは、味わい深い上質のだしが取れる。「あまだい」と言えば「赤あまだい」を指すが、「しらかわ」とも呼ばれる銀白色の「白あまだい」が、あまだいの仲間では最も美味とされている。

おろすポイント

- 紅色の皮目を生かす場合は、ばら引きにする。
- 身が柔らかく骨は硬いので、かなりおろしにくい。包丁を入れるポイントが少しずれるだけで身を崩すことになるので、慎重かつ丁寧に作業を進める。

選ぶポイント

目に張りがある
鮮度の良いものは、表面に糸をひくほどのねばねばした粘液がある
身に弾力があり、腹がしっかりしているもの

下処理

使う道具
うろこ引き、出刃包丁

1

1 長くて大きい胸びれは作業の邪魔になるので、えら蓋に挟む。

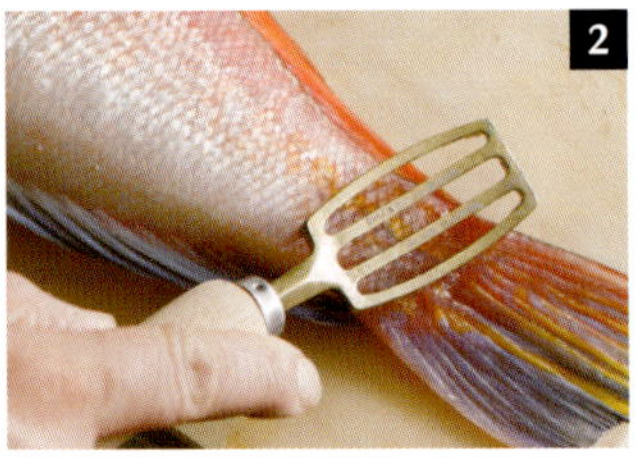
2

2 **うろこはうろこ引きでばら引きし**（p.17「ばら引き2」参照）、細部は出刃包丁でこそげ取る（p.17「細部のうろこを取る」参照）。

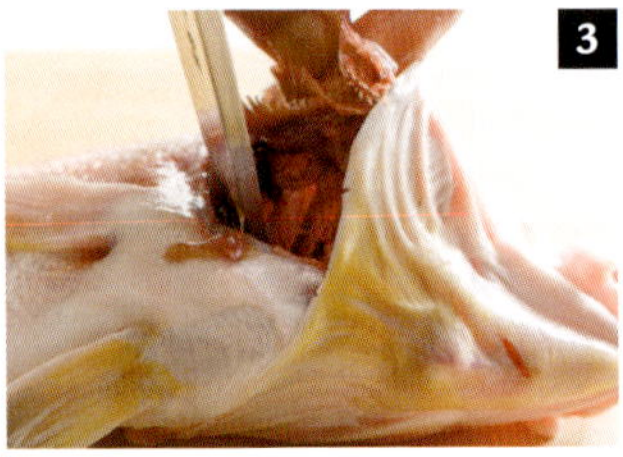
3

3 頭を右に、腹を手前に置く。えら蓋を開いて切っ先を差し入れ、**えらをはずす**（p.22「えらをはずす1」**2～4**参照）。

4

4 あごの奥に包丁を入れ、あご下と頭の接合部を切る。

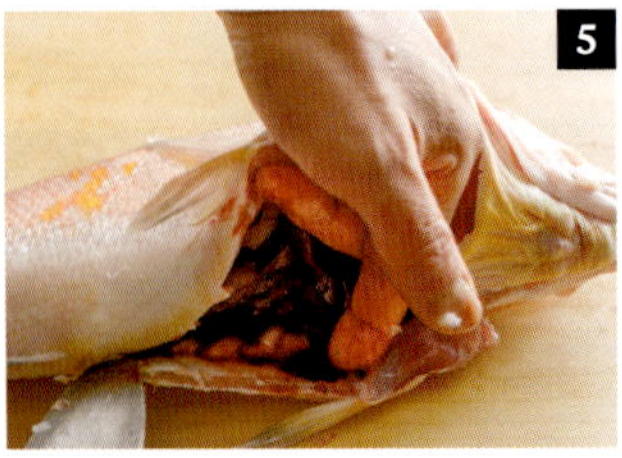
5

5 あご下から肛門まで包丁を進め、**腹を切り開く**。内臓を切らないように注意する。

頭を落とす
［かま下落とし］

＊p.20「かま下落とし2」参照

使う道具
出刃包丁

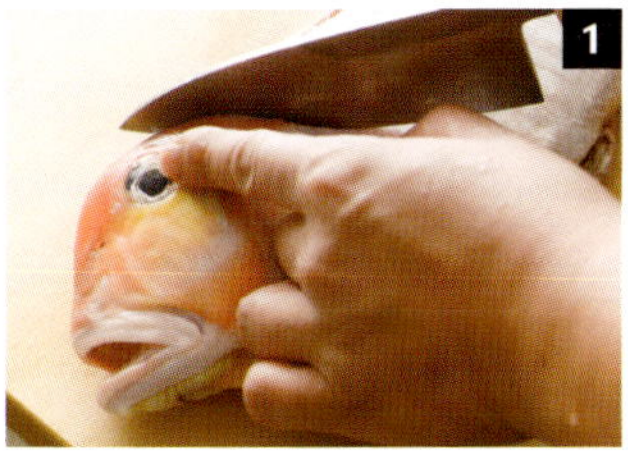

1 頭を左、腹を手前に置く。胸びれを頭側に倒して押さえ、包丁を胸びれの後ろに入れて、頭の付け根からかま下に向かって**斜めに切る**。

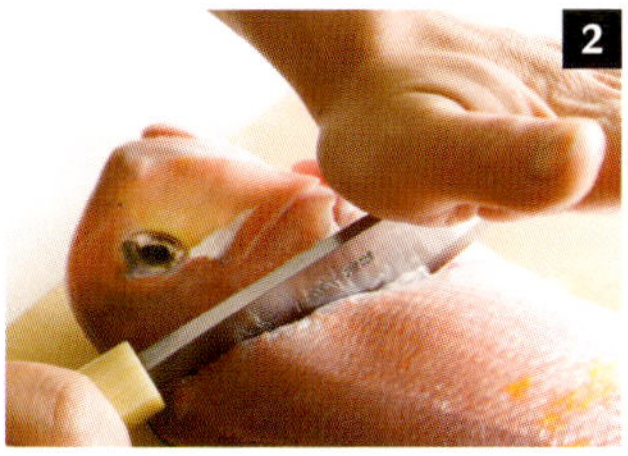

2 頭の位置を変えずに裏返し、**1**の切り口に合わせて切る。さらに、背骨に刃元を当て、峰を叩いて断ち切り、**頭を落とす**。

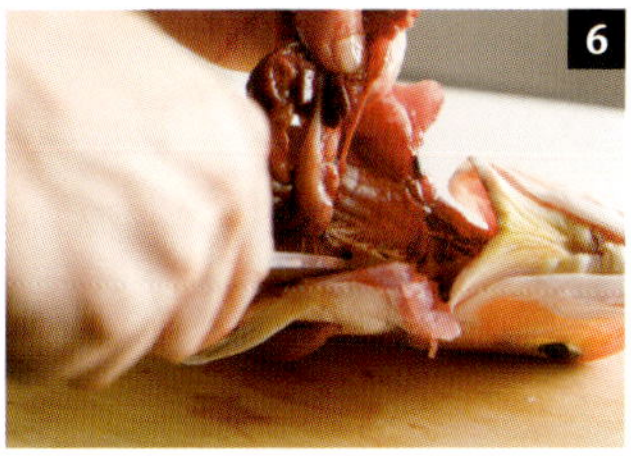

6 腹を開き、包丁を腹の奥に入れて、内臓と腹膜や背骨の接合部、えらと頭部の接合部などを切り離し、**えらと内臓を一緒に取り出す**。背骨の手前にある浮袋の白い皮を切っ先で切り裂き、刃先で血わたをかき出す。

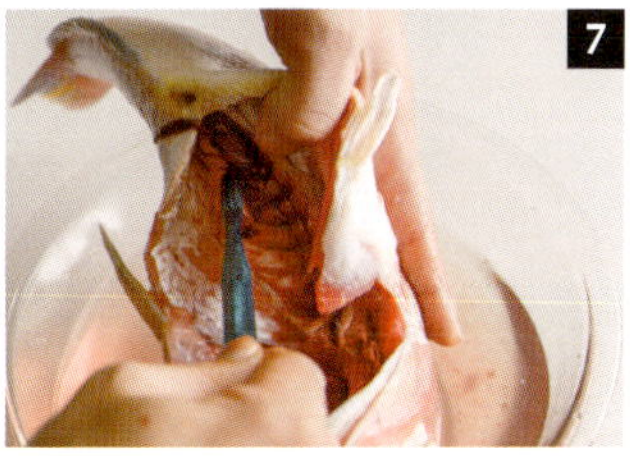

7 **流水で汚れを落とし**、腹の中をきれいに洗う。背骨の溝に入り込んでいる血わたは、歯ブラシでかき出して洗い落とす。

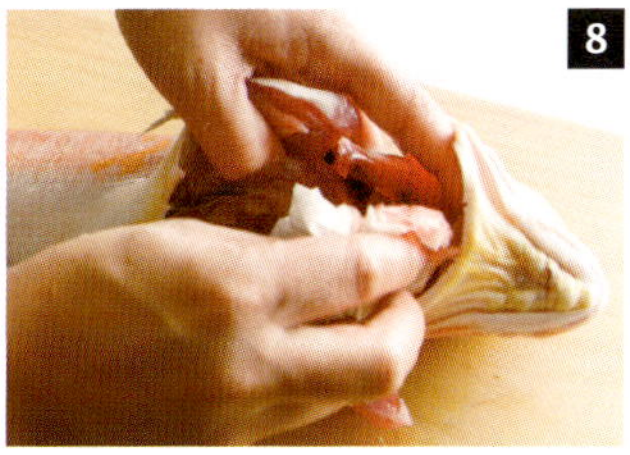

8 キッチンペーパーで表面と腹の中の**水気をしっかり拭き取る**。腹の中に残った血わたや内臓などもきれいに拭い取る。

身をおろす
［三枚おろし］

＊p.26～28「三枚おろし」参照

使う道具
出刃包丁

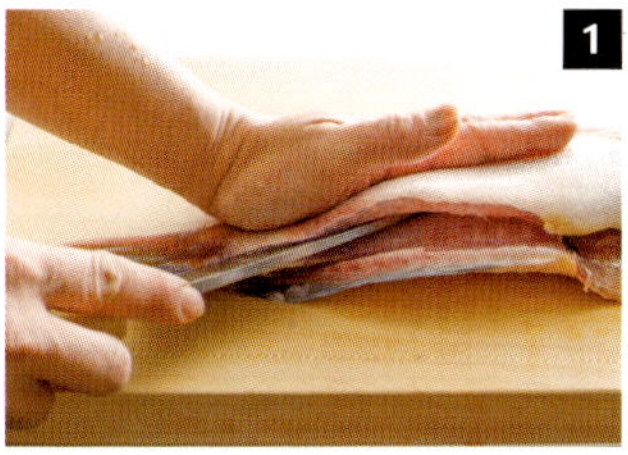

1 頭側を右、腹を手前に置く。腹の断面の際から尾の付け根まで目印の線となる切り目を入れ、その線に沿って、切っ先で背骨をなぞりながら尾の付け根まで切る。

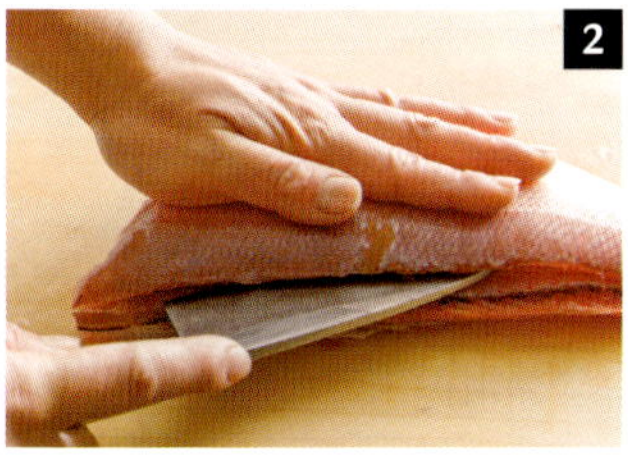

2 背側に目印の線となる切り目を入れ、背骨をなぞりながら尾の付け根から肩口まで切る。切り目を入れる際に、左手で腹側をまな板に押しつけるようにして皮を引っ張って身を起こすと、包丁が入れやすくなる。

3 再度、背骨をなぞるようにして、ひし形状の**背骨のてっぺんまで丁寧に切り離す**。

うろこを取る
［すき引き］

使う道具
柳刃包丁

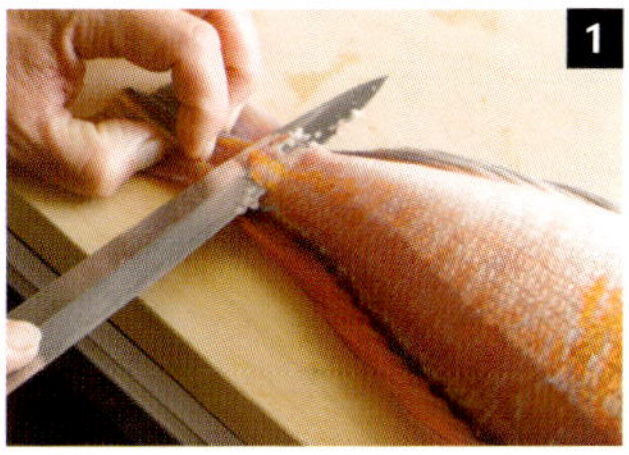

1 p.18～19「すき引き1」と同様にする。

仕上がり

すき引きにしたもの
うろこは帯状に1枚の皮のように取れる。

すき取ったうろこは、振り塩をして5分程おいて浮き出た水気を拭き取り、片栗粉を薄くまぶして160℃の油で揚げると、パリパリとしておいしく食べられる。

切り身にする

＊うろこをつけたまま三枚おろしにした下側の身を使用

使う道具
出刃包丁、骨抜き

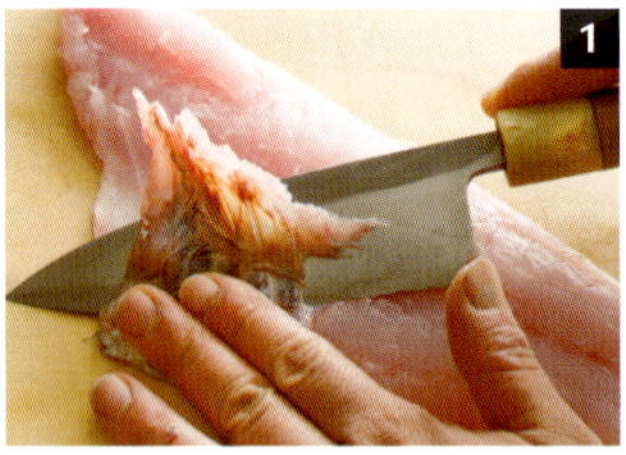

1 腹側を左にして縦に置き、**腹骨を取る**（p.33「腹骨の付け根をはずす1」、p.34「腹骨をそぎ取る」参照）。

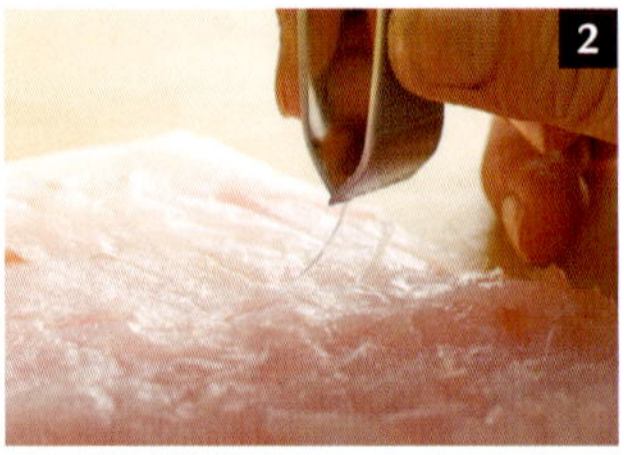

2 頭側を右にして横に置き、**骨抜きで小骨を引き抜く**（p.35「抜き取る」参照）。

3 皮を下、尾側を右に置く。**料理に合わせた幅に切る。**身幅の狭い尾側は包丁を少しねかせて厚めのそぎ切りにし、頭側はまっすぐ引き切りにする。

甘鯛の松笠揚げ
▸ p.70

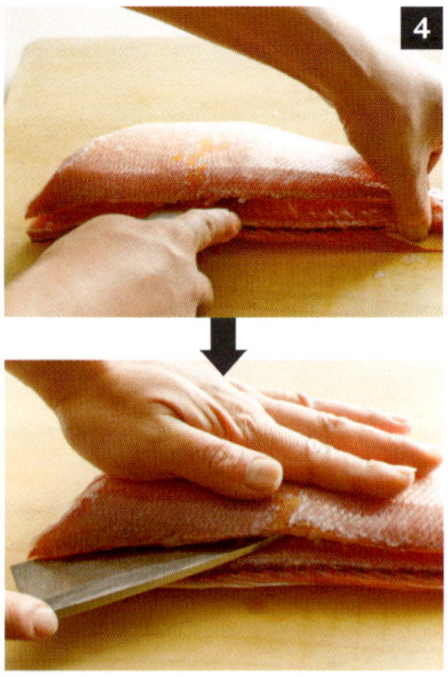

4 尾の付け根に逆さ包丁を差し入れて尾に向かって少し切り込む。包丁を返して頭側まで背骨の上を滑らせるように動かす。

腹骨に当たると包丁が進まなくなるので、身を少し持ち上げ（上げ過ぎると身割れする）、**切っ先で腹骨と背骨の接合部を切り**、骨から身を切り離す。

POINT

腹骨の接合部は太くて硬いため、慣れないとスッと切ることができない。包丁を少し斜めに持ち上げて切っ先を背骨の角度に合わせ、腹骨の付け根を1本ずつ切り離していく。

5 頭側の位置を変えずに裏返し、同じ要領で上側の身をはずす。腹骨の所まで切り進んだら、包丁を背骨の角度に合わせて傾け、なぞるように切り進める。

POINT

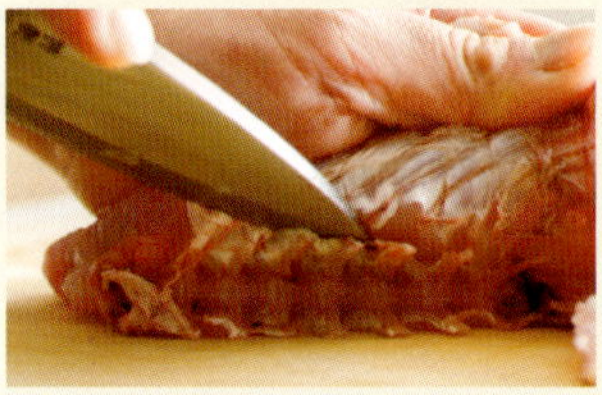

切っ先で、背骨と腹骨の接合部を1本ずつ切り離していく。

仕上がり

三枚おろしにしたもの

小骨（血合い骨）を切り取る

＊三枚おろしにして腹骨を取った上側の身を使用

使う道具
出刃包丁

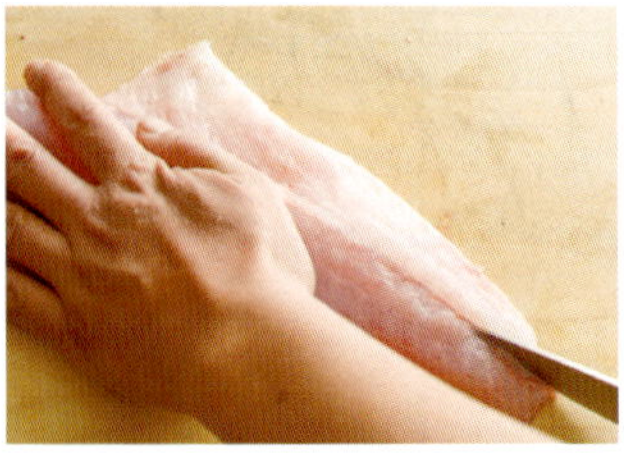

頭側を向こうにして縦に置き、小骨（血合い骨）を切り取る（p.35「切り取る」参照）。

仕上がり

小骨（血合い骨）を切り取って節取りしたもの

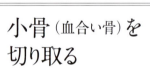

そぎ作り

＊節取りした背身を使用

使う道具

柳刃包丁

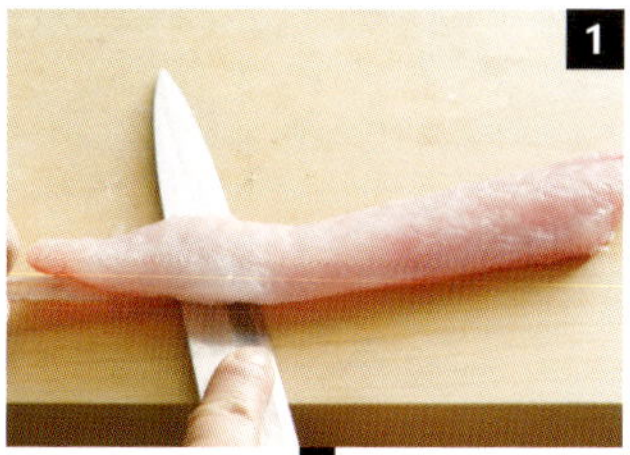

1 皮を下、尾側を左にして置き、皮を除く（p.36「皮を除く／包丁で除く」参照）。

皮を除いたもの。

2 尾側を左にして向こう高に置き、そぎ作りにする（p.40「そぎ作り」参照）。左手を身に軽く添え、包丁をねかせて刃元を身の手前側の角に斜めに当てる。

3 包丁を切っ先まで一気に引いて、そぐように切る。切り終わりは、刃先をまっすぐに立てて包丁を手前に引き、身を切り離す。

仕上がり

そぎ作りにしたもの

あまだいの昆布締め
▶下記

あまだいの昆布締め

材料（4人分）

あまだいの上身《じょうみ》（節取りした背身）……1節
昆布……10×20cm2枚
塩、酒……各適量
大根、雪の下（あれば）……各適量
おろしわさび……適量

1. あまだいはそぎ作りにし、塩を軽く振ったバットに並べて上からも塩を振り5分程おく。表面に浮き出た水気を拭き取る。
2. 昆布の表面を、酒を含ませた厚手のキッチンペーパーで拭いて湿らせ、柔らかくする。
3. **1**を**2**で挟み、ラップでぴったり包んで冷蔵庫に一晩おく。
4. 大根は薄い輪切り4枚とつま用のせん切りにする。
5. 器にあまだいと**4**、適当な大きさに切った昆布（昆布締めに使ったもの）を盛って雪の下をあしらい、おろしわさびを添える。

あまだいの松笠揚げ

材料（2人分）

あまだいの切り身（うろこ付き・3～4㎝幅*）
　……4切れ
塩、片栗粉……各適量
くわい……小4個
揚げ油……適量

1　あまだいは塩を振ったバットに並べ、上からも塩を振って30分程おき、表面に浮き出た水気を拭き取る。

2　くわいは薄皮と芽の皮1枚をむき取る。

3　**1**に片栗粉を薄くまぶし、余分な粉は落とす。

4　揚げ油を190℃に熱し、**3**を皮側から入れて揚げる。皮がパリパリになったら裏返して身の方も揚げ、油をきる。

5　**2**を揚げ油に入れて4～5分揚げ、油をきる。

6　器に**4**を盛り、**5**を添える。

*うろこ付きのまま三枚におろして腹骨・小骨を取り、3～4㎝幅に切る。身幅の狭い尾側は包丁を少しねかせて厚めのそぎ切りにし、頭側はまっすぐにして引き切りにする（p.68「切り身にする」参照）。

あまだいのかぶと蒸し

材料（2人分）

あまだいの頭……1尾分
九条ねぎ、きのこ
（白舞茸など好みのもの）
　……各適量
昆布……5×10㎝1枚
黄柚子の皮……少々
酒……大さじ3
塩……適量

1　あまだいの頭は塩を振って2時間以上おく。

2　**1**をボウルに入れて熱湯をたっぷり回しかけ、水に取ってうろこやぬめりなどをきれいに洗い落とし、水気をきる。

3　九条ねぎは斜め薄切りにし、きのこはあれば石づきを切って食べやすく分ける。

4　耐熱の器に昆布を敷いて**2**をのせ、**3**と柚子の皮を添えて酒を回しかける。

5　蒸気の上がった蒸し器に**4**を入れ、強火で15～20分蒸す。

あゆ

Ayu 鮎／香魚／年魚

[分類]キュウリウオ目キュウリウオ科 [別名]あい、あよ、シロイオ他
[産地]球磨川(熊本)、四万十川(高知)、長良川(岐阜)など
旬 **初夏。梅雨明け頃の若あゆは骨が柔らかく、独特の香りをもつ**

身を躍らせて華麗に泳ぐ姿から、「清流の女王」と称される川魚。きゅうりに例えられる独特の香りがあることから「香魚《こうぎょ》」とも、その多くがわずか1年で一生を終えるため「年魚《ねんぎょ》」とも呼ばれる。また、早春に川を遡上する「稚あゆ」、川の上流に達する初夏の「若あゆ」、初秋に産卵のため川を下る「落ちあゆ」と、成長とともに呼び名が変わる。近年では養殖も盛んだが、6月1日の天然あゆ漁の解禁で、築地には熊本・球磨《くま》川、高知・四万十川、広島・太田川、岐阜・長良川、栃木・那珂川など全国から天然物が入荷する。食べ方は、何といっても塩焼きが一番。一般に「初夏は香気を、晩夏は腹子を味わう」とされている。

おろすポイント

- 臭みのもととなるぬめりを丁寧に除く。
- 姿焼きにする際は、頭と尾をピンと上げて勢いよく泳ぐ姿に見立てて「踊り串」を打つ。

選ぶポイント

頭が小さく、頭の付け根から背にかけて盛り上がっているものは美味
岩の間をすり抜けるあゆは扁平な形をしているが、脂がのってくるところんと丸くなる
新鮮なものは、表面にぬめり、つやがある

ぬめりを取る

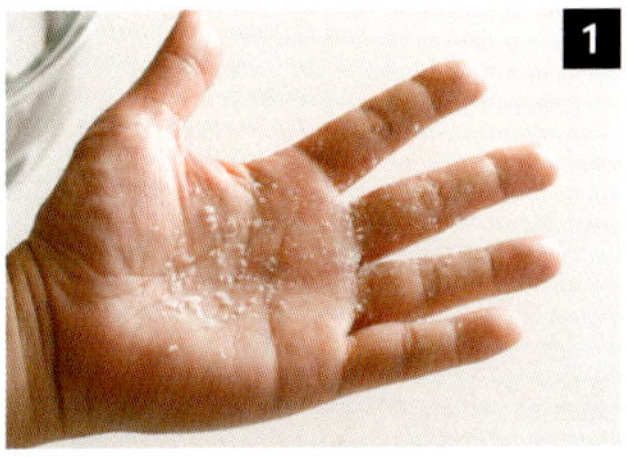

1 手を水で濡らし、粗塩をまぶしつける。

2 腹びれの辺りから肛門に向かって腹を軽くしごき、**ふんを出す**。

3 塩をつけた手でしごくようにして、表面のぬめり、うろこ、汚れを取る。ひれのぬめりも取る。

4 水で丁寧に洗い落とす。

5 キッチンペーパーで水気をしっかり拭き取る。

串を打つ

［踊り串］

使う道具

金串

1 1 頭が手前、腹が左になるように左手で持つ。口から金串（15㎝）を刺し入れてえらの後ろから親指の幅くらいの所に突き出し、1㎝程先に再び刺し込む。

2 2 尾を反らせて身をくねらせるようにしながら、金串を背骨にくぐらせる。

3 3 尾の手前辺りから金串を突き出し、形を整える。上から見て、川を泳いでいるようにくねらせる。

あゆの塩焼き
▶下記

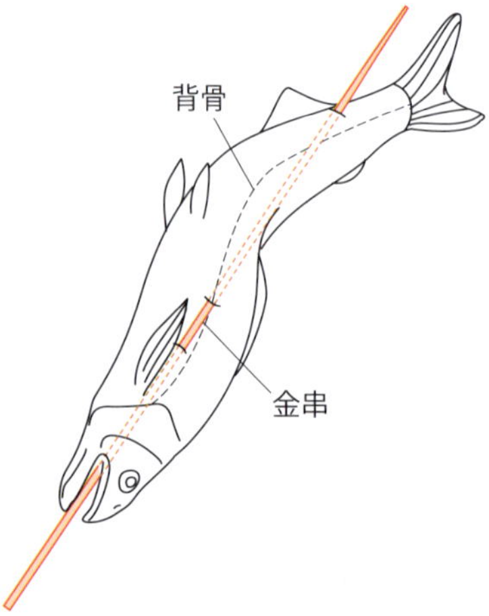

あゆの塩焼き

材料（4人分）

あゆ（ぬめりを取ったもの）……4尾
塩……適量
蓼酢……適宜

1 あゆは串を打ち、全体に塩を振り、背びれ、胸びれ、尻びれ、尾ひれに化粧塩をする。

ひれは焦げやすいので、塩をたっぷりまぶしつけて焼く。

2 予熱した魚焼きグリル（両面焼き）に表身を上にして入れ、両面にこんがりと焼き色がつくまで12分程焼く。

3 金串を回しながら抜き、器に盛る。あれば蓼酢を添える。

串打ちをして焼くことで、盛り付けが立体的になる。

あゆご飯

材料（4〜5人分）

あゆ（ぬめりを取ったもの）……3尾
米……3合

A	水……3カップ
	薄口しょうゆ……大さじ1
	みりん……大さじ2
	酒……大さじ2
	塩……少々

実山椒（塩漬け）……適量
酢……適量

1 あゆは素焼きにする。天板に網をのせてオーブンに入れ、180℃に予熱する。あゆの下側の身（盛った時に下になる側）に酢を塗り（網にくっつくのを防ぐ）、熱した網に並べて20分程焼く。

2 焼き上がったら粗熱を取り、冷蔵庫に入れて表面を乾かす（または陰干しする）。

3 米は炊く30分程前に洗い、ざるに上げて水気をきる。

4 実山椒はサッと洗って水気をきる。

5 土鍋に**3**を入れて**A**を加え、素焼きにしたあゆをのせて蓋をし、強火にかける。沸騰したら中火にして12分程炊き、弱火にして水分がなくなりパチパチと音がしたら火を止め、**4**を散らす。再び蓋をして、15分蒸らす。

6 あゆを取り出して頭と骨を除いて身を粗くほぐし、鍋に戻してご飯にさっくり混ぜ、器によそう。

あゆは素焼きにすることで脂が落ちて臭みが出ない。冷蔵で4〜5日、冷凍で約2週間保存できるので、多めに作っておくとよい。

あゆは一旦取り出し、ほぐして骨を取り除いてご飯と混ぜる。この一手間で食べやすくなり、おいしさもアップする。

いさき

Grunt　伊佐木／伊佐幾／鶏魚

［分類］スズキ目イサキ科　［別名］いさぎ、はんざこ、とび、えさき、かじやころし他　［産地］宮崎、長崎、伊豆七島など

旬 **初夏の5～6月。「梅雨いさき」と呼ばれ、最も脂がのる時期**

磯魚ならではの、独特の磯の香りを持つ白身魚。初夏から夏にかけての産卵期に旬を迎え、この時期に味が落ちるとされる「たい」に代わって重宝される。また、寒さを控えて脂を蓄える初冬の頃も味がよい。身が締まり脂ののったいさきは、古くから塩焼き魚として親しまれてきた。火を通すことで皮目の磯臭さが旨味に変わり、身離れもよく、ほのかな甘味も加わり美味。あっさりとした上品な味わいは、刺身や煮付け、蒸し物など、様々な調理法で楽しめる。

おろすポイント

- ひれは先が鋭く尖り、骨は非常に硬いので、扱いに注意する。
- 内臓が多く、そこから傷みが進むので、できるだけ早く内臓を取り除き、腹の中をきれいにする。
- 絵に描いたような標準的な魚なので、おろし方に特別な手順などはない。

選ぶポイント

頭から背びれまでの傾斜が急なもの。これは脂がのって背が盛り上がっているからで、頭も小さく見える
目に張りがある
尾の付け根部分が細くキュッと締まり、盛り上がっている
腹が硬くて張りがあり、盛り上がっている
肛門から尾の付け根までのラインがシャープ。やせているとここの角度がゆるい

一尾付け用下処理

使う道具

うろこ引き、出刃包丁

1 **うろこはうろこ引きでばら引きし**（p.17「ばら引き2」参照）、細部は出刃包丁でこそげ取る（p.17「細部のうろこを取る」参照）。

2 **えらと内臓を取り除く**（p.22「えらをはずす2」参照）。頭を右に、腹を手前に置く。えら蓋を開いて切っ先を立てるように差し入れ、頭頂部とえらの接合部を切り離す。

3 えらと下あごの接合部を切り離す。

4 えらの周りの薄膜をカーブに沿って切る。

5 反対側の薄膜も切る。

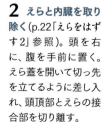

隠し包丁･飾り包丁を入れる

＊下処理したものを使用

使う道具

出刃包丁

1 頭を右、腹を手前に置き、盛り付けたときに裏になる面を上にする。尾から頭に向けて、背骨に沿って1本切り目を入れる(隠し包丁)。背骨の手前まで深く切り込む。

2 裏返して頭を右、背を手前に置く。**1**と同様に背骨に沿って切り目を1本入れる(飾り包丁)。

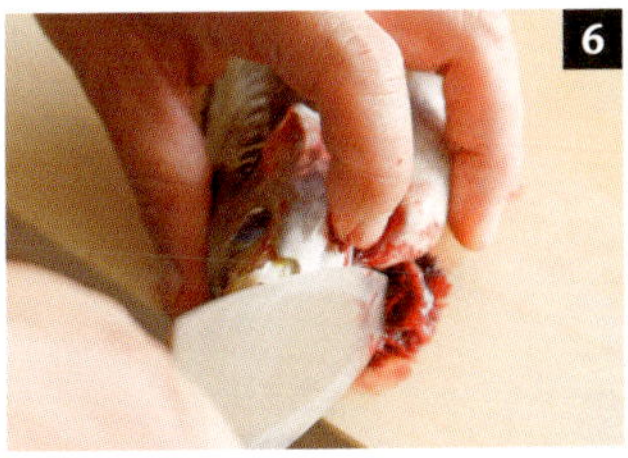

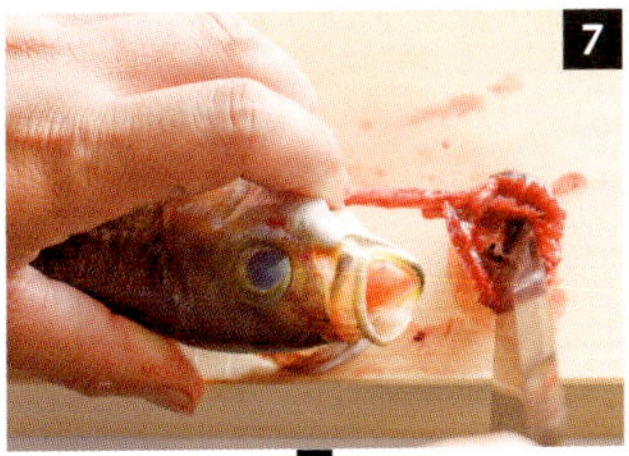

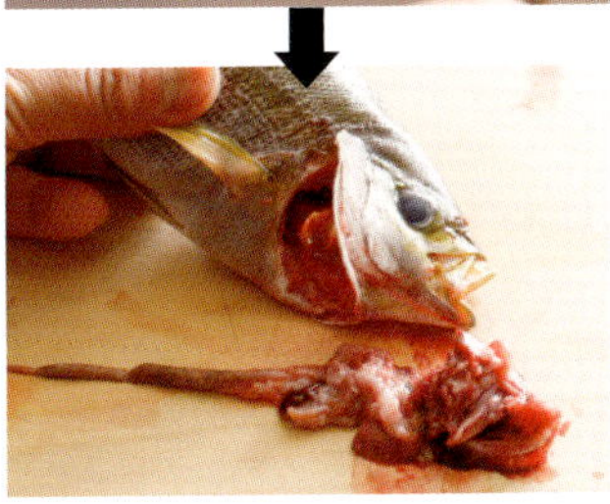

6 切っ先を**えらに引っかけて引き出す**。

7 えらを切っ先で押さえ、魚を左へゆっくり動かして**内臓を引き出す**。水で手早く洗い、水気を拭き取る。

いさきの中国風姿蒸し
▶下記

いさきの中国風姿蒸し

材料(2人分)

いさき(一尾付け用に下処理したもの)
…… 1尾(約300g)

○たれ
- しょうゆ …… 大さじ3
- 太白ごま油、紹興酒 …… 各大さじ1
- オイスターソース …… 大さじ⅔
- 砂糖 …… 大さじ½

長ねぎ(白い部分)、しょうが、香菜の葉 …… 各適量
太白ごま油 …… ¼カップ
塩 …… 適量

1 いさきは振り塩をして15分程おき、表面の水気を拭き取って隠し包丁、飾り包丁を入れ、耐熱皿にのせる。
2 長ねぎはせん切りにして水にさらし、水気をきる。しょうがはせん切りにする。
3 たれの材料を合わせ、よく混ぜる。
4 蒸気の上がった蒸し器に**1**を入れ、強火で7～8分蒸す。
5 器に**4**を盛って**2**をのせ、**3**をかける。
6 小鍋に太白ごま油を煙が出るくらいに熱し、**5**に回しかける。仕上げに香菜の葉をのせる。

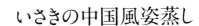

Parrot fish　石鯛

いしだい

[分類]スズキ目イシダイ科　[別名]くちぐろ、しまだい、なべわり、ひしゃ他　[産地]日本各地の磯や岩礁に生息

旬 **漁獲量が増えるのは夏。脂がのっておいしい時期は冬**

めったに釣れず、釣れたときの引きが強いことから、「磯の王者」と呼ばれる磯釣りで大変人気の魚。食材としても高級魚で、ほとんどが料理店行きとなっていたが、最近では養殖も多く出回る。幼魚の間は黒い横縞が7本入っているが、成長と共に薄くなり、雄は体全体が灰色になる。身は締まり、しっかりとした歯応えで甘みを持つが、磯の香りが強いので、刺身にする場合は薄作りや洗いがおすすめ。

おろすポイント

- 細かいうろこを、うろこ引きと包丁を使って丁寧に取り除く。その際、体表のぬめりもしっかり落とす。
- 背身、腹身ともに背骨までの身幅があるので、必要に応じて中骨に沿って繰り返し包丁を切り込む。
- 雑食でいろいろなものを食べているので、腹の中を丁寧に掃除しないと臭みが出る。

選ぶポイント

鮮度のよいものは表面にぬめりがある

ひれがすれていたり、変形したりしていないきれいなもの

縞模様がくっきり出ているのは幼魚〜若魚で、成魚になると模様はぼやけて全体が灰色になり、口の周りが黒くなる。成長と共に磯魚としての味わいが濃くなる

腹が硬く身に厚みのあるもの

下処理

使う道具

うろこ引き、出刃包丁

1 **うろこはうろこ引きでばら引きし**(p.17「ばら引き2」参照)、細部は出刃包丁でこそげ取る(p.17「細部のうろこを取る」参照)。

2 頭を左、背を手前にして置く。胸びれを頭側に倒して押さえ、胸びれの後ろに包丁を入れ、腹びれの中央まで斜めに押し出すように切る(内臓を切らないように注意する)。

3 そのまま頭の付け根に向かって斜めに引いて切る。魚を少し起こし頭の付け根部分の切り口から目印用に、裏側に少し切り込む。

4 頭の位置を変えずに裏返し、**2**と同様に胸びれの後ろに包丁を入れ、**3**でつけた切り口へ向かって斜めに押し切り、そのまま腹びれの中央まで引き切る(内臓を切らないように注意する)。

5 背骨に刃元を当て、手のひらで峰を叩いて背骨を断ち切る。

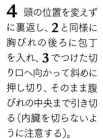

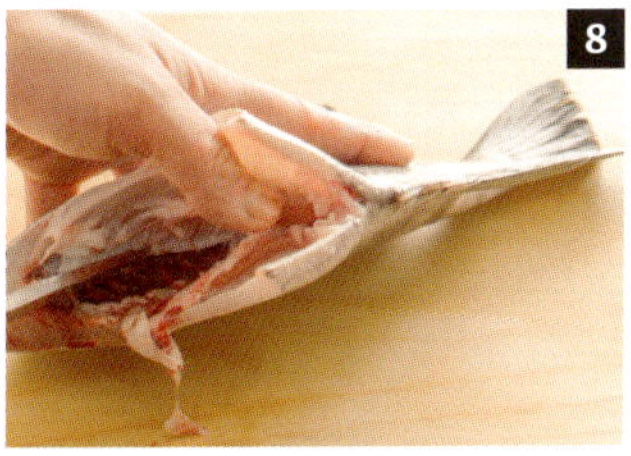

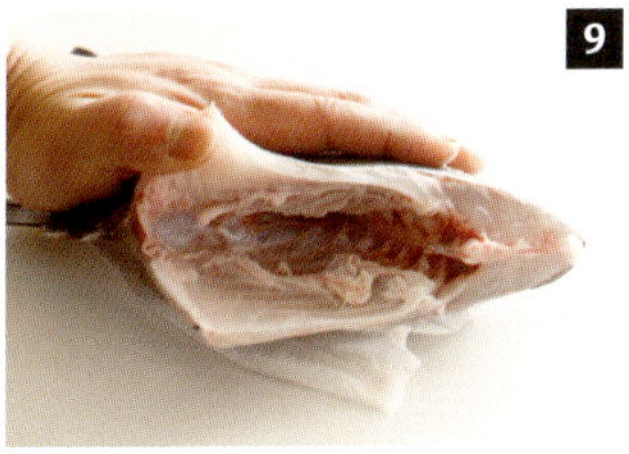

6 頭を手前に引いて胴から離す。えらと内臓はつながった状態。

7 腹側を肛門まで切り、**頭を引っ張って内臓を引き出す**。腹の中に残っている内臓を包丁でかき出す。

8 背骨の薄膜に切り目を入れ、血わたをかき出す。

9 **水で手早く洗い**、キッチンペーパーで表面と腹の中の**水気をしっかり拭き取る**。腹の中に残った血わたや内臓などもきれいに拭い取る。

身をおろす
［三枚おろし］

＊p.26～28「三枚おろし」参照

使う道具
出刃包丁

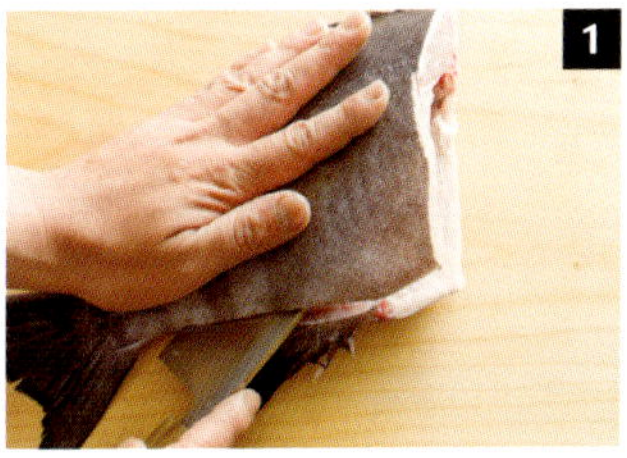

1 頭側を右、腹を手前にし、下側の身をおろす（p.26～27「三枚おろし」**1**～**13**参照）。腹骨の付け根は、身を少し持ち上げ、切っ先で引き切る。

POINT

切っ先を下に向けて角度をつけ、刃元を肩口に向けて進めると、力を入れずに切り離せる。

2 骨側を下にし、上側の身をおろす（p.27～28「三枚おろし」**14**～**21**と同様にする）。

POINT

腹骨の部分は高さがあるので、身を少し持ち上げて腹骨の付け根を確認しながら切り進めるとよい。

仕上がり

三枚おろしにしたもの

腹骨・小骨（血合い骨）を取る

使う道具
出刃包丁

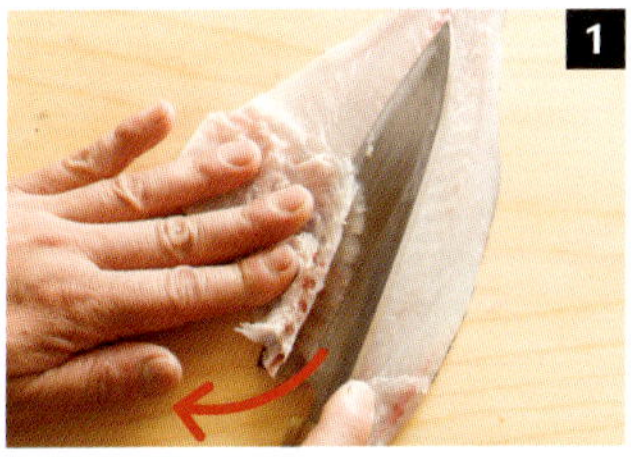

1 腹側を左にして縦に置き、腹骨を取る（p.33「腹骨の付け根をはずす1」、p.34「腹骨をそぎ取る」参照）。

POINT

腹の縁部分は切り落とす。ここは筋肉質で硬いので、残しておくと皮を取るとき邪魔になる。

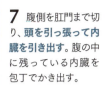

一尾付け用 下処理

＊うろこを取ったものを使用

使う道具
出刃包丁

1 頭を右、腹を手前に置き、**えらをはずし**（p.22「えらをはずす1」参照）、**手で引き出して取り除く**。

2 腹びれの上に4cm程の切り込みを入れる。

3 切り込みから指を入れ、**内臓を引き出す**。

4 **水で手早く洗う。**えら蓋の中、腹の中に指を入れ、しっかり洗う。キッチンペーパーで表面と腹の中の水気をしっかり拭き取る。

5 頭を右、腹を手前に置き、盛り付けたときに裏になる面を上にする。尾から頭に向けて、**背骨に沿って1本切り目を入れる**（隠し包丁）。背骨の手前まで深く切り込む。

6 裏返して頭を左、腹を手前に置く。身の厚い部分に**×印の切り目を入れる**（飾り包丁）。

いしだいの塩焼き
▶p.79

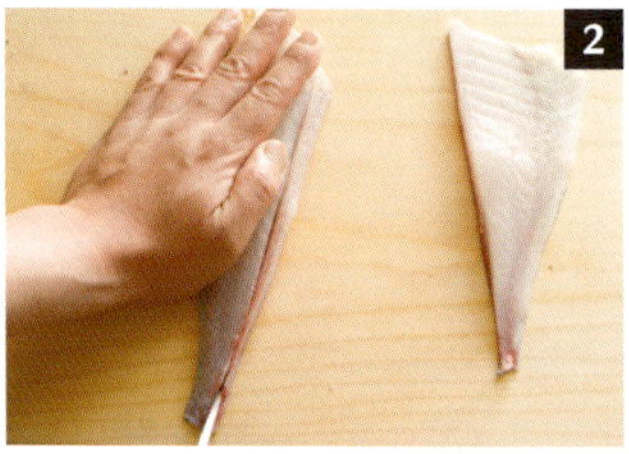

2 小骨（血合い骨）を切り取り（p.35「切り取る」参照）、節取りにする。

仕上がり

節取りにしたもの

そぎ作り

＊節取りにした背身を使用

使う道具
柳刃包丁

1 皮を下、尾側を左にして置き、**皮を除く**（p.36「包丁で除く」参照）。

2 **そぎ作りにする**（p.40「そぎ作り」参照）。皮側を上にして向こう高に置く。左手を身に軽く添え、包丁をねかせて、刃元を身の手前側の角に斜めに当てる。

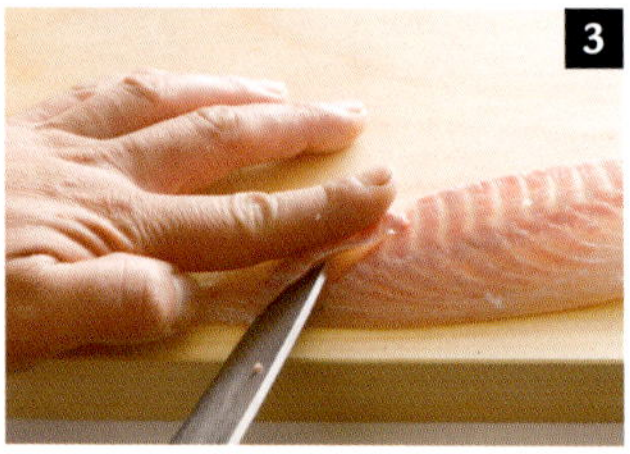

3 包丁を切っ先まで一気に引いて、そぐように切る。切り終わりは包丁を起こし、刃先をまっすぐ立てて包丁を引き、身を切り離す。

仕上がり

そぎ作りにしたもの

いしだいのセビチェ
▶p.79

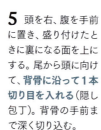

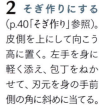

いしだいのセビチェ

材料（2人分）

いしだい（節取りした背身）……1節（背身）
はっさく（または好みの柑橘類）……½個
みょうが……1個
三つ葉……½束
塩、オリーブ油……各適量

1. はっさくは¼個分の果汁を絞り、残りは果肉をほぐす。
2. いしだいは皮を除いてそぎ作りにし、振り塩をして5分程おき、表面に浮き出た水分を拭き取る。
3. ボウルに**2**とはっさくの搾り汁を合わせ、軽く混ぜる。食べる直前まで冷蔵庫で冷やす。
4. みょうがはせん切りにし、三つ葉はざく切りにする。
5. **3**の汁気をきってはっさくの果肉と**4**を加え、オリーブ油を回しかけてサックリ混ぜ、塩で味を調える。

いしだいの塩焼き

材料（4人分）

いしだい（一尾付け用に下処理したもの）
……1尾（約700g）
塩……適量

1. いしだいは隠し包丁と飾り包丁をし、塩を振って15〜20分おく。
2. 表面に浮き出た水分を拭き取り、全体に塩を振り、さらに各ひれにたっぷりと化粧塩をする。
3. 210℃に予熱したオーブンに表身を上にして入れ、両面にこんがりと焼き色がつくまで15分程焼く。

焦げやすいひれに塩をたっぷりまぶしつける。

Sardine 鰯

いわし(真いわし)

[分類] ニシン目ニシン科　[別名] ななつぼし、ひらごいわし、おいわし他　[産地] 青森、宮城、千葉、静岡、愛知、鳥取など日本各地

旬 **通年旬だが、「入梅いわし」と呼ばれる梅雨時のものが特に美味**

数十年周期で好漁、不漁を繰り返し、近年では2000年前後に不漁が続き価格も高騰したが、ここ数年は回復期に入り大衆魚の座に返り咲いた。いわしは、真いわし、うるめいわし、片口いわしに大別されるが、鮮魚として食卓に多く上がるのは真いわし。体の側面に「七つ星」と呼ばれる黒い斑点が並ぶのが特徴で、18cm以上のものを「大羽《おおば》」、15cm前後を「中羽《ちゅうば》」、12cm以下を「小羽《こば》」と呼ぶ。漢字で「鰯」と書くように、水揚げするとすぐ死んでしまい、傷みも早いため、新鮮なものを選ぶことが肝要。魚が餌として好む魚だけに、味は折り紙付き。梅雨入り時期の脂がのったものは、どんな料理にしてもおいしい。

おろすポイント

- 身が柔らかく、手開きで骨を身からはずせる。
- 腹腔の下側にプロテクターのような堅い骨がある。この部分を残さないために、腹を切り落とす。

選ぶポイント

鮮度のよいものは斑点がくっきりしているが、脂がのってくると皮が薄くなり、斑点もぼやける

目に充血がなく、盛り上がっているもの

かたくちいわし／ニシン目カタクチイワシ科

せぐろいわし、ひしこいわしとも呼ばれる10〜15cmほどの小さいいわし。ほとんどが煮干し、みりん干しなどに加工され、店頭に並ぶのはほんのわずか。塩漬けにしたものがアンチョビ。

下処理

使う道具
出刃包丁

1 頭を左にして置き、左手で頭部を挟むようにして軽く持ち、尾から頭に向かって**包丁でうろこをこそげ取る**(p.18「ばら引き1」参照)。身が柔らかいので傷つけないように注意。

2 胸びれの後ろに包丁をまっすぐ入れ、一気に**頭を切り落とす**(p.21「まっすぐ落とす」参照)。

3 **内蔵を取り除く**(p.24「腹を切り取る」参照)。腹の下側を肛門から頭側まで斜めに切り落とす。この部分は堅い骨があるので切り取る。

4 腹の奥に包丁を入れ、**内臓をかき出す**。

5 肛門から尾に向かって親指を指し入れて少し開き、奥の内臓を取り除く。切っ先で**背骨の薄膜に切り目を入れる**。

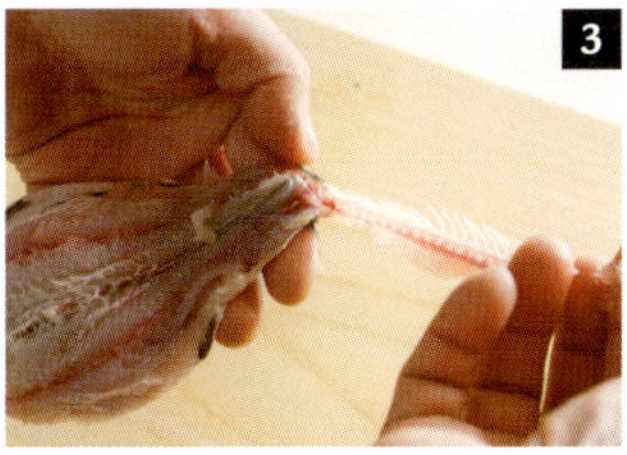

3 背骨を尾の付け根の所で引き抜くようにして取り除く。

仕上がり

手開きしたもの

皮を除く

＊手開きしたものを使用

1 皮を表にして身を閉じ、頭側を上、腹側を左にして縦に持つ。肩口の背側の端から皮を3cm程はがす。

2 身を開き、身側を上にして右手で持つ。皮と身の間に左の親指を差し入れ、指で身を押し下げるようにして皮から少しずつはがしていく。皮を引きはがすのではなく、身を皮からはがす。

3 片身をはがし終えたら、もう一方の身を同じ要領ではがす。

仕上がり

手開きした身から皮を除いたもの

いわしのユッケ
► p.83

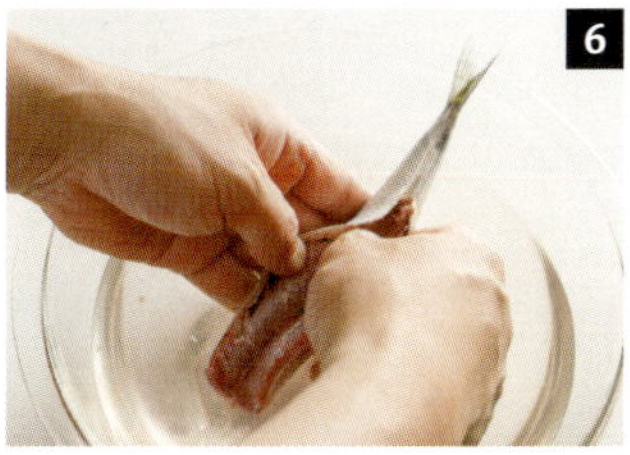

6 **水で手早く洗う。** 背骨の下にある血わたは指先でこそげるようにして取り除く。キッチンペーパーで表面と腹の中の**水気をしっかり拭き取る。**

仕上がり

下処理したもの

いわしの梅煮
► p.83

身を開く

［手開き］

1 頭側を左、腹を手前にして持つ。右手親指の指先を背骨と身の間に入れ、背骨に沿って尾の方へ、次に尾から頭側へ向かって動かし、身をはがす。

POINT

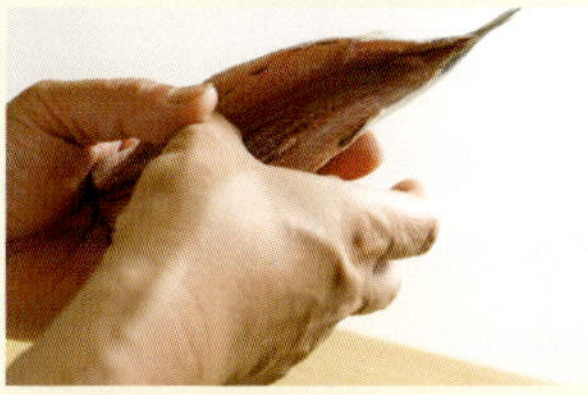

親指をぐっと深く差し込み、指の腹は背骨を、爪の先は背の内側をなぞるように動かす。

2 左手で尾を持ち上げ、右手で背骨を尾の付け根部分でつまみ、そのまま身がついてこないように注意しながら指を下へ動かし、身から背骨をはがす。

POINT

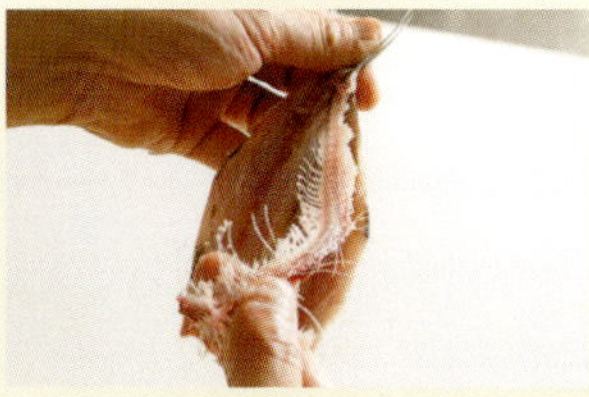

通常は包丁でそぎ取る腹骨や、骨抜きを使って抜き取るような小骨も、背骨と一緒に取ることができる。

腹骨を取る

＊大名おろしにした下側の身を使用

使う道具
出刃包丁

1 頭側を向こうにして縦に置き、腹骨を取る（p.33「腹骨の付け根をはずす2」、p.34「腹骨をそぎ取る」参照）。

POINT

腹骨を切り離すときは、切り込んだ部分をめくり、包丁を立てて引き切る。

皮を除く

＊p.36「手で除く」と同様にする

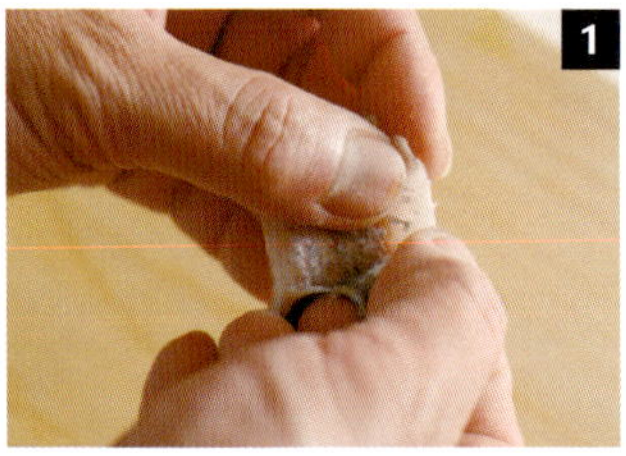

1 頭側を上、皮を手前にして縦に持つ。肩口の端から皮をはがし、皮と身の間に左の親指を差し入れ、指で身を押し下げるようにして皮から少しずつはがしていく。身の半分くらいまではがす。

2 頭側を左、皮を上にしてまな板に置く。左手で身を軽く押さえ、尾に向かって皮を少しずつ引きはがす。銀色の部分を身に残すようにする。

身をおろす
［大名おろし］

＊p.29「大名おろし」と同様にする

使う道具
出刃包丁

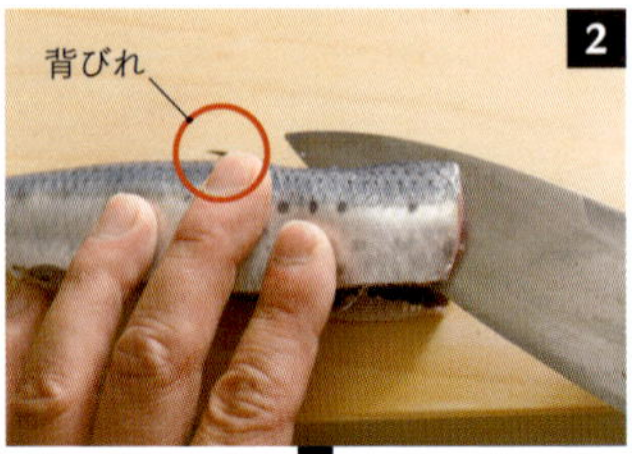

1 頭側を右、腹を手前に置き、肩口から背骨の上に包丁を入れる。

2 肩口から肛門までの腹骨部分は、包丁を少し起こして角度をつけ（背骨の傾斜に合わせる）、切っ先を背びれの方（尾の方）へ向けて斜めにし、背骨の上を滑らせるように切り進める。

3 肛門から先は、包丁の面が中骨と平行になるように向きを変えてねかせ、そのまま尾の付け根まで切り進めて身を切り離す。

4 頭側の位置を動かさずに裏返し、肩口から背骨の上に包丁を入れる。肛門までの腹骨部分は、包丁を少し起こし、刃元を背びれの方（尾の方）へ向けて斜めにし、背骨の上を滑らせるように切り進める。肛門から先は、**3**と同じ要領で切り進め、身を切り離す。

仕上がり

9 大名おろしにしたもの

いわしのユッケ

材料（２人分）

いわし（手開きして皮を除いたもの）……１尾
コチュジャン、しょうゆ、みりん……各小さじ½
塩、すりごま（白）……各適量
きゅうり（せん切り）、針しょうが……各適量

1 いわしに振り塩をして１分程おき、表面に浮き出た水気を拭き取って、さらに塩が全体になじむまで10～30分おく。
2 **1**を斜め細切りにする。
3 ボウルにコチュジャン、しょうゆ、みりんを混ぜ合わせ、**2**を加えて和える。
4 器に**3**を盛ってすりごまを散らし、きゅうり、針しょうがを添える。

斜めにできるだけ長く切る。

いわしの梅煮

材料（作りやすい分量）

いわし（下処理したもの）……５尾
梅干し……大２個
酒……１カップ
みりん……小さじ½
薄口しょうゆ……小さじ½
針しょうが……適量

1 鍋に酒を入れ、梅干しをほぐして種ごと加え、いわしを並べ入れて、火にかける。
2 煮立ったらアクを取り、みりん、薄口しょうゆを加え、落とし蓋をして弱火で７～８分煮る。
3 鍋の底に煮汁が少し残るくらいになったら煮上がり。器に盛り、針しょうがをのせる。

水を使わず酒で煮て、身をふっくらと仕上げる。

かたくちいわし用 身をおろす
［三枚おろし］

使う道具
梱包用PPバンド

1 PPバンドを10～15㎝長さに切り、半分に曲げてホッチキスで止める。

2 頭を左、背を手前に魚を置く。**1**のカーブした先端をえらの後ろにグッと差し込み、そのまま尾に向かって一気に動かし身をそぎ取る。頭の位置を変えずに裏返し、同様に身をそぐ。

3 **手早く水で洗う。**軽くもむようにして洗い、身に残った内臓などの汚れを洗い流す。

4 ざるに上げて水気をきる。

仕上がり

9 PPバンドで三枚おろしにしたもの

アンチョビ
▶下記

アンチョビ

材料（作りやすい分量）
かたくちいわし（三枚おろしにしたもの）……100ｇ
粗塩、オリーブ油……各適量
ゆで卵（半熟）……適量

1. かたくちいわしはキッチンペーパーで水気をしっかり取る。
2. 清潔な保存容器の底に粗塩をたっぷり敷き、**1**を並べ入れる。1段目を並べ終えたら粗塩をいわしが見えなくなるまで振り、2段目を並べる。これを繰り返してすべてのいわしを並べ入れ、最後に表面をたっぷりの粗塩で覆う。
3. 表面にラップを密着させ、蓋をして冷蔵庫に入れて、1か月程おいて熟成、発酵させる。
4. 1か月後、いわしを容器から出し、塩水（塩分量3%）で軽く洗って塩を除く。その後キッチンペーパーで軽く押さえるようにして水気を取る。
5. 保存容器に**4**を並べて入れ、オリーブ油をひたひたに注ぎ、再び冷蔵庫に入れて1週間おけば完成。
6. ゆで卵を半分に切って器に並べる。でき上がったアンチョビを食べやすく切ってのせ、オリーブ油をかける。アンチョビは、冷蔵庫で3か月保存可能。

冷蔵庫で1か月おいたもの。溜まった水分は魚醤（ナムプラー）として使える。

おにおこぜ

Devil stinger, Stonefish　鬼虎魚／鬼鰧

［分類］カサゴ目フサカサゴ科　［別名］おこぜ、やまのかみ、いじゃじゃみ、おくし他　［産地］青森、北陸地方、長崎など

旬 通年おいしいが、特に初夏は「夏ふぐ」と呼ばれ、肝も大きい

体全体に突起があって、頭部は凸凹。棲息場所で体色が変わり、背びれにトゲを持ち、その間の被膜には猛毒がある。醜怪な姿形に反して、身は「夏ふぐ」と言われるほどの美味。うっすらと脂を含んだ白身はコリコリとした歯応えと甘みを持ち、皮下はゼラチン質でねっとりとした味わい。肝も旨く、あらからはコク深い上質なだしが取れる。小さいものは、姿のまま から揚げにすると美味。頭が大きくて可食部が少ないため高級魚として扱われるが、身だけでなく、皮や骨、内臓も食べられる。

おろすポイント

- 背びれはキッチンばさみで切り取る。処理後は、新聞紙などでしっかり包んで処分する。
- 背骨が細く、力を入れると刃先が下に入ってしまうので、力を抜いて切り進める。

選ぶポイント

鮮度が落ちると臭みが出るので、においをかいでみる

体色は住む環境に左右され、鮮度には関係ない

皮につやがあり、身が締まっているもの

下処理

使う道具

キッチンばさみ、出刃包丁

1

2

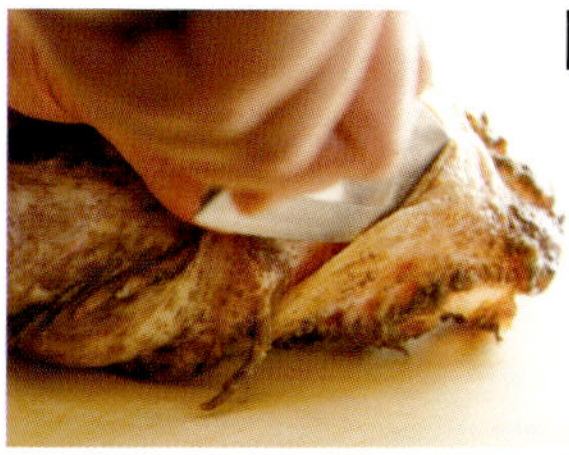

1 **背びれをキッチンばさみで切り取る。**トゲに毒があるので、刺さらないように注意する。

2 頭を右にし、背をまな板につけてえら蓋を開き、切っ先を差し入れて、**あご下と頭の接合部を切り離す。**

3

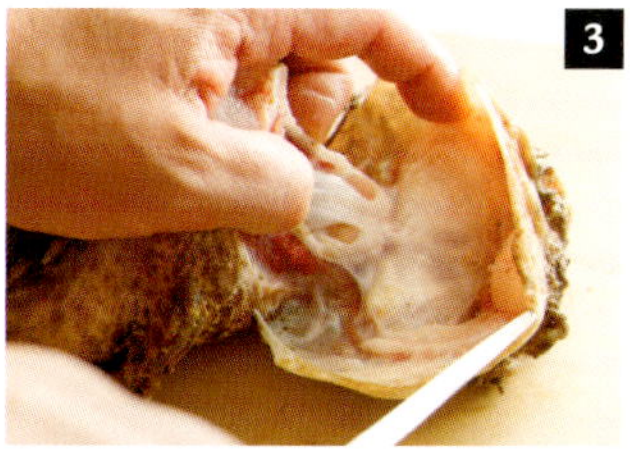

4

5

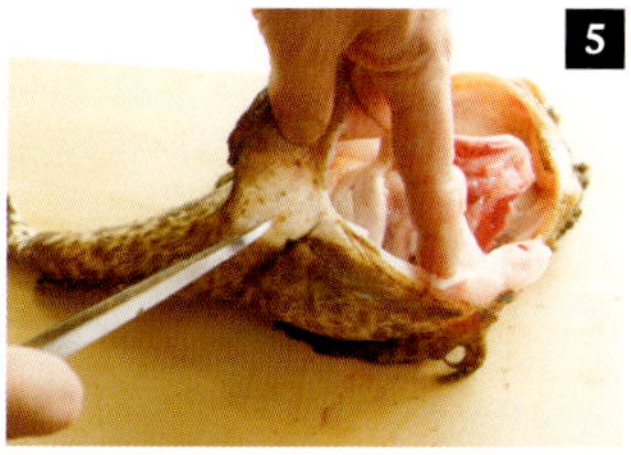

3 あごの下を大きく開く。

4 上あごとえらの付け根を切り離し、さらにえらの周りの薄膜に切り目を入れる。

5 あご下から肛門まで包丁で薄皮を切り裂くようにして腹を開く。内臓を切らないように注意する。

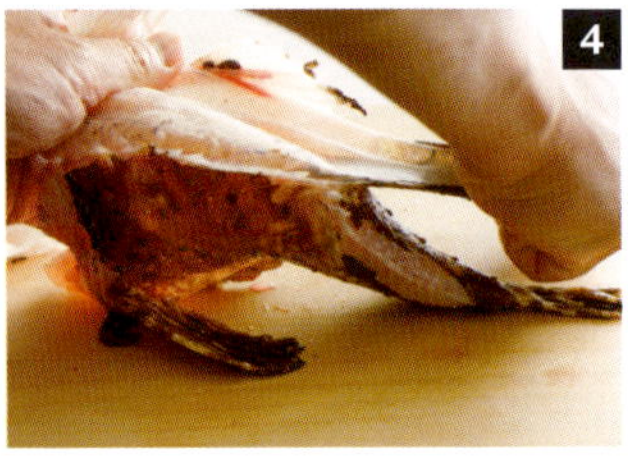

4 頭を左、背を上にして置く。肩口から身と皮の間に指を差し込み、尾に向かって**皮を一気に引っ張り、きれいにはぎ取る。**

仕上がり

頭を落とし、皮を除いたもの

身をおろす

［三枚おろし］

＊p.26～28「三枚おろし」参照

使う道具

出刃包丁

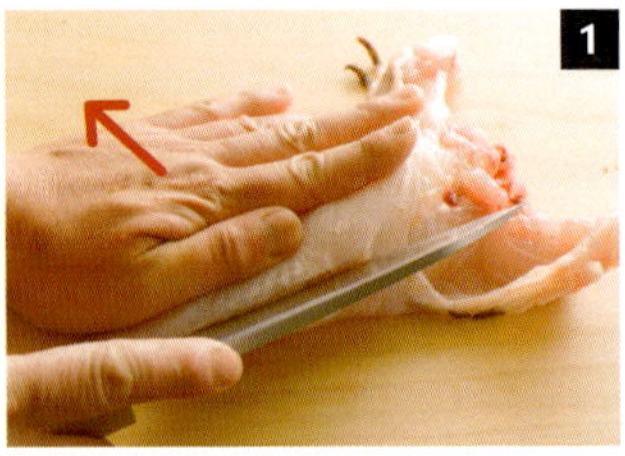

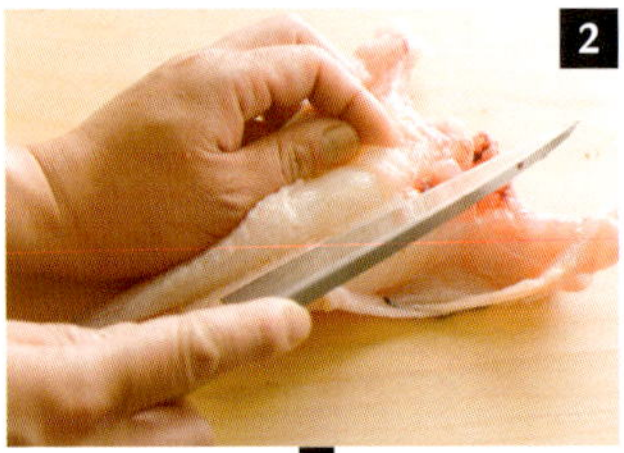

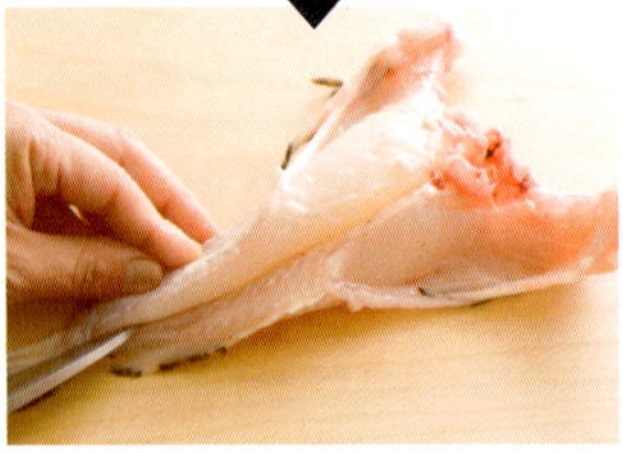

1 頭側を右、腹を手前に置く。頭側から尾の付け根まで目印となる切り目を入れる。魚がグラグラ動かないように左手でしっかり押さえ、その手を背側に少しずらすと、包丁を入れる部分がピンと張って切り目が入れやすくなる。ただし、まな板側に押し下げてしまうと、背骨、中骨がゆがんで包丁がまっすぐ入らなくなるので注意する。

2 目印の線に沿って、切っ先で背骨をなぞりながら尾の付け根まで切る。背骨が細く包丁が下に入りやすいので、力を抜いて的確に骨の上を切り進める。

3 向きを変えて頭側を左、背を手前に置き、背側に目印の線となる切り目を入れる。

6 内臓を傷つけないように腹膜を丁寧に切り、**えらと内臓を取り出す。**

7 肝にくっついている**黒い苦玉（胆のう）を、潰さないように切り取る。**水で手早く洗い、キッチンペーパーで表面と腹の中の水気をしっかり拭き取る。

仕上がり

下処理したもの

頭を落とす·皮を除く

［素頭落とし］

使う道具

出刃包丁

1 頭を左、腹を手前に置く。えら蓋に沿って頭の付け根に包丁を斜めに入れ、深く切り込んで背骨を切る。

2 背を手前にして、**1**の切り口からえら蓋に沿って包丁を斜めに入れ、深く切り込んで**頭を落とす。**

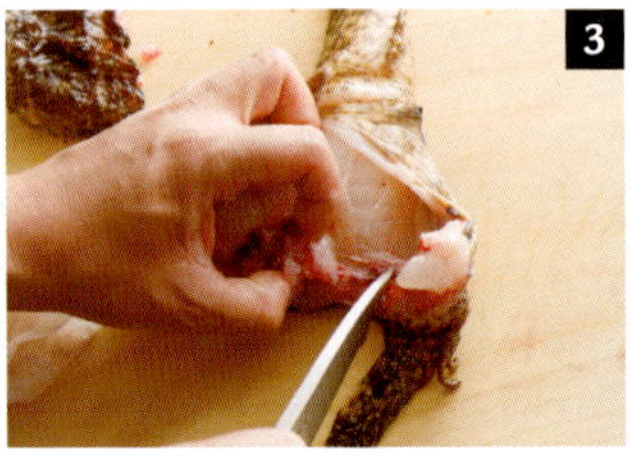

3 腹を上にし、頭側を手前にして縦に置く。**頭と胴の付け根にある血わた部分**に、包丁を左右から斜めにそぐように入れて血わたを切り取る。

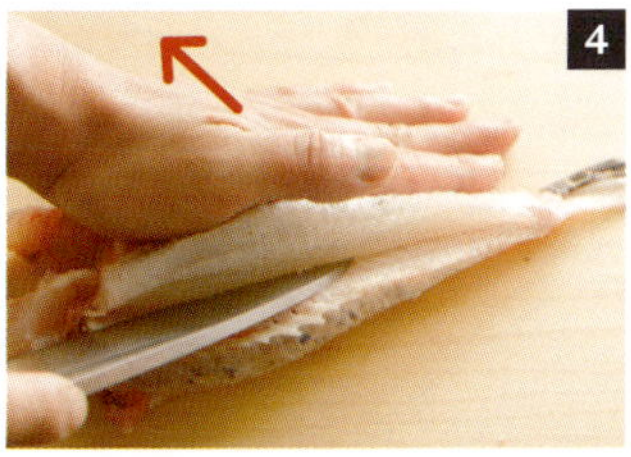

4 目印の線に沿って、切っ先で背骨をなぞりながら肩口まで切る。左手で腹側をまな板に軽く押しつけるようにして身を引っ張ると、包丁が入れやすくなる。

5 尾の付け根に逆さ包丁を差し入れて尾に向かって少し切り込む。包丁を変えて頭側まで背骨の上を滑らせるように動かし、骨から身を切り離す。

6 骨側を下にして、頭側を右、背を手前に置き、下側の身と同じ要領で背側に包丁を入れる。

7 向きを変え、腹側にも同じ要領で包丁を入れる。身を張っているので、切った瞬間に身がめくれる。

8 腹骨の部分は、付け根のカーブを確認しながら切り進める。

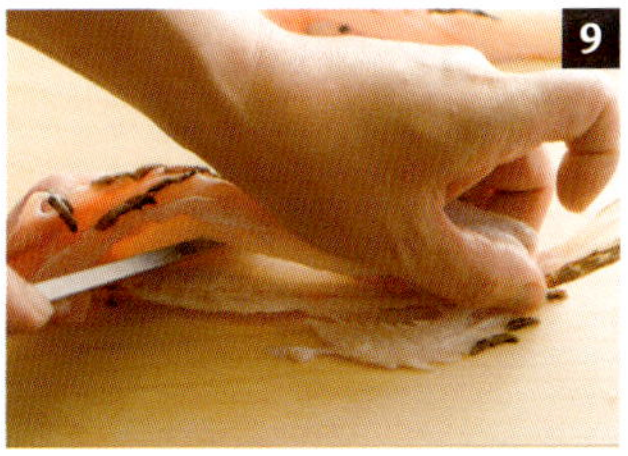

9 **5**と同じ要領で上側の身を切り離す。

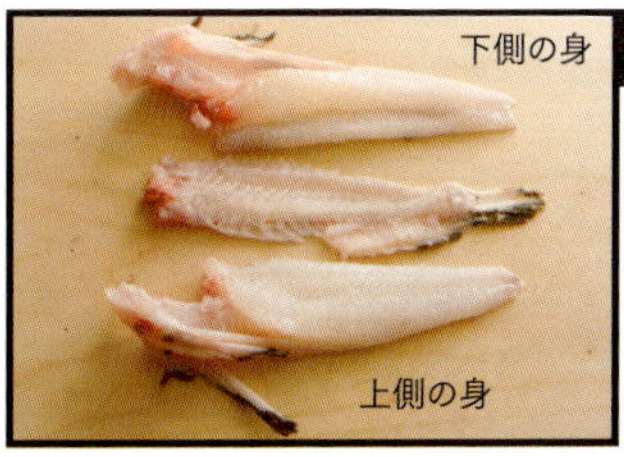

仕上がり

9 三枚おろしにしたもの

かま・腹骨を取る

＊三枚おろしにした上側の身を使用

使う道具

出刃包丁

1 **胸びれとかまを一緒に斜めに切り取る。**

2 腹骨の付け根に包丁を入れて起こし、**腹骨をそぎ取る**（p.33「腹骨の付け根をはずす2」、p.34「腹骨をそぎ取る」参照）。

そぎ作り

＊かま・腹骨を取った上側の身を使用

使う道具

柳刃包丁

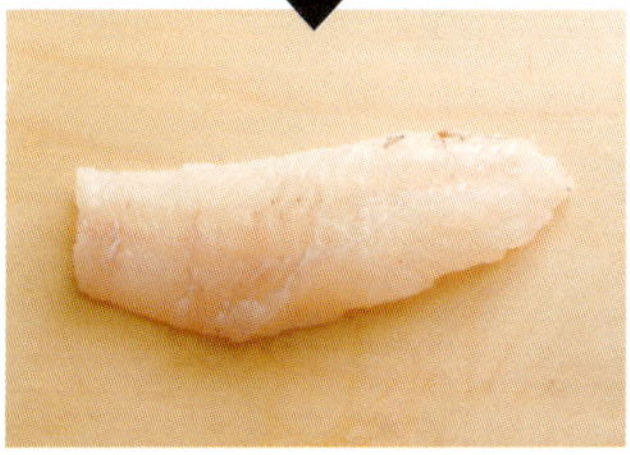

1 **薄皮を除く。**薄皮を下、尾側を左に置く。尾側の端の身を2cm程そぎ、薄皮と身の間に包丁を入れ、皮を引きながら頭側まで切り進める（p.36「包丁で除く」参照）。

5 頭を右、背を手前に置く。左手で皮を腹側に少しずらしながら、背びれに沿って頭の付け根から尾の付け根まで切り目を入れる。切れ目に包丁を入れ直し、中骨をなぞるようにして背骨まで深く切り込む。そのまま包丁を背骨に沿わせるように進め、腹の皮ギリギリまで切り込んで、背骨、中骨から身を切り離す。ただし、身は尾の付け根でつながっている状態にする。

6 頭を左、背を手前に置き、**5**と同じ要領で尾の付け根から頭の付け根まで包丁を入れ、身を背骨、中骨から切り離す。

7 骨身から切り離した左右の身を開く。

8 頭を右、腹を手前に置く。火の通りをよくするために、腹の開いた際から尾の付け根まで切り目を入れる。

9 頭を左、背を手前に置き、同様に尾の付け根から頭の付け根まで切り目を入れる。

10 左右の胸びれを、後ろから前へグリッと半回転させる。ひれが広がり、料理したときの見栄えがよくなる。

11 火の通りをよくするために、頭を包丁の峰で叩いて骨を砕く。

おにおこぜの姿揚げ
▶ p.89

2 尾側を左にして向こう高に置く。左手を身に軽く添え、包丁をねかせて刃元を身に斜めに当て、切っ先まで一気に引いて、そぐように切る。

3 切り終わりは包丁を起こし、刃先をまっすぐ立てて包丁を引き、身を切り離す。

おにおこぜの共和え
▶ p.89

身を開く
［背開き］

＊小ぶりのおにおこぜを背びれをキッチンばさみで切り落として使用

使う道具
出刃包丁

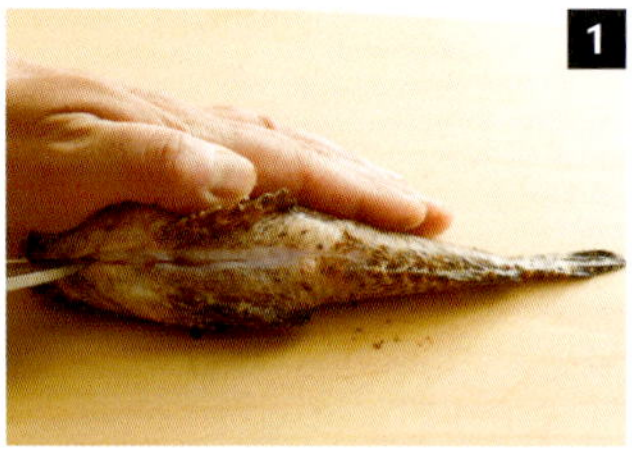

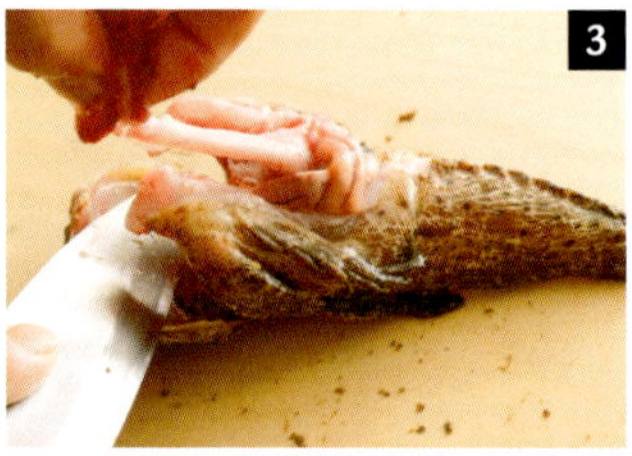

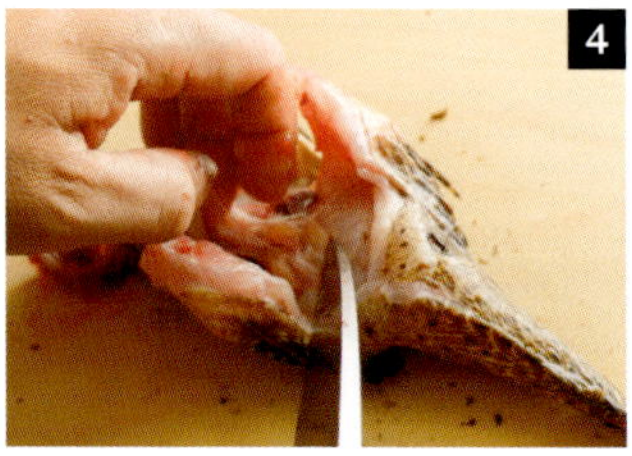

1 頭を左、腹を手前に置く。内臓を傷つけないように注意して、肛門からあご下まで切る。

2 腹を開き、えらと上下のあごの接合部を切り離す。

3 えらの周りの薄膜を切ってはずし、指でつまんでえらを引っ張り、そのまま内臓も一緒に引き出す。

4 えらと内臓をまとめて頭側へ持ち上げ、身を傷つけないように筋や薄膜を切って取り出す。水で手早く洗い、水気を拭き取る。

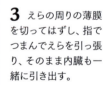

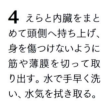

おにおこぜの共和え

材料（2人分）

おにおこぜの上身《じょうみ》…… ½尾分
おにおこぜの内臓、身皮 …… 各1尾分
芽ねぎ、塩、しょうゆ …… 各適量

1 おにおこぜの内臓から肝、卵巣、胃袋を切り分ける。身皮と胃袋は水で洗い、ぬめりを落とす。

2 肝は熱湯にサッと通して裏ごしする。身皮は1分、胃袋と卵巣は3分ゆでて水気をきり、食べやすく切る。

3 おにおこぜの上身は振り塩をして5分程おき、水気を拭き取って、薄皮を除き、そぎ作りにする。

4 ボウルに**2**、**3**を入れ、全体がなじむまで混ぜ合わせ、しょうゆで調味する。

5 器に盛り、芽ねぎを適当な長さに切ってのせる。

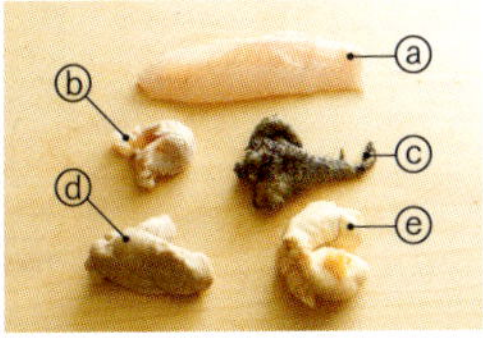

ⓐ上身 ⓑ胃袋 ⓒ身皮
ⓓ肝 ⓔ卵巣

おにおこぜの姿揚げ

材料（2人分）

おにおこぜ（背開きしたもの）…… 2尾（1尾約200g）
ししとう …… 4本
片栗粉、揚げ油 …… 各適量

1 おにおこぜに片栗粉をまぶし、余分な粉をはたき落とす。ししとうは縦に切り目を1本入れる。

2 揚げ油を160℃に熱し、**1**を入れて弱火で時間をかけてじっくり揚げる。おこぜから出る泡が小さくなったら取り出し、油をきる。

3 揚げ油の温度を180℃に上げ、**2**のおこぜを二度揚げする。表面がきつね色になれば引き上げ、油をきる。

4 揚げ油にししとうを入れて素揚げにする。

5 器におこぜを盛り、ししとうを添える。

かつお

Skipjack tuna

鰹／堅魚／堅木魚／松魚

［分類］スズキ目サバ科　［別名］すじがつお、まがつお他

［産地］千葉（勝浦）、静岡（沼津）、宮城（気仙沼）、高知（土佐）など

旬 初がつおは4月～5月、戻りがつおは9月～10月

寝ている間も泳ぎ続ける、赤身魚の代表格。1月のわずかな期間を除いて通年楽しむことができるが、旬はやはり「初がつお」と「戻りがつお」の時期。黒潮にのって太平洋側を九州南部から北上する春のかつおは、脂ののりは少なく、鉄分を感じさせる酸みとあっさりとした旨味で爽やかな味わい。秋に宮城県沖に達し、親潮とぶつかりUターンして南下するかつおは、北の海でたっぷり脂肪を蓄え、濃厚な旨味とねっとりとした舌触りが美味。かつおは傷みが早い魚なので、生食するなら買ったその日のうちに食べ切るのが理想。

おろすポイント

- 堅いうろこが胸びれの後ろから前の方にだけある。これをそぎ落とす。
- 身は柔らかく身割れしやすいので、できるだけ動かさないように下処理し、片身をおろした後は、上下を返さず骨の下に包丁を入れて身を切り離す。

選ぶポイント

初がつおの場合

頭が小さく見える。体色は濃く、模様もはっきりしている。

戻りがつおの場合

脂がのって丸々と太っていて身が締まっているもの。脂がのると皮が薄くなるため、色も模様も薄くなる。顔の色も白っぽくなり、頬の辺りなどは身肉が透けて見えるほど皮が薄い。

下処理

使う道具

出刃包丁

1 頭を右、背を手前に置く。逆さ包丁にしてねかせ、胸びれの裏から頭に向かってうろこの下に包丁を入れ、前後に動かしながらそぐようにしてすき取る。

かつおは頭の付け根から胸びれ、背びれにかけて堅いうろこが密集している。他の場所にうろこはないので、この範囲の**うろこを逆さ包丁ですき取る。**

2 身を返し、**反対側のうろこも同様にすき取る。**身が柔らかく、力を入れると刃が身に入りやすい。また身割れもするので扱いに注意する。

3 頭を左、背を手前に置く。胸びれの後ろから頭に向かい、包丁を右に少し倒して斜めに入れ、**背骨まで切り込む。**

4 背を下にし、腹びれの下にある**堅いうろこを腹びれごとすくい上げるようにそぐ。**

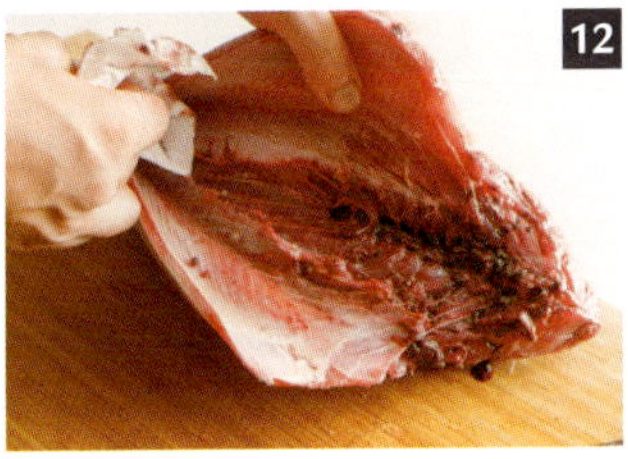

12 **流水でサッと洗い、水気をしっかり拭き取る。**取り残した血わたなどは、キッチンペーパーで拭き取る。身が崩れやすいので、手早く洗う。

身をおろす
［三枚おろし］

使う道具

出刃包丁

1 背びれ部分は堅くて包丁を入れにくく、ひれの骨も身に深く入り込んでいるので、おろす前に**背びれの両側からV字形になるように切り込みを入れて切り取る。**尾を左、背を手前にして斜めに置き、左手で尾をしっかり掴む。包丁の刃を上に向けて、第2背びれの後ろから頭側に向かって、背びれの下側に切り込みを入れる。包丁が半分ほど進んだら、左手で胴を押さえて固定する。

2 背びれの上側にも同じ要領で切り込みを入れる。

3 尾を持って少し持ち上げ、包丁の刃先で背びれをトントンと叩いて起こしながら肩口までそぎ落とす。

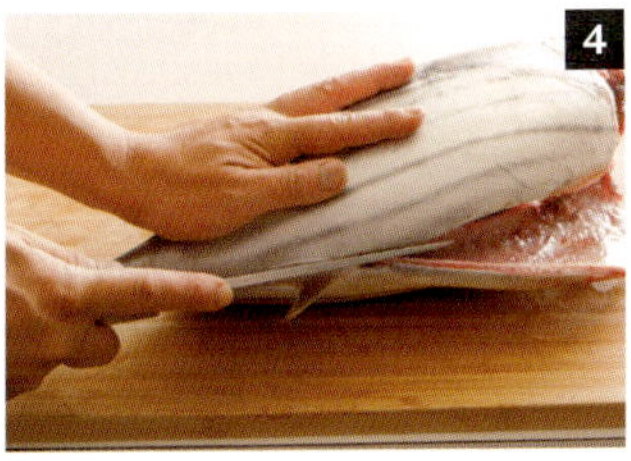

4 **三枚おろしにする。**頭側を右、腹を手前に置き、腹の断面の際から尾の付け根まで、尻びれの上に目印の線となる切り目を入れる。左手で背側を押さえて、腹を少し浮かせると、包丁が入れやすくなる。

5 腹のうろこをそいだら、そのまま包丁を立てて頭に向かって斜めに切り込む。内臓を切らないように注意する。

6 腹を手前にし、胸びれの後ろから斜めに包丁を入れ、内臓を切らないように注意して、頭の付け根部分の背骨を切る。頭は料理に使わないので、できるだけ身を付けないように**両側からV字形に切り込む。**

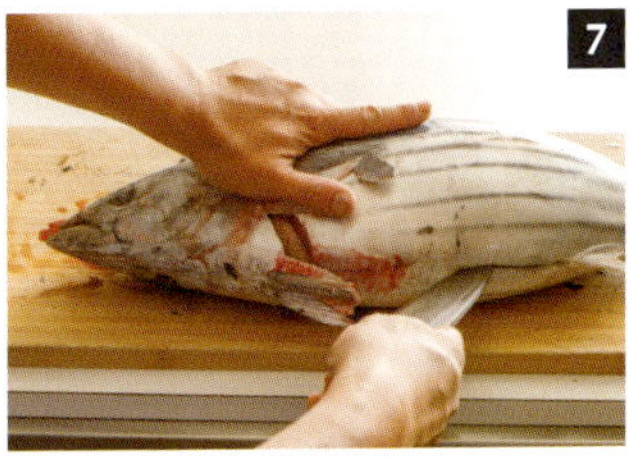

7 肛門に切っ先を差し込み、そのまま頭に向かって腹の中央を切る。内臓を切らないように注意する。

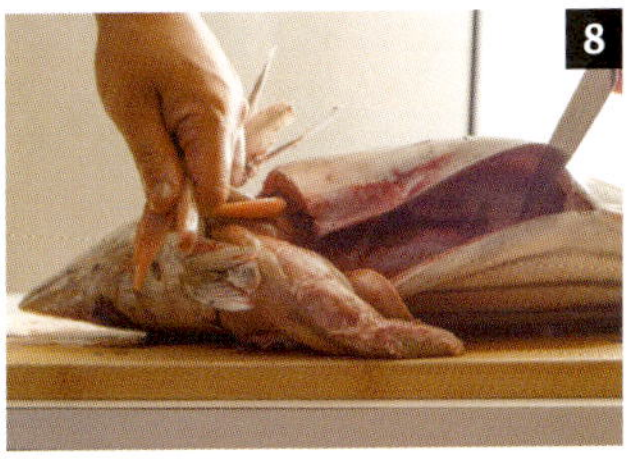

8 腹を開き、奥に切っ先を入れて筋や薄膜などを丁寧に切り、**内臓をはずす。**

9 頭を手前に折り曲げるようにして引っ張り、**内臓ごとはずす。**

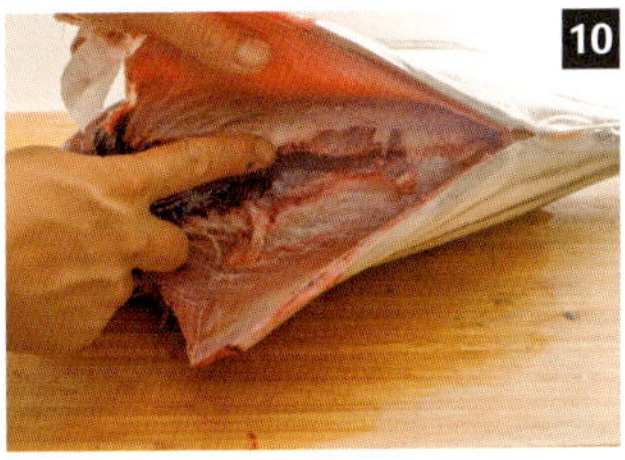

10 背骨に沿ってある薄膜に切り目を入れる。切り目は血わたに沿って上下2本入れる。

11 刃先や刃元を使って**血わたをかき出す。**

5 包丁の刃元を切り目の端に入れ、切っ先を背骨に当てる。

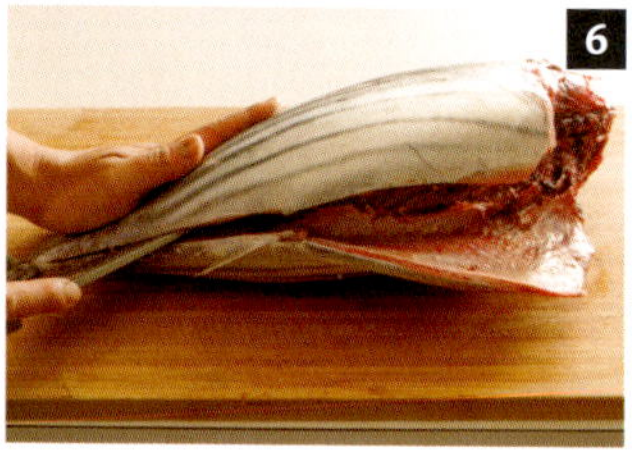

6 切り目に沿って、切っ先で背骨をなぞりながら尾の付け根まで切る。

7 頭側を左、背を手前に置く。尾の付け根側の切り口から切っ先を背骨に当たるまで入れ、肩口まで背骨をなぞりながら切る。

8 尾側の切り口から、逆さ包丁を差し入れ、尾の付け根まで切り込む。

9 包丁の向きを返し、刃を頭側へ向ける。右手で包丁を持った状態で、腹が手前になるよう左手で尾をしっかり掴み、身をまっすぐ上に持ち上げる。身を立てたまま、頭側まで切り下ろす。力を抜いて包丁の柄は軽く持ち、包丁の重さを利用して背骨に沿ってスッスッと切り下ろす。途中（腹骨の辺り）で包丁が動かなくなったら、切っ先を上に向けて包丁を立てるように斜めにすると進むようになる。切り終えたらまな板に尾を左にして置き、尾の付け根に包丁を入れて切り離す。これで片身がはずれる。

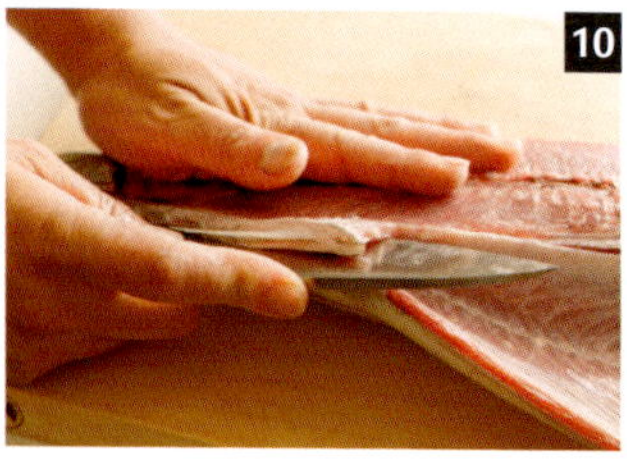

10 身を返さずそのままの状態で、中骨から身を切り離していく。腹の断面の際から身と骨の間に包丁を入れ、尾の付け根まで尻びれの下に切り目を入れる。

11 包丁の刃元を切り目の端に入れ、切っ先を背骨に当てる。

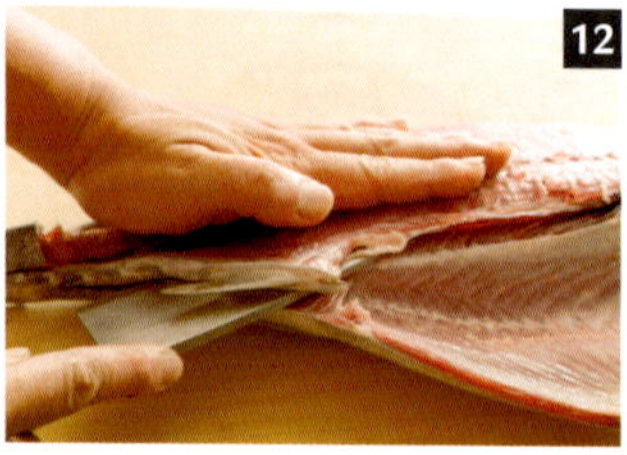

12 切り目に沿って、切っ先で背骨をなぞりながら尾の付け根まで切る。

13 背を手前にし、尾の付け根から身と骨の間に包丁を入れ、肩口まで切り目を入れる。

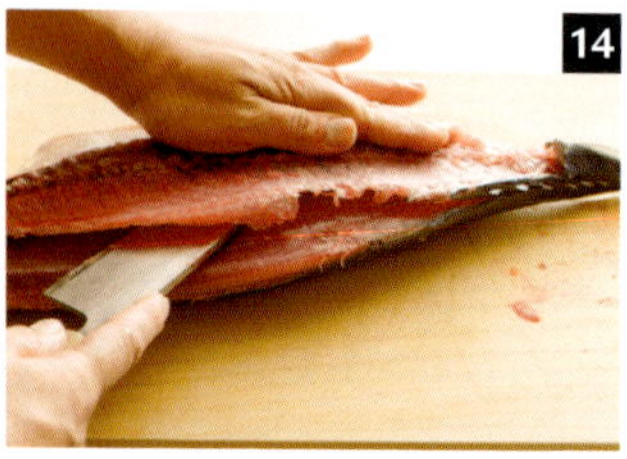

14 切り目に合わせて包丁を引き、切っ先を背骨に当て、肩口まで背骨をなぞりながら切る。腹骨に当たったら、包丁の先をまな板側に少し下向きにし、腹骨の付け根を切り離すようにして切り進める。

15 逆さ包丁で尾の付け根に包丁を差し込み、包丁の向きを返して、背が手前になるよう左手で尾をしっかり掴み、身をまっすぐ上に持ち上げる。**9**と同様に、身を立てたまま、包丁を頭側まで切り下ろす。

POINT

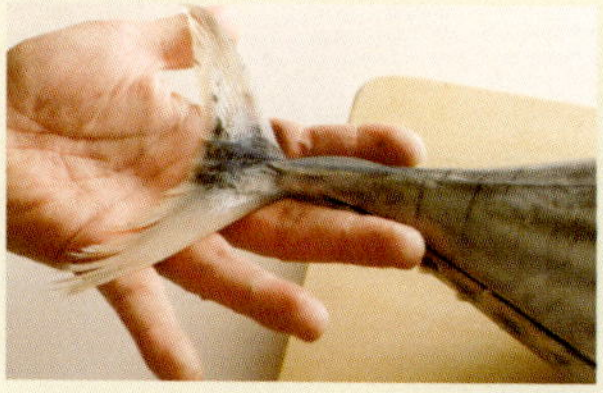

左手の中指と人差し指の間に、尾びれの付け根を挟んでしっかり握る。

POINT

途中で包丁が進まなくなったら、切っ先を上に向けて包丁を立てるように斜めに角度をつけて引き下ろす。

16 まな板に尾を左にして置き、尾の付け根に包丁を入れて片身を切り離す。

仕上がり

三枚おろしにしたもの

節取りする

使う道具

出刃包丁

1 尾側を向こうにして縦に置く。中央の血合い部分にまっすぐ包丁を入れ、背身と腹身を切り分ける。

2 背身側の血合い部分を右側ギリギリの所で切り取る。繰り返し包丁を入れ、そぐように切り離す。

3 腹身側の血合い部分も同様に切り取る。肩口辺りに小骨が付いているので、一緒に切り取る。

4 腹身のはらも（「はらす」とも呼ばれる、内臓を覆う腹の身。まぐろのとろに当たる、最も脂の多い部位）を切り取る。

5 はらもを切り取った部分に残っている腹骨をすき取る。

6 はらもの身と薄皮（腹皮）の間に包丁を入れ、薄皮をそぎ取る。

仕上がり

節取りしたもの

かつおのたたき ▶ p.95

なまり節 ▶ p.95

POINT

米粒大の寄生虫がいることがあるので、見つけたら取り除く。この虫は食しても人体に害はない。

平作り

＊皮を除いた背節を使用

使う道具
柳刃包丁

1 皮目を上にして向こう高に置き、右端から切る。刃先を身の傾斜に沿わせるように当て、刃元から切っ先まで使って一気に引いて切る。

仕上がり

かつおの刺身
▶下記

かつおのづけ
▶下記

皮を除く

使う道具
柳刃包丁

1 皮を下、尾側を左にして置く。尾側の端から2㎝程皮を残して身をそぐ、左手で残した皮をしっかり押さえ、包丁を皮と身の間に入れる。

2 皮を左へ引き、包丁をまな板に押しつける。皮を左へ引きながら包丁を頭の方へ進めて皮を切り離す。かつおの皮は伸びるので、皮を引っ張るよりは包丁を進める。身の重さを利用して包丁を密着させて、頭側へ水平に移動させる。

かつおの刺身

材料（2人分）
かつおの上《じょう》身《み》（皮を除いた節身）…… 1節
大根（せん切り）、芽ねぎ …… 各適量
おろししょうが、しょうゆ …… 各適量

1 かつおは平作りにする。
2 器に大根と**1**のかつおを盛り、芽ねぎをあしらい、おろししょうがを添える。しょうゆで食べる。

かつおのづけ

かつおの上身（皮を除いた節身）⅓節を平作りにし、玉ねぎのすりおろし大さじ½、しょうゆ1カップ、みりん大さじ1を合わせたたれに2～3分浸ける。

かつおのたたき

材料（2人分）
かつおの上身
（皮付きの節身）……1節
かつおのはらも……½尾分
玉ねぎ……¼個
にんにく……1かけ
長ねぎ……⅓本
塩……適量
ポン酢しょうゆ……適量

1 かつおはフライパンに入る大きさに切る。
2 **1**とはらもに振り塩をして10分程おき、表面に浮き出た水気を拭き取る。
3 玉ねぎは薄切り、長ねぎはせん切りにし、それぞれ水にさらして水気をきる。にんにくは薄切りにする。
4 フッ素樹脂加工のフライパンを強火で熱し、**2**の上身を皮目を下にして入れ、押さえつけながら焼く。皮目に焼き色がつき、身が1～2㎜白っぽくなったら返し、身側の面を焼く。表面に焼き色がつき、身も白っぽくなったら氷水に取り、水気を拭く。
5 フライパンにはらもを入れ、押しつけながら両面をさっと焼き、氷水に取って水気を拭く。
6 **4**を平作りにし、**5**は食べやすく切る。
7 器に**3**の玉ねぎを敷いて**6**を盛り、にんにくをあしらい、長ねぎを添え、ポン酢しょうゆを回しかける。

なまり節

材料（2人分）
かつおの上身（皮付きの背節）……1節
大根おろし、おろししょうが……各適量
すだち……適量
塩……適量
しょうゆ……少々

1 かつおは適当な大きさに切り分け、振り塩をして10分程おき、表面に浮いた水気を拭き取る。
2 蒸気の上がった蒸し器で15分程蒸す。触って硬くなっていれば蒸し上がり。取り出して冷ます。
3 器に**2**を盛り、大根おろしにおろししょうがをのせて添え、しょうゆをかける。すだちを添える。

かます

Barracuda　魳／梭子魚／梭魚／魣

［分類］スズキ目カマス科　［別名］ほんかます、しゃくはち、あらはだ他
［産地］宮城以南の各地。特に九州など日本の南側
旬　9月初頭～11月中旬。秋になると脂がのって丸々太る

　泳ぐスピードは時速１５０㎞にも達し、いわしなどの魚に鋭い歯で噛みつき捕食する、非常に攻撃的な魚として知られる。この魚食性によって、身に豊かな味わいを持つ。一般にかますと言えば「赤かます」を指し、「本かます」とも呼ばれている。水分が多く柔らかい魚なので、塩を振って余分な水分を抜き、身を締めて旨味を凝縮させてから調理するのが定法。ひと塩の干物や塩焼き、幽庵焼きなどにすると、香ばしく焼けた皮とふんわりとした身に、上品な甘みが加わり絶品の味わい。

おろすポイント

- 傷みやすい魚なので、素早く下処理をする。
- 干物にする場合は、頭付きで背開きにする。皮ギリギリまで切って開くので、切り過ぎないように注意。
- 背骨に高さがあるので、その傾斜に合わせて刃先に角度をつけて切り進める。

選ぶポイント

頭の付け根辺りが盛り上がり、頭が小さく見えるもの
かますは大きくなっても大味にはならないので、大型で身が太く、締まっているものがよい

赤かます（本かます）

下処理

使う道具
出刃包丁

1

1 **うろこを包丁でばら引きする**（p.16「ばら引き1」参照）。頭を左にして手で持ち、包丁を尾から頭に向かって動かしてうろこをこそげ取る。裏側も同じ要領でうろこを取る。

2

2 えら蓋の際に包丁を入れ、**頭をまっすぐ切り落とす**。

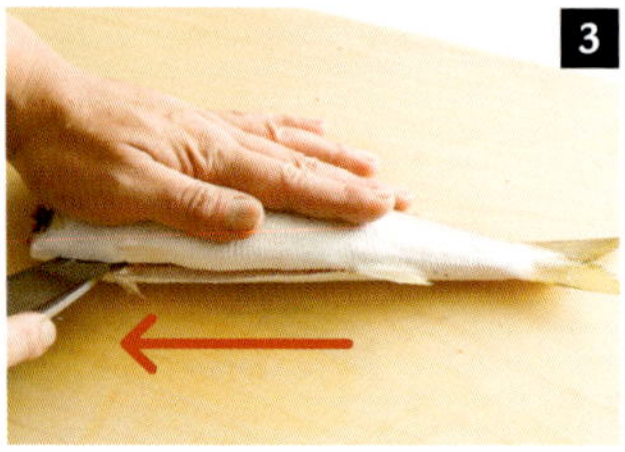

3

3 肛門に切っ先を入れ、頭側まで腹の中心に切り目を入れる。内臓を切らないように注意する。

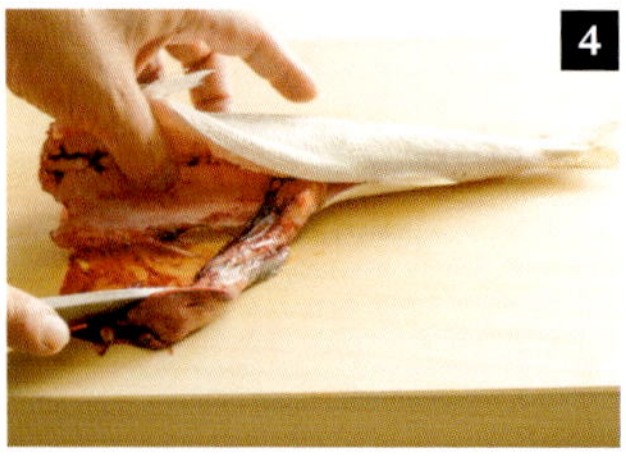

4

4 切っ先を使って、**内臓を腹膜とともにかき出す**。

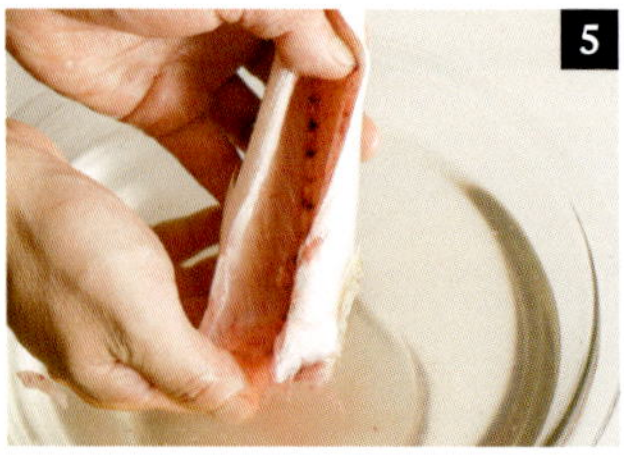

5

5 **水で手早く洗い、水気をしっかり拭き取る**。腹の中に残った内臓や血わたなども、キッチンペーパーで拭き取る。

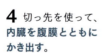

身をおろす

［三枚おろし］

＊p.26～28「三枚おろし」参照

使う道具

出刃包丁

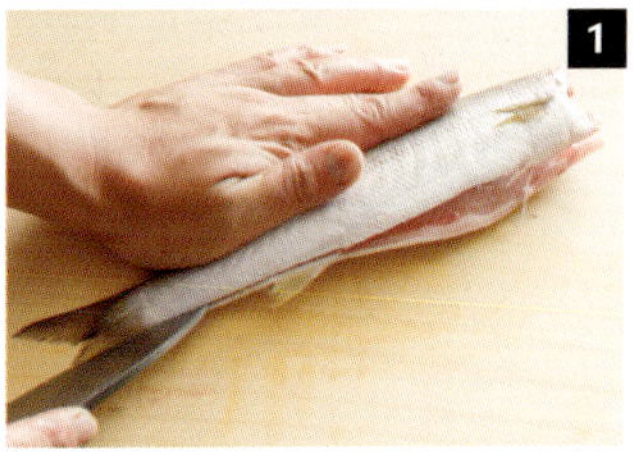

1 頭側を右、腹を手前に置く。頭側の断面の際から尾の付け根まで、尻びれの上に切り目を入れる。かますの魚体は棒状でコロコロとして不安定なので、胴を押さえる左手の小指側の側面をまな板に当て、胴をしっかり固定して切り進める。

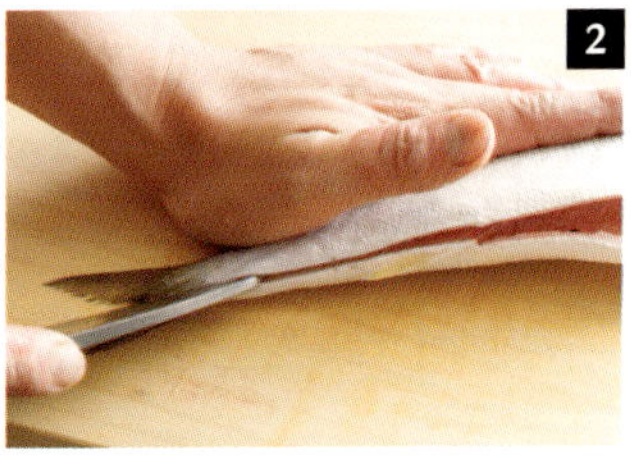

2 切り目に刃先を当て、切っ先を背骨に合わせる。背骨を切っ先でなぞりながら、尾の付け根まで切る。

3 向きを変えて頭側を左、背を手前に置く。尾の付け根から肩口まで、背びれの上に切り目を入れる。

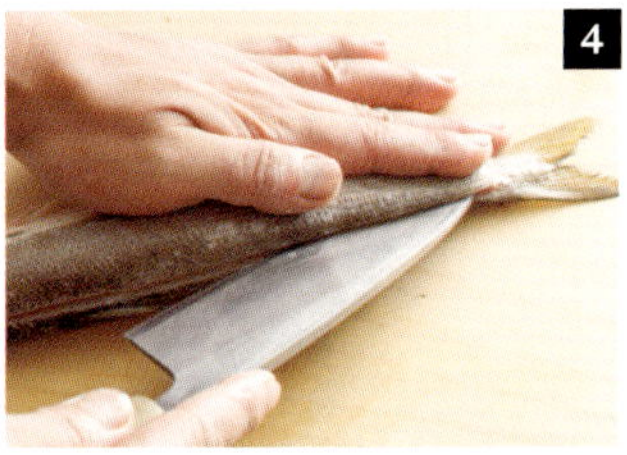

4 切り目に沿って包丁を入れ、切っ先を背骨に合わせる。背骨を切っ先でなぞりながら、肩口まで切る。

5 尾の付け根に逆さ包丁を差し入れて尾側へ少し切り込み、包丁を返して頭側まで背骨の上を滑らせるように動かし、背骨から身を切り離す。

POINT

腹骨に当たったら、切っ先をまな板側に傾け、腹骨の付け根を切り離しながら包丁を進める。

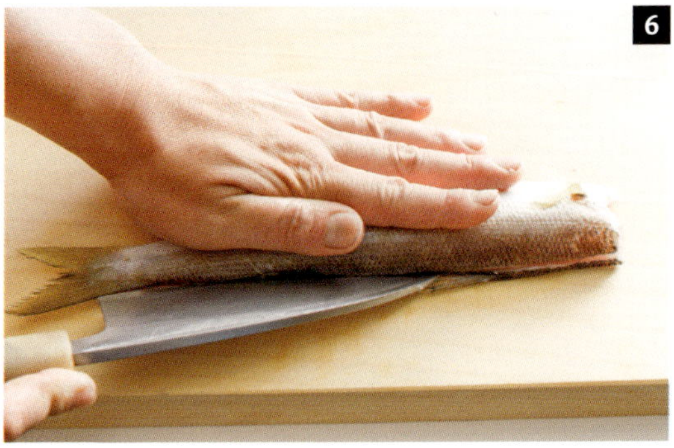

6 骨側を下にして、頭側を右、背を手前に置く。肩口から尾の付け根まで、背びれの上に切り目を入れる。背骨に高さがあるため、身がまな板から浮いてしまう。すき間ができないように、胴を押さえる左手の重心を包丁を入れる側へ移すと切りやすくなる。

7 肩口から切り目に沿って包丁を入れ、切っ先を背骨に合わせる。背骨を切っ先でなぞりながら、尾の付け根まで切る。

8 向きを変えて頭側を左、腹を手前に置く。尾の付け根から頭側へ向かって、尻びれの上に切り目を入れる。

9 切り目に沿って、背骨を切っ先でなぞりながら頭側まで切る。腹骨に当たったら、身を少し持ち上げて付け根を確認しながら切り離す。

10 尾の付け根に逆さ包丁を差し入れて尾側に少し切り込み、包丁を返して頭側まで背骨の上を滑らせるように動かし、背骨から身を切り離す。

仕上がり

三枚おろしにしたもの

7 頭を左、尾を右にして置き、身を開く。筋や腹膜などを丁寧に切り、背骨に沿ってある**血わたを切っ先でかき出す**。

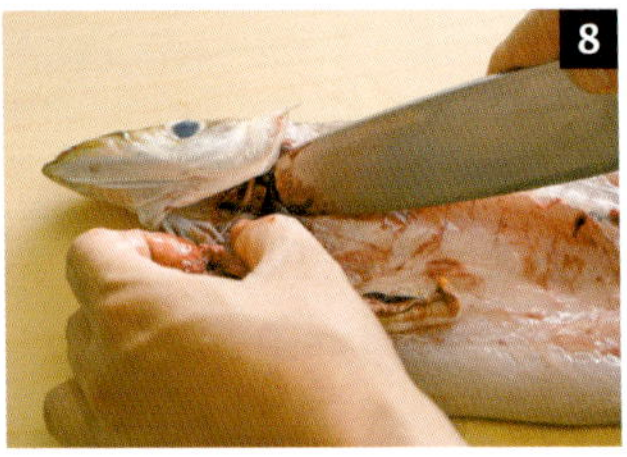

8 2ではずした**えらを手でつまみ、内臓と一緒に取り除く**。その後、**水で手早く洗って水気を拭く**。

仕上がり

9 頭をつけて背開きにしたもの

かますの一夜干し
► p.99

串を打つ ［両づま］

＊皮付きの上《じょう》身《み》を使用

使う道具

金串（15㎝）

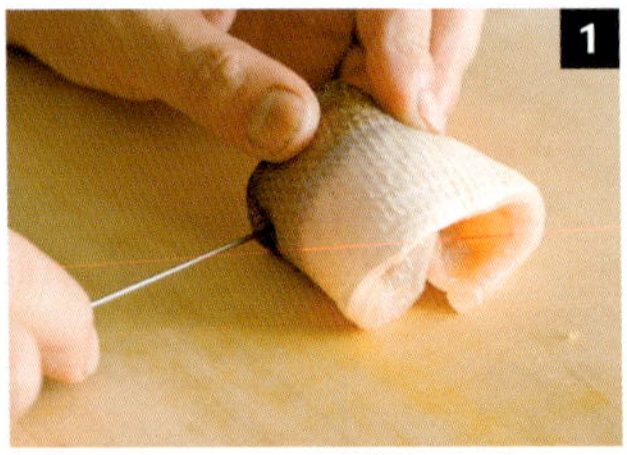

1 上身の両端を内側にくるっと巻き込み、形を崩さないように、金串を手前から少し外に向けて刺し、向こう側に貫通させる。

2 焼くときに安定するよう、金串をもう1本打つ。2本の金串が手元で一つになるように、V字形に打つ。

3 皮目に飾り包丁（×の切り目）を入れる。

かますの幽庵焼き
► p.99

身を開く ［背開き／片そで開き］

＊うろこを取ったものを使用

使う道具

出刃包丁

1 頭を左、腹を手前に置く。えら蓋の際に包丁を右に少し倒して当て、**背骨に当たるまで斜めに切り込む**。背骨は切らない。

2 えら蓋を開いて切っ先を入れ、えらと下あご、えらと頭頂部の接合部を切り、えらの外側をなぞるようにして薄膜を切る。

3 頭を右、背を手前に置く。頭側から尾の付け根まで、**背びれの上に切り目を入れる**。

4 切り目に沿って包丁を入れ、切っ先で背骨をなぞりながら尾の付け根まで切る。繰り返し包丁を入れ、**背骨の上の身を切り離す**。

5 えら蓋の際を、腹側まで切り込む。

6 左手で身を持ち上げながら、腹側の中骨の上をなぞるようにして繰り返し包丁を入れ、**腹の皮ギリギリまで切り込んで一枚に開く**。

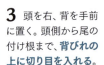

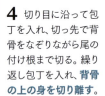

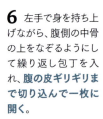

かますの幽庵焼き

材料（2人分）

かますの上身（皮付き）……1尾分

〇幽庵地

　黄柚子（輪切り）……½個分

　酒、しょうゆ、みりん……各大さじ4*

松茸（好みのきのこでも可）……適量

はじかみ（甘酢漬け）……2本

塩……適量

＊幽庵地用の酒、しょうゆ、みりんは、同割りで合わせる。

1 かますは全体に振り塩をして15分程おき、表面に浮いた水気を拭き取る。

2 幽庵地の材料を混ぜ、**1**を浸けて30分程おく。

3 **2**の汁気をきって串を打ち、飾り包丁を入れる。

4 予熱した魚焼きグリル（両面焼き）に**3**を皮目を上にして並べ入れ、中火で焼き色がつくまで7〜10分焼く。途中で3〜4回刷毛で**2**の幽庵地を塗る。

5 きのこは石づきを除いて食べやすく切り、魚焼きグリルで焼く。

6 **4**が熱いうちに串を抜いて器に盛り、**5**とはじかみを添える。

かますの一夜干し

材料（2人分）

かます（背開きしたもの）……2尾

酒……1½カップ

塩……大さじ2

大根おろし……適量

すだち……1個

しょうゆ……少々

1 酒に塩を加えて溶き混ぜ、かますを30分〜1時間浸ける。

2 **1**を水で洗って水気を拭き取り、市販の脱水シートに挟んで冷蔵庫で一晩おく。

3 **2**を予熱した魚焼きグリル（両面焼き）で中火で7〜10分焼く。

4 器に盛り、大根おろしを添えてしょうゆをかけ、半分に切ったすだちをあしらう。

かわはぎ

Threadsail filefish　皮剥

[分類]フグ目カワハギ科　[別名]うしづら、かわはげ、すぶた、はげ、ばくちうお他　[産地]日本各地。主に千葉以南

旬 **冬に備えて餌を大量に食べ肝が太る晩秋、11月が最も美味**

扁平で菱形のような形をしたかわはぎは、体表にうろこがなく、代わりに堅くザラザラした皮で覆われている。この皮をベリベリとはいで調理することから、この名が付いた。透明感のある白い身はもっちりした歯応えで、甘みが感じられて旨味が濃い。このおいしさをさらに引き上げるのが、「海のフォアグラ」と称されるねっとりとして濃厚な肝の存在。秋から冬にかけて肥大し旨味を増す肝は、魚の中でも際立って美味。肝じょうゆや肝和え、鍋物などに珍重される。

おろすポイント

- 口先を切り落とし、その切れ目から一気に皮をはぎ取る。
- 肝を傷つけないために、頭と胴を引きちぎるようにして内臓を取り出す。苦玉（胆のう）を潰さないように注意する。
- 刺身にする場合は、皮をはいだ後、身に残っている薄皮を取り除く。

選ぶポイント

ツノ
皮目がしっかりと茶色をしていて模様もはっきりしているものが新鮮。鮮度が落ちてくるとねずみ色になり、模様もぼやけて白っぽくなる
肉厚で腹の辺りがよく張っているもの。腹が膨らんでいれば、大きな肝が詰まっている可能性大（餌の場合もアリ）

皮をはぐ

使う道具
出刃包丁

1 頭を左に、腹を手前に置き、包丁の刃元で口先を切り落とす。

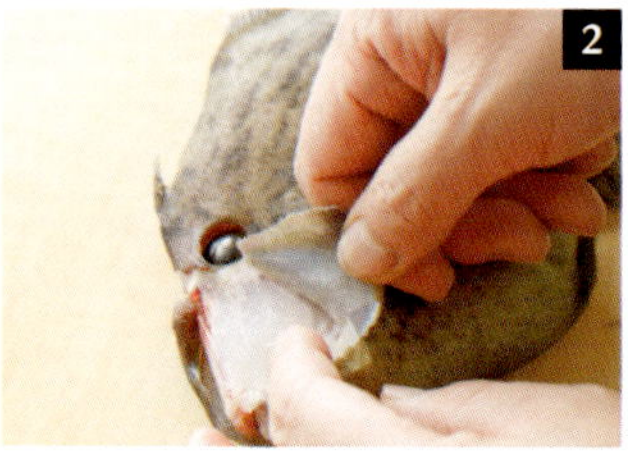

2 切れ目から手で皮をはいでいく。無理に引っ張らず、目やひれの部分は少しずつ丁寧にはぐ。

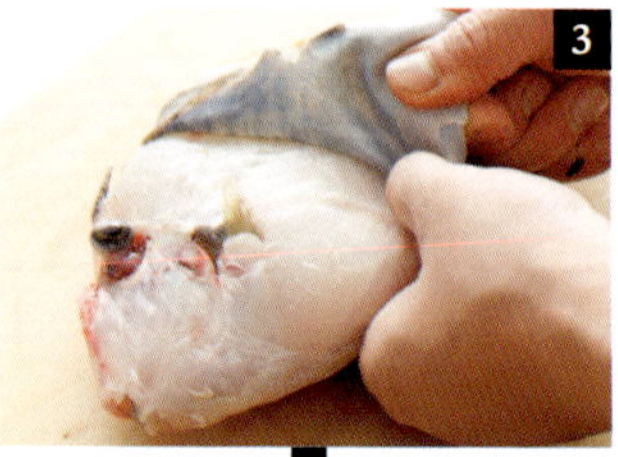

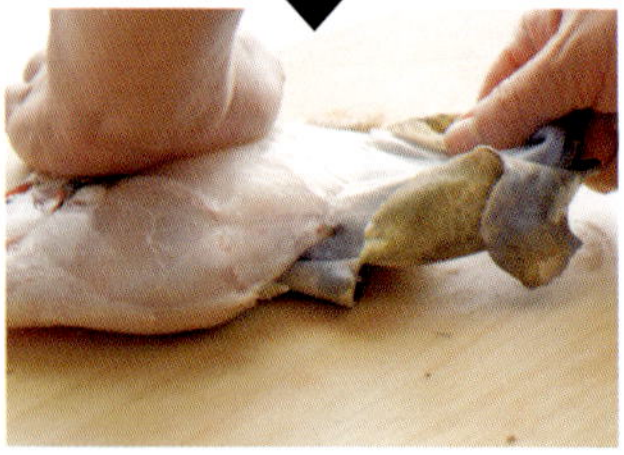

3 半分ほどむけたら、皮の端をつかんで尾の付け根まで表裏の皮を一気に引きはがす。

仕上がり

皮をはいだもの

下処理

使う道具

出刃包丁

1 頭を左、背を手前に置く。ツノの付け根の後ろから目の後ろ辺りまで切っ先で切り込み、背骨を断ち切る。腹部までは達せず、頭の上の部分だけ切る。

2 胸びれを頭側に倒し、**1**の切り込みの端から逆さ包丁で切っ先を入れ、腹腔の際に沿って肛門まで切り込みを入れる。

POINT

透けて見えるライン（点線部分）に沿って切り込みを入れる。肝に傷をつけないように注意する。

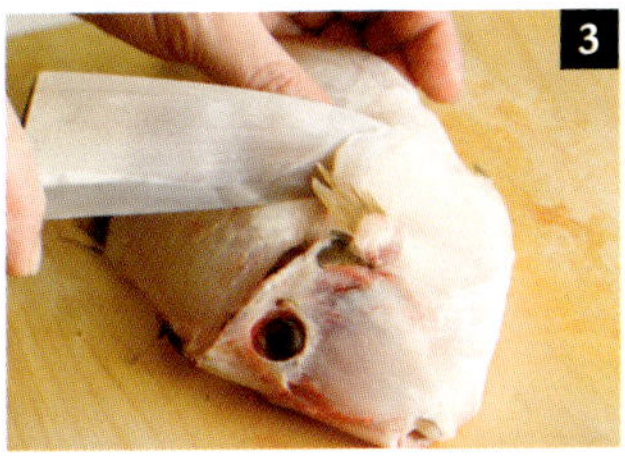

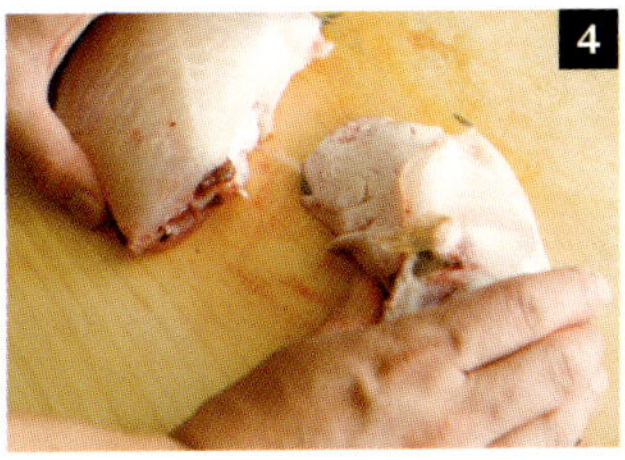

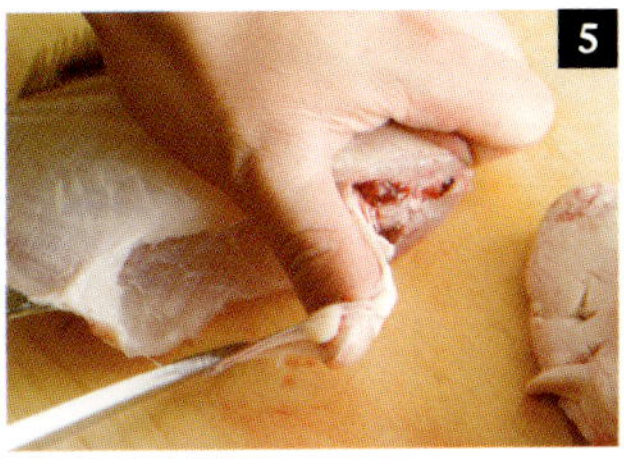

3 身を返し、裏側も**1**、**2**と同様に、頭の部分を切り、腹腔の際に沿って切り込みを入れる。

4 左手で胴を押さえ、**右手で頭を引っ張って、肝を傷つけないように内臓ごとはずす。**

5 腹腔に親指を差し込み、**浮袋を指先に引っかけて引き出し、切り取る。**

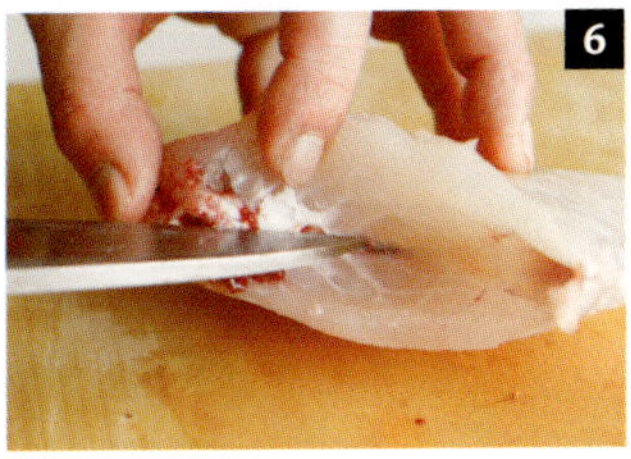

6 胴側の頭の切り口に残っている骨を切り取る。**身を水で手早く洗い、水気を拭き取る。**

肝をはずす

使う道具

出刃包丁

POINT

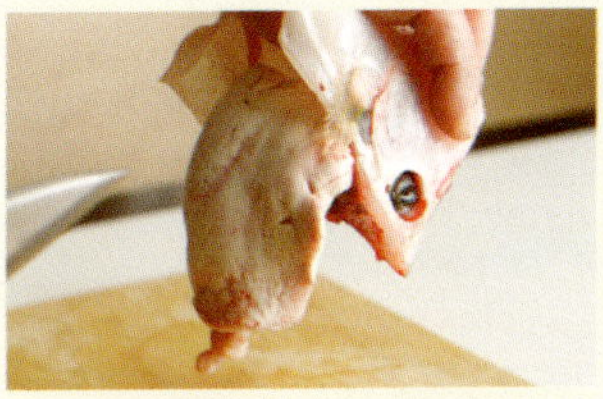

内臓を付けて切り離した頭を持ち上げ、どこを切れば肝を取り出せるかを確認する。

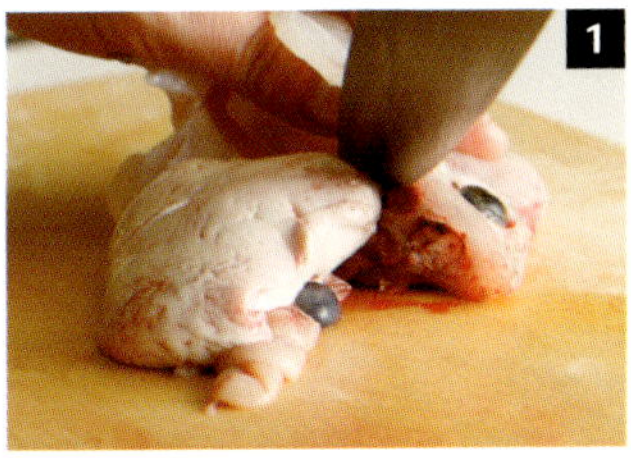

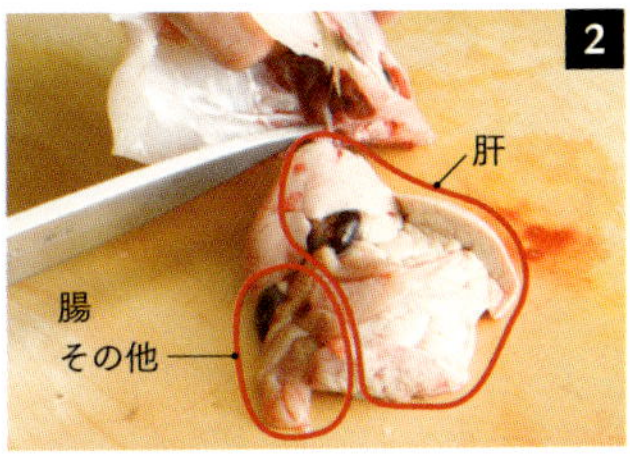

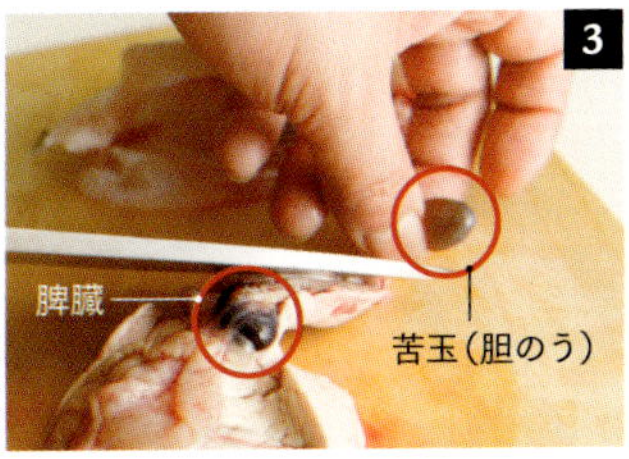

1 えらと内臓をつなげている薄皮に切り込みを入れる。

2 **頭と内臓をつなげている食道を切る。**これで内臓がはずれる。

3 はずした内臓から**苦玉（胆のう）を潰さないように注意して切り取る。**潰してしまうと肝に苦みが回り、使えなくなる。

4 残った内臓や腹膜などを、肝を傷つけないように包丁で切り取り、肝を水でサッと洗って水気を拭く。手で引きはがしたりすると肝が破れるので、包丁を使ってはずす。

身をおろす

［三枚おろし］

＊p.26～28「三枚おろし」参照

使う道具
出刃包丁

1 頭側を右、腹を手前に置く。腹の断面の際から尾の付け根まで、尻びれの骨を避けて、中骨の部分に目印の切り目を入れる。

2 切り目の端に刃元を当て、切っ先を背骨に合わせる。切っ先で背骨をなぞりながら、尾の付け根まで切る。

POINT

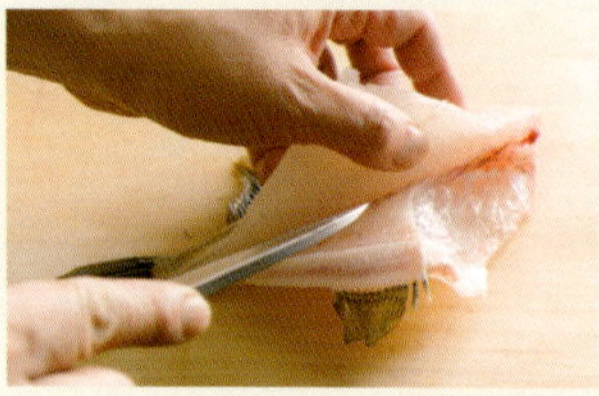

身を少しめくって、背骨をなぞるようにして、ひし形状の背骨のてっぺんまでしっかり切り込む。

3 向きを変えて頭側を左、背を手前に置く。尾の付け根から背びれの先頭まで、背びれの骨を避けて切り目を入れる。

4 続いて、背びれの先頭から肩口まで、魚の形に合わせて切り目の角度を変えて包丁を入れる。

5 切り目に沿って包丁を入れ、切っ先を背骨に合わせる。切っ先で背骨をなぞりながら、肩口まで切る。

6 尾の付け根に逆さ包丁を差し入れて尾側へ少し切り込む。包丁を返して頭側まで背骨の上を滑らせるようにして身を切り離し、尾の付け根を切って片身をはずす。

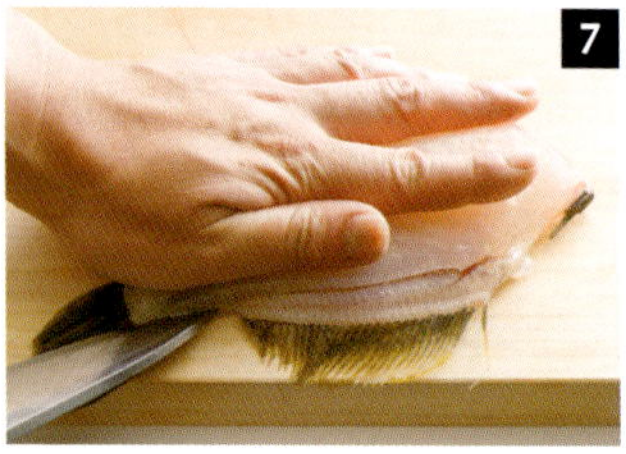

7 骨側を下にして頭側を右、背を手前に置く。頭側から背びれの先頭、尾の付け根まで、**3**、**4**と同じ要領で切り目を入れる。

8 切り目に刃元を当て、切っ先を背骨に合わせる。切っ先で背骨をなぞりながら、尾の付け根まで切る。

POINT

下側の身と同様に、背骨をなぞるようにして、ひし形状の背骨のてっぺんまでしっかり切り込む。

9 身を返して頭側を左、腹を手前に置く。尾の付け根から腹の断面の際まで尻びれの骨を避けて切り目を入れ、その切り目に沿って切っ先で背骨をなぞりながら切り進める。

10 腹骨に当たったら、身を少し持ち上げて付け根を確認しながら切り離す。**6**と同じ要領で身をはずす。

仕上がり

9 三枚おろしにしたもの

一尾付け用下処理

＊口の周りに切り目を入れて皮をはいだものを使用

使う道具

出刃包丁

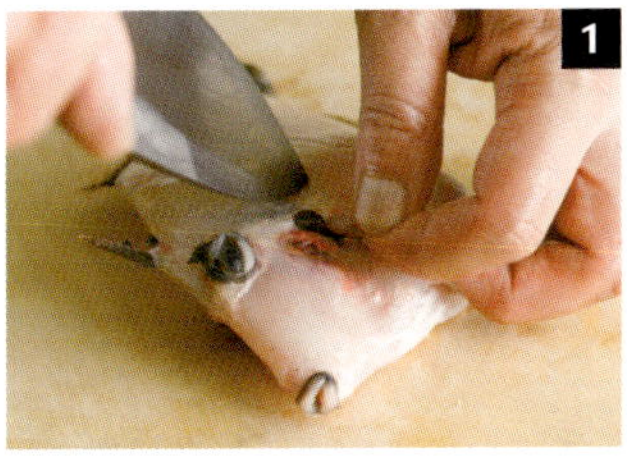

1 胸びれを頭側に倒し、付け根の後ろに逆さ包丁で切っ先を差し入れる。

2 腹腔の際に沿って、肝に傷をつけないように注意しながら、肛門まで切り込みを入れる。

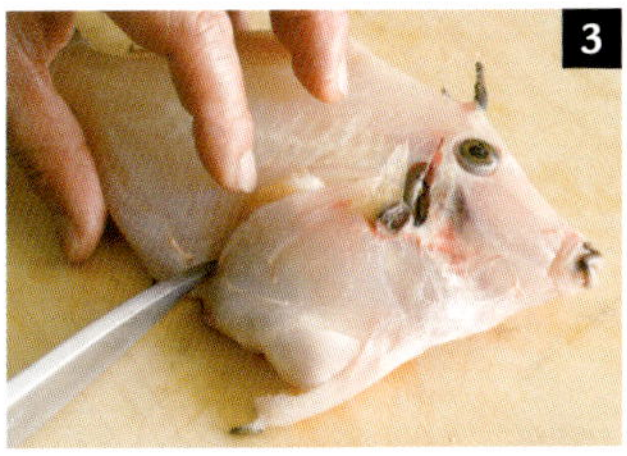

3 身を返し、裏側も**1**～**2**と同様にする。

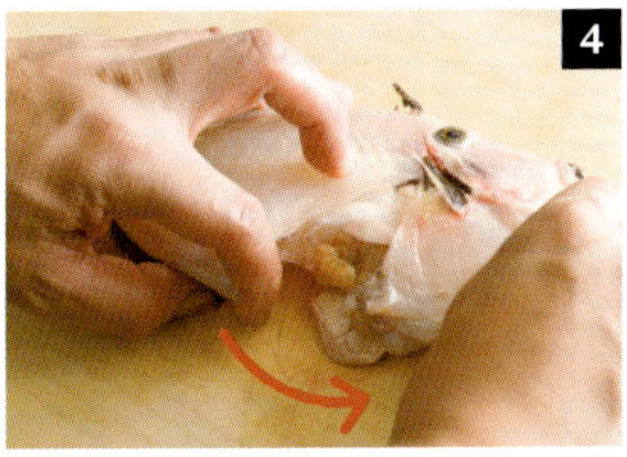

4 左手で胴を押さえ、右手で頭を持って腹側から**頭と胴を左右に開くようにして内臓を引き出す**。苦玉（胆のう）を潰さないように切り取る。

5 えらと内臓をつなげている薄皮に切り込みを入れ、**頭から内臓をはずす**。肝を傷つけないように内臓や腹膜などを切り取る。頭からえらをはずす。

6 身と肝を水で手早く洗い、水気を拭き取る。

かわはぎの煮付け
►p.104

細作り

＊三枚おろしにした下側の身を使用

使う道具

出刃包丁、柳刃包丁

1 **腹骨を取る**。腹骨を左にして縦に置く。出刃包丁を使い、逆さ包丁で腹骨の付け根を起こし、順手に持ち替えて腹骨をすくうように薄くそぎ取る。

2 **小骨（血合い骨）を取る**。頭側を上にして縦に置く。身の中央にある小骨と血合い部分の右側ギリギリを、肩口から尾の付け根までまっすぐ切る。

3 **腹側に残した小骨と血合い部分を切り取る**。写真は背身と腹身に節取りした状態（上身《じょうみ》）。

4 **柳刃包丁で薄皮（身皮）を除く**。皮側を下、尾側を左に置く。尾側の端の身を2cm程皮を残してそぎ取り、左手で皮をしっかりつかみ、皮と身の間に包丁を入れ、皮を引っ張りながら頭側まで進めて薄皮を除く。

5 **細作りにする**。尾側を左にして向こう高に置く。右端から5mm幅くらいで、長さを出すために包丁を少し斜めに当てて、刃渡りいっぱい使って一気に引き切る。

仕上がり

9 細作りにしたもの

かわはぎの肝和え
►p.104

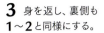

かわはぎの肝和え

材料（2人分）

かわはぎの上身《じょうみ》……½尾分
かわはぎの肝……1尾分（約50g）
酒……適量
しょうゆ……大さじ1
にんじん、ラディッシュ、ズッキーニ……各適量
おろしわさび……適量

1 ボウルに肝を入れ、酒をひたひたに注いで10分程浸けて血抜きをし、血管や筋、粘膜を取り除く。

2 鍋に湯を沸かして**1**を湯通しし、水気をしっかり押さえてから包丁で叩く。ボウルに移し、菜箸を中央に立ててぐるぐると混ぜて箸先に絡んだ筋などを取り除き、しょうゆを加える。

3 にんじんは薄い輪切りにし、抜き型（直径2cm）で丸く抜く。ラディッシュ、ズッキーニは薄い輪切りにする。切り終えたら水にさらす。

4 かわはぎの上身は薄皮を除き、細作りにする。

5 **4**を**2**で和える。

6 器に**3**を彩りよく敷いて**5**を盛り、おろしわさびをのせる。

かわはぎの煮付け

材料（1人分）

かわはぎ（一尾付け用に水洗いしたもの）
……1尾（約250g）
かわはぎの肝……1尾分
〇煮汁
　酒……½カップ
　みりん……大さじ2
　しょうゆ……大さじ1
青菜（小松菜など）……適量

1 青菜はゆでて水に取り、水気を絞って食べやすく切る。

2 鍋（または小さめのフライパン）に煮汁の材料を煮立て、かわはぎ（頭を左、腹を手前）と肝を入れ、煮汁をかけながら火が通るまで6～7分煮る。

3 器に盛り、煮汁で**1**の青菜を温めて添え、煮汁をかける。

Sand borer 鱚

きす

［分類］スズキ目キス科　［別名］きすご、ほんぎす、まぎすなど
［産地］各地で獲れるが、築地へは東京湾、静岡、愛知、長崎他
旬 産卵期前の晩春から初夏

日本各地の比較的浅い砂底に棲息し、産卵に向けて餌を食べるため水面近くに上がってきたところを漁獲する。国内には5種類が棲息しているが、市場に出回っているほとんどは「白ぎす」。ほんのりとピンク色をして、小さくて尖った口と細い体形が特徴。古くから東京湾で獲られていた小魚で、江戸前の天ぷら、寿司には欠かせない素材となっている。透明感のある白身にはふくよかな旨味があり、皮には独特の風味がある。

おろすポイント

- 小魚だが骨はしっかりしているので、比較的おろしやすい。包丁を入れるポイントを間違えると食べるところがなくなってしまうので、基本に従って慎重におろす。
- 背開きは皮の際まで包丁を入れる。正確に切れていれば、尻びれとひれ骨が一緒に抜ける。切れていないと、ひれだけ取れて骨が残ってしまう。

選ぶポイント

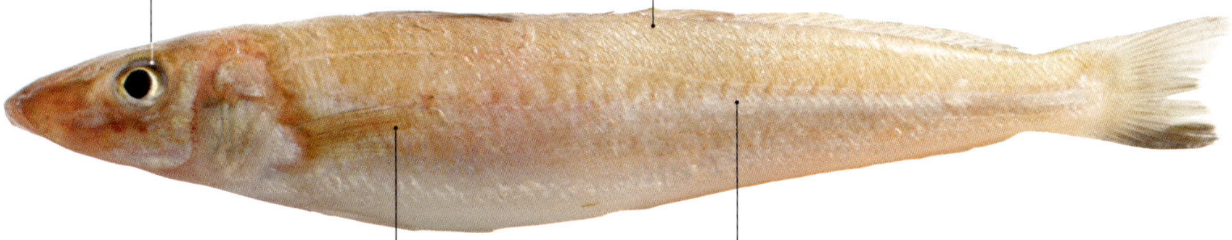
目が膨らんでいて黒目がくっきりしている
うろこが取れやすいものは鮮度が落ちている
身が締まって、張りとツヤ、透明感がある
全体に赤身があり、側線がはっきりしている

下処理

使う道具
出刃包丁

1 うろこを包丁でばら引きする(p.16「ばら引き1」参照)。頭を左にして手で持ち、包丁を尾から頭に向かって動かしてうろこをこそげ取る。裏側も同じ要領でうろこを取る。

2 頭を斜めに切り落とす。胸びれの後ろに包丁を入れ、頭の付け根から腹びれの中央へ向かって、かまを頭に付ける角度で斜めに切り込み、頭を落とす。

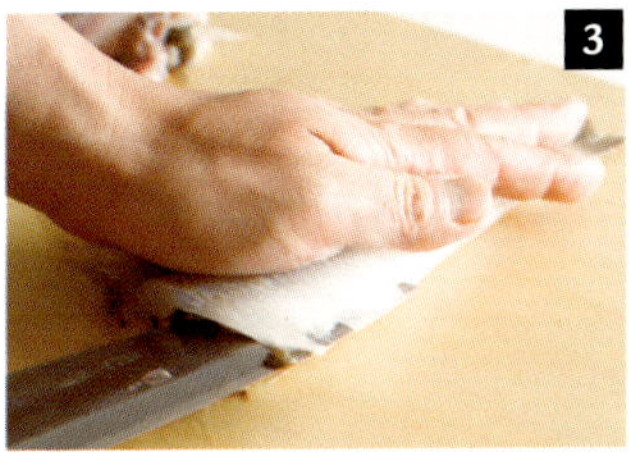

3 内臓を取り除く、(p.23「腹を切り開く2」参照)。頭側を手前、腹を右にして縦に置く。切り口から逆さ包丁を入れ、反りを使って腹の皮を切るような感じで肛門まで包丁を進める。

4 包丁を順手に持ち替え、内臓を取り出す。背骨に沿ってある薄膜に切り目を入れ、切っ先で**血わたをかき取る。**

5 水で手早く洗い、キッチンペーパーで水気をしっかり拭き取り、腹の中に残った内臓や血わたなどを取り除く。

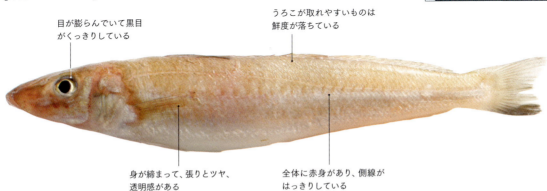

身をおろす
［三枚おろし］

＊p.26～28「三枚おろし」参照

使う道具
出刃包丁

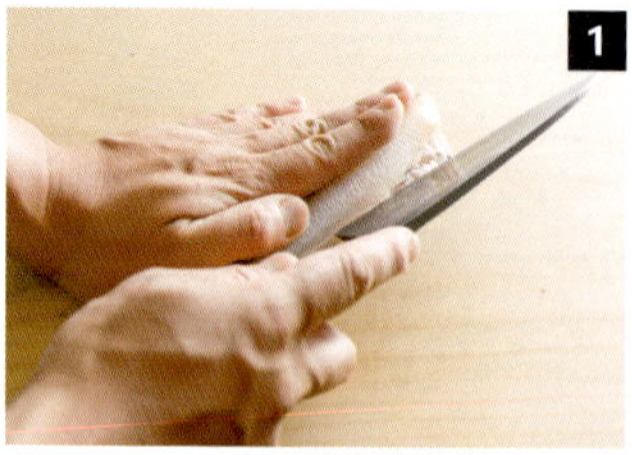

1 頭側を右、腹を手前に置く。腹の断面の際から尾の付け根まで、尻びれの上に切り目を入れる。

2 切り目に沿って包丁を入れ、切っ先を背骨に合わせる。切っ先で背骨をなぞりながら、尾の付け根まで切る。

3 身を返して頭側を左、背を手前に置く。尾の付け根から肩口まで、背びれの上に切り目を入れる。

4 切り目に沿って包丁を入れ、切っ先を背骨に合わせる。切っ先で背骨をなぞりながら、肩口まで切る。

5 尾の付け根に逆さ包丁を差し入れて尾側へ少し切り込み、包丁を返して頭側まで背骨の上を滑らせるように動かし、身を切り離す。

POINT

腹骨に当たったら、切っ先をまな板側に傾け、腹骨の付け根を切り離しながら包丁を進める。

6 骨側を下にし、頭側を右、背を手前に置く。肩口から尾の付け根まで、背びれの上に切り目を入れる。

7 肩口から切り目に沿って包丁を入れ、切っ先を背骨に合わせる。切っ先で背骨をなぞりながら、尾の付け根まで切る。

8 向きを変えて頭側を左、腹を手前に置く。尾の付け根から頭側へ向かって、尻びれの上に切り目を入れる。

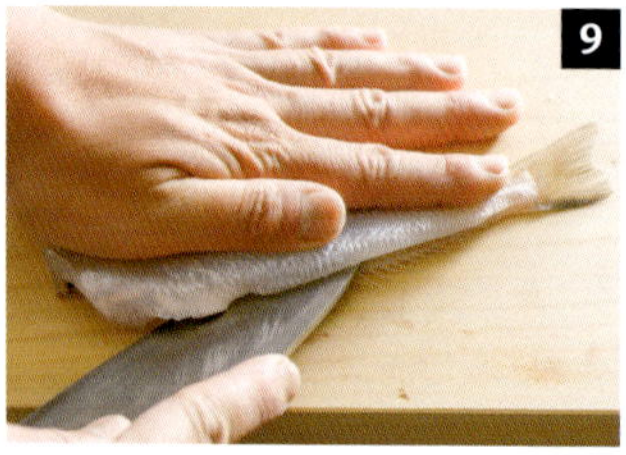

9 切り目に沿って、切っ先で背骨をなぞりながら頭側まで切る。

10 腹骨に当たったら、身を少し持ち上げて付け根を確認しながら背骨と腹骨の接合部を切り離す。

11 尾の付け根に逆さ包丁を差し入れて尾側に少し切り込み、包丁を返して頭側まで背骨の上を滑らせるように動かし、身を切り離す。

仕上がり

三枚おろしにしたもの

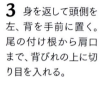

身を開く

［背開き］

使う道具

出刃包丁

1 **うろこを取り、頭を斜めに落とし**（p.105「下処理」手順**1**、**2**と同様にする）、切り口から**内臓をかき出す**。**水で洗い、水気を拭き取る**。腹の中に残った血わたや内臓などもきれいに拭き取る。

2 頭側を右、背を手前に置く。「三枚おろし」（p.26～28）と同じ要領で、肩口から尾の付け根まで背骨に沿って切り目を入れる。

3 身を持ち上げながら、中骨の上をなぞるようにして繰り返し包丁を入れ、**背骨の上の身を切り離す**。

4 背骨を越え、中骨に沿って包丁を進め、**腹の皮ギリギリまで切り込んで一枚に開く**。尾の付け根も切り込んで身を開く。

5 腹腔部分に残っている腹膜と内臓をかき取る。

6 向きを変え、裏返して骨側を下にする。尾の付け根から肩口まで**2**～**3**と同じ要領で包丁を入れる。

7 中骨に沿って包丁を進め、身を切り離す。

8 開いた身を左にずらし、背骨と中骨の部分の**尾の付け根部分に包丁の刃元を当て、峰を叩いて切り落とす**。

9 裏返して身側を上にして、**腹骨をV字形に切り取る**。尾を向こう側にして縦に置く。右側の腹骨の付け根の下に刃先を入れ、腹骨の先端まで薄くそぐ。

10 左側の腹骨の付け根の下に逆さ包丁で刃先を入れ、**腹骨の先端まで薄くそぐ**。

11 そいだ左右の腹骨を、反りでかき取る。

12 包丁の刃元で尻びれの付け根をグッと押さえ、身を持ち上げるように引っ張って**尻びれを抜き取る**。

仕上がり

背開きにしたもの

きすの天ぷら

► *p.109*

細作り

＊上《じょう》身《み》を昆布締めにしたものを使用

使う道具

柳刃包丁

1 **皮を除く。**肩口の端の皮を爪の先で慎重にはがす。身を親指で押し下げるようにして**皮からはがしていく**。

2 半分以上はがしたら、皮を上に尾側を右にして置き、身を軽く押さえ、**皮を斜め上に向けて引っ張ってむき取る**。

3 **小骨(血合い骨)を切り取る。**頭側を向こうにして縦に置く。身の中央にある小骨と血合い部分の右側ギリギリを、肩口から尾の付け根までまっすぐ切る。

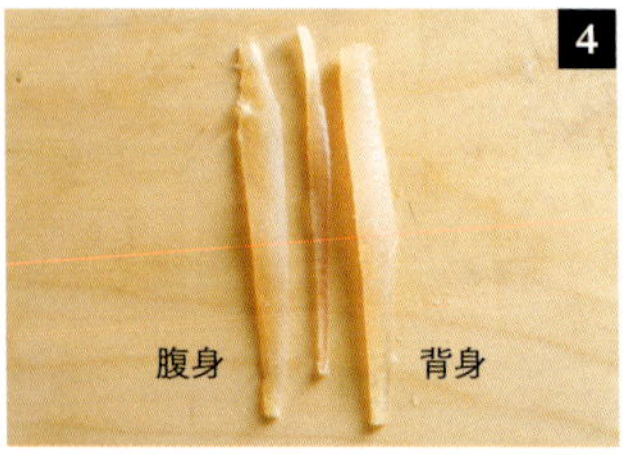

4 腹側に残った小骨と血合い部分を切り取り、**背身と腹身に節取りする**。

5 **細作りにする。**長さを3等分に切り分ける。

6 切り分けた身の幅を半分に切る。

きすの昆布締め
▶ *p.109*

腹骨を取る

＊三枚おろしにした下側の身を使用

使う道具

出刃包丁

1 腹側を左にして縦に置く。腹骨の付け根部分に包丁を当て、そのままプツッと付け根のはずれる音が聞こえるまで押し込む。

2 包丁を右にねかせ、包丁の下側の平で身をなでるようにして手前に引きながら腹骨の先端まですくうように切り進める。

3 切り込んだ部分の身をめくり、腹の薄い部分を少しずつ切り進める。

4 最後に包丁を立てて引き切る。

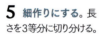

きすの昆布締め

材料（2人分）
きすの上身……1尾分
昆布……10×20㎝1枚
さやいんげん……2～3本
酒……少々
塩……適量

1 キッチンペーパーに酒を含ませ、昆布を拭く。
2 きすは振り塩をして5分程おき、表面に浮き出た水気を拭き取る。
3 **1**の昆布で**2**を挟み、ラップで包んで冷蔵庫で2時間～一晩おく。
4 さやいんげんはへたを切り落とし、塩を加えた熱湯でサッとゆで、冷水に取って冷ます。水気を切り、食べやすく切る。
5 **3**の皮を除いて小骨と血合い部分を取り、細作りにする。器に盛り、**4**を添える。

振り塩によって水分が抜けて身が締まり、生臭さも除ける。

昆布が水分を吸い取り、さらに魚に昆布の旨味が移る。

きすの天ぷら

材料（2人分）
きす（背開きしたもの）……4尾
なす……1本
さやいんげん……6本
葉しょうが……2本
○衣（作りやすい分量）
　卵……1個
　冷水……$\frac{1}{2}$カップ
　薄力粉（ふるう）……120g
塩、揚げ油……各適量

1 きすは振り塩をして5～10分程おき、表面に浮き出た水気を拭き取る。
2 なすはへたを落として縦半分に切り、5㎜幅で斜めに切り込みを入れる。
3 さやいんげんはへたを切り落とし、長さを半分に切る。
4 衣を作る。ボウルに卵と冷水を合わせて溶き混ぜ、薄力粉を加えてさっくりと混ぜる。
5 揚げ油を180℃に熱し、きすに衣をつけて揚げる。続けて、なす、さやいんげん、葉しょうがに衣をつけて揚げ、器にきすと共に盛り合わせる。

きちじ

Thornhead Channel rock fish　喜知次／黄血魚

［分類］カサゴ目フサカサゴ科　［別名］きんき、めんめ、あかじなど
［産地］北海道（網走・根室）、宮城、岩手（三陸）、千葉（銚子）他
旬　通年美味だが、脂が最ものるのは産卵期前の11月～2月

関東では「きんき」の名で親しまれている魚。かつては大量に獲れてかまぼこの原料になるなど身近な魚だったが、乱獲によって漁獲量が激減し、近年は超高級魚となっている。

水深２００～７００ｍの深海で、えびやかに、いかなどを捕食して棲息している。真っ赤な体色は、えびの殻などに含まれる色素、アスタキサンチンによるとされる。身質は深海魚ならではの濃厚な脂ののりで、白濁した身はトロリとして柔らかく、甘みが深い。皮目が美しく、身との間に旨味が豊富なので、皮を付けたままで刺身にするとよい。

おろすポイント

- 目の縁から頬にかけて鋭いトゲが出ているので注意する。
- 肝を傷つけないように取り出す。
- ひれ骨と中骨の間に隙間があり、刃先が反対側に入り込みやすいので、中骨の上に包丁の平をのせ、力を抜いて切り進める。

選ぶポイント

新鮮なものは、目がぷっくり膨らんで張り出している
表面にぬめりがあり、赤色が鮮やかで濃いものを選ぶとよい。鮮度が落ちるとぬめりが取れて体色が薄くなる
腹が緑色などに変色しているものは、内臓が溶けてしまっているので注意

下処理

使う道具
うろこ引き、出刃包丁

1

1 頭を左に置く。胸びれを頭側に倒し、尖ったひれや頭部のトゲに注意しながら、**うろこ引きでばら引きする**（p.17「ばら引き2」参照）。

2

2 出刃包丁に持ち替え、ひれ際や付け根、頭の周辺など、うろこ引きでは取りきれない**細部のうろこを丁寧に取る**（p.17「細部のうろこを取る」参照）。

3

3 頭を右にし、あご下と頭の接合部を切り離す。

4 あご下の突起部分につながっている**えらの先端を切り離す**。

4

5 頭を左、腹を手前に置く。肛門からあご下まで包丁を進めて**腹を切り開く**。腹に肝が入っているので、切らないように注意する。

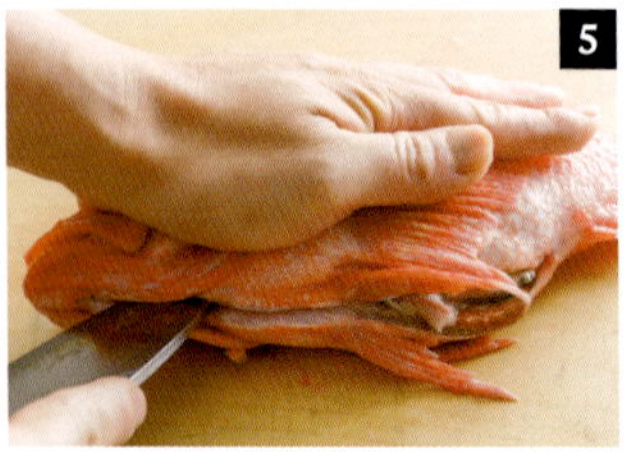
5

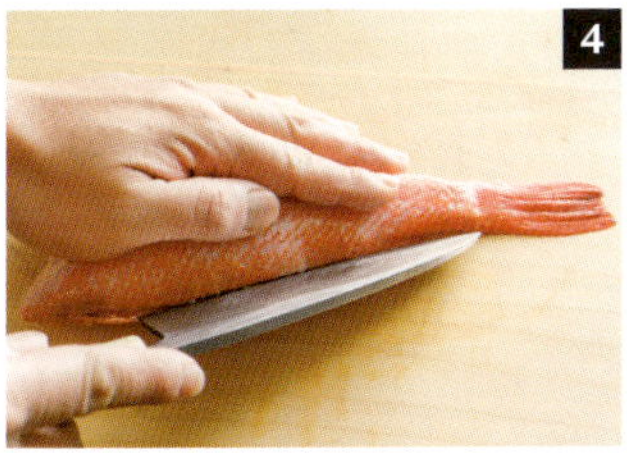

4 頭側を左、背を手前に置く。尾の付け根から肩口まで背びれの上に切り目を入れる。

5 切り目に沿って切っ先で背骨をなぞりながら肩口まで切る。きちじはひれ骨と中骨の間に隙間がある。ここから刃先が骨の下に入らないように、右手の力を抜いて包丁の平を中骨にのせて切り進める。

6 尾の付け根に逆さ包丁を差し入れて尾側に少し切り込み、包丁を返して背骨の上を滑らせるように動かし、身を切り離す。

POINT

腹骨に当たったら、切っ先をまな板側に傾け、刃元を肩口方向に向けて斜めにして切り進める。

7 骨側を下にして、頭側を右、背を手前に置き、**4**～**6**と同じ要領で身をはずす。

POINT

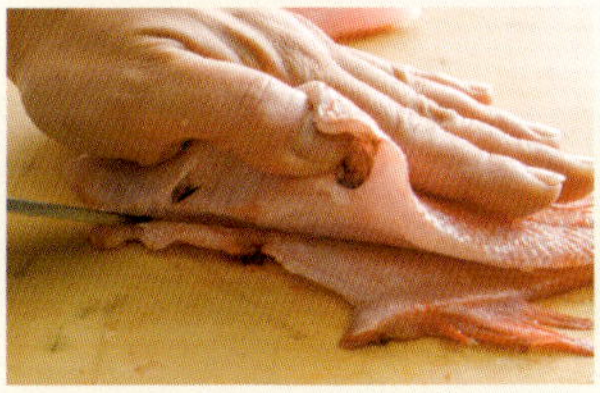

腹骨に当たったら身を少し持ち上げ、切っ先で腹骨と背骨の接合部を切り離す。

仕上がり

三枚おろしにしたもの

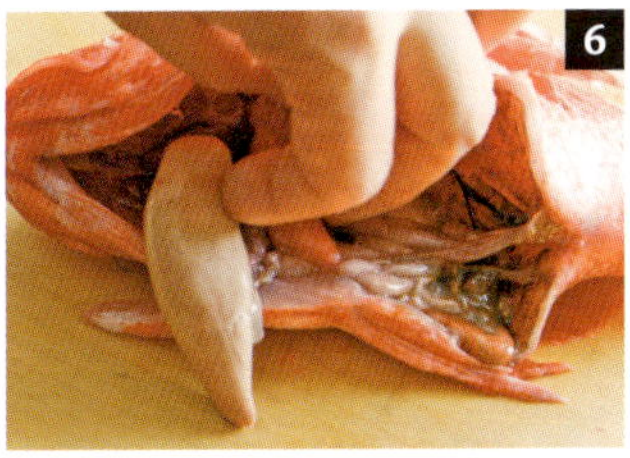

6 腹を開いて肝を頭の方へ引き上げ、**内臓の周りの筋や薄膜を切る。**

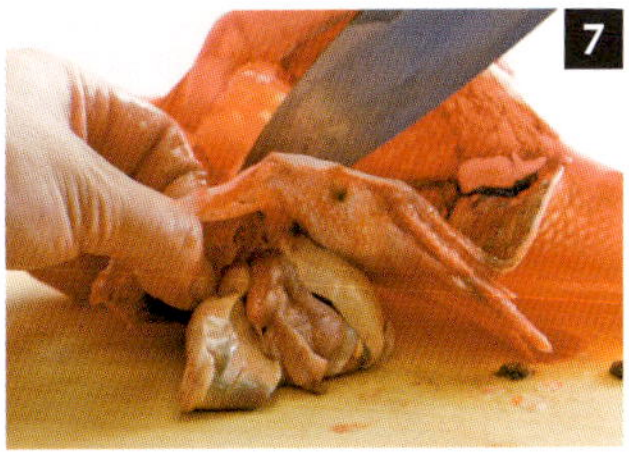

7 えらと頭部との接合部を切り、そのまま**えらをつかんで静かに引っ張り、内臓と一緒に取り出す。**

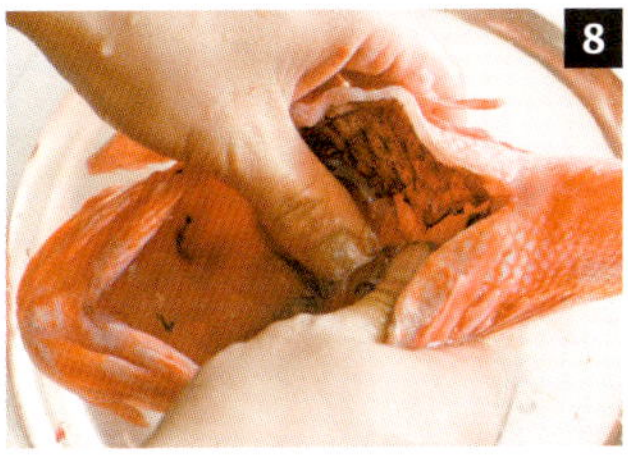

8 **黒い腹膜などを水で洗い落とし、水気をしっかり拭き取る。**腹の中に残った血わたや内臓などもきれいに拭き取る。

身をおろす

［三枚おろし］

＊p.26～28「三枚おろし」参照

使う道具

出刃包丁

1 **頭をたすき落としにする**（p.21「たすき落とし」参照）。胸びれの後ろに包丁を入れ、頭の付け根から腹びれの中央へ向かって、包丁を右に少し倒して頭に向かって斜めに入れ、背骨まで切り込む。

2 裏返して背を手前にし、**1**の切り込みに合わせて同じ要領で切る。背骨に刃元を当て、峰を叩いて頭を切り落とす。

3 頭側を右、腹を手前に置く。腹の断面の際から尾の付け根まで切り目を入れ、切り目に沿って、切っ先で背骨をなぞりながら尾の付け根まで切る。

1 皮を下にして向こう高に置く（皮がはがれやすいので下にする）。右端から刃渡りいっぱいを使って、少し斜めに引き切る。

仕上がり

9 **皮付きで平作りにしたもの**

きちじの皮霜作り
▶p.113

一尾付け用下処理

＊うろこを取ったものを使用

使う道具
出刃包丁

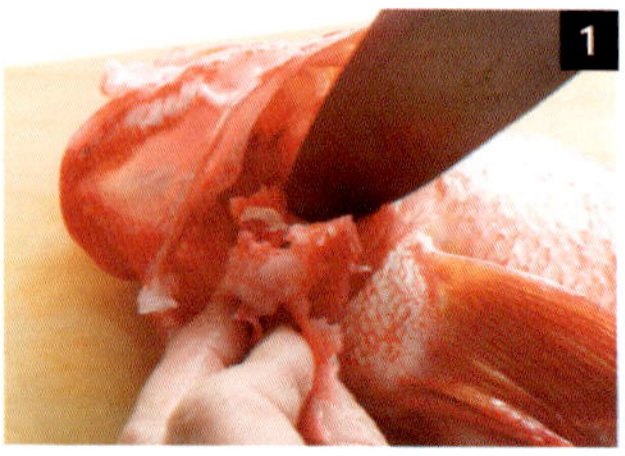

1 頭を左、腹を手前に置く。あご下と頭の接合部を切ってえら蓋を開き、**えらをはずす**（p.22「えらをはずす1」参照）。

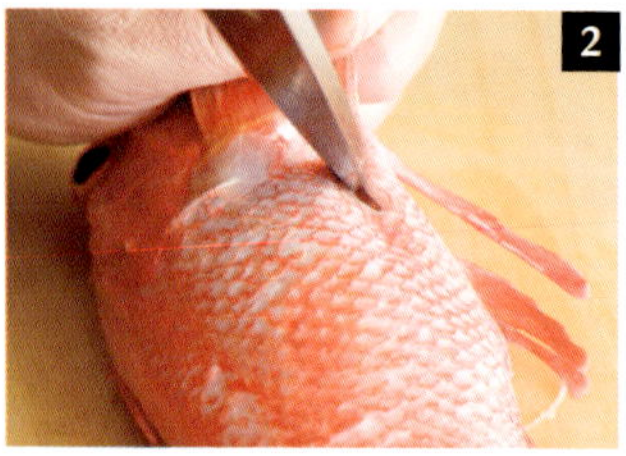

2 身を裏返し、背を手前に置く。胸びれを頭側に倒して押さえ、**腹びれの上に3㎝程の切り込みを入れる。**

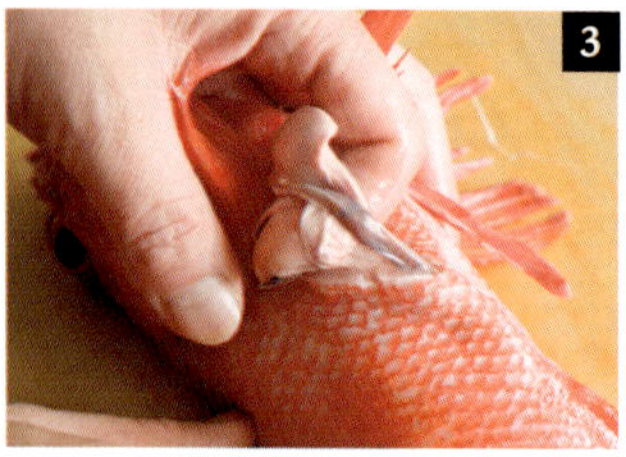

3 切り込みから指を入れ、内臓を引き出す。肝を傷つけないように注意して、**内臓を丁寧に取り除く。**

4 表面に残ったうろこや腹の中に残った内臓や腹膜などを**水で手早く洗い流し、水気を拭き取る。**

きちじの酒塩煮
▶p.113

腹骨・小骨（血合い骨）を取る

使う道具
出刃包丁

1 **腹骨を取る。**腹側を左にして縦に置く。腹骨の付け根に包丁を当て、そのままプツッと付け根のはずれる音が聞こえるまで押し込む。包丁を右にねかせ、手前に引きながら腹骨の先端まですくうように切り進む。

2 腹膜を薄くそぐように切り進み、最後に包丁を立ててまっすぐ引き切る。

POINT

腹骨が短く、腹膜の部分と包丁を入れる向きが微妙に変わるので、骨と腹膜は分けて切り取る。

3 頭側を上にして置き、**骨と血合い部分を切り取る**（p.35「切り取る」参照）。写真は背身と腹身に節取りした状態。

平作り

＊節取りしたものを使用

使う道具
柳刃包丁

POINT

身に振り塩（魚の重量の約2％）をして15分程おき、表面に浮き出た水気を拭き取る。

きちじの皮霜作り

材料（2人分）

きちじの上身《じょうみ》

（皮付きの背身）…… 1節

きちじの肝（血管や薄膜を除いたもの）…… 1尾分

塩、酒 …… 各適量

しょうゆ …… 大さじ1

白髪ねぎ、紅だて …… 各適量

おろしわさび …… 適量

1 きちじの上身は振り塩をして15分程おく。表面に浮き出た水気を拭き取り、平作りにする。

2 **1**を熱湯に通し、すぐに氷水を取って冷ます。冷めたら水気を拭き取る。

3 鍋に肝が浸かるくらいの酒を入れて煮立て、肝を2分程ゆで、汁気を切って冷ます。包丁で叩き、ボウルに移して潰し、しょうゆで調味する。

4 器に**3**の肝じょうゆを敷いて**2**を盛る。白髪ねぎ、紅だてをあしらい、おろしわさびを添える。

叩いた肝を潰しながら、しょうゆを加えて溶きのばす。すり鉢ですり潰してもよい。

きちじの酒塩煮

材料（2人分）

きちじ（一尾付け用に下処理したもの）

…… 1尾（約300g）

きちじの肝（血管や薄膜を除いたもの）…… 1尾分

焼き豆腐（半分に切る）…… ⅓丁

○煮汁

| 酒 …… 1½カップ

| 塩 …… 小さじ1

針しょうが、せり（ざく切り）…… 各適量

1 鍋に湯を沸かし、焼き豆腐、きちじ、肝をそれぞれ湯通しする。

2 フライパン（または浅鍋）に煮汁の材料を入れて中火にかける。煮立ったら**1**のきちじと肝を入れ、玉じゃくしで煮汁を回しかけながら7〜8分煮る。

3 きちじに火が通ったら焼き豆腐を加え、さらに2分程煮る。

4 器にきちじ、豆腐、肝を盛り合わせて煮汁をかけ、針しょうがをのせて、せりを添える。

きんめだい

Splendid alfonsino　金目鯛

［分類］キンメダイ目キンメダイ科　［別名］あかぎ、かげきよ、まきんめなど　［産地］千葉（銚子・勝浦）、静岡（稲取）、高知他

旬 脂は通年落ちないが、11月～3月は良質な脂がのり特に美味

金色に光る大きな目と、朱赤色の皮目が特徴の深海魚。近海に好漁場が多い関東で、古くから煮付けの定番魚として親しまれてきたが、近年はそのおいしさが広く知られるようになり、関西での扱いも増えている。鮮やかな赤い色で姿形も美しいことから、祝い魚として用いられることも多い。脂ののりは、脂質の多い深海魚の中でもトップクラス。鮮度のよい身は透明感のある桜色だが、時間とともに白濁する。身はふんわりと柔らかく、小骨が少なく身離れもよい。あらからは上質のだしが取れる。

おろすポイント

- ひれの先が鋭く尖っているので、慎重に扱う。
- ひれ骨と中骨の間に隙間があり、刃先がその隙間から反対側に入り込みやすいので、中骨の上に包丁の平をしっかりのせて、力を抜いて切り進める。

選ぶポイント

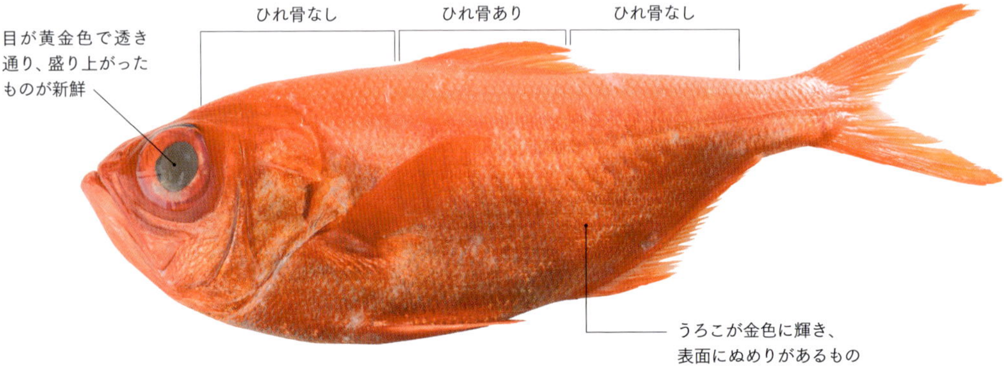

ひれ骨なし
ひれ骨あり
ひれ骨なし
目が黄金色で透き通り、盛り上がったものが新鮮
うろこが金色に輝き、表面にぬめりがあるもの

下処理

使う道具

うろこ引き、出刃包丁

1 頭を左に置く。胸びれを頭側に倒し、うろこ引きで**うろこをばら引きする**（p.17「ばら引き 2」参照）。さらに、出刃包丁で**細部のうろこを取り除く**（p.17「細部のうろこを取る」参照）。

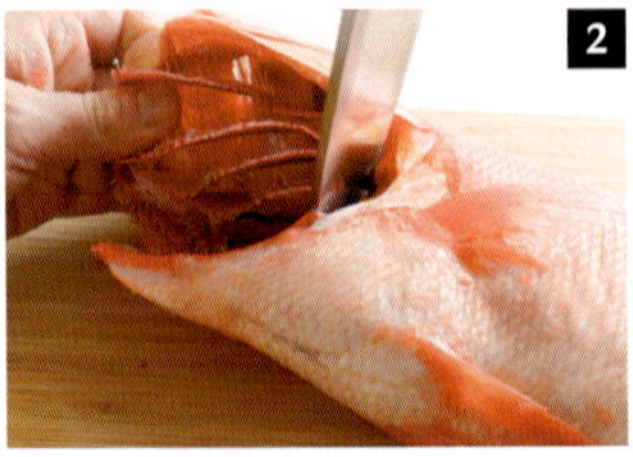

2 あご下と頭の接合部を切り離し、えら蓋を開いて切っ先を差し込み、**えらをはずす**（p.22「えらをはずす 1」参照）。

3 肛門からあご下まで包丁を入れて**腹を切り開く**。腹に肝が入っているので、切らないように注意する。

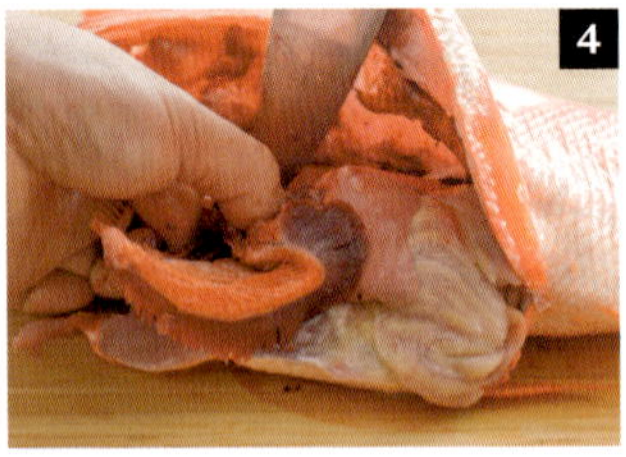

4 内臓の周りの筋や薄膜を切り離す。**えらを引っ張り、内臓と一緒に取り出す**。背骨部分の薄膜に切り目を入れて**血わたを除く**。

5 表面に残るうろこや腹の中の黒い腹膜などを**水で洗い落とし、水気を拭き取る**。腹の中に残った血わたなども拭き取る。

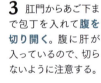

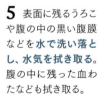

身をおろす

［三枚おろし］

＊p.26～28「三枚おろし」参照

使う道具

出刃包丁

1 **頭を素頭落としにする**（p.21「素頭落とし」参照）。頭にできるだけ身を残さないように、えら蓋の際に沿って斜めに切り込んで頭を落とす。

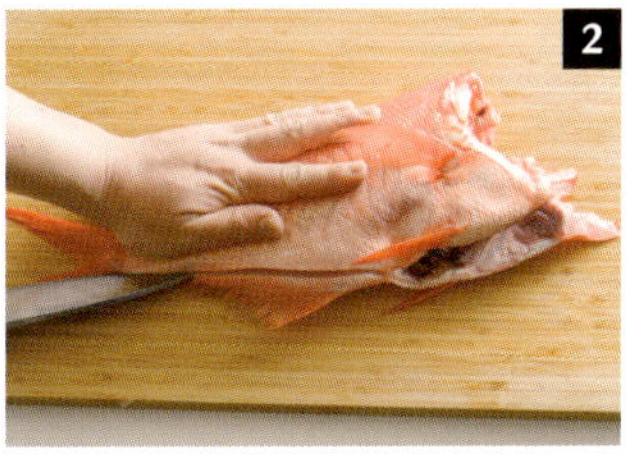

2 頭側を右、腹を手前に置く。あご下から尾の付け根まで、尻びれの上に切り目を入れる。

3 切り目に沿って包丁を入れ、切っ先を背骨に合わせる。包丁の平を中骨にのせ、右手の力を抜いて、切っ先で背骨をなぞりながら尾の付け根まで切る。

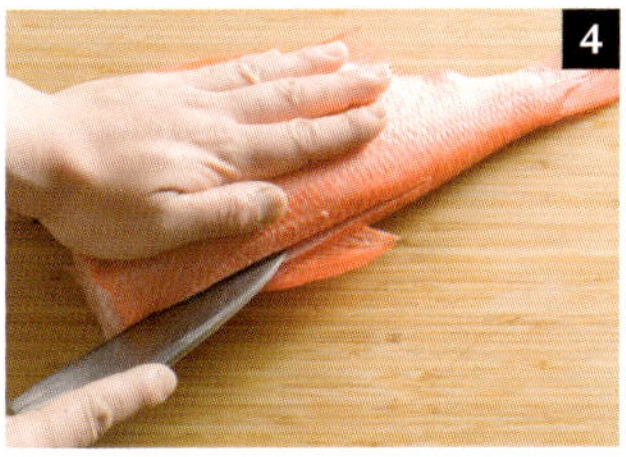

4 頭側を左、背を手前に置き、背側に切り目を入れる。ひれ骨のない部分に切り込むと刃先が深く入ってしまうので、ここでは皮のみに切り目を入れる。

5 切り目に沿って包丁を入れ、切っ先を背骨に合わせる。包丁の平を中骨にのせ、力を入れず、切っ先で背骨をなぞりながら肩口まで切る。

POINT

ひれ骨と中骨の間にある隙間から刃先が骨の下に入らないように、包丁の平を中骨の上にのせる。

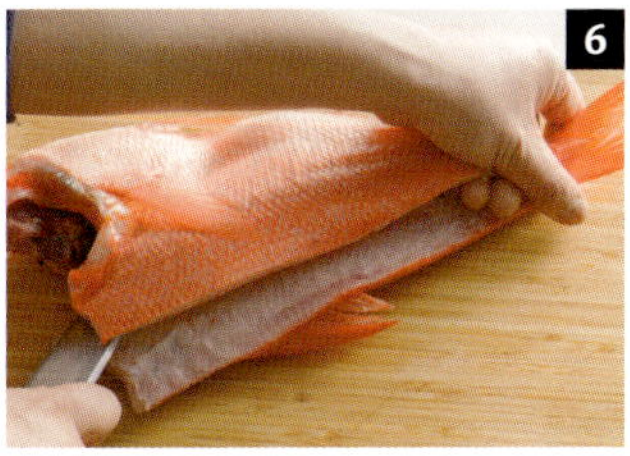

6 尾の付け根に逆さ包丁を差し入れて尾側に少し切り込み、包丁を返して背骨の上を滑らせるように動かし、身を切り離す。

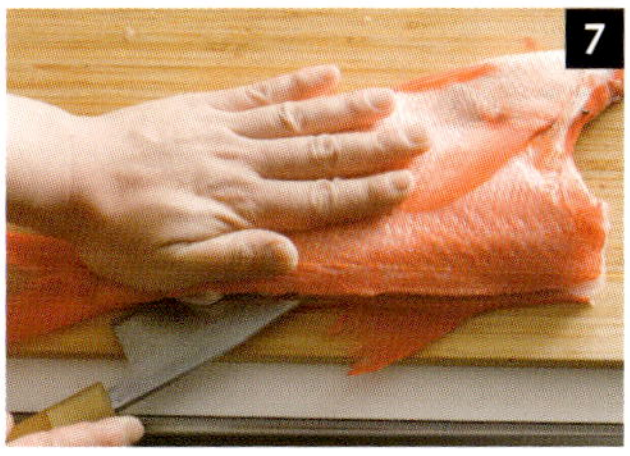

7 骨側を下にして、頭側を右、背を手前に置く。**4**、**5**と同じ要領で背側に包丁を入れる。

POINT

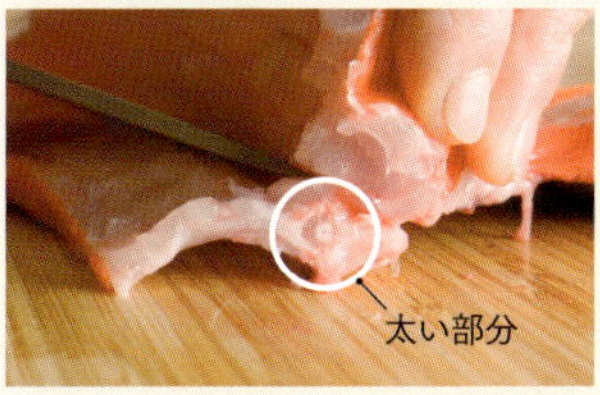

きんめだいの背骨は頭側の端部分が太くなっている。これを意識して包丁を進めるとよい。

8 頭側を左、腹を手前に置く。尾の付け根から頭側まで、尻びれの上に切り目を入れる。

9 切り目に沿って切っ先で背骨をなぞりながら包丁を進める。腹骨に当たったら身を少し持ち上げ、切っ先で腹骨と背骨の接合部を切り離す。

10 尾の付け根に逆さ包丁を差し入れて尾側に少し切り込み、包丁を返して背骨の上を滑らせるように動かし、身を切り離す。

仕上がり

かま付きで三枚おろしにしたもの

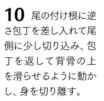

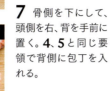

3 腹の薄い部分を少しずつ切り進め、すくうようにして薄くそぎ取る。

4 **小骨（血合い骨）を取る。**まず身の中央にある小骨と血合い部分を腹側に残すようにして縦に切る。次に、腹側に残った小骨と血合い部分を切り取る。

5 **腹身の身幅を揃えるように、腹の部分を切り取る。**背身と腹身に節取りした状態になる。
＊切り取った部分は、「あら」として使うとよい。

仕上がり

腹骨・小骨（血合い骨）を取って節取りにしたもの

きんめだいの刺身二種盛り ►*p.117*

切り身にする

＊三枚おろしにした上側の身を使用

使う道具
出刃包丁

1 皮を下、頭側を左にして置く。かま部分を立たせるように持ち上げるとパタッと折れるラインがある。このラインに沿って包丁を入れ、**かまを切り取る。**

2 皮を上にして向こう高に置く。用途に合わせて大きさを決め、左側から包丁を少しねかせて、**刃渡りいっぱいを使って引き切る。**尾側のように身が薄い部分は大きく取るなど、1切れの重さが同じになるように、長さ、幅を調整する。

きんめだいの煮付け ►*p.117*

皮を除く

使う道具
出刃包丁

1 皮を下、尾側を左にして置く。尾側の端から2cm程の所に皮ギリギリまで切り込みを入れ、尾側に向かって身をそぎ取る。

2 皮と身の間に包丁を差し入れ、まな板に刃先を押しつける。左手で皮を引っ張りながら小さく上下に動かし、包丁を頭側へ進めて引き切る。

きんめだいの刺身二種盛り ►*p.117*

腹骨・小骨（血合い骨）を取る

＊かまを切り取った下側の身を使用

使う道具
出刃包丁

1 腹側を左にして縦に置く。腹骨の付け根に逆さ包丁で切っ先を差し入れ、切り上げて**骨の端を1本ずつ身からはずす。**

2 包丁を順手に持ち替え、ねかせて**1**の切り口に差し入れ、**腹骨の先端までそぐように切り進める。**

きんめだいの刺身二種盛り

材料（2人分）

きんめだいの上《じょう》身《み》（皮付きの背身）…… 1節
塩 …… 適量
おろしわさび …… 適量

1 きんめだいは振り塩をして5分程おき、表面に浮き出た水気を拭き取る。

2 **1**の1節は焼き霜作りにする（p.42「焼き霜作り」参照）。裏返したバットに皮を上にして置き、料理用ガスバーナーなどの炎で炙り、焼き目をつける。

3 **2**を皮を上にして向こう高に置く。右端から刃渡りいっぱいを使って平作り（p.40「平作り」参照）にする。身と皮がずれやすいので、包丁を押しつけずに一気にスッと切る。厚さの目安は8㎜。

4 残りの1節は皮を除き、**3**と同じ要領で平作りにする。

5 器に**3**、**4**を盛り合わせ、おろしわさびを添える。

きんめだいの煮付け

材料（2人分）

きんめだいの切り身 …… 2切れ
○煮汁
　酒 …… 1カップ
　みりん …… 大さじ4
　しょうゆ …… 大さじ2
塩 …… 適量
白髪ねぎ …… 適量

1 きんめだいは振り塩をして10分程おき、表面に浮き出た水気を拭き取る。

2 鍋に煮汁の材料を入れて強火にかける。一煮立ちしたら**1**を並べ入れ、煮汁を回しかけながら、煮汁にとろみがつくまで10分程煮る。

3 器に盛り、煮汁をかけて白髪ねぎをのせる。

こち（真ごち）

Flathead Sand gurnard　鯒／鮲／牛尾魚

［分類］カサゴ目コチ科　［別名］ほんごち、いそごち、がらごちなど
［産地］東京湾（竹岡・富津・小柴）、茨城、愛知、三重他
旬 **産卵期の7月〜8月に入荷が増えるが、4月〜5月がおいしい**

頭は上から押し潰されたように扁平で頬が左右に張り、胴は棒状で尾に向かって細くなっているのが特徴。体色は棲息環境によって変わり、砂底に体を潜ませてえびや小型のたこやいか、きすなどを捕食している。夏を代表する白身の高級魚で、締まった身は弾力に富み、甘みがあって美味。薄作りや洗いにすると、シコシコとした歯応えとくせのない上品な食味が楽しめる。

おろすポイント

- えらの前部にトゲがあり、背びれも鋭いトゲ状をしているので気を付ける。
- うろこは細かくて取りにくい。うろこ引きと包丁を使って残さないように丁寧に取る。
- 魚体が棒状をしているが、基本通り包丁を入れていけばよい。
- 小骨は身に複雑にくい込んでいるので、骨抜きで1本ずつ抜く。

選ぶポイント

表面のぬめりは新鮮な証し
魚体を上から見て、ふっくらと太っているものを選ぶ
体色がしっかり黒褐色をしているもの。鮮度が落ちると色が褪せてねずみ色っぽくなる

下処理

使う道具
うろこ引き、出刃包丁

1

1 頭を左に置き、ひれに注意しながら、**うろこ引きでうろこをばら引きする**（p.17「ばら引き2」参照）。尾から頭に向かって刃先で**背びれを1本ずつ叩くようにして取り除く**（キッチンばさみで切り落としてもよい）。

2

2 身を裏返し、同じ要領で**腹びれを取り除く**。

3

3 うろこ引きで取りきれなかったひれ際など**細部のうろこを、包丁で取り除く**（p.17「細部のうろこを取る」参照）。えら蓋の先にトゲがあるので注意する。

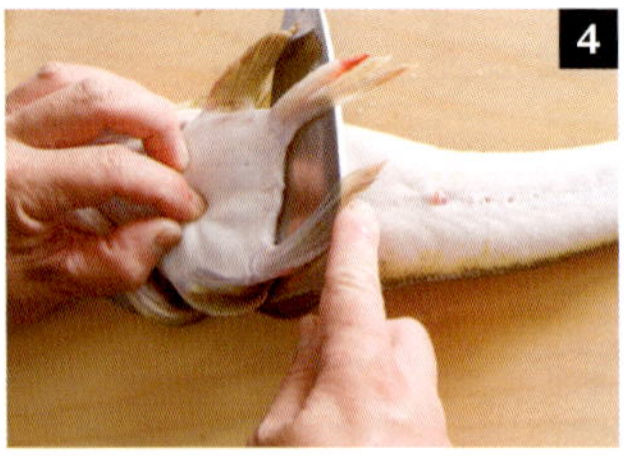
4

4 腹側を上にし、左右の胸びれの付け根を結ぶ線に包丁を当て、**頭と背骨の接合部に向けて皮をそぐように斜めに切る。**

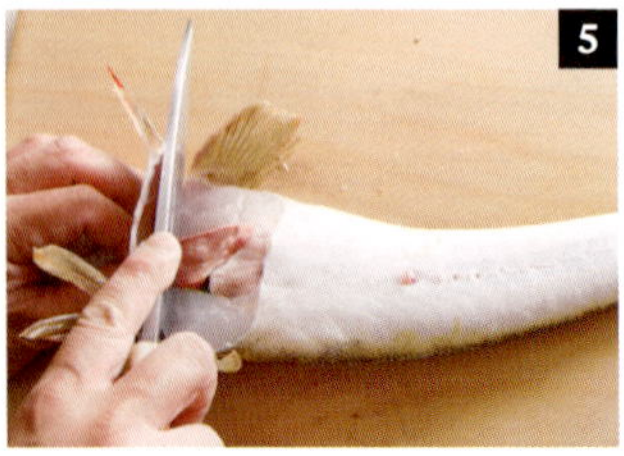
5

5 内臓につながっている食道を切らないようにして、接合部まで切り込む。

身をおろす

［三枚おろし］

＊p.26～28「三枚おろし」参照

使う道具
柳刃包丁

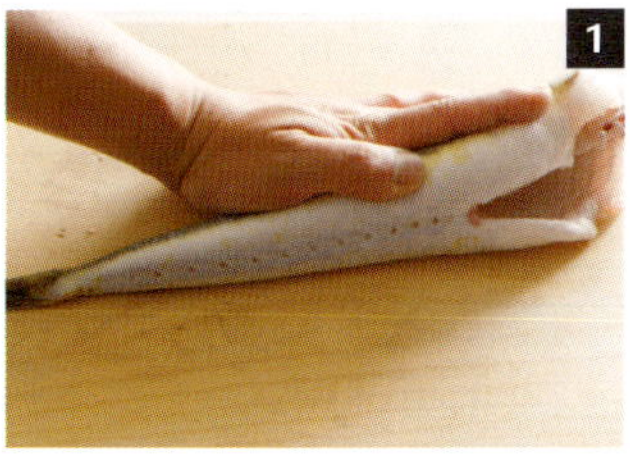

1 こちの魚体は棒状で、まな板に置くとコロコロとして不安定なので、胴を押さえる左手の指をまな板に当て、胴をしっかり固定しておろす。

POINT

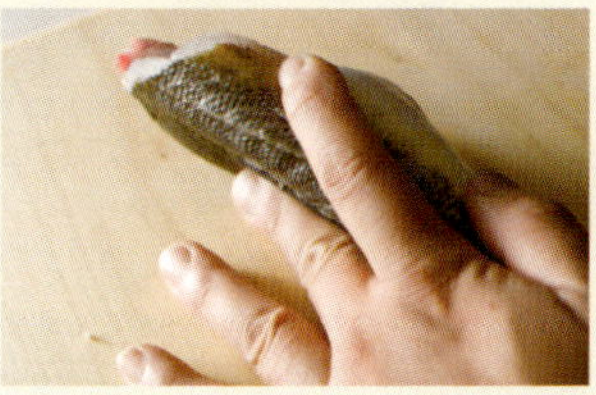

左手で魚体を起こすようにして固定する。グラグラしないように押さえられれば、おろし方は基本通り。

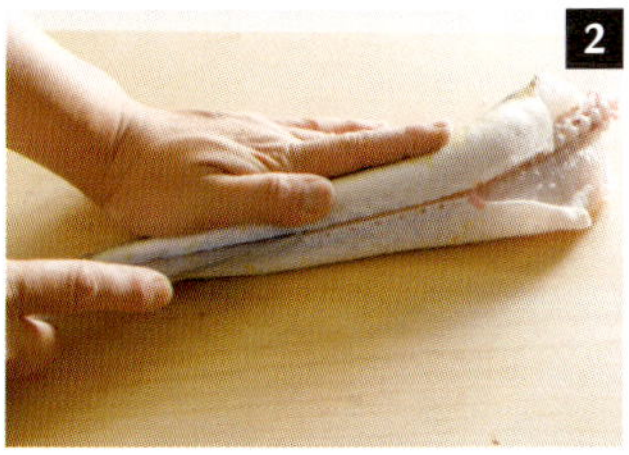

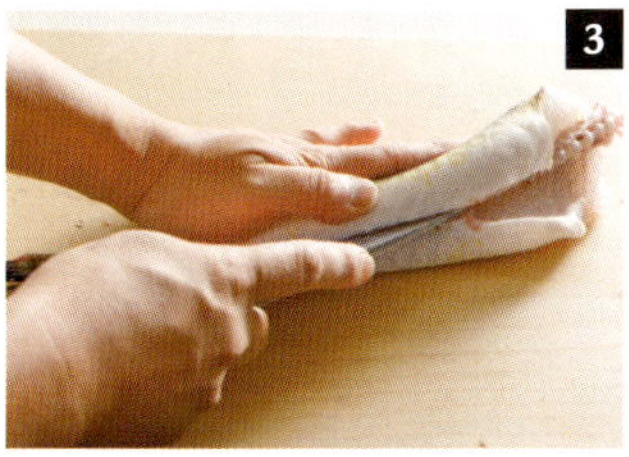

2 頭側を右、腹を手前に置く。腹の断面の際から尾の付け根まで、尻びれ跡の上に切り目を入れる。

3 切り目に沿って包丁を入れ、切っ先を背骨に合わせる。包丁の平を中骨にのせ、切っ先で背骨をなぞりながら尾の付け根まで切る。

4 頭側を左、背を手前に置く。尾の付け根から肩口まで、背びれ跡の上に切り目を入れる。

POINT

ここでも魚体がグラグラしないように、左手でしっかり押さえる。

6 腹を手前にし、胸びれの後ろから頭の付け根に向かって斜めに包丁を入れ、背骨に当たったら力を入れて断ち切る。

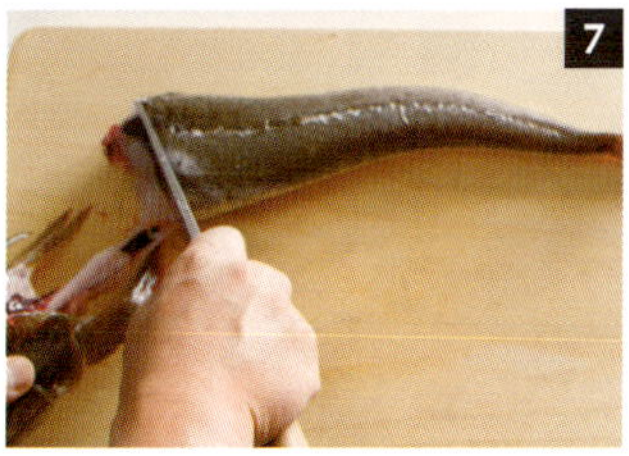

7 身を返して背を手前にし、頭の付け根から胸びれの後ろに向けて斜めに包丁を入れて、**頭を落とす**。頭は料理に使わないので、できるだけ身を付けないように両側からV字形に切り込む。このとき、内臓につながる食道を切らないようにするとよい。

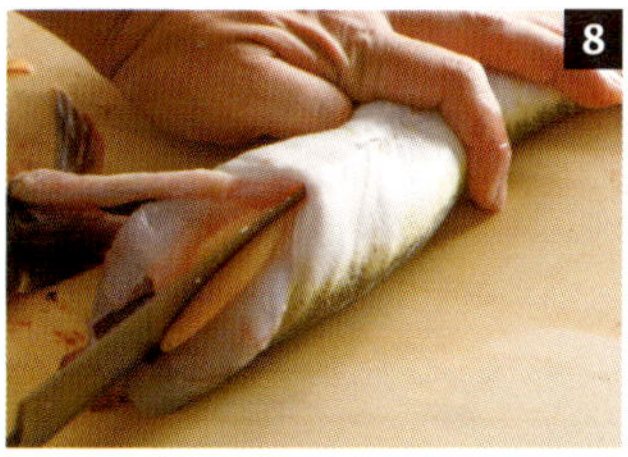

8 腹側を上にし、逆さ包丁で肛門に向けて腹を切り開く。

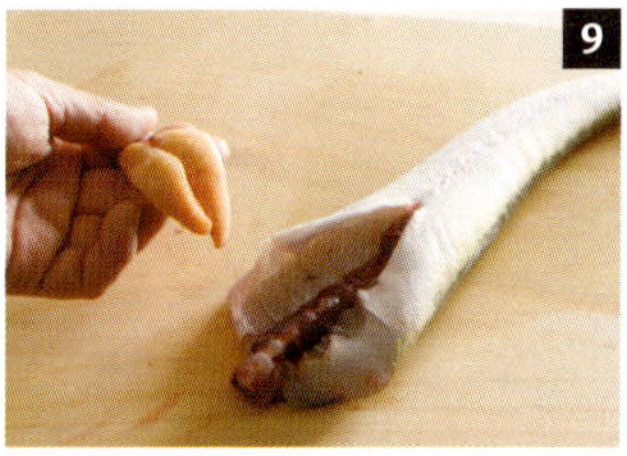

9 内臓の周りの筋や腹膜を丁寧に切り離し、**内臓を取り出す**。**7**で食道がつながっていれば、頭を引くと内臓が一緒に取り出せる。

10 背骨部分の薄膜に切り目を入れて**血わたをかき出す**。

11 表面に残るうろこや腹の中の汚れを**水で手早く洗い落とし、水気を拭き取る**。腹の中に残った血わたなども拭い取る。

仕上がり

下処理したもの

腹骨・小骨（血合い骨）を取る

使う道具

出刃包丁、骨抜き

1 腹側を右にして縦に置き、腹身側に腹骨と小骨をつけて切り取る。

POINT

切り分けた腹身は、「あら」として煮物や汁物に使うとよい。

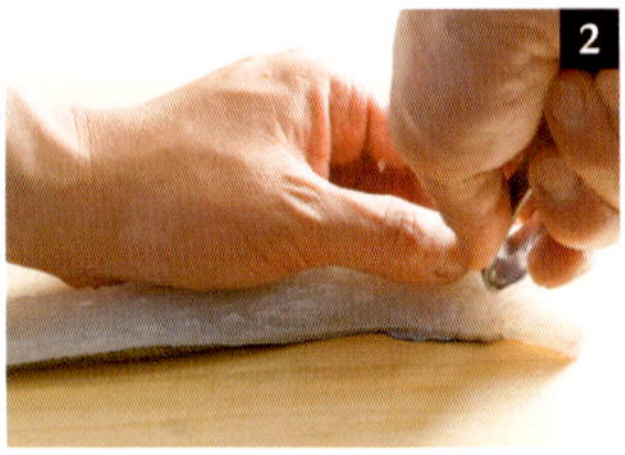

2 **背身側に残った小骨を、骨抜きで抜く**（p.33「抜き取る」参照）。頭側を右にして置き、小骨を骨抜きでつまみ、骨の両脇を軽く押さえる。

3 骨の形や角度に合わせて、頭側に向かって引き抜く。指で骨をさぐりながら、1本ずつ抜いていく。

POINT

こちの小骨は太くて堅く、しかも弓状をしているため抜くのは難しく、かなりの力が必要。

5 切り目に沿って包丁を入れ、切っ先を背骨に合わせる。包丁の平を中骨にのせ、切っ先で背骨をなぞりながら肩口まで切る。

6 尾の付け根に逆さ包丁を差し入れて尾側に少し切り込み、包丁を返して背骨の上を滑らせるように動かし、身を切り離す。

7 骨側を下にして、頭側を右、背を手前に置く。肩口から尾の付け根まで背びれ跡の上に切り目を入れ、切り目に沿って切っ先で背骨をなぞりながら尾の付け根まで切る。

8 向きを変えて頭側を左、腹を手前に置く。尾の付け根から腹の断面の際まで、尻びれ跡の上に切り目を入れる。

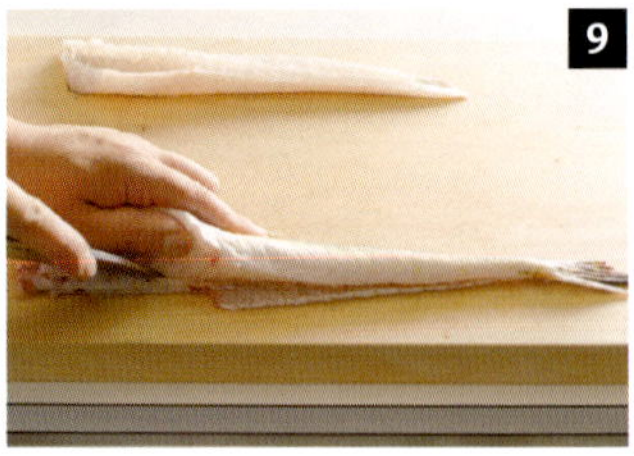

9 切り目に沿って切っ先で背骨をなぞりながら包丁を進める。腹骨に当たったら身を少し持ち上げ、切っ先で腹骨と背骨の接合部を切り離す。

10 尾の付け根に逆さ包丁を差し入れて尾側に少し切り込み、包丁を返して背骨の上を滑らせるように動かし、身を切り離す。

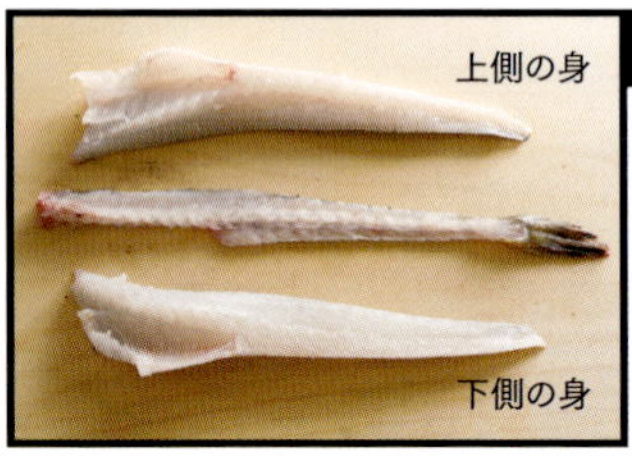

仕上がり

9 三枚におろしたもの

そぎ作り

＊皮を除いた上身（背身）を使用

使う道具
柳刃包丁

尾側を左にして向こう高に置く。包丁の刃元をねかせて身に斜めに当て、刃渡りいっぱいを使って一気に引いて、そぐように切る。切り終わりは、刃先をまっすぐに立てて包丁を引き、身を切り離す。

皮を除く

＊皮付きの上《じょう》身《み》（背身）を使用

使う道具
柳刃包丁

1 皮を下、尾側を左にして置く。端から2cm程の所に皮ギリギリまで切り込みを入れ、尾側に向かって身をそぎ取る。

2 皮と身の間に包丁を入れ、まな板に刃先を押しつける。左手で皮を引っ張りながら小さく上下に動かし、包丁を頭側へ進めて引き切る。

こちの湯洗い

材料（2人分）
こちの上身（皮を除いた背身）……1節
ずいき……適量
梅肉……適量

1. こちは少し厚めにそぎ作りにし、50～60℃の湯で振り洗いする。身が少し縮れて白っぽくなったら氷水に取って冷まし、水気をよく拭き取る。
2. ずいきは皮をむき、薄切りにして、水に15分程浸けてアクを抜き、水気を拭き取る。
3. 器に**1**を盛り、**2**と梅肉を添える。

ぬるめの湯で洗う。独特の臭みが抜け、甘みが増して食感がもちもちする。

キッチンペーパーで水気を丁寧に拭き取る。

medium-sized gizzard shad　小鰭／小肌

こはだ

[分類]ニシン目ニシン科　[別名]つなし、どろくい、じゃこなど

[産地]熊本(天草)、佐賀(有明海)、東京湾他

旬 寿司種として脂がのっておいしいのは12月〜1月

しんこ（4〜5㎝）、こはだ（7〜10㎝）、なかずみ（12〜13㎝）、このしろ（15㎝以上）と、成長と共に呼び名が変わる青背の魚。それぞれ食味も違い、しんこはあっさりとしてみずみずしく、こはだは程よく脂がのって上品な味わい、なかずみ、このしろは脂が多く旨味も濃厚。いずれも身が柔らかく特有のくせがあるので、塩と酢で締めるのが一般的。江戸前の寿司種として昔から好まれてきたのは、しんことこはだ。特に極小のしんこは仕込みに手間がかかることから、「江戸前寿司の華」と言われる。生食の場合は、銀色の皮目を楽しむため、皮はむかずに用いる。

おろすポイント

- えら蓋の後ろにある黒い斑点を胴側に残して頭を落とす。
- 腹腔の下側にプロテクターのような堅い骨がある。この部分を残さないために、腹を切り落とす。

選ぶポイント

目が黒くて澄んでいるもの。鮮度が落ちてくると目が赤くなる

体表が光り輝き、うろこがはがれ落ちていないもの。ただし、脂がのると皮が薄くなってうろこが取れやすくなる

全体に丸みを帯び、身が締まっているもの

下処理

使う道具
出刃包丁

1 頭を左、背を手前に置く。左手で頭を持ち、**裏身側のうろこ**を尾から頭に向かって包丁で力を入れずに**こそげ取る。**(p.16「ばら引き1」参照)

2 尾側から頭側に向かって包丁を入れて**背びれを切り取る。**

3 身を裏返して腹を手前に置き、**1**と同じ要領で**表身側のうろこをこそげ取る。**

4 黒い斑点を胴に残すようにして、胸びれの後ろに包丁をまっすぐに入れて**頭を切り落とす。**

5 **尾を付け根部分で少し斜めに切り落とす。**身を開いた時にゆるやかなV字形になり、見栄えがよい。

3 骨側を下にしてまな板に押しつける。背骨の上に包丁を入れ、尾の方へ滑らせるように動かして身を切り離す。

4 身を上、頭側を手前にして縦に置く。**左右の尻びれの骨部分を切り落とす**。

5 左側の腹骨をすき取る。

6 右側の腹骨を逆さ包丁ですき取る。

7 頭側を斜めに少し切り落とし、**身の形を整える**。

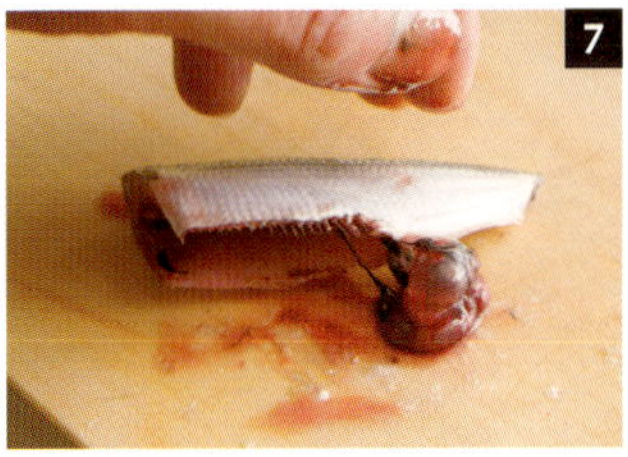

6 腹の下側を頭側から肛門へ向かって斜めに切り落とす。この部分は堅い骨があるので切り取る。

7 腹に左の親指を差し込み、**内臓を引っかけてかき出す**。

8 内臓を切り離し、水で残ったうろこや内臓を手早く**洗い落とし、水気を拭き取る**。腹の中に残った血わたなども拭い取る。

身を開く

［腹開き］

使う道具

出刃包丁

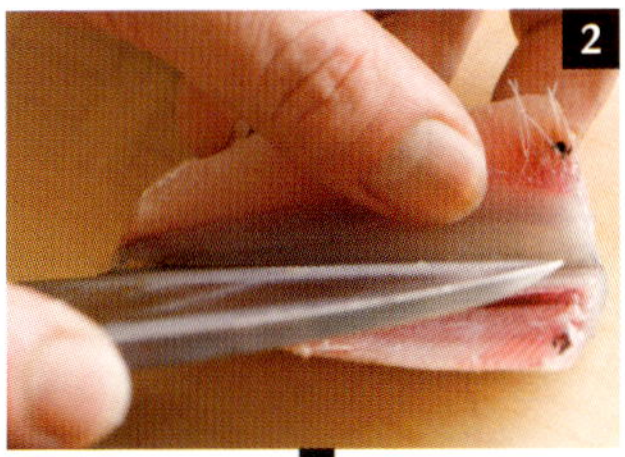

1 頭側を右、腹を手前に置く。腹の断面の際から**背骨の上に切っ先を差し入れ**、背骨の上を滑らせるように動かし、尾まで切る。

2 そのまま背骨を越えて中骨に沿って切り進め、**背の皮ギリギリまで切り込んで一枚に開く**。

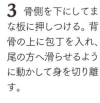

3 残りの身を2等分に切り分ける。

仕上がり

9 節目作りにしたもの

こはだの酢締め
▶下記

節目作り

＊腹開きにした上《じょう》身《み》を酢締めにしたものを使用

使う道具

柳刃包丁

1 皮を上に、頭側を左にして置き、**両身の厚い部分に1本ずつ縦に切り目を入れる。**

2 身幅の狭い尾側の部分を切り取る。

こはだの酢締め

材料（2人分）
こはだ（腹開きにしたもの）……4尾
昆布……10cm四方1枚
食用菊、青じそ、おろしわさび……各適量
塩、酢……各適量

1. こはだは振り塩をして10分程おき、手早く水洗いして塩を落とす。
2. バットに酢、水各1カップを合わせ、**1**を10分程浸ける。表面が白っぽくなったら1枚ずつ身側を合わせて縦半分に折り、手のひらで軽く挟んで酢水を絞る。
3. 皮を下にしてざるに並べ、ラップをかけて冷蔵庫で2時間程おいて味をなじませる。
4. 食用菊は花びらをばらして雌しべ、雄しべを除き、酢少々を加えた熱湯でさっとゆで、水に取って水気を絞る。青じそはせん切りにする。
5. バットに酢1カップと昆布を合わせ、**3**を入れて10分程浸ける。
6. **5**の酢を拭き取って節目作りにする。半分に折って器に盛り、おろしわさびと**4**を添える。

さけ（しろざけ）

Chum salmon 鮭

［分類］サケ目サケ科　［別名］いよ、おおすけ、しゃけ、ときしらず、あきざけなど　［産地］北海道、青森、岩手他

旬 身がおいしいのは産卵期前の5月〜6月。筋子を取るなら9月

さけは白身魚に分類される。身が赤いのは餌となる甲殻類の殻などに含まれる色素、アスタキサンチンによるもので、イクラが赤いのも同様。この色素には抗酸化作用があり、さけは近年注目の食材となっている。日本で通常「さけ」と言うと「しろざけ」を指す。秋になって産卵のため母川に戻ってきたさけを、遡上する直前に漁獲する。産卵間近のため身肉に脂は少ないが、雌のお腹には卵が詰まっている。さけは捨てるところがない魚と言われ、鼻の軟骨や血わたも珍味として親しまれている。天然物にはアニサキスなどの寄生虫がいるので、冷凍したもの以外の生食は厳禁。

おろすポイント

- 身も骨も柔らかく身割れしやすいので、おろすのはやや難しい。
- 片身をおろした後、身を返さずに背骨から反対側の身を切り離す。

選ぶポイント

新鮮なものはうろこが銀色に輝いている

さけは川を遡上する頃になると銀色だった体表が黄褐色など（婚姻色）に変わり、雄と雌の違いがはっきりしてくる

雌

腹や尾の付け根が丸みを帯び、肉感があるもの

雄の頭は直線的で大きく、繁殖期になると上あごの先が伸びてくちばし状に湾曲する（鼻曲がり）

雄は尾びれの切れ込みが深く、「く」の字になっている

下処理

使う道具

金だわし、出刃包丁

1 流水の下で、尾から頭に向かって**金だわしでこすり、うろこを取る**。取りきれない細部などは**包丁でそぎ取る**（p.17「細部のうろこを取る」参照）。

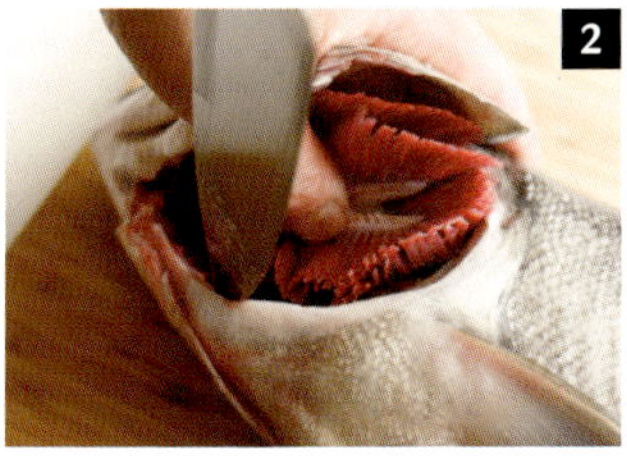

2 頭を左、腹を手前に置く。えら蓋を開いて切っ先を差し込み、**えらをはずす**（p.22「えらをはずす1」参照）。

3 切っ先で肛門からあご下まで腹の中心を切る。

身をおろす

［三枚おろし］

使う道具

出刃包丁

POINT

腹に入っている筋子を傷つけないように、刃を深く入れずに浅く切る。

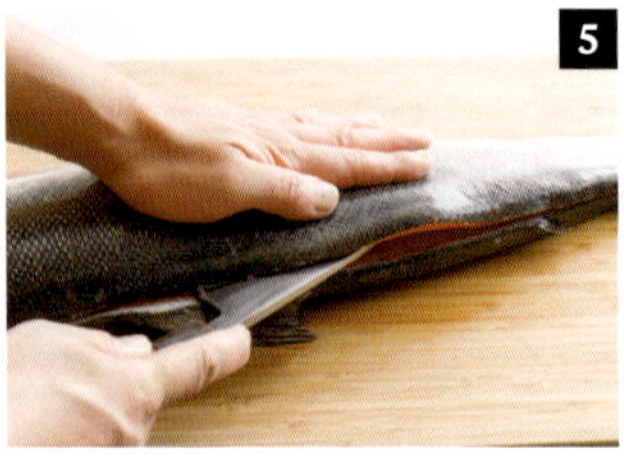

1 頭を右、腹を手前に置く。えら蓋を開き、頭の付け根を切る。

2 頭の付け根部分を起こしてまっすぐ包丁を入れて、**頭を切り落とす**。

3 肛門から尾の付け根まで切り目を入れ、切り目に沿って切っ先で背骨をなぞりながら尾の付け根まで切る。中骨が短いので、力を入れると刃先が傾いて骨の下に入ってしまう。切り目に包丁を入れたら右手の力を抜き、中骨の上に包丁の平をしっかりのせて切る。

4 頭側を左、背を手前に置く。尾の付け根から肩口まで背びれの上に切り目を入れる。背びれが短いので、先に背びれの上に切り目を入れ、その延長線上に尾の付け根から背びれまで、背びれから肩口まで切り目を入れる。さけの皮はとても堅いので、胴を押さえる左手の重心を腹側に寄せるようにして皮を引っ張りながら、切り目を入れる。

5 切り目に沿って切っ先で背骨をなぞりながら肩口まで切る。

6 身を少し持ち上げ、背骨をなぞるようにして、ひし形状の背骨のてっぺんまでしっかり切り込む。

4 腹を開き、内臓の周りの筋や腹膜を丁寧に切り離す。

5 えらと頭の接合部を切り、そのまま**えらをつかんで静かに引っ張り、内臓と一緒に取り出す**（p.23「腹を切り開く1」参照）。

6 筋子の周りの筋や薄膜を丁寧に切り、**傷つけないように手で取り出す**。

7 背骨部分の薄膜に切り目を入れ、刃先で**血わたをかき出す**。尾の方は包丁の先を、頭の方は刃元を使うとかき出しやすい。血わたを傷つけないように注意する。**水できれいに洗い、水気を拭き取る**。筋子、血わたも洗って水気を拭く。

仕上がり

下処理したものと筋子

筋子の粕漬け

▶p.130

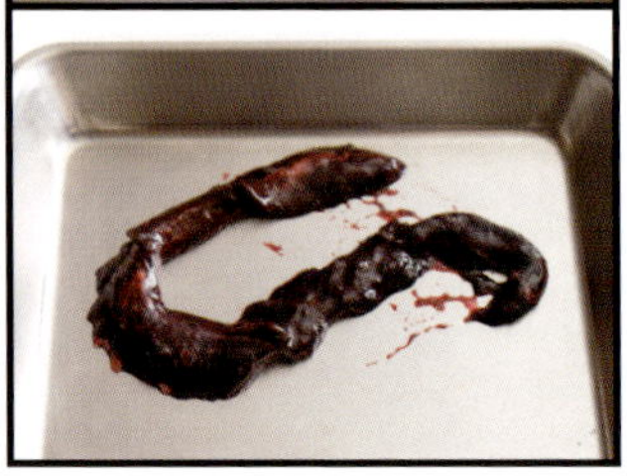

血わた

めふん▶p.130

切り身にする

＊三枚おろしにした上側の身を使用

使う道具

出刃包丁

1 身側を上、頭側を左にして置く。かま部分を立たせるように持ち上げるとパタッと折れるラインがあるので、このラインに沿って包丁を入れ、**かまを切り取る。**

2 腹側の端にある、腹骨が終わった辺りの骨のない部分（はらす）を切り取る。

3 腹骨の付け根に包丁をねかせて入れ、すくうように薄くそぎ取る。

4 尾側を左にして向こう高に置く。左側から包丁をねかせて刃渡りいっぱいを使って**2～3㎝厚さのそぎ切りにする。**

仕上がり

切り身にしたもの

さけの西京焼き
▶p.131

保存は両面に塩を振り、ラップで包み冷凍するとよい。

7 尾の付け根に逆さ包丁を差し入れて尾側に少し切り込み、包丁を返して背骨の上を滑らせるように動かし、身を切り離す。腹骨に当たったら、切っ先をまな板側に傾け、刃元を肩口の方へ向けて切り進める。このとき、身を傷つけないように、身を持ち上げて切る。身を切り離したら、尾の付け根に包丁を入れて片身をはずす。

8 **骨側を上にしたまま**、頭側を右、腹を手前に置く。**背骨と身の間に包丁を入れる。**刃先を中骨の先から斜めに入れ、背骨に当たったらまっすぐにする。

9 背骨の上を左手で軽く押さえ、刃先を少し上に向けて**骨を持ち上げるようにして、背骨に沿って切り進める。**包丁を身にぴったり付けて切ると、刃先で身に傷を付けてしまう。

10 背びれとひれ骨、尻びれとひれ骨は、身側に残す。尾まで切り進んだら付け根に包丁を入れ、片身を切り離す。

11 **10**の片身を、頭側を手前にして縦に置き、尻びれとひれ骨を一緒にそぐように切り取る。

12 向きを変えて尾側を手前にし、背びれとひれ骨を切り取る。

仕上がり

三枚おろしにしたもの

背骨・中骨を切り分ける

使う道具

出刃包丁

関節（盛り上がっている所）に刃元を当て、峰を叩いて切り分ける。

仕上がり

9 背骨・中骨を切り分けたもの

粕汁▶ p.131

筋子をほぐす

＊生の筋子½腹分使用

1 ボウルに70℃の塩水（塩分濃度約3％／水または湯1ℓに塩30gを混ぜれば3％濃度になる）を1ℓ用意し、筋子を入れて卵膜が縮んで全体が白っぽくなるまで浸ける。

2 常温の塩水（塩分濃度約3％）をたっぷり用意する。**1**の塩水を捨て、常温の塩水を注ぐ。

3 卵膜から卵をほぐす。おおかたほぐれたら、塩水を取り替える。

頭を切り分ける

使う道具

出刃包丁

1 頭を内側から割る（p.38「内側から割る」参照）。口を上にあごを手前にして立てて置き、下唇の中央を切る。

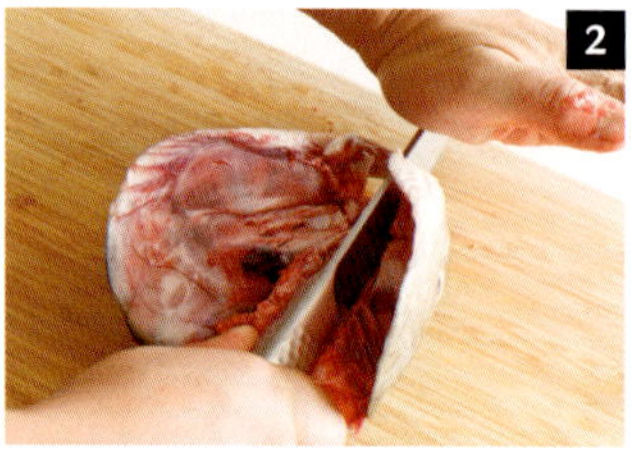

2 右側の目と太い骨の間に切り目を入れる。この切り目に包丁を当て、左手で峰を押さえて切り込む。

3 頭を左右にグッと開き、つながっている部分に包丁を当てて峰を叩き、二つに割る。

4 表側を上に、頭頂部を手前にして置く。鼻先から頭にかけてある**半透明の軟骨部分（氷頭《ひず》）を切り出す。**

5 鼻先、軟骨部分、頭の付け根部分に切り分ける。

6 目の後ろに包丁を入れ、頭の部分を四角く切り分ける。口と下あごを切り分け、えら蓋を切り落とす。

粕汁▶ p.131

氷頭なます▶ p.130

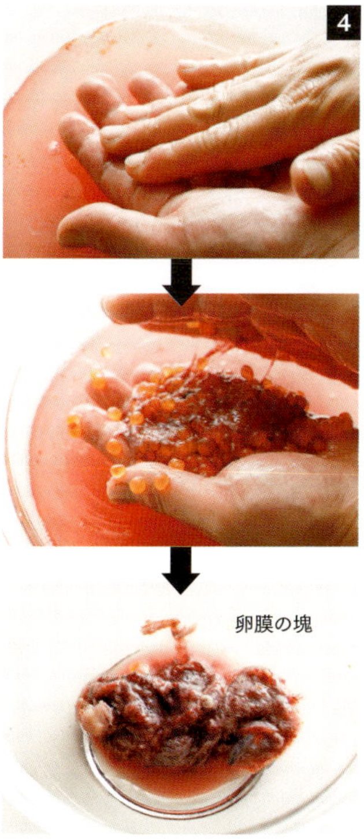

4 手の上で軽く揉んでほぐす。揉んでいるうちに卵膜が絡んで塊になるので、これを取り除く。塩水を3～4回替えながら丁寧にほぐす。

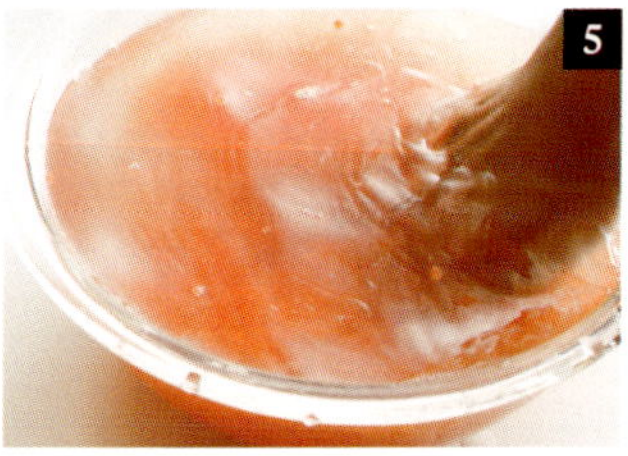

5 ほぐし終わったら、改めて塩水を替えて軽く混ぜる。卵膜の残骸や筋、白い薄膜などが浮いてくるので、塩水と一緒に捨てる。これを塩水が白濁しなくなるまで繰り返す。

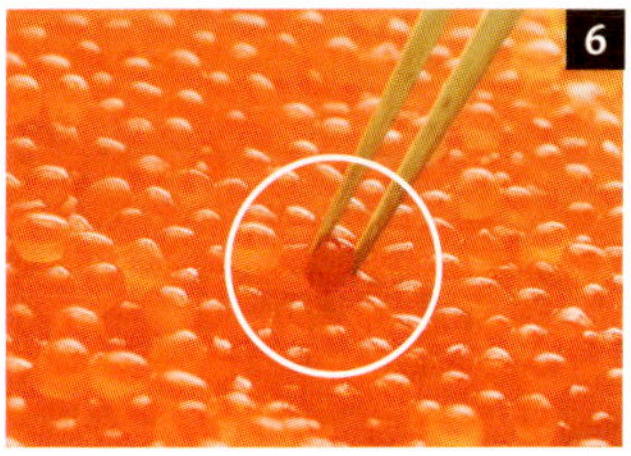

6 ざるに上げて水気をきる。ここで、色の濃い粒（苦い）があれば取り除く。

仕上がり

生の筋子をほぐしたもの

イクラ▶下記

イクラ

材料（作りやすい分量）

筋子……½腹分
粗塩……適量

1. 筋子は塩水で下処理してほぐす（p.128「筋子をほぐす」参照）。
2. 味見をして、塩気が足りなければ塩を補い、冷蔵庫で一晩おく。

筋子の粕漬け

材料（作りやすい分量）
筋子……½腹分
酒粕（板粕）……60g
みそ……30g

1 酒粕は適当な大きさに切り分け、ボウルに入れて湯を少しずつ加えて練り混ぜ、ペースト状にする。
2 **1**にみそを加え、よく練り混ぜる。
3 筋子は太い筋などを取り除き、**2**をまんべんなく塗りつけ、密閉容器に入れて冷蔵庫で一晩以上おく。
4 **3**を食べやすい大きさにちぎり、クッキングシートにのせて、100℃に予熱したオーブンで表面が乾くまで10分程焼く。

めふん

材料（作りやすい分量）
鮭の血わた……30g
塩……大さじ1
酒……適量
青じそ……適量
芽ねぎ……適量

1 血わたは塩をまぶし、冷蔵庫で3日おく。
2 **1**の塩を酒で洗い流す。
3 水気をしっかり拭き取り、ラップでぴったり包み、冷凍庫で3日入れて凍らせる。
4 解凍して食べやすく切り、青じそを敷いて器に盛り、芽ねぎを小口切りにして散らす。

氷頭《ひず》なます

材料（作りやすい分量）
氷頭……1尾分
○甘酢
酢……大さじ2
砂糖……大さじ1
塩……少々
塩、酢……各適量
食用菊、大根おろし……各適量

1 氷頭は薄切りにし、塩大さじ1を振り混ぜて冷蔵庫で1日おく。
2 **1**を水で洗い、酢と水を同量で合わせた酢水に浸けて、好みの味に塩抜きをする。
3 食用菊は花びらをばらして雌しべ、雄しべを除き、酢少々を加えた熱湯でサッとゆで、水に取って水気を絞る。
4 甘酢の材料を合わせて混ぜ、砂糖を溶かす。
5 汁気を切った氷頭、菊花、大根おろしを合わせて甘酢で和える。

さけの西京焼き

材料（4人分）

さけの切り身……4切れ

〇みそ床

- 西京みそ……100g
- みりん……大さじ1½
- 酒……大さじ½

塩……適量

大根おろし、しょうゆ……各適量

1. さけの切り身は両面に塩を振って30分程おき、表面に浮き出た水気を拭き取る。
2. みそ床の材料を混ぜて保存容器に入れ**1**を漬け込み、2日程冷蔵庫で漬ける。
3. **2**のみそを洗い流して水気を拭き、予熱した魚焼きグリル（両面焼き）で中火で7〜8分焼く。
4. 器に盛り、大根おろしを添えてしょうゆをたらす。

粕汁

材料（4人分）

さけのあら（頭、骨身など）……½尾分

大根……⅓本

にんじん……⅓本

ごぼう……⅓本

長ねぎ……⅓本

生しいたけ……4個

昆布だし……3½カップ

酒粕（板粕）……100g

みそ……大さじ2〜3

塩……適宜

1. さけのあらは一口大に切り、振り塩をして30分程おく。ボウルに入れて熱湯をたっぷりかけて霜降りにし、水に取ってうろこなどを洗い落として水気を拭く。
2. 大根、にんじん、ごぼうは乱切りにし、長ねぎは3cm長さに切る。しいたけは石づきを取って4つ割りにする。
3. 鍋に昆布だしを入れて中火にかけ、**1**を入れる。煮立ったらアクを取り、弱火にして15分程煮る。
4. 酒粕は適当な大きさに切り分け、ボウルに入れて**3**のだしを適量加えて練り混ぜ、ペースト状にする。
5. **3**に大根、にんじん、ごぼうを加える。火が通ったらしいたけ、長ねぎを加え、**4**とみそを溶き入れ、塩で味を調える。

さば（真さば）

Mackerel　鯖

［分類］スズキ目サバ科　［別名］そこさば、さわ、ひらさば、ひらす、ほんさばなど　［産地］東京、宮城、富山、福岡、韓国（蘇州）他

旬 **ほぼ通年入荷するが、良質なものが入荷するのは秋から冬**

日本近海で獲れるさばは真さばとごまさば。晩春から夏にかけて産卵を終え、体力回復のために餌を大量に食べて丸々と太った状態が「秋さば」。日本各地の沿岸を春から夏にかけて北上し、秋から冬にかけて南下する回遊群と、一定の海域に居つく「瀬付き」と呼ばれる一群がいる。かつては庶民の魚の代表だったが、漁獲量が減り近年は高級魚の仲間。「関さば」「金華さば」「松輪さば」など、各地にブランドさばも誕生している。さばに寄生するアニサキスなどは、もともと内臓にいるので、新鮮な魚を選び、鮮度のよいうちに速やかに下処理し、調理することが安心・安全の要。これは、さば食で起こりやすいヒスタミン食中毒の予防にもなる。

おろすポイント

- 身が柔らかく身割れしやすいので、慎重に扱う。
- 包丁で触り過ぎると身が崩れるので、必要最小限の手数で切り進める。

選ぶポイント

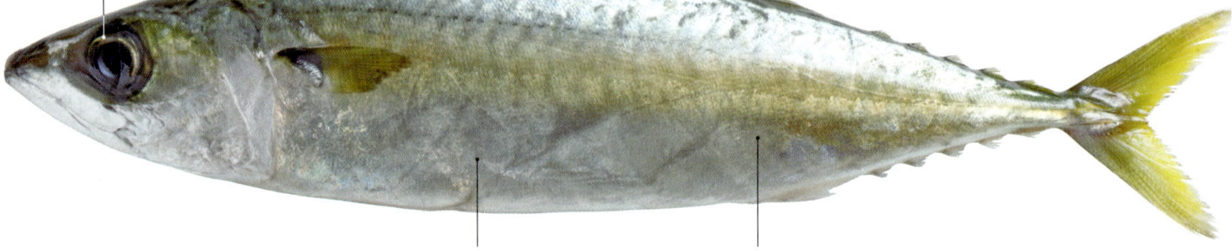

模様がはっきりしているもの。時間が経つとぼやっとした感じになる
目が澄んで盛り上がっているもの
丸く太り、身が締まっているもの
表面にぬめりがあり、うろこがしっかりついているもの

下処理

使う道具
出刃包丁

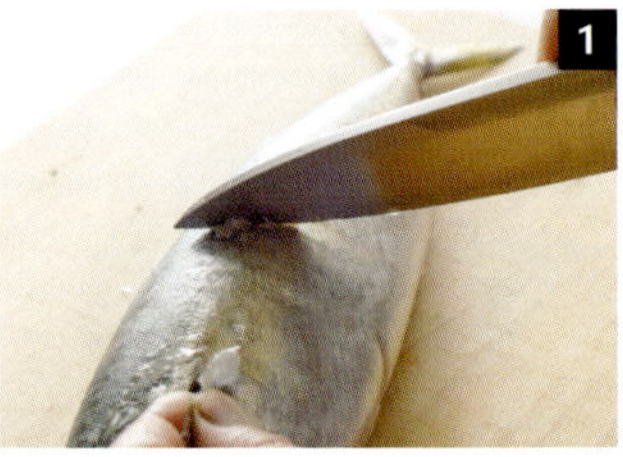

1

1 頭を左にし、胸びれを頭側に倒して頭部を軽く持ち、**うろこを包丁でばら引きする**（p.16「ばら引き1」参照）。

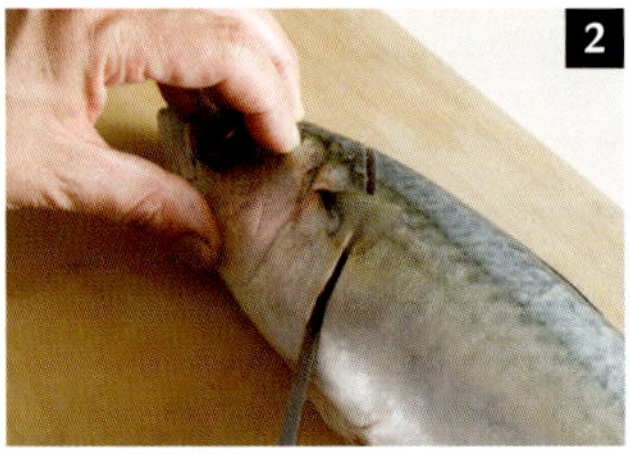

2

2 胸びれの後ろから頭の付け根へ向かって、包丁を右に少し倒して当て、**内臓につながる食道を切らないよう背骨まで切り込む。**

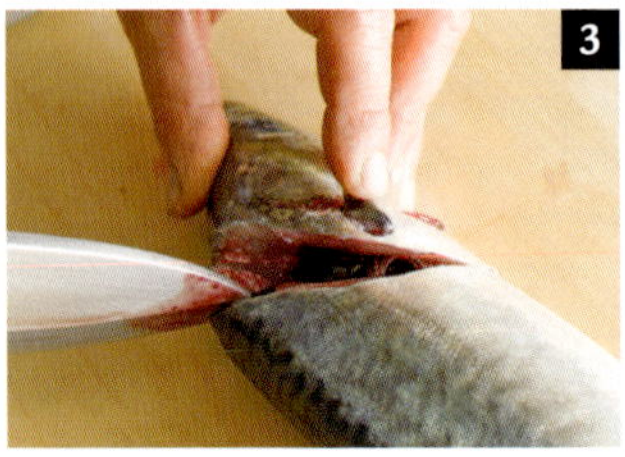

3

3 身を裏返し、同じ要領で胸びれの後ろから斜めに包丁を入れる。背骨に当たったら、包丁を立てて関節を押し切り、**頭を背骨から切り離す**。食道は切らないように注意する。

4

4 肛門に切っ先を差し込み、そのまま頭に向かって腹の中央を切る。内臓を切らないように注意する。

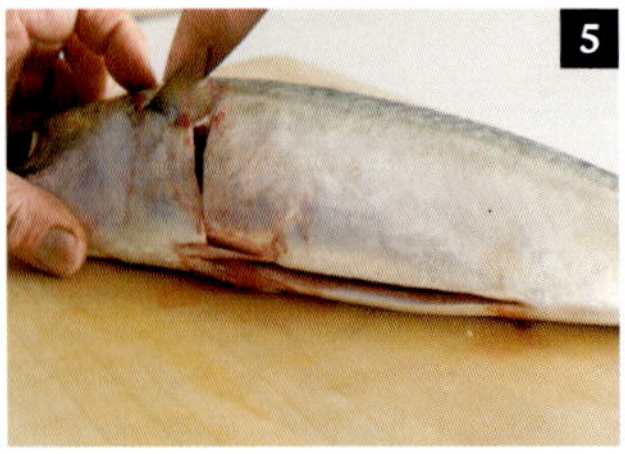

5

5 腹は開かず、頭を折り曲げるように手前へ引きながら、**頭とつながる内臓を腹の切り目から**引き出し、内蔵の**付け根**を切る。

3 頭側を左、背を手前に置く。尾の付け根から肩口に向かって、背びれの上に切り目を入れる。

4 切り目に沿って包丁を入れ、切っ先を背骨に当てる。包丁の平を中骨にのせ、切っ先で背骨をなぞりながら肩口まで切る。

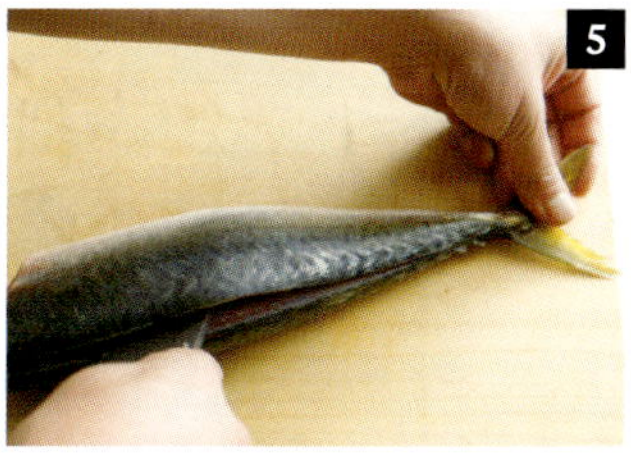

5 尾の付け根に逆さ包丁を差し入れて尾側に少し切り込み、包丁を返して背骨の上を滑らせるように動かし、身を切り離す。

POINT

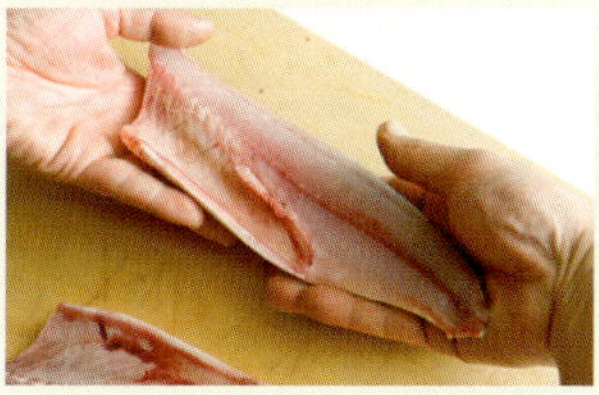

さばは身割れしやすいので、切り離した身は両手でそっと持ってはずす。

6 骨側を下にして、頭側を右、背を手前に置き、肩口から尾の付け根に向かって、**3**、**4**と同じ要領で切る。

7 向きを変えて頭側を左、腹を手前に置き、尾の付け根から腹の断面の際まで**1**、**2**と同じ要領で切る。

POINT

腹骨に当たったら身を少し持ち上げ、切っ先で腹骨と背骨の接合部を切る。

POINT

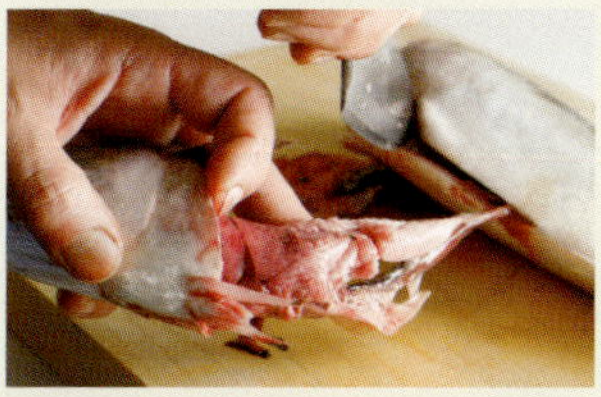

できるだけ身に負荷をかけないように、腹の中に包丁や手を入れずに内臓を取り出す。

6 背骨部分の薄膜に切り目を入れ、刃先で**血わたをこそげ取る**。

7 水で表面に残ったうろこや腹の中の汚れを**手早く洗い落とす**。

8 キッチンペーパーで**水気を拭き取る**。腹の中に残った血わたなども拭い取る。

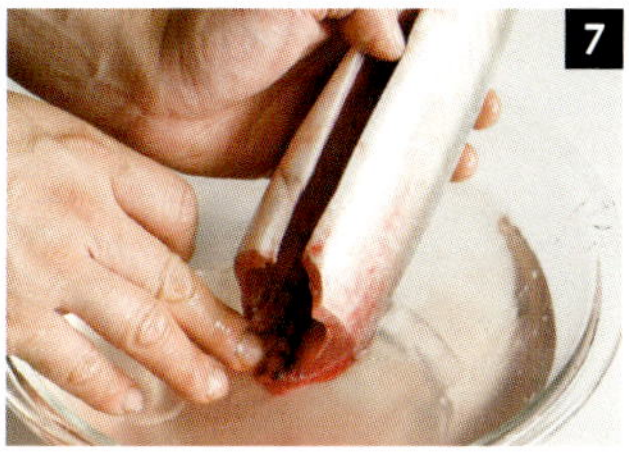

身をおろす

[三枚おろし]

*p.26～28「三枚おろし」参照

使う道具

出刃包丁

1 頭側を右、腹を手前に置く。腹の断面の際から尾の付け根まで、尻びれの上に切り目を入れる。背側を押さえて腹側を少し浮かせると、包丁が入れやすくなる。

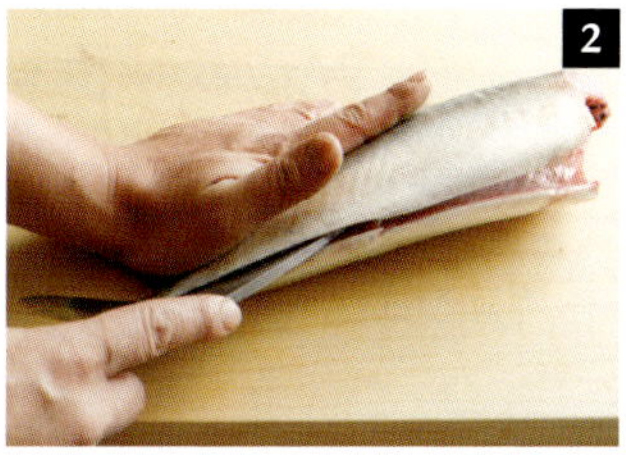

2 切り目に沿って包丁を入れ、切っ先を背骨に当てる。包丁の平を中骨にのせ、切っ先で背骨をなぞりながら尾の付け根まで切る。

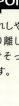

そぎ切り

＊節取りしたものを使用

使う道具

柳刃包丁

1 皮を上にして向こう高に置く。包丁をねかせてやや斜めに当て、刃渡りいっぱいを使って一気に引く。料理に合わせた厚さで切る。

2 切り終わりは包丁を立てて手前にまっすぐ引き、切り離す。

仕上がり

そぎ切りにしたもの

ゆでさばのサラダ
►*p.136*

身を締める

＊三枚おろしにした下側の身を使用

使う道具

出刃包丁

1 腹側を左にして縦に置く。逆さ包丁で腹骨の付け根を身からはずし、順手に持ち替えて、切り口から骨をすくうように**腹骨の先端まで薄くそぐ**。腹骨の部分は切り離さない。

2 1に**表面が白くなるくらいに粗塩をまぶし（強塩）**、ざるにのせて1～2時間おく。腹骨の下にも塩をする。

8 尾の付け根に逆さ包丁を差し入れて尾側に少し切り込み、包丁を返して背骨の上を滑らせるように動かし、身を切り離す。

POINT

さばは身割れしやすいので、切り離した身は両手でそっと持ってはずす。

仕上がり

三枚におろしたもの

締めさば►*p.136*

腹骨・小骨（血合い骨）を取る

使う道具

出刃包丁

1 腹側を左にして縦に置く。逆さ包丁で切っ先を差し入れて腹骨の付け根を身からはずし、順手に持ち替えて、切り口から**骨をすくうように薄くそぎ取る**。

2 頭側を上にして縦に置く。身の中央にある小骨と血合い部分を、背身側に残して縦に切る。背身に残った**小骨と血合い部分を切り取る**。

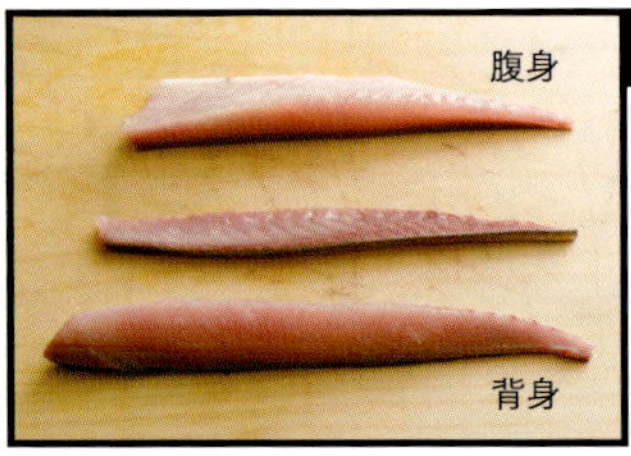

仕上がり

腹骨と小骨を取り、節取りしたもの

3 流水で塩をサッと洗い流す。

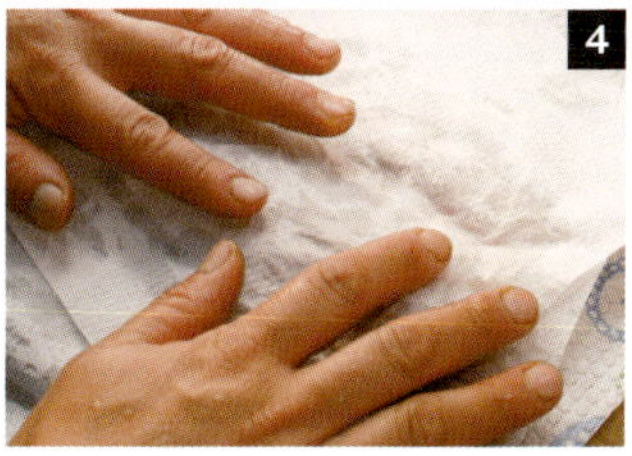

4 キッチンペーパーで水気を吸い取る。

5 4の**さばを酢洗いする**。バットに酢水(酢と水1対1)を用意して**4**を浸し、表面をキッチンペーパーで覆ってさばの身の表面が白くなるまで5分程おく。

6 酢水から引き上げて、キッチンペーパーで表面の水分を吸い取り、**ラップで包み、冷凍庫に一晩おく**。

7 **6**を冷蔵庫に移して解凍し、バットに置いて酢をヒタヒタに注ぎ、昆布を加えて**好みの締め加減になるまで浸ける(15～60分)**。ざるに上げて酢をきり、そのまま2～3時間おいて味をなじませる。

8 頭側を右にして置く。**骨抜きで小骨をつまみ**、骨の両脇を指先で軽く押さえて**引き抜く**。

9 腹骨を切り取る。

皮を除く

＊身を締めたものを使用

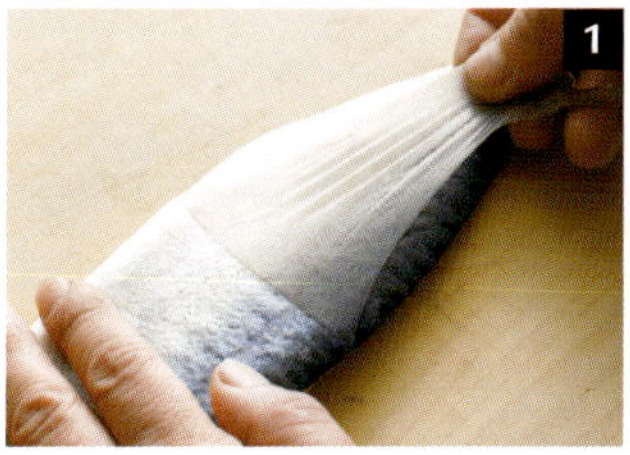

1 皮を上にして置き、頭側の皮を少しむいて手がかりを作る。左手で身を軽く押さえ、右手で薄皮を少しずつ引きはがす。

POINT

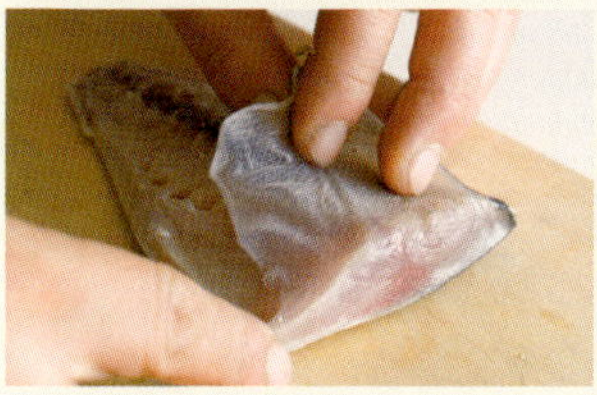

薄皮は一気に引きはがさず、使う部分のみむき、その薄皮で切り口を覆って保存するとよい。

切りかけ作り

＊身を締めて皮を除いた下側の身を使用

使う道具

柳刃包丁

1 皮側を上にして向こう高に置く。右端から4㎜幅のところに包丁を当て、身の中程まで切り目を入れる。

2 切り目から4㎜幅のところに包丁を当て、スッと引いて切り離す。

仕上がり

9 切りかけ作りにしたもの

締めさば► p.136

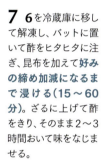

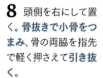

締めさば

材料（4人分）
さばの上身《じょうみ》……½尾分（約200g）
昆布……15㎝長さ1枚
粗塩、酢……各適量
おろししょうが……適量
大根（せん切り）、よりにんじん*……各適量
*にんじんを厚さ1㎜ほどで桂むきして斜めに細長く切り、氷水にサッとくぐらせ、すぐに菜箸などに巻きつけて形を付ける。

1 さばは身を締める（p.134「**身を締める**」参照）。
2 **1**の皮を除き、切りかけ作りにする。
3 器に大根を添えて**2**を盛り、おろししょうがを添え、よりにんじんをあしらう。

ゆでさばのサラダ

材料（2人分）
さばの上身
（皮付きの背身）
……1節
紫たまねぎ……½個
きゅうり……1本
ミニトマト……5個
ブラックオリーブ
……8～10個
塩……大さじ1½

○ヨーグルトドレッシング
プレーンヨーグルト*
……80g
はちみつ……小さじ½
おろしにんにく
……少々
レモン汁……大さじ1
オリーブ油
……大さじ1½
*乳脂肪分の高い濃厚なものがよい

1 さばは2㎝幅のそぎ切りにし、塩を振って10分程おく。
2 **1**をゆでて水気をきる。
3 紫たまねぎは薄切りにして水にさらし、水気をきる。きゅうりは1㎝幅の半月切りにし、ミニトマトは縦半分に切る。
4 ヨーグルトドレッシングの材料を合わせてよく混ぜる。
5 器に**2**と**3**、ブラックオリーブを盛り合わせ、**4**をかける。

さより

Halfbeak　針魚／細魚

［分類］ダツ目サヨリ科　［別名］かんぬき、さいれんぼう、すす、はりうおなど　［産地］東京湾、宮城、茨城他

旬 **冬になるとほんのり脂がのって旨味が増す**

ほっそりとした体形と長く突き出た下あご、銀白色に輝く体表が特徴の美しい魚。春告魚《はるつげうお》の仲間で、魚界きっての美形だが、腹を開くと腹腔膜が真っ黒なことから、外見がよくても腹黒い人を「さよりのような人」と言う。しかしこの黒さは、半透明な身を光が通過するのを防ぎ、紫外線から内臓を守るためと考えられている。さよりは内臓の傷みが早いので、購入後は素早く下処理を済ませる。真っ白で透明感のある身はきめが細かく、淡い旨味と独特の風味をもつ。皮をむくと銀色の膜が残り美しい。むいた皮も炙ると美味。

おろすポイント

- 大名おろしが一般的だが、三枚おろしの方が身をきれいにおろせる。
- 背骨は三角骨で高さがあるので、角度を意識して丁寧に切り進める。
- 腹の中の黒い膜はきれいに取り除く。

選ぶポイント

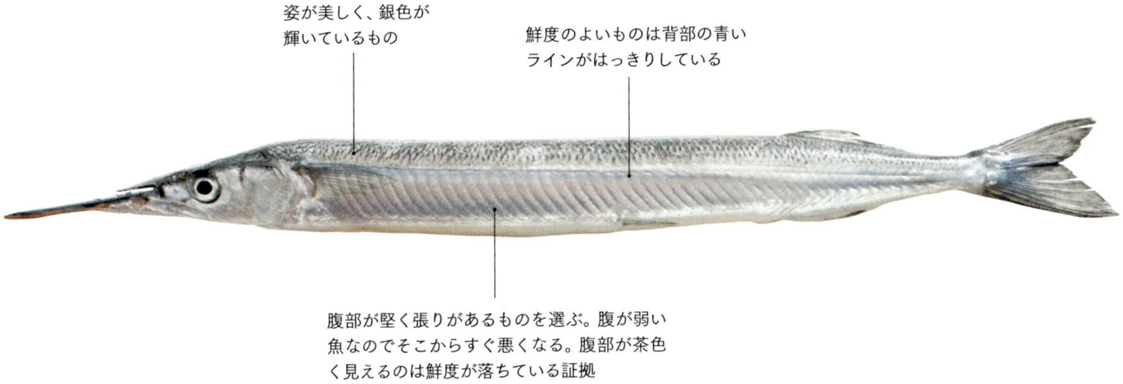
姿が美しく、銀色が輝いているもの
鮮度のよいものは背部の青いラインがはっきりしている
腹部が堅く張りがあるものを選ぶ。腹が弱い魚なのでそこからすぐ悪くなる。腹部が茶色く見えるのは鮮度が落ちている証拠

下処理

使う道具
出刃包丁

1

1 **うろこを包丁でばら引きにする**（p.16「ばら引き1」参照）。頭を左にし、胸びれを頭側に倒して頭部を軽く持ち、包丁で尾から頭に向かってうろこをこそげ取る。

2

2 胸びれの後ろから斜めに包丁を入れ、**頭を切り落とす。**

3

3 肛門に切っ先を差し込み、そのまま頭側に向かって腹の中央を切る。内臓を切らないように注意する。

4

4 腹を開き、刃先で**内臓をかき出す。**背骨部分の薄膜に切り目を入れる。

5

5 水でうろこや腹の中の血わたなどを手早く**洗い落とし、水気を拭き取る。**残った血わた、内臓の残りなどもきれいに拭い取る。黒い薄膜は腹骨を除くときなどに取れるので、ここでは残っていても構わない。

身をおろす

［三枚おろし］

＊p.26～28「三枚おろし」参照

使う道具

出刃包丁

1 頭側を右、腹を手前に置く。腹の断面の際から尾の付け根まで尻びれの上に切り目を入れる。包丁を切り目に沿って入れ、切っ先を背骨に合わせる。切っ先で背骨をなぞりながら尾の付け根まで切る。

2 頭側を左、背を手前に置く。尾の付け根から肩口まで背びれの上に切り目を入れる。

3 切り目に沿って包丁を入れ、切っ先を背骨に合わせる。包丁の平を中骨にのせ、切っ先で背骨をなぞりながら肩口まで切る。

4 尾の付け根に逆さ包丁を差し入れて尾側に少し切り込み、包丁を返して背骨の上を滑らせるように動かし、身を切り離す。

5 骨側を下にして、頭側を右、背を手前に置き、肩口から尾の付け根まで、背びれの上に切り目を入れる。

POINT

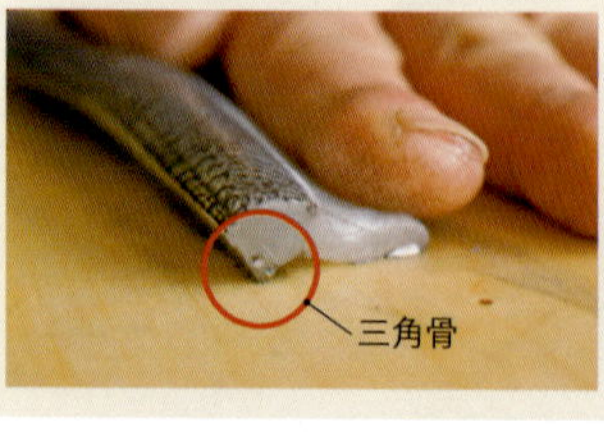

さよりの背骨は三角形で高さがあるので、身の部分がまな板から浮かないように押しつける。

6 切り目に沿って包丁を入れ、切っ先を背骨に合わせる。包丁の平を中骨にのせ、切っ先で背骨をなぞりながら尾の付け根まで切る。

7 向きを変えて頭側を左、腹を手前に置き、尾の付け根から腹の断面の際まで**1**と同じ要領で切る。

8 腹骨に当たったら身を少し持ち上げ、切っ先で腹骨と背骨の接合部を切る。

9 尾の付け根に逆さ包丁を差し入れて尾側に少し切り込み、包丁を返して背骨の上を滑らせるように動かし、身を切り離す。

仕上がり

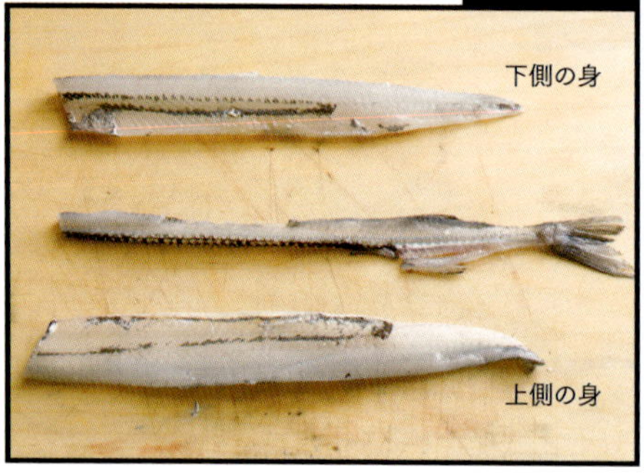

三枚おろしにしたもの

色紙作り

＊皮を除いた上《じょう》身《み》を使用

使う道具

柳刃包丁

皮側を上にして向こう高に置き、身幅と同じくらいの幅に切り揃える。切った身は、先に切った身の上に少しずらして重ねる。

仕上がり

色紙作りにしたもの

さよりの刺身三種盛り▶ p.140

細作り

＊皮を除いた上身を使用

使う道具

柳刃包丁

1 皮側を上にして向こう高に置き、3㎝幅に切る。

2 切った身を縦3等分に切る。身幅の狭い尾の方は2等分にする。

仕上がり

細作りにしたもの

さよりの刺身三種盛り▶ p.140

腹骨・小骨（血合い骨）を取る

使う道具

出刃包丁

1 腹骨を左側にして縦に置く。腹骨の付け根部分に刃先を当て、プツッと付け根のはずれる音が聞こえるまで押し込む。

2 包丁を右にねかせ、手前に引きながら**腹骨の先端まですくうように薄くそぎ取る**。骨のある部分が長く、腹の身が薄いので、慎重に切り取る。

3 腹骨の先端まで切り進めたら、包丁を立てて腹びれをつけて切り落とす。**小骨は骨抜きで抜く**（p.35「抜き取る」参照）。

皮を除く

1 皮を上、頭側を左にして置き、頭側の皮を少しむいて手がかりを作る。

2 右手で薄皮を引き、左の親指で身を押し下げるようにして皮から少しずつはがしていく。皮を引きはがすのではなく、身を皮からはがす。

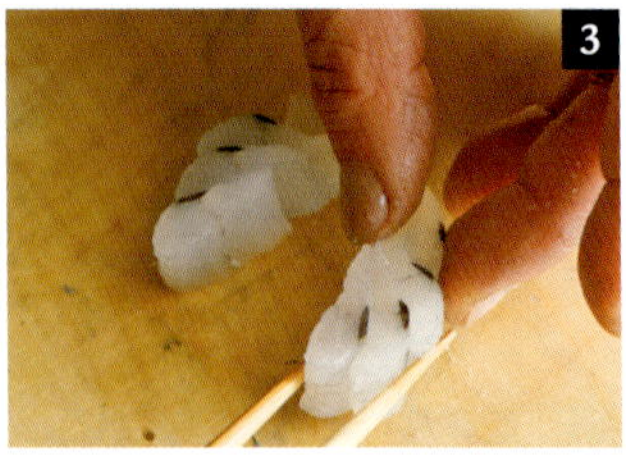

3 切った身を左右に倒して切り口を上にする。上下の向きを入れ替えて、垂れ下がる藤の花の形にする。

仕上がり

9 藤作りにしたもの

さよりの刺身三種盛り ▶ 下記

藤作り

＊皮を除いた上《じょう》身《み》を使用

使う道具

柳刃包丁

1 皮側を上にして向こう高に置き、3cm幅に切る。切った身は先に切った身の上に少しずらして重ねる。

2 重ねた身の中央をまっすぐ引き切る。

さよりの刺身三種盛り

材料（2人分）

さよりの上身（皮を除いたもの）…… 1½尾分
さよりの皮 …… 1尾分
おろしわさび …… 適量
大根（せん切り）、青じそ、花穂じそ …… 各適量

1. さよりは、それぞれ色紙作り、細作り、藤作りにする。
2. さよりの皮は竹串に巻きつけ、直火で炙る。熱いうちに竹串を抜く。
3. 器に**1**を大根、青じそと盛り合わせ、**2**とおろしわさびを添え、花穂じそをあしらう。

皮は脂がのっているので、焦げ目がつく程度に焼くと美味。

Pacific saury　秋刀魚

さんま

［分類］ダツ目サンマ科　［別名］かど、さいら、さーべら、だんじょう、まるかどなど　［産地］北海道、岩手、宮城、千葉他

旬 8月下旬～9月。漁船設備などの向上で旬が早くなっている

銀色に光る細長い姿が刀のようで、秋に多く獲れることから「秋刀魚」の漢字が当てられたと言われている。日本近海に棲息するさんまは、冬から春にかけて北上し、夏の間、千島列島沖など北海道沖太平洋海域で栄養を補給した後、産卵のため寒流にのって南下する。漁は群れが北の海にいる7月中旬から始まるが、おいしくなるのは回遊南下が北海道根室沖から三陸沖を通過する8月末～9月初旬。脂が程よくのって身に張りがあり、青魚独特の旨味も豊富で滋味に富む。さんまには胃がなく、腸が短いため消化が早い。排泄物が溜まらずきれいな状態が保たれるので、しっかり火を通しさえすれば内臓ごと食べることができる。

おろすポイント

- 魚体が細長いため、「大名おろし」で背身と腹身を一気におろす。
- うろこは取れてしまっていることが多いが、残っているものは包丁でこそげ取る。

選ぶポイント

目が盛り上がっているもの
肩が盛り上がって頭が小さく見え、正面から見ても、肩から後ろがグッと太くなっているもの
脂ののりがよいものは、口の先だけでなく尾の中央も黄色くなる
皮がピンと張り、全体がピカピカなものは新鮮

下処理

使う道具
牛刀

1

1 **うろこを包丁でばら引きする**(p.16「ばら引き1」参照)。頭を左にし、胸びれを頭側に倒して頭部を手で軽く持つ。尾から頭に向かって包丁でうろこをこそげ取る。

2

2 胸びれの後ろから斜めに包丁を入れ、**頭を切り落とす**。

3

3 肛門に切っ先を差し込み、そのまま頭側に向かって腹の中央を切る。内臓を切らないように注意する。

4

4 腹を開き、刃先で**内臓をかき出して取り除く**。

5

5 背骨部分の薄膜に切り目を入れる。

5 骨側を下にし、頭側を右、背を手前に置く。**1**と同様にラインの上に包丁を当て、**尾に向かって切り進める**。

6 腹骨に当たったら、**2**と同じ要領で包丁を**斜めにして切り進める**。

7 腹骨部分を過ぎたら、包丁の向きを**まっすぐに戻して切り進める**。尾の付け根を切り、身をはずす。

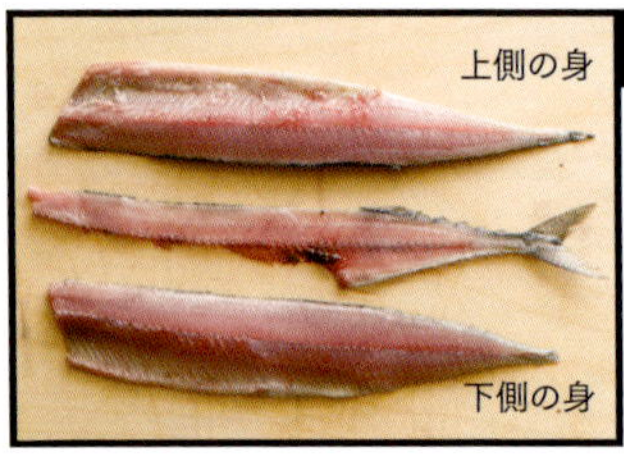

仕上がり

大名おろしにしたもの

腹骨・小骨（血合い骨）を取る

使う道具
牛刀

1 腹側を左にして縦に置く。逆さ包丁で切っ先を腹骨の付け根に差し入れ、**骨の端を1本ずつ切り上げて身からはずす**。

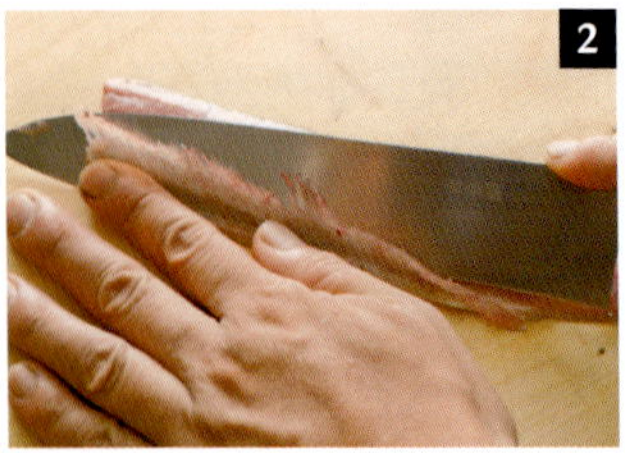

2 左手で腹骨を軽く押さえ、包丁を順手に持ち替えて右にねかせ、切り口に刃先を差し入れて、手前に引きながら**腹骨の先端まですくうように薄くそぎ取る**。

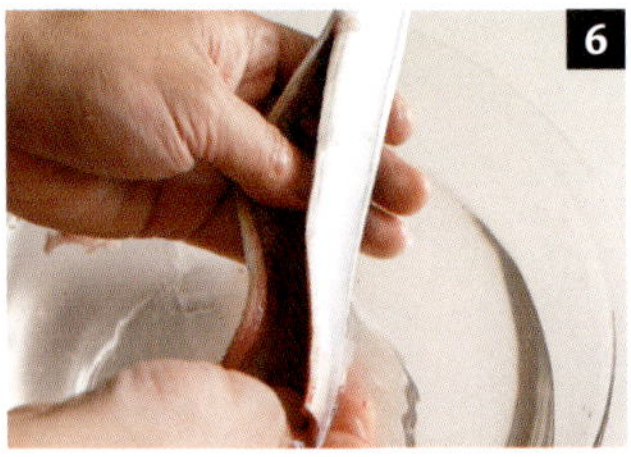

6 水で表面に残るうろこや腹の中の血わた、内臓などを**手早く洗い落とす**。

7 キッチンペーパーで**水気をしっかり拭き取る**。腹の中に残った血わたや内臓もきれいに拭い取る。

身をおろす
［大名おろし］

＊p.29「大名おろし」参照

使う道具
牛刀

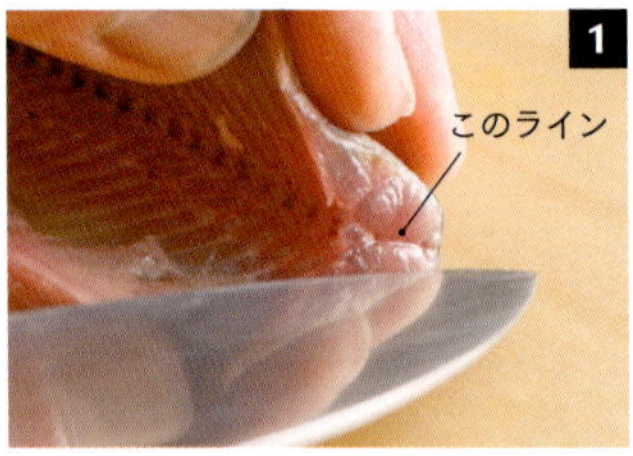

1 頭側を右、腹を手前に置く。**下側の身と上側の身の間にある横ラインの上に包丁を合わせ**、背骨と腹骨の接合部に刃先が当たるように角度を調整する。

2 背骨とのつなぎ目に沿うように、切っ先をまな板側に少し傾け、**尾側に向けて斜めにして切り進める**。

3 腹骨部分を過ぎたら（肛門辺り）、**包丁の向きをまっすぐに戻して尾の付け根まで切り進める**。

4 尾の付け根を切り、身をはずす。

3 腹骨の先端まで切り進んだら、包丁を立てて、**手前に引いて腹骨を切り取る。**

4 **小骨を骨抜きで抜く**（p.35「抜き取る」参照）。頭側を右にして置き、背骨があった位置に残る小骨を骨抜きでつまみ、骨の両脇を指先で軽く押さえて引き抜く。

平作り

＊皮を除いた上《じょう》身《み》を使用

使う道具

柳刃包丁

1 皮側を上にして向こう高に置く。右端から包丁を少し斜めに当て、刃渡りいっぱいを使って引き切る。

2 包丁を押しつけずに一気にスッと切る。幅の目安は8㎜。

さんまの刺身二種盛り▶ p.145

そぎ作り

＊皮を除いた上身を使用

使う道具

柳刃包丁

1 尾側を左にして向こう高に置く。包丁を右にねかせてやや斜めに当て、刃渡りいっぱいを使って一気に引き切る。

2 刃先がまな板に当たったら、包丁をまっすぐに立てて引き切る。

さんまの刺身二種盛り▶ p.145

皮を除く

使う道具

牛刀

1 皮を上に、頭側を左にして置き、頭側の皮を少しむいて手がかりを作る。

2 皮を下、頭側を左に置く。左の親指で皮の端をまな板に押さえ付け、包丁の峰を身に当てる。

3 包丁の峰をまな板に密着させるようにぴったりくっつけて、頭側から尾に向かってしごくようにして皮から身をはがす。

仕上がり

皮を除いたもの

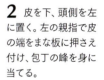

仕上がり

切り目を入れて短冊切りにしたもの

さんまの刺身二種盛り▶ p.145

筒切り

＊うろこを取ったものを使用

使う道具

出刃包丁

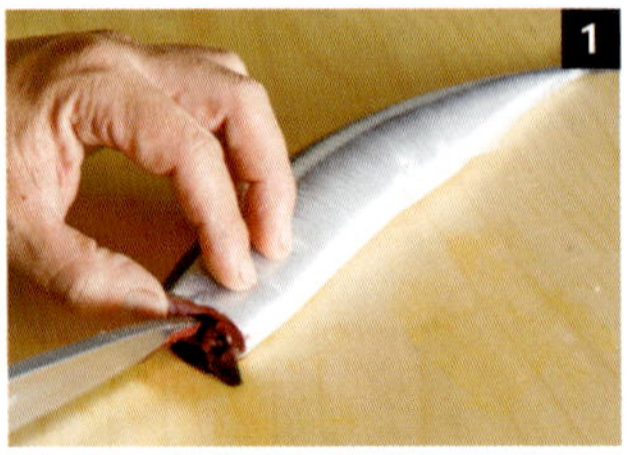

1 頭を左にして置き、胸びれの後ろに包丁をまっすぐ入れて**頭を切り落とす**(p.21「まっすぐ落とす」参照)。切り口に切っ先を差し込み、**内臓を引き出す**。

2 引き出した内臓を包丁で押さえ、**身を持ち上げるようにして内臓を引き抜く**。

3 **水で手早く洗い、水気を拭く**。腹の中にキッチンペーパーを巻きつけた割り箸を入れ、**残った内臓や血わたをこすり落とす**。

4 頭側を左、腹を手前に置く。**用途に合わせて切り分け**(ここでは3等分にした)、尾の付け根で尾を切り落とす。

仕上がり

筒切りにしたもの

さんまの肝じょうゆ焼き▶ p.145

節目作り

＊皮を除いた上《じょう》身《み》を使用

使う道具

柳刃包丁

1 皮側を上に、背側を手前にして置く。側線に沿って(身のいちばん厚い部分)切り目を1本入れる。

2 右端から食べやすい大きさに切る。

仕上がり

節目作りにしたもの

さんまの刺身二種盛り▶ p.145

短冊作り

＊皮を除いた上身を使用

使う道具

柳刃包丁

1 皮側を上にして向こう高に置く。右端から約4mm幅で斜めに切り目を入れる。下まで切り込まないこと。

2 右端から、身幅と同じくらいの幅で短冊状に切る。

さんまの刺身二種盛り

材料（2人分）

さんまの上身（皮を除いたもの）……1尾分
おろししょうが……適量
玉ねぎ（薄切り）、青じそ、すだち（輪切り）、
花穂じそ……各適量

1 さんまはそれぞれ好みの切り方で刺身にする。ここでは、平作り、節目作りにした。

2 器に**1**を玉ねぎ、青じそと盛り合わせ、おろししょうが、すだちを添え、花穂じそを飾る。

さんまの肝じょうゆ焼き

材料（2〜3人分）

さんま（筒切り）
……2尾分
さんまの肝……2尾分

A
しょうゆ……½カップ
みりん……½カップ
酒……½カップ

すだち……1個

1 さんまの肝は裏ごしし、**A**と合わせて肝じょうゆにする。

2 **1**にさんまを浸けて15分程おく。

3 **2**の汁気をきり、予熱した魚焼きグリル（両面焼き）で表面に焦げ目がつくまで7〜8分焼く。途中で肝じょうゆを刷毛で2〜3回塗り、乾かすように焼く。

4 器に盛り、すだちを4等分に切って添える。

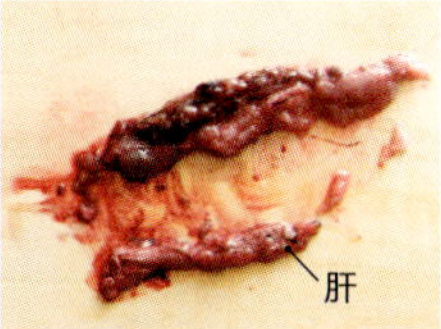

さんまから引き抜いた内臓から、腸や胃など肝（肝臓）以外の部位を取り除く。

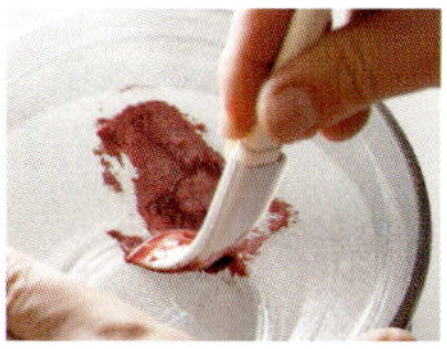
肝は裏ごしし、ペースト状にして調味料と合わせる。

すずき

Japanese sea perch　鱸

［分類］スズキ目スズキ科　［出世名］こっぱ→はくら→せいご・でき→ふっこ・はね・まだか→すずき　［産地］房州（千葉）、東京湾、愛知他

旬　6月〜7月中旬。この時季は東京・隅田川でもよく釣れる

成長と共に、こっぱ（10㎝前後）、せいご（1〜2年魚）、ふっこ（2〜3年魚）、すずき（4年魚以上）と名前が変わる出世魚。成魚は1m以上にもなる。近海に棲む魚だが、春になると内湾や河口付近の汽水域に移動し、餌となる小魚を追って川を遡上することもある。透明感のある白身はしっかりとした歯応えで旨味が濃く、上品な甘味をもつ。海水と淡水を行き来して成長するため川魚のような独特の風味があるので、刺身は洗いが向く。適度に脂が落ちて身も締まり、夏らしいすっきりとした味わいになる。淡泊ながらもこくのあるすずきは、フレンチやイタリアンなどにも使われ、料理法を選ばず楽しめる。

おろすポイント

- ひれとひれ骨に隙間があり、身はしっかりしているが身割れしやすいので、きれいにおろすのはかなり難しい。
- ひれは鋭く尖り、えら蓋も鋭くトゲもあるので、取り扱いには十分注意する。

選ぶポイント

脂ののりがよいものは、肩から背にかけて盛り上がっている
鮮度のよいものは、目が盛り上がっていて透明
全体に張りと弾力がある
尾の付け根部分も厚みがあり丸い

下処理

使う道具

うろこ引き、出刃包丁

1

1 頭を左に置き、胸びれを頭側に倒して押さえ、うろこを**うろこ引きでばら引きし、細部は包丁で取り除く**（p.17「ばら引き2」、「細部のうろこを取る」参照）。

2

2 **頭を落とす**。裏身のうろこを取った向きのままで、胸びれの後ろに包丁を少し右に倒して当て、頭の付け根に向かって引き切る。

3

3 刃先が背骨に達したら、腹びれの後ろに向かって**内臓につながる食道を切らないように切り込む**。

4

4 身を裏返し、裏身の包丁目と合わせて、**頭の付け根から腹びれの後ろに向かって切り込む**。このとき、胸びれを頭側に引っ張り、かま下部分の身を張ると切りやすい。内臓は切らないようにする。

5

5 背骨の関節に刃元を当て、峰を叩いて断ち切り、**頭を背骨から切り離す**。

6 肛門に切っ先を差し込み、えら下まで腹の中央を切る。包丁を深く入れると内臓を切ってしまい、きれいに取り出せなくなるので注意する。

7 腹は開かず、頭を折り曲げるように手前へ引きながら、**内臓を腹の切り目から引き出す**。腹の奥に包丁を入れて筋や薄膜を切って内臓をはずし、**頭と内臓を一緒に取り除く**。

8 内臓の奥にある**浮袋を丁寧に切り取る**。手で引っ張るなどしてはがしてもきれいに取れないので、必ず包丁で切り取ること。

9 背骨部分の薄膜に切り目を入れ、刃先で**血わたをかき出す。水でうろこや腹の中の血わた、薄膜などを手早く洗い落とし、水気を拭き取る**。残った血わたなども拭き取る。

身をおろす

［三枚おろし］

*p.26～28「三枚おろし」参照

使う道具

出刃包丁

1 頭側を右、腹を手前に置く。腹の断面の際から尾の付け根まで尻びれの上に切り目を入れる。包丁を切り目に沿って入れ、切っ先を背骨に合わせ、切っ先で背骨をなぞりながら尾の付け根まで切る。

2 頭側を左、背を手前に置く。尾の付け根から肩口まで背びれの上に切り目を入れ、**1**と同様に肩口まで切る。

POINT

背びれの上に切り目を入れてから、尾の付け根と背びれの間に切り目を入れるとよい。

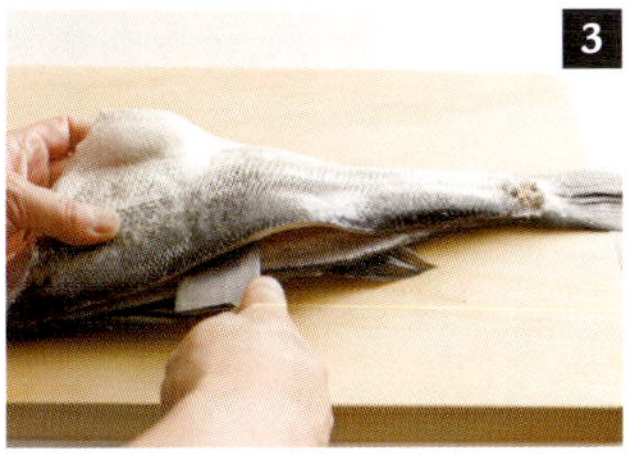

3 尾の付け根に逆さ包丁を差し入れて尾側に少し切り込み、包丁を返して背骨の上を滑らせるように動かし、身を切り離す。

POINT

腹骨に当たったら、切っ先をまな板側に傾け、刃元を肩口側に向けて斜めにして切り進める。

4 骨側を下にして頭側を右、背を手前に置き、**2**の要領で肩口から尾の付け根まで切る。

5 頭側を左、腹を手前に置き、**1**の要領で尾の付け根から腹の断面の際まで切る。

6 尾の付け根に逆さ包丁を差し入れて尾側に少し切り込み、包丁を返して頭側まで背骨の上を滑らせるように動かし、身を切り離していく。腹骨に当たったら、腹骨と背骨の接合部に切っ先を合わせて切り進め、身をはずす。

仕上がり

三枚おろしにしたもの

そぎ作り

＊皮を除いた節身（背身）を使用

使う道具

出刃包丁

1 尾側を左にして向こう高に置く。左端から、包丁の刃元をねかせて身に斜めに当てる。

2 刃渡りいっぱいを使って一気に引いて、そぐように切る。刃先がまな板に当たったら、包丁をまっすぐに立てて引き切る。

仕上がり

そぎ作りにしたもの

すずきの洗い
▶p.149

腹骨・小骨（血合い骨）を取る

使う道具

出刃包丁

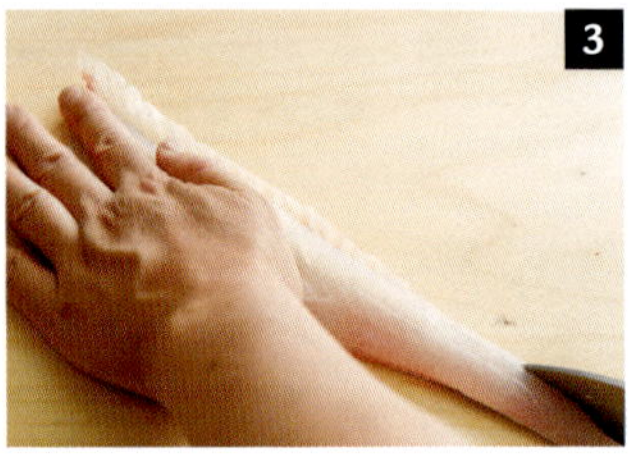

1 **腹骨を取る。**腹側を左にして縦に置く。逆さ包丁で腹骨の付け根を身からはずし（p.33「腹骨の付け根をはずす1」参照）、順手に持ち替えて、切り口から腹骨をすくうように薄くそぎ取る（p.34「腹骨をそぎ取る」参照）。

2 **小骨を切り取り、**節取りにする（p.35「切り取る」参照）。頭側を向こうにして縦に置く。身の中央にある小骨と血合いを腹身側に残して縦に切る。

3 腹身に残った小骨と血合い部分を切り取り、節取りする。

切り身にする

＊腹骨を取った上側の身（皮付き）を使用

使う道具

柳刃包丁

皮を下に、尾側を左に置く。左端から、包丁を少し右側に傾けて身に斜めに当て、刃渡りいっぱいを使って引き切る。幅の目安は3cm。

仕上がり

切り身にしたもの

すずきのソテー
アプリコットソース
▶p.149

皮を除く

＊節取りしたものを使用

使う道具

柳刃包丁

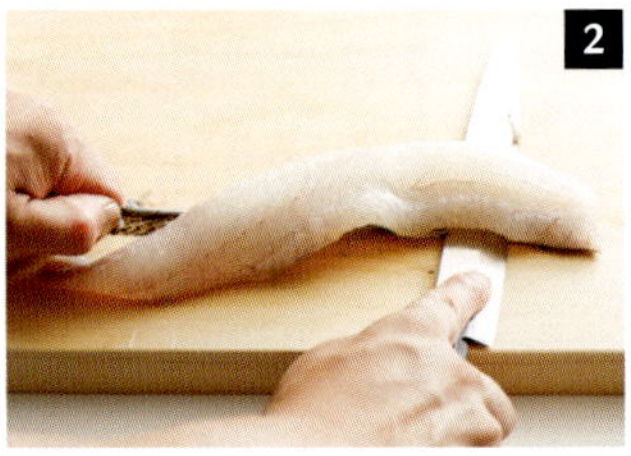

1 皮を下、尾側を左にして置く。尾側の端から2cm程の所に皮を残して切り目を入れ、尾側に向かって身をそぎ取る。

2 皮と身の間に包丁を差し入れ、まな板に刃先を押しつける。左手で皮を引っ張りながら小さく上下に動かし、包丁を頭側へ進めて皮をはぎ取る。

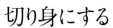

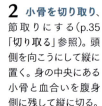

すずきの洗い

材料（2人分）

すずきの上《じょう》身《み》（皮を除いた背身）…… 1節
塩 …… 適量
葉らん …… 2枚
紅たで、おろしわさび …… 各適量

1. すずきはそぎ作りにして軽く塩を振り、5分程おいて表面に浮き出た水気を拭き取る。
2. 氷水を用意して**1**を振り洗いし、水気をしっかり取る。
3. 器に氷を入れ、葉らんを敷いて**2**を盛り、紅たでをあしらい、おろしわさびを添える。

氷水の中で手早く洗うことで、身が締まり、余分な脂も落ちる。

洗った身はキッチンペーパーで挟み、水気をしっかり吸い取る。

すずきのソテー アプリコットソース

材料（2人分）

すずきの切り身 …… 2切れ
○アプリコットソース
　アプリコットジャム …… 大さじ2
　白ワインビネガー …… 大さじ1
　塩 …… 少々
塩、こしょう …… 各適量
バター …… 15g
サラダ油 …… 適量
ルッコラ、タイム …… 各適量

1. すずきは振り塩をして15分程おき、表面に浮き出た水気を拭き取って、サラダ油に5分以上浸す。
2. 小鍋にアプリコットソースの材料を合わせ、弱火で一煮立ちさせる。
3. **1**を油から引き上げ、こしょうを振る。
4. フライパンにサラダ油を薄くひいて中火で熱し、**3**を皮側を下にして並べ入れ、焦げつかないようにフライパンを揺すりながら、表面が白くなるまで6～7分焼く。このとき、フライ返しなどで上から軽く押さえつけると、皮がパリッと焼き上がる。
5. **4**を裏返し、バターを加えて1～2分焼く。
6. 器に**5**を盛って**2**を添え、ルッコラをあしらい、タイムを飾る。

たい（真だい）

Red sea-bream 鯛

［分類］スズキ目タイ科　［別名］ほんだい、ちゃりこなど。季節によって桜だい、紅葉だいとも　［産地］愛媛、山口、兵庫、長崎、福岡他

旬 列島の南北で異なるが、産卵前に栄養を蓄える晩秋〜春が美味

日本では「たい」と名に付く魚は多いが、単に「たい」と言えば「真だい」を指す。古くから「魚の王」と讃えられ、祝い事には欠かせない存在とされてきた。一般に、天然物の旬は春先に婚姻色の桜色を帯びる頃と言われるが、これは産卵期に入り漁獲量が増えるため。たい本来のおいしさが際立つのは秋。特にこの季節の成長著しい1kg未満のたいは、えびやかになどを食べ、身が締まり脂ものって充実した身質になり、体色も赤身を増すことから紅葉《もみじ》の季節に重ね「紅葉だい」と呼ばれる。近年は市場の約8割が養殖物。生きたままの出荷も多く、脂ののった濃厚な味わいが特徴。

おろすポイント

- 天然物には、中骨に瘤《こぶ》をもつものがある。鳴門骨とも呼ばれるもので、激流による骨折の跡とも言われている。ここに刃先が当たったら、無理をせず乗り越えるように切り進める。

選ぶポイント

肩から背にかけて盛り上がり、身が厚く、尾に幅があって太っている
体色が鮮やかで輝きがある
身が締まり、張りがあるもの

下処理

使う道具
うろこ引き、出刃包丁

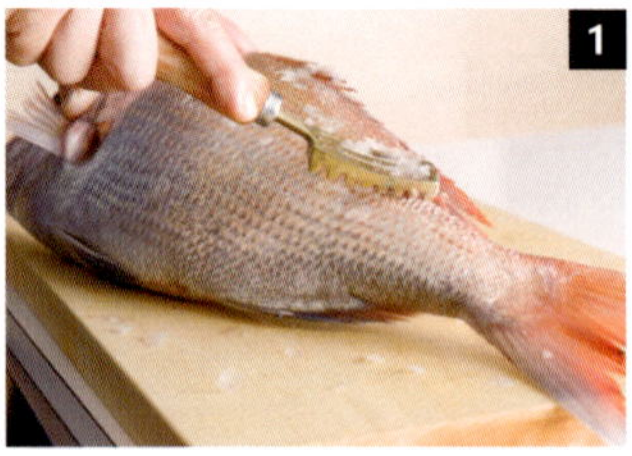

1

1 頭を左に置き、胸びれを頭側に倒して押さえ、**うろこをうろこ引きでばら引きする**（p.17「ばら引き2」参照）。

2

2 ひれの周りや頭、あご下などのうろこも取る。頭を「かぶと煮」などにする場合は、下ごしらえで湯通しをすればうろこは簡単に取れるので、この段階で細かく取る必要はない。

3

3 包丁に持ち替え、ひれ際や目、唇の周り、えら蓋の下など、うろこ引きでは取りきれない**細部のうろこを丁寧に取る**（p.17「細部のうろこを取る」参照）。

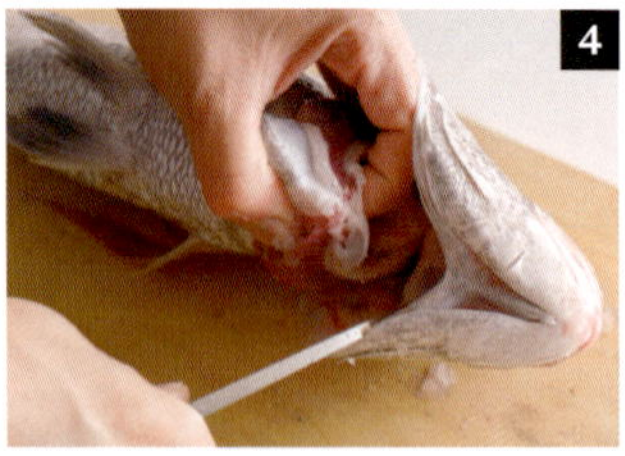

4

4 頭を右、腹を手前に置き、えら蓋を開いて包丁を差し入れ、切っ先で**あご下と頭の接合部を切り離す**。力を入れずに切れる箇所が必ずあるので、探して切る。切り離すことで開口部が広がり、えらの処理がしやすくなる。

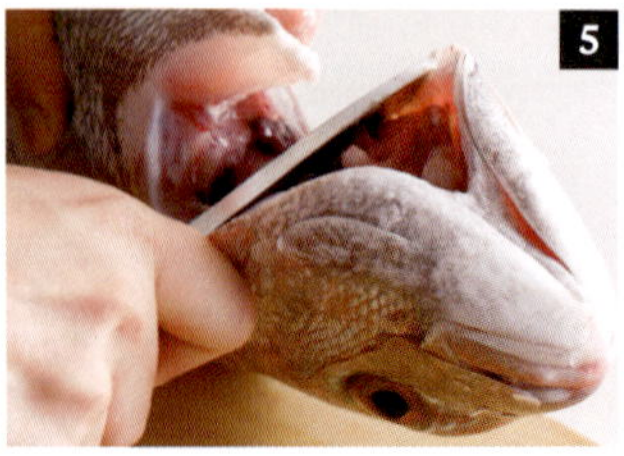

5

5 腹が上になるように仰向けにし、頭を押し下げるようにして、あごの下を開く。

頭を落とす
[かま下落とし]

＊p.20「かま下落とし2」参照

使う道具
出刃包丁

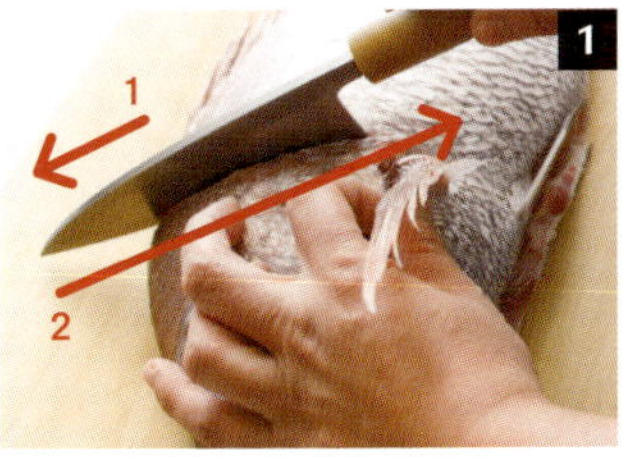

1 頭を左、腹を手前に置き、胸びれを頭側に倒す。胸びれの後ろに包丁を入れ、頭の付け根に向かって背骨に当たるまで斜めに押し出して突き切る。続けて、かま下(腹びれの中央)に向かって斜めに引き切る。

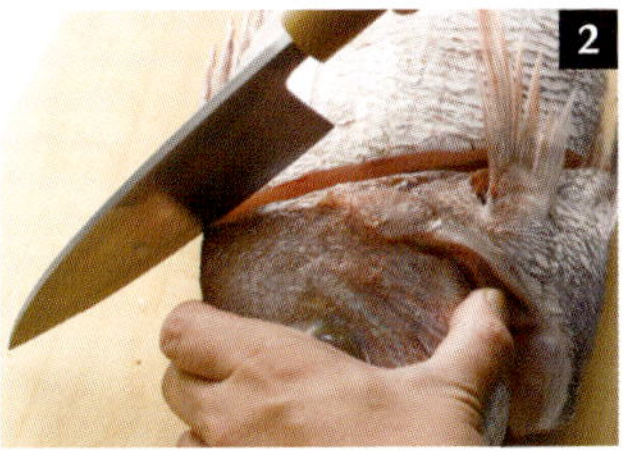

2 頭のてっぺん部分の切り目を、裏身側の目印になるように深く切り込む。

3 背が手前になるように裏返す。胸びれと腹部分の身のたるみをなくすように頭側に引っ張りながら、胸びれの後ろからかま下に向かって斜めに突き切る。

4 **2**でつけた目印の切り目に向かって胸びれの後ろから頭の付け根まで斜めに引き切る。

5 背骨の関節に刃元を当て、左手で峰を叩いて頭を切り落とす。頭と胴は頭骨と脊髄でつながっているので、その接合部の関節に刃元を当てて一気に切り落とす。

仕上がり

かま下落としにしたもの

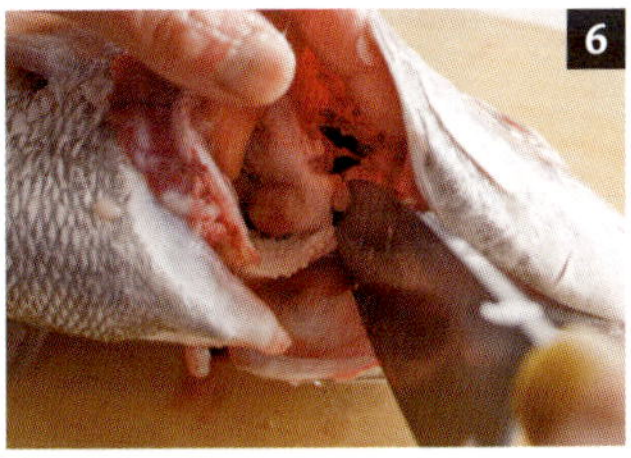

6 **えらの上下の付け根を切り**、さらにえらの外側のカーブをなぞるように包丁を入れて、**薄膜を切る**。

7 あご下から肛門まで包丁を入れ、腹を切り開く。内臓を切らないように、薄皮を切り裂くようにして切り進める。

POINT

あご下部分が切れていなければ、逆さ包丁で先まで切る。

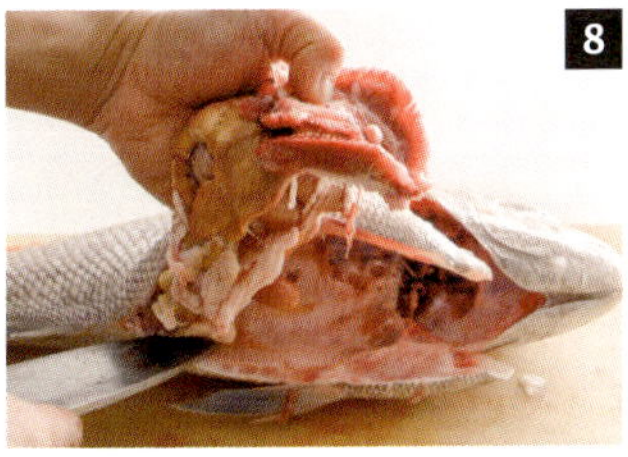

8 腹を開き、内臓の周りの筋や薄膜を切って内臓をはずし、手で**えらと内臓を一緒に持って取り出す**。背骨に沿ってある薄膜に切り目を入れる。

9 水で表面に残ったうろこや腹の中に残った内臓などの**汚れを洗い流し、歯ブラシで血わたをこそげ取る**。

POINT

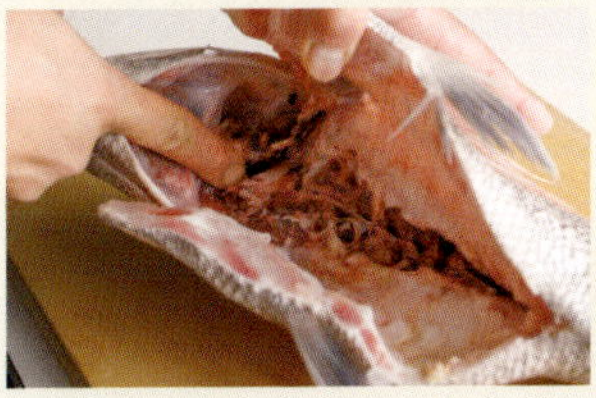

関節部分の溝が深いので、血わたは歯ブラシでブラッシングするようにかき出して洗い落とす。

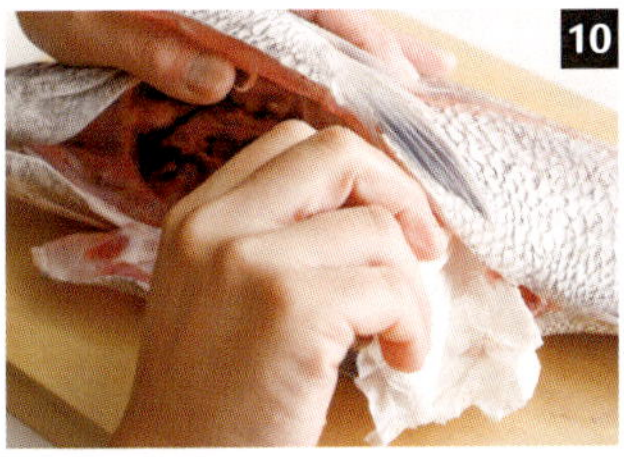

10 **キッチンペーパーで表面と腹の中の水気をしっかり取る**。腹の中に残った血わたや内臓などもきれいに拭き取る。

身をおろす

［三枚おろし］

＊p.26～28「三枚おろし」参照

使う道具

出刃包丁

1 頭側を右、腹を手前に置く。腹の断面の際から尾の付け根まで、切り目を入れる。

POINT

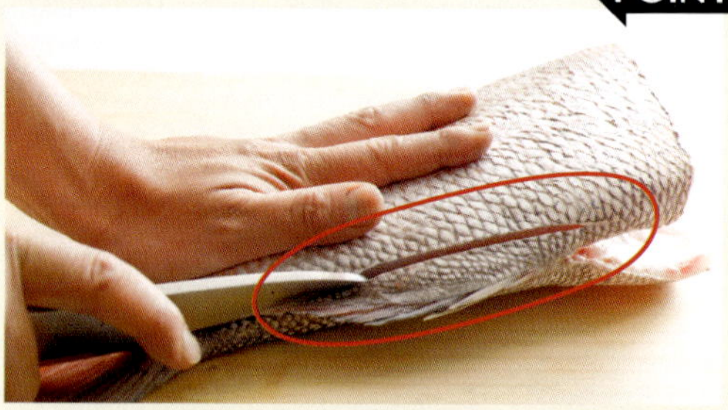

切り目は通常尻びれに沿って入れるが、たいは発達した尻びれの筋肉がおいしいので（縁側に似た味わい）、無駄にすることなく食べられるように、中骨に筋肉部分を残すように腹の断面の際と尾びれの付け根を結ぶ線で切り目を入れる。この部分はあらとして煮物や椀種に使うとよい。

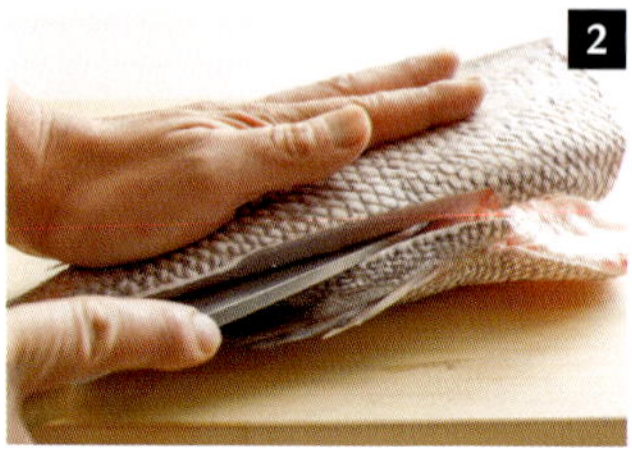

2 包丁を切り目に沿って入れ、切っ先を背骨に合わせる。包丁の平を中骨にぴたりとのせ、そのまま切っ先で背骨をなぞりながら尾の付け根まで切る。

3 頭側を左、背を手前に置く。尾の付け根から肩口まで切り目を入れる。

POINT

切り目は、背びれに沿って湾曲させるのではなく、尾の付け根と肩口を結ぶ直線で入れる。

4 切り目に沿って包丁を入れ、切っ先を背骨に合わせる。包丁の平を中骨にぴたりとのせ、そのまま切っ先で背骨をなぞりながら肩口まで切る。

POINT

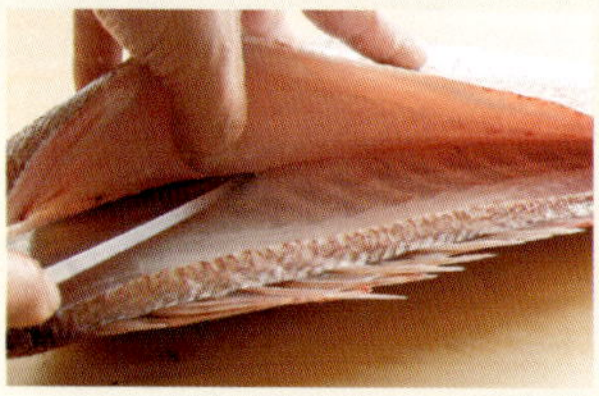

背骨が太く高さがあるので、ひし形状の背骨のてっぺんまでしっかり切り進める。

5 尾の付け根に逆さ包丁を差し入れて尾側に少し切り込み、包丁を返して背骨の上を滑らせるように動かし、身を切り離す。

POINT

腹骨に当たったら、切っ先をまな板側に傾け、刃元を肩口側に向けて斜めにして切り進める。

POINT

二枚おろしの状態。尻びれの筋肉を骨側に残して片身を切り離す。

6 骨側を下にし、頭側を右、背を手前に置く。**3**、**4**の要領で肩口から尾の付け根まで切る。

7 頭側を左、腹を手前に置く。**1**、**2**の要領で尾の付け根から肛門まで切る。

POINT

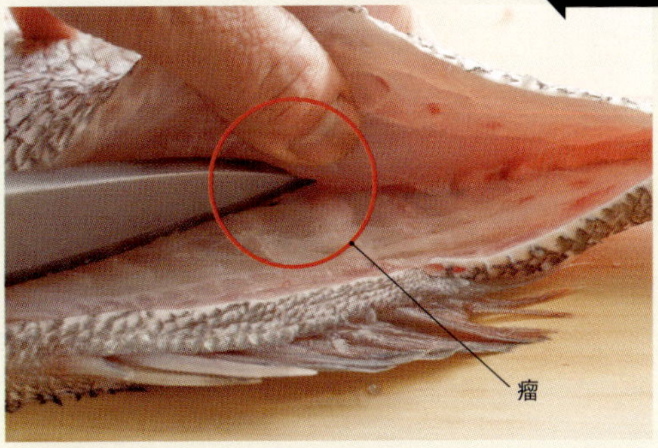

中骨に瘤《こぶ》(鳴門骨)があれば、堅くて切ることはできないので、乗り越えるようにして切り進める。その際、瘤に身を残さないようにそぐ。

POINT

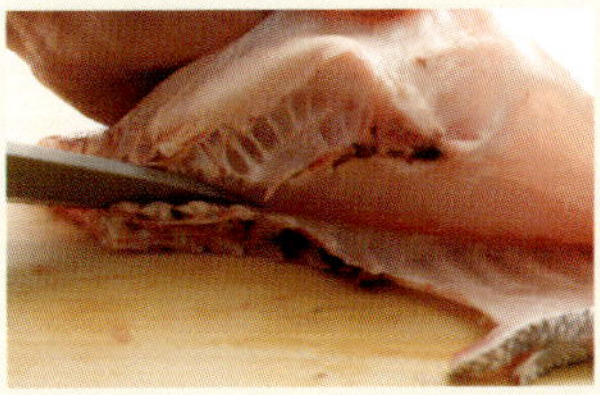

腹骨に当たったら、少し身を持ち上げて腹骨と背骨の接合部に切っ先を合わせて切り離す。

8 尾の付け根に逆さ包丁を差し入れて尾側に少し切り込み、包丁を返して背骨の上を滑らせるように動かし、身を切り離す。

仕上がり

三枚おろしにしたもの

頭を切り分ける

使う道具

出刃包丁

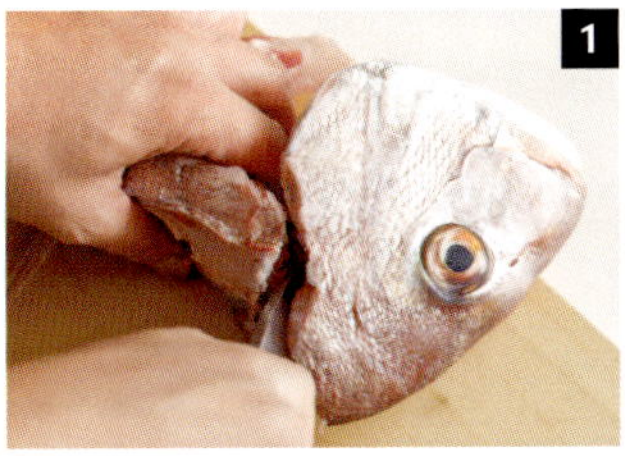

1 **頭からかまを落とす**。両側のかまをまとめて持ち、口を上、かまを手前に置く。えら蓋を開いて包丁を入れ、頭との接合部を切る。

POINT

包丁がスッと入る箇所があるので、そこを探して頭からかまを切り離す。

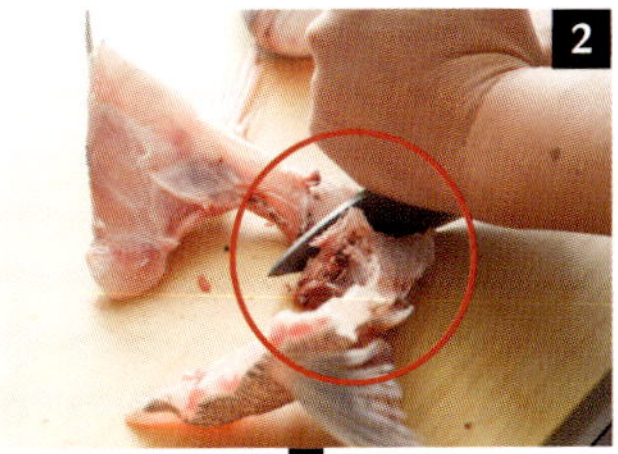

2 かまを開き、背骨の横に包丁を入れて押し切り、2つに切り分ける。

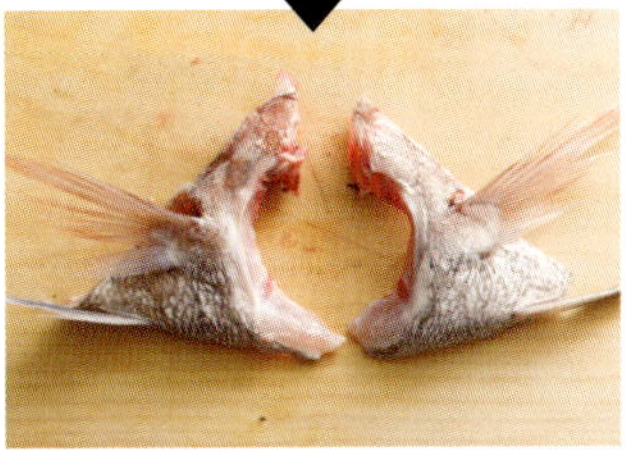

頭から切り取り、2つに切り分けたかま。

たいのかま焼き
► p.156

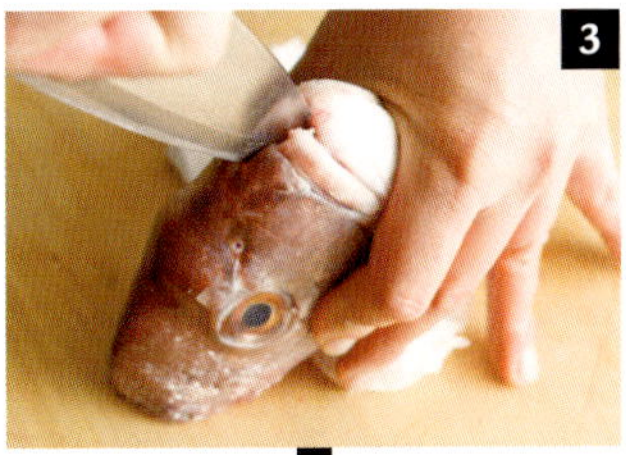

3 **頭を梨割りにする**
(p.37～38「梨割り」参照)。

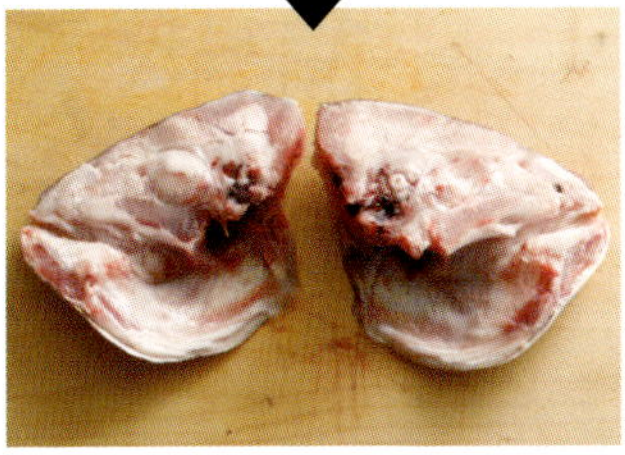

梨割りにしたもの。

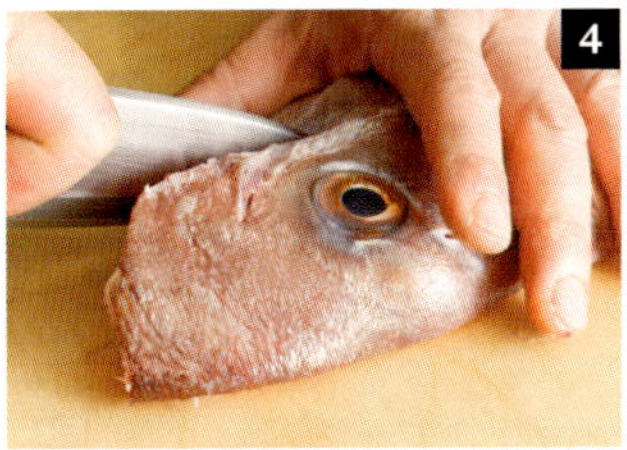

4 2つに割った頭を、**食べやすく切り分ける**
(p.39「あらを切り分ける」手順**1**～**4**参照)。

仕上がり

切り分けたもの

たいの潮汁► p.157

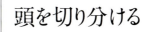

身幅を揃えて小骨（血合い骨）を取る

＊腹骨を取った下側の身を使用

使う道具
出刃包丁

1 頭側を上にして縦に置く。たいの小骨は尾の付け根までないので、指で探って終わりの位置を確認する。身の中央にある小骨と血合い部分の右側ギリギリを、頭側から小骨の終わる位置まで切る。

2 背身の幅が同じになるように、腹身の方へ斜めに切る。左側の身に残った小骨と血合い部分を切り取る。

仕上がり

小骨を取り、背身の幅を揃えて節取りしたもの。

幅が同じなので、無駄なく刺身にできる。

皮を除く

使う道具
柳刃包丁

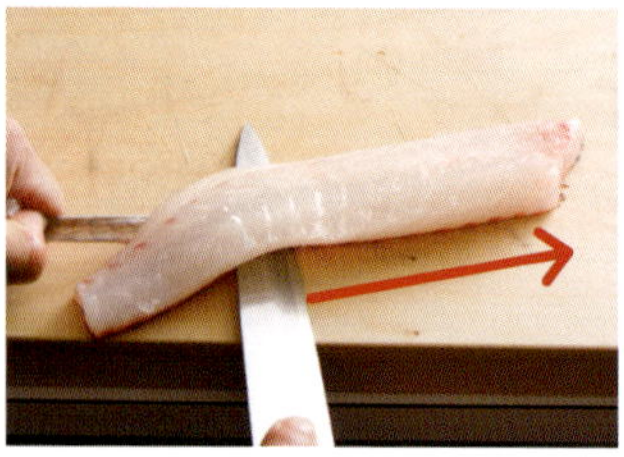

皮を下、尾側を左にして置き、包丁で皮を除く（p.36「包丁で除く」参照）。

仕上がり

皮を除いたもの

腹骨・小骨（血合い骨）を取る

使う道具
出刃包丁

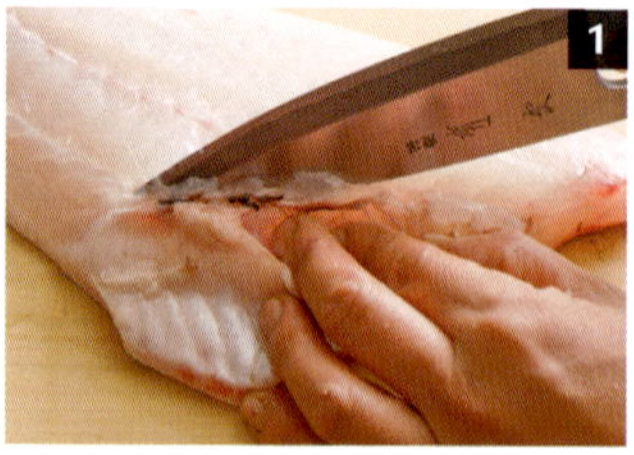

1 **腹骨を取る。**腹側を左にして縦に置く。腹骨の付け根に逆さ包丁で切っ先を差し入れ、切り上げて骨の端を1本ずつ身からはずす（p.33「腹骨の付け根をはずす1」参照）。

2 左手で腹骨を軽く押さえ、包丁を順手に持ち替えて右にねかせ、手前に引きながら腹骨の先端までそぐように切り進める。

3 切った部分の身をめくり、腹の薄い部分を少しずつ切り進み、最後に包丁を立てて手前に引き、腹びれと一緒に切り取る（p.34「腹骨をそぎ取る」参照）。

4 **小骨を取る。**腹側を左にして縦に置く。身の中央にある小骨と血合い部分の右側ギリギリを、肩口から尾の付け根までまっすぐ切る。

5 腹身に残った小骨と血合い部分を左側ギリギリのところで切り取る。

仕上がり

腹骨と小骨を取り、節取りしたもの

たいの南仏風オーブン焼き
► p.157

2 切っ先がまな板についたら、そのまま包丁を引き抜く。厚さの目安は7〜8㎜。

仕上がり

平作りにしたもの

たいの刺身三種盛り
▶p.156

松皮作り

＊皮付きの節（背身）を使用

使う道具

柳刃包丁

1 振り塩をして5分程おく。キッチンペーパーで包み、傾けたまな板に皮側を上にして置き、熱湯を回しかける。皮がギュッと縮み、その後少し伸びるまでしっかりかけて皮に熱を通す。

2 余熱が入り過ぎないように、氷水にとって冷まし、水気を拭き取る。

3 皮を上にして置き、縦に切り込みを2本入れる。

4 皮を上にして向こう高に置き、平作りの要領で右端から7〜8㎜幅に切る。

たいの刺身三種盛り
▶p.156

そぎ作り

＊皮を除いた節身（背身）を使用

使う道具

柳刃包丁

1 尾側を左にして向こう高に置く。左端から、包丁の刃元をねかせて身に斜めに当てる。

POINT

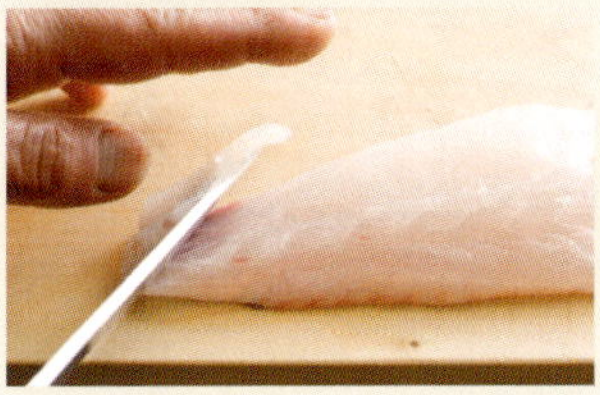

筋目を見て、その筋を断つように包丁を入れることで、身は崩れず、口当たりのよい刺身が作れる。

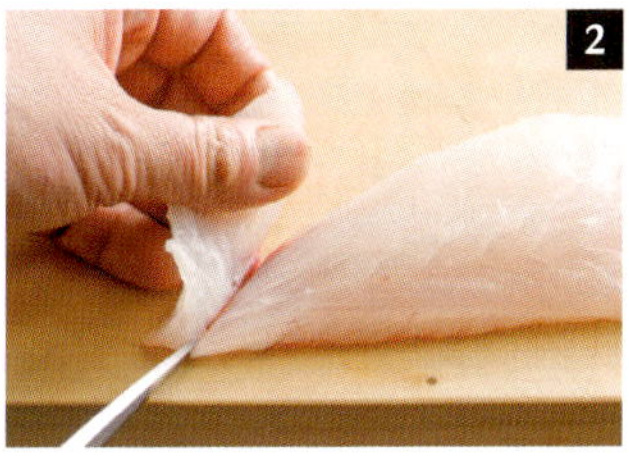

2 刃渡りいっぱいを使い、一気に引いてそぐように切る。刃先がまな板に当たったら、包丁をまっすぐに立てて引き切る。

仕上がり

そぎ作りにしたもの

たいの刺身三種盛り
▶p.156

平作り

＊皮を除いた節身（背身）を使用

使う道具

柳刃包丁

1 皮側を上にして向こう高に置き、右端から切る。刃先を身の傾斜に沿わせるように当て、刃元から切っ先まで使って一気に引いて切る。

たいの刺身三種盛り

たいのそぎ作り、平作り、松皮作りを大根のせん切り、青じそと盛り合わせ、赤柿葉をあしらい、おろしわさびを添える。

たいのかま焼き

材料（1人分）

たいのかま……½尾分
塩……適量
木の芽……適量
すだち……¼個

1. たいのかまは振り塩をして15〜30分おき、表面に浮き出た水気を拭き取る。
2. ひれに化粧塩をし、210℃に予熱したオーブンで15分程焼く。魚焼きグリル（両面焼き）を使う場合は、十分予熱して、中火で7〜8分焼く。
3. 器に盛って木の芽をあしらい、すだちを添える。

たいの南仏風オーブン焼き

材料（4人分）

鯛の切り身（皮付きの上身《じょうみ》を2cm幅のそぎ切りにしたもの）……4切れ
玉ねぎ……½個
トマト……½個
レモン……⅓個
黒オリーブ（種なし）……3個
タイム……4本

○マリネ液
- オリーブ油……¼カップ
- 白ワイン……¼カップ
- タイムの葉……2本分
- レモン汁……大さじ1
- 塩……小さじ½
- 粗びき黒こしょう……少々

塩、粗びき黒こしょう……各適量

1 鯛に振り塩をして15分程おき、表面に浮き出た水気を拭き取る。

2 玉ねぎは繊維に沿って1cm幅に切り、トマトとレモンは5mm幅の半月切りにする。黒オリーブは半分に切る。

3 マリネ液の材料を合わせ、**1**、玉ねぎ、レモン、黒オリーブを浸けて15分程おく。

4 耐熱容器に**3**とトマトを並べ入れてタイム2本をのせ、200℃に予熱したオーブンで20分程焼く。粗びき黒こしょうを振り、タイム2本をあしらう。

たいの潮汁

材料（3人分）

たいのあら（たいの頭、中骨など）……½尾分
昆布だし……3カップ
酒……大さじ2
塩……適量
みつば……2本

1 たいのあらは食べやすく切り分け、振り塩をして30分程おく。表面に浮き出た水気を拭き取る。

2 **1**を210℃に予熱したオーブンで、表面に香ばしい焼き色がつくまで12分程焼く。魚焼きグリル（両面焼き）を使う場合は、十分予熱して、中火で7〜8分焼く。

3 鍋に**2**、昆布だし、酒を入れて中火にかける。煮立つ前に火を弱め、沸騰させないように15分程煮る。たいのだしが十分出たら中火にして一煮立ちさせ、アクを取る。

4 **3**を弱火にし、塩で味を調える。

5 器に盛り、みつばを3cm長さに切ってのせる。

たちうお

Hairtail　太刀魚／立魚

［分類］スズキ目タチウオ科　［別名］かたな、さあべら、しらが、たち、はくうおなど　［産地］千葉（竹岡、館山）、和歌山、愛媛、大分他

旬 **1年を通してほぼ変わらないが、脂がたっぷりのるのは秋**

その名の通り、太刀に似た銀色に光る平たく細長い魚体で、背びれを波打たせながら泳ぐ。頭を上にして立ち泳ぎをすることから「立ち魚」となった、という説もある。うろこはなく、体表はグアニンという銀粉で覆われている。さらに、背びれが頭から尾まで続き、胸びれ、腹びれ、尻びれは退化し、尾びれはひも状に伸びている。身質は柔らかく、脂肪は多いがあっさりとした上品な味わい。皮の層に旨味があるので、皮付きでの調理がおすすめ。淡泊な味は焼くと脂が溶け出し旨味が増す。

おろすポイント

- たちうおの歯は鋭いので気を付ける。
- 魚体は長いが、おろし方は基本通り。やりにくければ、いくつかにぶつ切りにしてからそれぞれをおろすとよい。
- 身に深くくい込んでいる背びれの骨を、ひれと一緒に引き抜く。

選ぶポイント

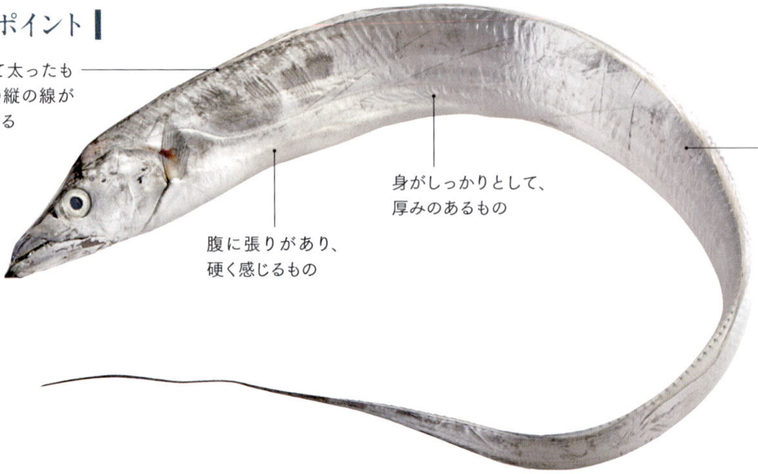

脂がのって太ったものは、この縦の線がくっきり出る
身がしっかりとして、厚みのあるもの
体表を覆う銀白色（グアニン）が美しく、できるだけはげていないもの
腹に張りがあり、硬く感じるもの

下処理

使う道具

出刃包丁

1 頭を左に置く。うろこはないが、尾から頭に向かって包丁で**表面を軽くなでてぬめりを取る**。

2 胸びれの後ろに包丁を入れ、**頭をまっすぐ落とす**。

3 頭側を左、腹を手前に置く。切り口から逆さ包丁で切っ先を差し入れ、皮を外に張るようにして**肛門まで切り進み、腹を開く**。内臓を切らないように注意する。

4 腹腔から内臓を覆う腹膜を切り離す。

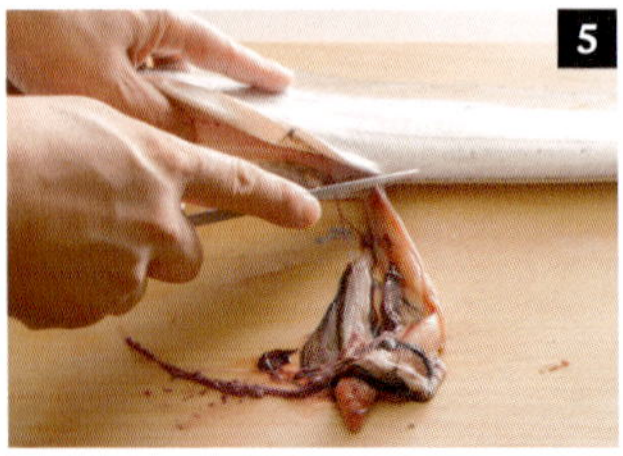

5 包丁を順手にし、刃先を腹腔のカーブに沿わせるように動かして、**腹膜と一緒に内臓を取り出す**。背骨の薄膜に切り目を入れ、**血わたをかき出す**。**手早く水で洗い**、キッチンペーパーで**水気を拭き取る**。腹の中に残った血わたや内臓などもきれいに拭き取る。

6 骨側を下にし、頭側を右、背を手前に置く。**3**、**4**の要領で肩口から尾の付け根まで切る。

7 頭側を左、腹を手前に置く。**1**、**2**の要領で尾の付け根から肛門まで切る。

8 尾の付け根に逆さ包丁を差し入れて尾側に少し切り込み、包丁を返して背骨の上を滑らせるように動かし、身を切り離す。

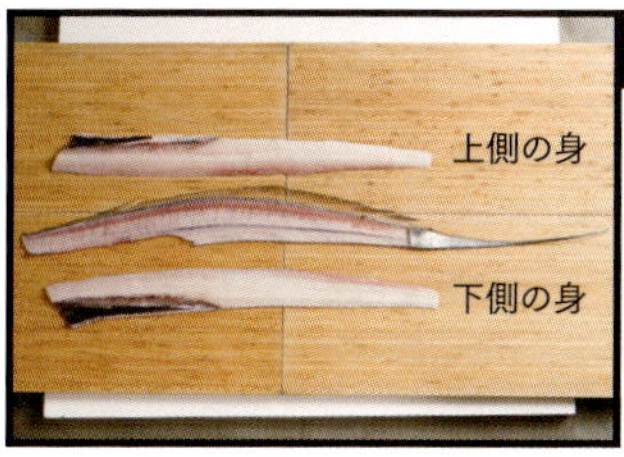

仕上がり

三枚おろしにしたもの

筒切り

＊ぬめりを取り、頭をまっすぐ落としたものを使用

使う道具

出刃包丁

1 **頭側の切り口から手で内臓を取り出す。**手早く水洗いし、キッチンペーパーで水気をしっかり拭き取る。腹の中に残った血わたや内臓などもきれいに拭き取る。

2 頭側を右、背を手前に置き、背びれの上に切り目を入れる。ひれ骨は長く、身にくい込んでいるので、背身の中央付近まで包丁を入れる。

身をおろす

［三枚おろし］

＊p.26～28「三枚おろし」参照

使う道具

出刃包丁

1 頭側を右、腹を手前に置く（身が長いので、まな板に斜めに置くとよい）。肛門から尾の付け根まで、尻びれの上（尻びれはないが、跡が残っている）に切り目を入れる。

2 包丁を切り目に沿って入れ、切っ先を背骨に合わせる。包丁の平を中骨にぴたりとのせ、そのまま切っ先で背骨をなぞりながら尾の付け根まで切る。

3 頭側を左、背を手前に置く。尾の付け根から肩口まで、背びれの上に切り目を入れる。

4 包丁を切り目に沿って入れ、切っ先を背骨に合わせる。包丁の平を中骨にぴたりとのせ、そのまま切っ先で背骨をなぞりながら肩口まで切る。

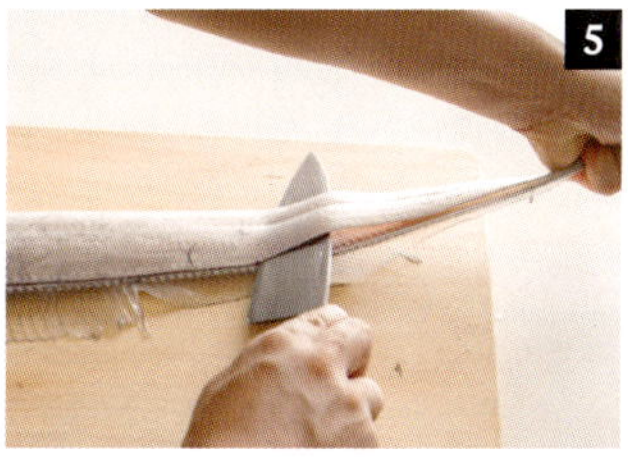

5 尾の付け根に逆さ包丁を差し入れて尾側に少し切り込み、包丁を返して背骨の上を滑らせるように動かし、身を切り離す。

POINT

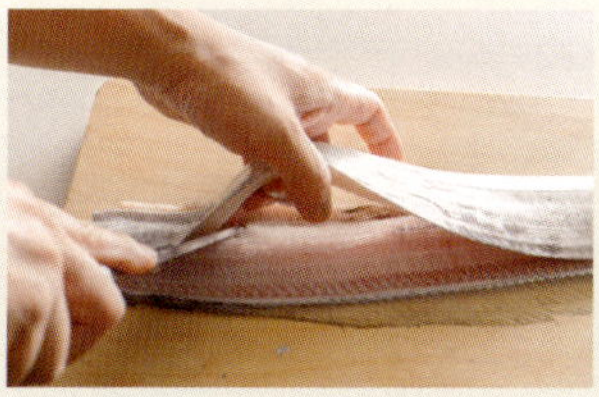

腹骨に当たったら、切っ先をまな板側に傾け、刃元を肩口側に向けて斜めにして切り進める。

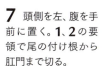

腹骨を取る

＊三枚おろしにした下側の身を使用

使う道具

出刃包丁

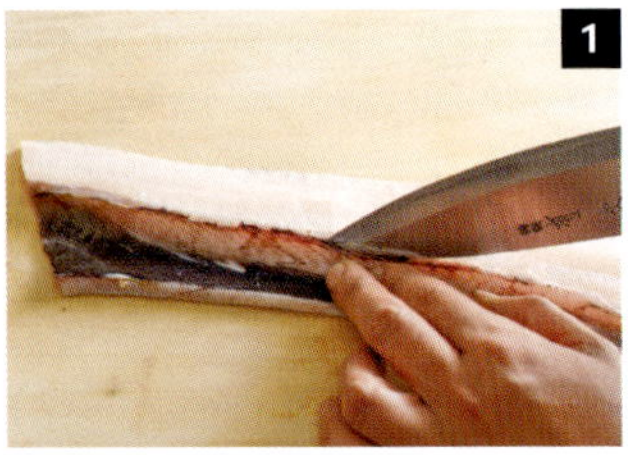

1 腹側を左にして斜めに置く。腹骨の付け根に逆さ包丁で切っ先を差し入れ、切り上げて骨の端を1本ずつ身からはずす(p.33「腹骨の付け根をはずす1」参照)。

2 左手で腹骨を軽く押さえ、包丁を右にねかせて、腹骨の先端まで手前に引きながらすくうように薄くそぎ取る(p.34「腹骨をそぎ取る」参照)。

細作り

＊上《じょう》身《み》を肛門辺りで切り分けた半身(尾側)を使用

使う道具

柳刃包丁

1 皮を下にして置き、縦半分に切る。

2 切り分けた身を向こう高に置き、右端から3㎝幅に切る。切り分けた身を、皮を下にして縦に置き、右端から5㎜間隔で包丁をまっすぐ引いて切る。皮がはがれやすいので、力を入れずに一気に引き切る。

仕上がり

細作りにしたもの

たちうおの刺身

▶p.161

3 頭側を左、背を手前に置き、**2**と同じ要領で切り目を入れる。

4 包丁で背びれを押さえ、左手で身を向こう側へ引っ張って、背びれを抜き取る。

POINT

背びれを包丁でしっかり押さえて身を引くと、背びれとひれ骨が身からブチブチと抜けていく。

5 頭側を右、腹を手前に置く。頭側から尾に向かって、腹びれの跡の上に切り目を入れる。深さは腹身の中央付近まで。

6 身を裏返し、同様に切り目を入れる。包丁で切り目を入れた部分を押さえ、身を引きながらひれ骨を抜く。

7 頭側を左、腹を手前に置き、包丁を前に突くように入れる。背骨に当たったら、手前に引いて骨ごと切る。指4本分の幅を目安に、尾に向かって身幅が細くなるにつれて幅を大きくする。

仕上がり

筒切りにしたもの

たちうおの刺身

材料（2人分）

たちうおの上《じょう》身《み》……⅛尾分（約50g）
大根（せん切り）、青じそ（せん切り）、花穂じそ
……各適量
おろしわさび……適量
すだち（くし形切り）……2切れ

1 たちうおの上身は細作りにする。

2 器に大根、青じそ、**1**を盛り合わせ、花穂じそ、おろしわさび、すだちを添える。

たちうおの手綱焼き

材料（2人分）

たちうおの上身
……¼尾分（約30cm）
塩、こしょう……各少々
片栗粉……適量
バター……30g
きのこ（しいたけ、しめじ、えのきだけなど）
……適量
クレソン……適量
レモン（くし形切り）
……2切れ

1 たちうおは皮を下にして置き、15cm幅に切る。

2 **1**を縦長に置いて身幅を半分に切り、それぞれ上部を1cm程残して3等分にまっすぐ切り目を入れる。

3 **2**に振り塩をして10分程おき、表面に浮き出た水気を拭き取り、こしょうを振る。

4 **3**を三つ編みにし、片端を楊枝で留めて、片栗粉を薄くまぶす。

5 フライパンにバター20gを弱めの中火で熱し、**4**を並べ入れて5～7分焼く。表面が白くなったら裏返し、さらに1～2分焼く。

6 きのこは食べやすく切る。別のフライパンにバター10gを熱し、きのこを炒める。

7 器に**5**と**6**、クレソンを盛り合わせ、レモンを添える。

はも

Pike eels　鱧

[分類] ウナギ目ハモ科　[別名] はむ、うみうなぎ、ぎいぎいなど
[産地] 長崎、熊本(天草)、大分、徳島、山口、兵庫(淡路)、宮崎他
旬 産卵後の旺盛な食欲で身が肥え、脂がのる晩秋から冬

関西の夏の味覚、はも。「梅雨の水を飲んで旨くなる」と言われ、京都の祇園祭や大阪の天神祭が「はも祭り」と称されるように、その旬は6～7月とされている。しかし、餌をたっぷり食べて丸々と太る本来の旬は、冬眠に入る前の晩秋から初冬。旬の時期にずれがあるのは、かつて夏に生きたまま京都まで運ぶことができる魚は、生命力の強い「はも」だけだったため。さらに、骨の多いはもを、おいしく食べようと考案されたのが「骨切り」。皮を残して身ごと骨を切るその細かさは、「一寸(約3cm)を二十四に切る」と言われている。小魚や甲殻類、いか、たこなどを餌とするはもの身は、旨味が深く、豊かな味わい。骨切りのサクサクとした食感も心地よい。

おろすポイント

●背骨の形が腹腔部分とその後ろとで異なるので、包丁の角度をそれぞれに合わせて切り離す。

選ぶポイント

腹の白っぽいところが、脂がのってくると金色になる。黒っぽいものは、脂があまりない
活け締めを選ぶ
みずみずしいぬめりと光沢があるもの
首の周りがむっくりと膨らんで、頭が小さく見えるもの

＊開いたものを買い求めるときは、肉厚で身が透き通ったものを選ぶ。

下処理

使う道具
出刃包丁

1

1 左手で頭を押さえ、包丁の刃先で頭から尾に向かって表面をしごき、**ぬめりをこそげ取る**。包丁は単一方向に動かす。流水でぬめりを落とし、水気を拭き取る。

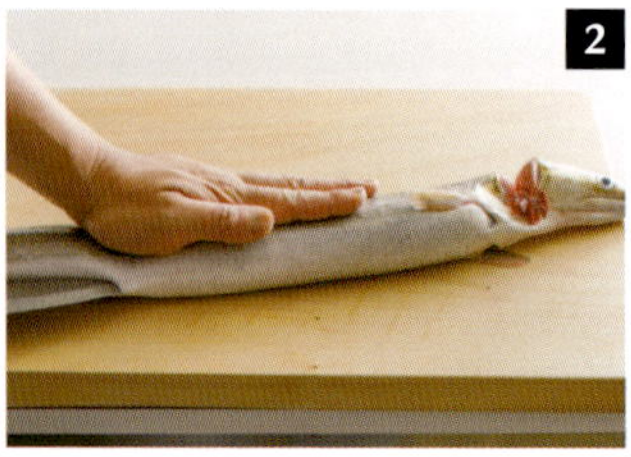

2

2 頭を右、腹を手前に置く。逆さ包丁で切っ先を肛門に差し入れ、腹の皮を外に張るようにして頭に向かって切り進める。

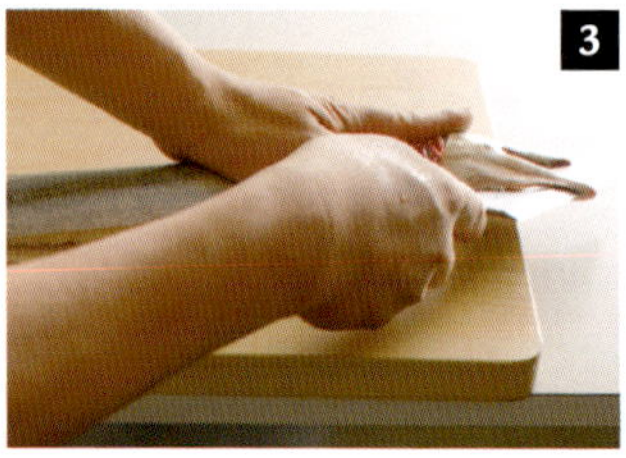

3

3 そのまま、下あごの先まで切る。包丁を深く入れると内臓を傷つけてしまうので注意する。

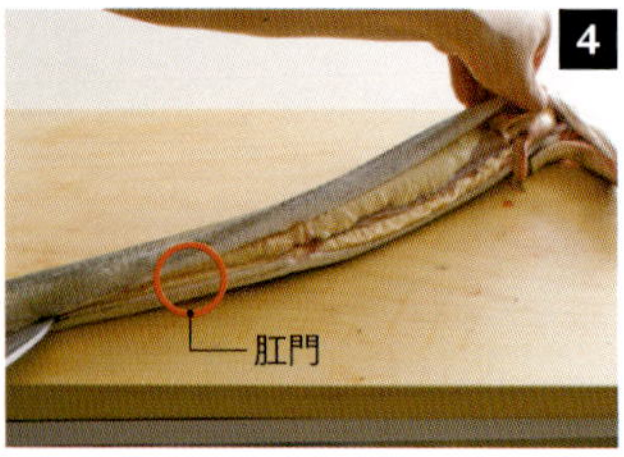

4
肛門

4 はもの腹腔は長いので、包丁を順手に持ち替え、肛門から尾に向かって腹腔の端まで切る。

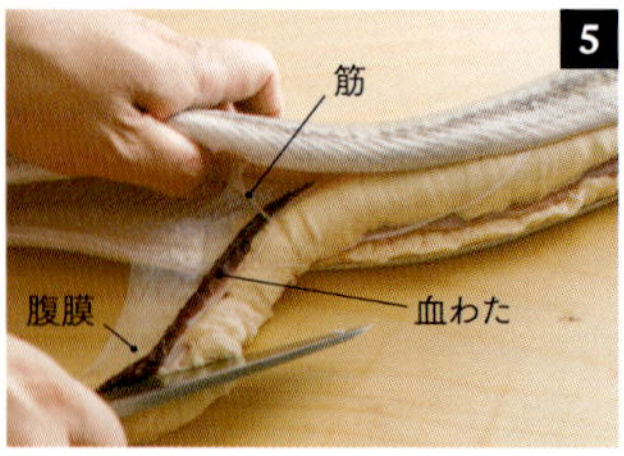

5
筋
腹膜
血わた

5 腹を開き、背骨に沿ってある血わたと白い筋、薄い腹膜とともに、内臓を腹の半分位まで丁寧に引き出す。

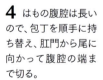

身を開く
［腹開き］

使う道具
出刃包丁

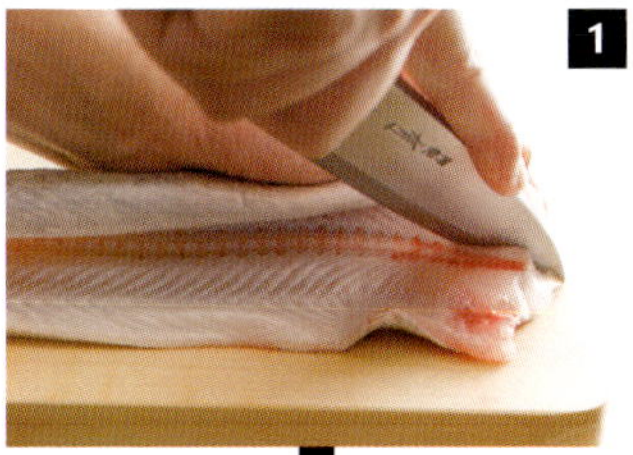

1 頭側を右、腹を手前に置く。切っ先を背骨の角度に合わせて入れ、肩口から尾に向かって切り進める。**はもの背骨は、頭から腹腔の端（肛門の下辺り）まで三角形をしている。**その角度に沿わせて切っ先を背びれギリギリまで入れ、背の皮を切らないように腹腔の端まで包丁を少し立てて切り進める。

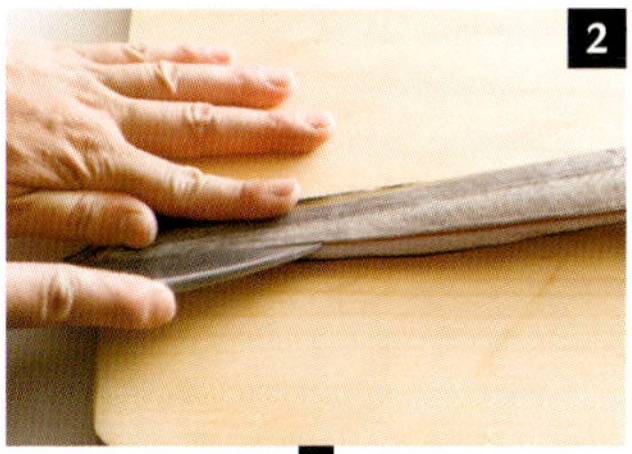

2 **腹腔の端から尾までは背骨が平らになる**ので、包丁を水平にねかせ、背骨の上を滑らせるように動かして、背の皮を切らないように尾の先まで切る。

切り開いた状態。

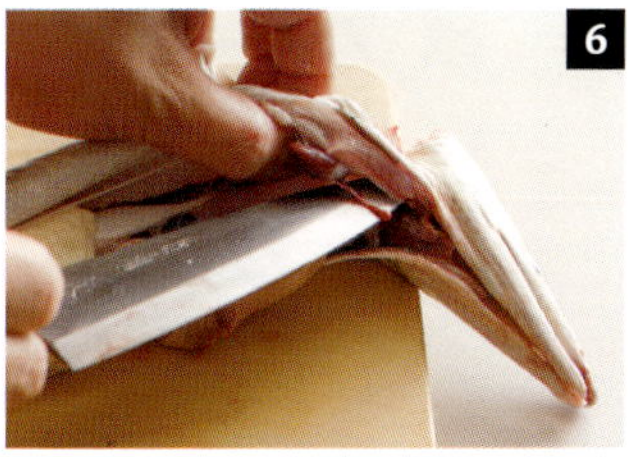

6 包丁の切っ先で、上あごと下あごのえらの付け根を切り離す。

7 刃元で内臓を押さえ、左手で向こう側へ身を引っ張って**内臓を取り出す。**

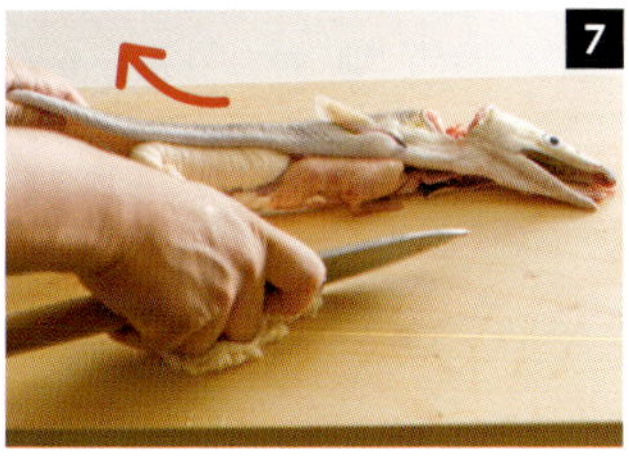

POINT

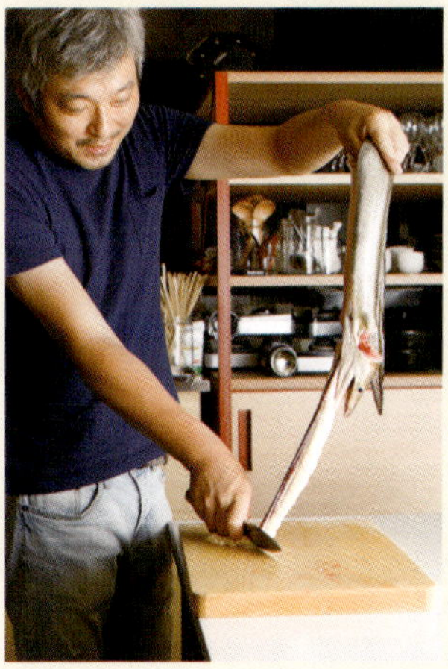

内臓を⅔ぐらいまで取り出したら、身を真上に引っ張り上げるとよい。上手くいけばえらごと取り出せる。

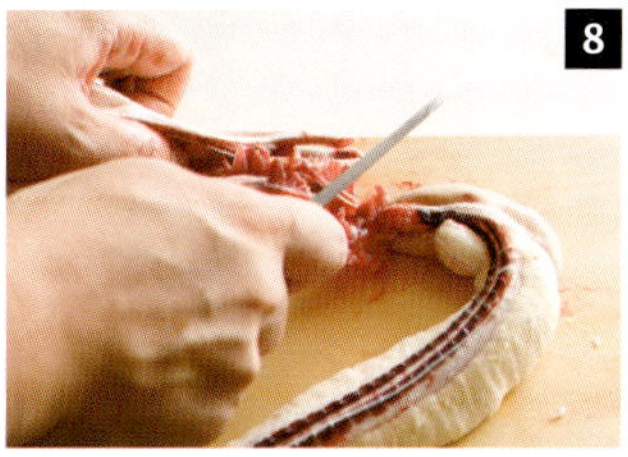

8 頭の付け根部分で内臓を切り離す。

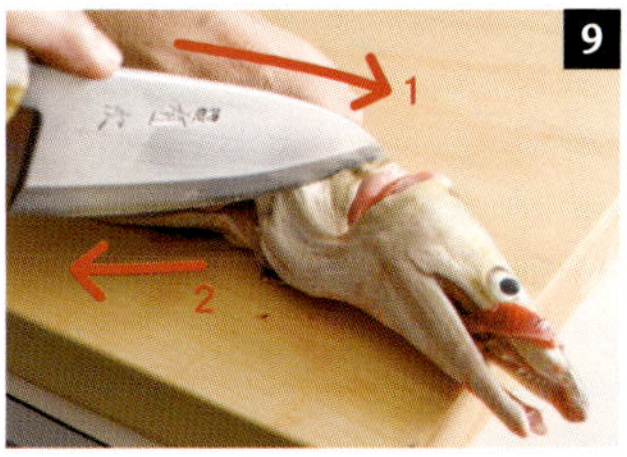

9 頭を右、腹を手前に置く。胸びれの後ろに包丁をまっすぐ当て、突くように押し出して刃元で背骨を切り、手前に引いて**頭を落とす。手早く水洗いし、水気を拭き取る。**内臓をそれぞれ切り離し、洗って水けを拭き取る。

POINT

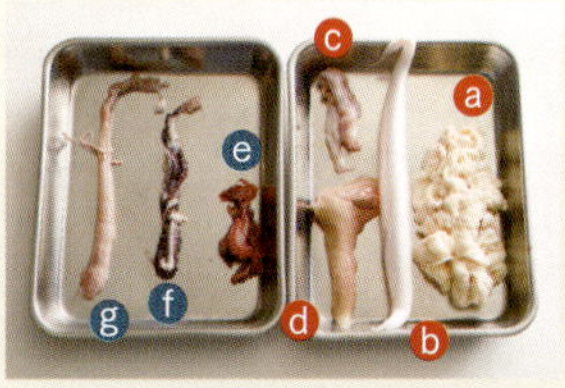

食べられる内臓 ⓐ卵巣 ⓑ浮袋（はも笛） ⓒ肝臓（肝） ⓓ胃
捨てる内臓 ⓔえら ⓕ血わた ⓖ腸

7 身からはずした背骨を頭側に倒して切り取る。

8 尾側をまな板の左上に置いて身を斜めにし、**尾の先を切り落とす**。

9 **尻びれを切り取る**。尾側から、切っ先を立てて尻びれの骨の先端部分に沿って切り目を入れ、切った身を左手で引っ張りながら肩口まで切る。

POINT

身側に尻びれの骨が残らないように、一緒に切り取る。

10 **下側の身の腹骨を取る**。尾側から包丁をねかせて腹骨の付け根に切り目を入れて身からはずす。左手で腹骨を押さえ、包丁を手前に引きながら、腹骨の先端までそぐように切る。

POINT

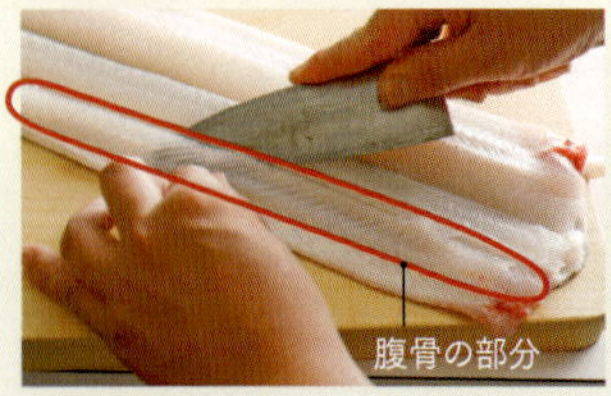

はもの腹骨は短く、身の端までない。包丁は腹骨の部分にのみ入れる。

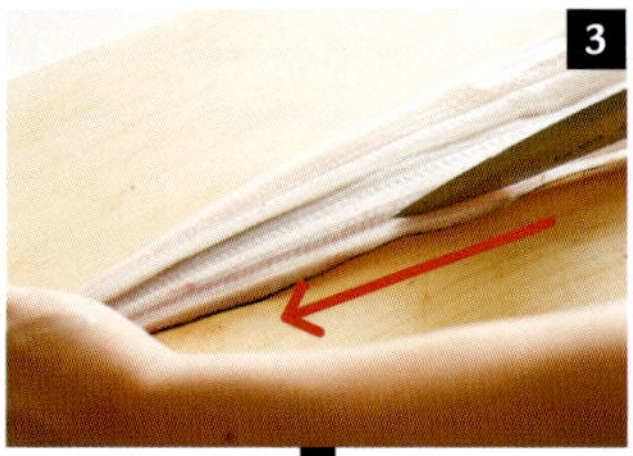

3 **背骨を切り取る**。身を背骨がまっすぐになるように置き、尾を引っ張りながら、背骨の腹側の縁（背骨と腹びれの骨との間）に沿って、逆さ包丁の切っ先で肩口から尾まで切り目を入れる。身から切り離された背骨の端がプツプツと浮いてくる。

4 尾の付け根部分の背骨に刃元をコンと当てて骨を断ち切る。身は切らないように注意して、背骨だけ切る。

5 尾に残った背骨を左の親指に引っかけて身を持ち上げ、**4**の切り口から背骨の下に逆さ包丁で刃先を差し入れる。

6 身がたるまないように左手で引っ張りながら、肩口まで一気に包丁を進めて**背骨をはずす**。このとき、持ち上げた身を徐々に下げてまな板にぴたりと置いていく。

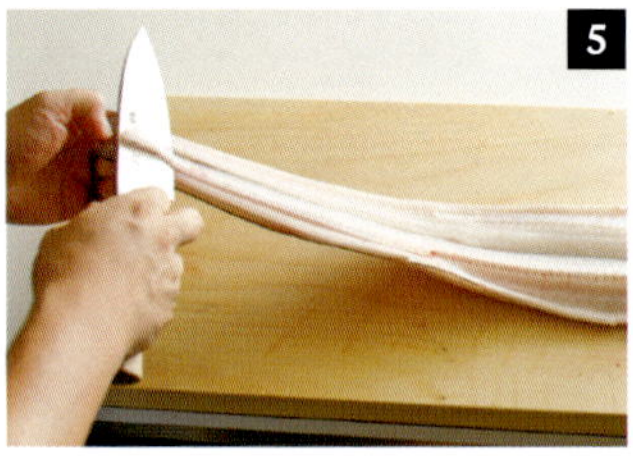

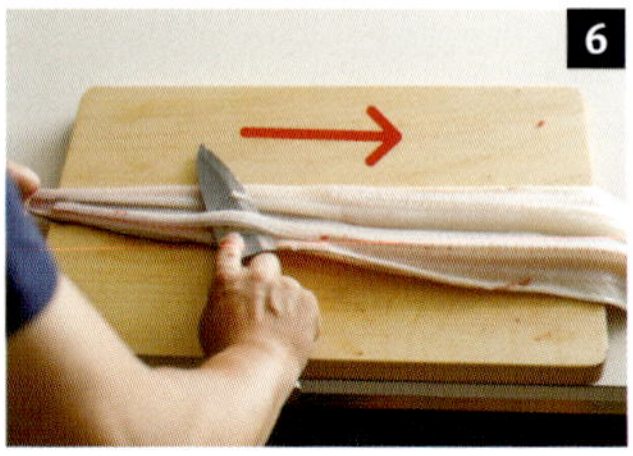

POINT

身を削らないように、刃先を少し斜め上に向けて切り進める。

POINT

背びれを⅔くらいまで引きはがしたら、肩口までは身を真上に引っ張り上げて引き抜くとよい。

11

11 右手で身を押さえ、左手で切り目を入れた腹骨の部分を引きはがす。

POINT

はもの身は弾力がありしっかりしているので、この方法で腹骨を取ることができる。引きはがすことで、身の端の部分を削らずに残せる。

12

12 尾側を右に置き、開いた状態の身を背びれが手前になるように閉じる。尾側の背びれの端に、切っ先で切り目を入れる。

13

13 切り目を入れた背びれの端を包丁の刃元で押さえ、左手で身の端を持って左斜め上方向へ引っ張って**背びれを抜く**。同じスピードと力加減で引っ張ると背びれは切れずに引き抜ける。この作業を「引き抜き」と呼ぶ。途中で切れたら、包丁で押さえなおして同様に引き抜く。身をキッチンペーパーで持つと、滑らずに引っ張ることができる。

14

14 頭側をまな板の左上に置いて身を斜めにし、**10**、**11**の要領で**上側の身の腹骨を取る**。

15 **身の中央部分に残る背びれの骨を切り取る**。頭側から尾側まで、骨を挟んでV字形になるように、まずひれ骨の付いた身の右側に包丁を入れ、次に逆さ包丁で左側に切り目を入れる。

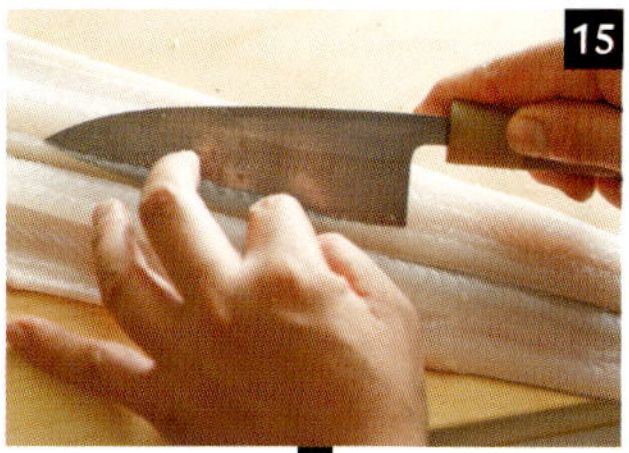
15

16 切り目を入れた身を、頭側から**手で引きはがすようにして抜き取る**。腹開きの完成。

16

骨切り

＊腹開きしたものを使用

使う道具
柳刃包丁

1 頭側を右、身を上にして置く。左右の胸びれ部分を斜めに切り落とす。

2 身をまな板の手前に置く。右端から切っ先を身に当て、包丁を少し左に傾けて前に押し出すように動かし、皮1枚残る所まで深く切り込む。切り終わりは、左に傾けたまま切っ先をはね上げるようにして包丁を切った身から離す。包丁を2mm程の間隔でずらし、同様に細かく切り込みを入れながら小骨と一緒に身を切る。刃渡りいっぱいを使って、シャッシャッシャッと一定のスピードでリズミカルに切り進める。

POINT

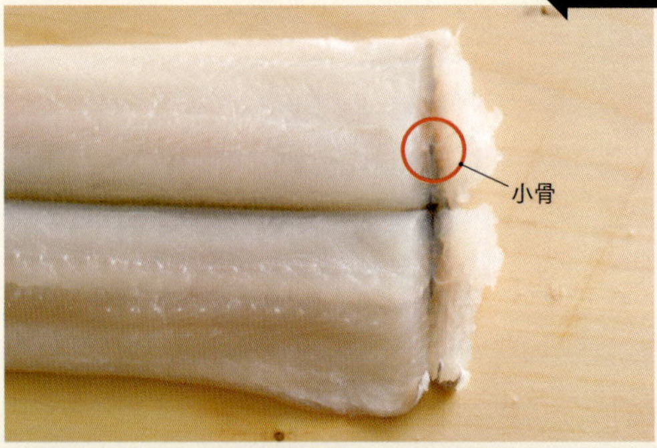

深く切り込まないと際にくい込んでいるアーチ状の骨が残ってしまうので、黒い斑点のように見える小骨までしっかり切り込む。急がず、焦らず、丁寧に切り進める。

3 骨切りをして3cm程進んだら、包丁を手前にスッと引いて身を切り離す。再び骨切りをして3cm幅に切る。これを繰り返し、尾まで切り進める。

POINT

切り離す幅は一寸＝約3cm。指2本分を目安に切り進めていくとよい。

仕上がり

9 **骨切りしたもの**

はもの落とし 三種のペースト ▶ *p.168*

はもときゅうりのパスタ ▶ *p.168*

湯引き

＊骨切りしたものを使用

1 鍋にたっぷりの湯を沸かして塩を一つまみ入れる。穴じゃくしにはもを皮目を下にしてのせ、静かに沈める。一度に数切れ入れると湯の温度が下がってしまうので、1切れずつ入れる。

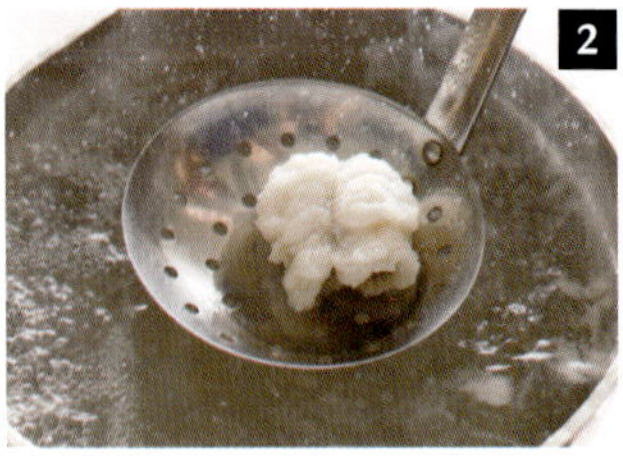

2 穴じゃくしを優しく揺すりながら、30秒ほど火を通す。身が縮れて白くなって花のように開き、皮が柔らかくなったら引き上げる。

3 氷水に浸けて身を締め、粗熱が取れたらキッチンペーパーに取り、水気をしっかりきる。

ひらめ

Japanese flounder　平目／鮃

[分類]カレイ目ヒラメ科　[別名]おおくち、かれ、そげ、ひだりくち、ほんがれいなど　[産地]北海道、青森、千葉、長崎他

旬 **冬が最も脂がのり、身も締まり美味**

「寒びらめ」と称されるように、冬を代表する白身の高級魚。体形はひし形をして扁平で、両目が左側に寄っている。透明感のある身は美しく、程よい歯応えで滑らかな舌触り。くせがなく、脂の甘みとこくのある旨味をもつ。ひれの付け根にある「縁側」と呼ばれる筋肉部分は、コラーゲン豊富でコリコリした独特の食感があり、脂ののった濃厚な味わいが美味。1尾から取れる量はわずかなので、寿司種などで珍重されている。

おろすポイント

- ぬめりがあって滑りやすいので、まな板にキッチンペーパーなどを敷き、その上でうろこを取るとよい。
- 非常に小さなうろこがぎっしり重なって貼りついているので、柳刃包丁ですき引きする。
- 身幅が広いので、上側と下側の身をそれぞれ背身と腹身別々に五枚におろす。

選ぶポイント

肩が盛り上がり、縁側部分に厚みがある

身が肉厚で固く締まり、側線部分が谷になっている

表裏とも皮目につやがあり、体全体にみずみずしいぬめりがある

裏面が真っ白で、尾びれがきれいなものは天然。養殖物は裏面に黒っぽい斑点がある

下処理

使う道具

柳刃包丁、出刃包丁

1 うろこを柳刃包丁ですき引きする(p.19「すき引き2」参照)。頭を右にしてまな板の手前に置く。逆さ包丁で左にねかせ、尾の付け根からうろこと皮の間に刃先を入れる。

刃先を前後に大きく動かし、頭に向かって薄皮ごとうろこをすく。刃先の当たる部分がたるんでいると進めにくいので、指先で左右に引っ張りピンと張る。

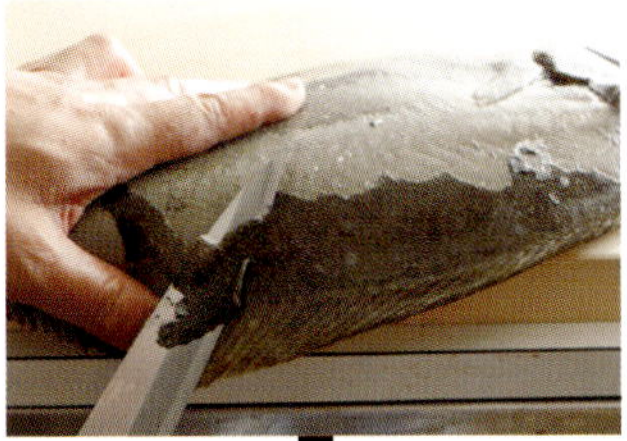

まず身の中央部分をすき、背や腹側、頭周辺へと包丁を進めていく。手前の尻びれに近い、身が薄く傾斜のある部分は、包丁を動かしやすいようにまな板の縁に魚を移し、包丁を立てるようしてすき取る。

うろこが引きにくい腹側やひれ際は、すく部分の身を下から持ち上げて皮のたるみをなくし、山なりになっている傾斜を上に向かって刃先を進めるとよい。

頭の周りのうろこも丁寧にすき取る。

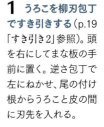

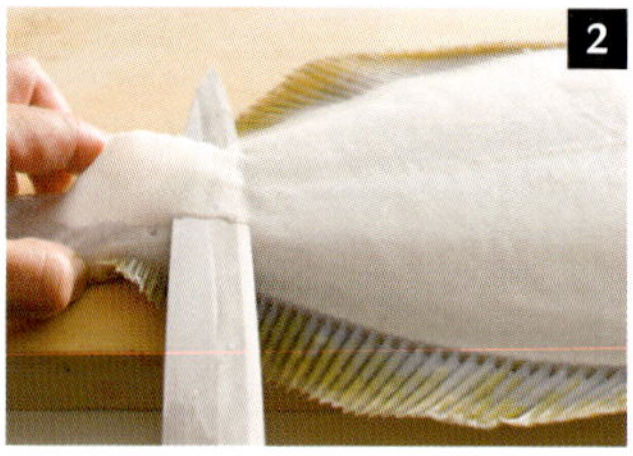

2 裏身のうろこも、同じ要領ですき引きする。皮、身ともに白く境目がわかりづらいので、身に傷をつけないようにより慎重に包丁を進める。

POINT

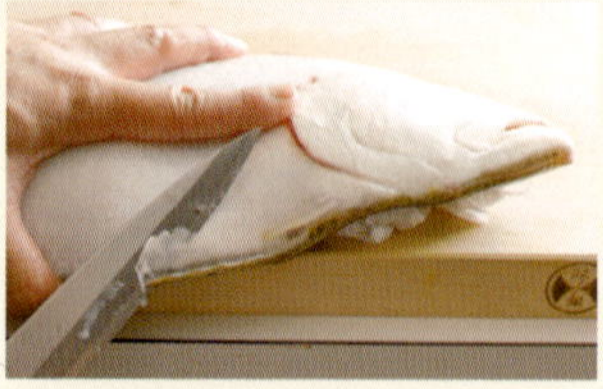

窪んでいてすきにくい腹の部分は、刃先を身に押しつけるようにして動かすとよい。

すき引きしたもの

3 出刃包丁に持ち替え、**頭をえら蓋に沿ってV字形に落とす。**表身を上、頭を左に置く。胸びれを頭側に倒して押さえ、ひれの後ろに包丁を入れ、えら蓋に沿って頭の付け根に向かって押し出して斜めに切り込みを入れる。

4 胸びれの後ろから肛門に向かって切り込みを入れる。このとき、内臓(肝)を傷つけないように、切り口を持ち上げながら、皮と身の部分だけを切る。

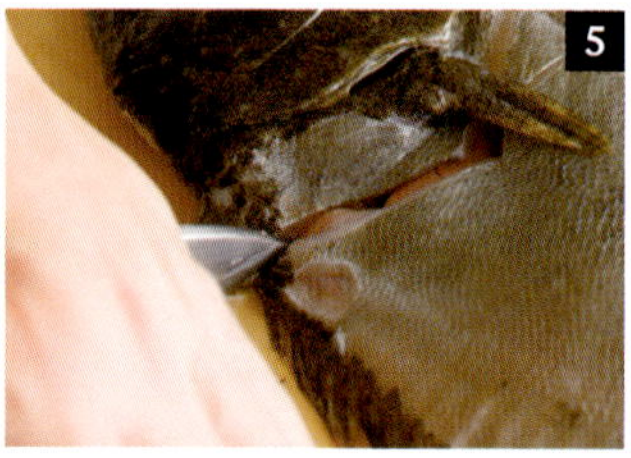

5 尻びれのかたい部分に切っ先を当て、峰に重みをかけてグッと押し切る。

6 頭を左のまま裏返し、胸びれを真上に引っ張るように持ち上げてひれの後ろに包丁を入れ、えら蓋に沿って頭の付け根に向かって斜めに切る。

7 胸びれを持ち上げると穴があくので、そこに逆さ包丁で切っ先を差し入れ、肛門まで皮と身の部分だけ切る。胸びれの真下辺りに苦玉(胆のう)があるので、これを潰さないように逆さ包丁で切り込みを入れる。

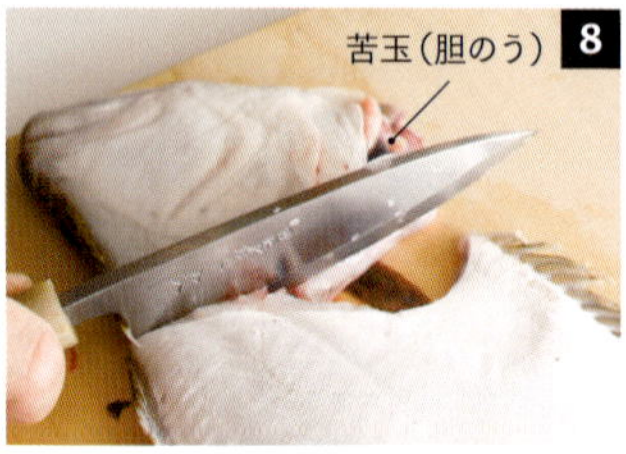

8 背骨の関節に刃元を当て、グッと力を入れて押し切り、頭を落とす。

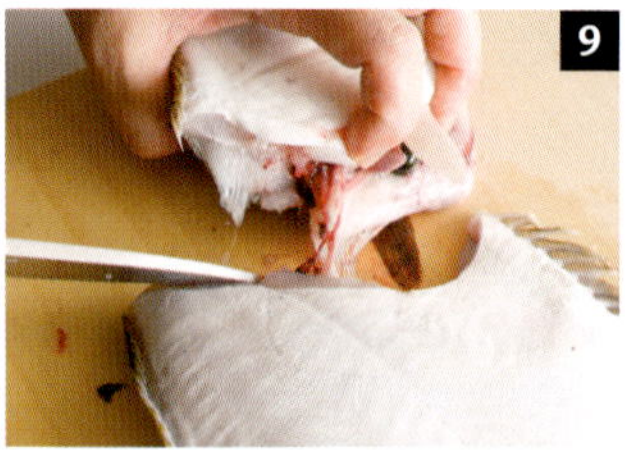

9 **頭とともに、内臓を引き抜く。**このときも、苦玉を潰さないように注意する。

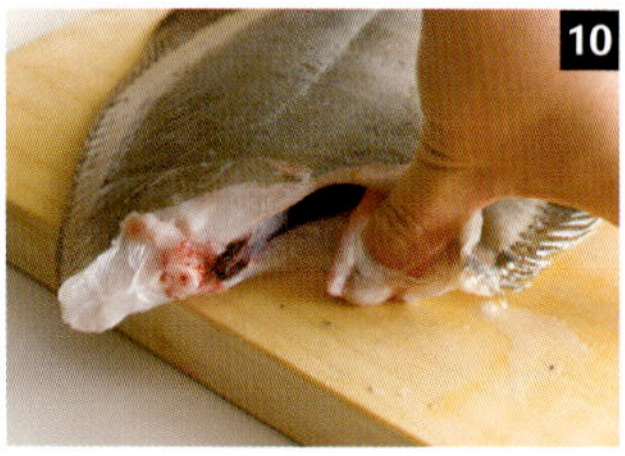

10 腹の中に左の親指を差し入れて、腹膜を引っかけ、薄膜につながった卵または白子を取り出す。

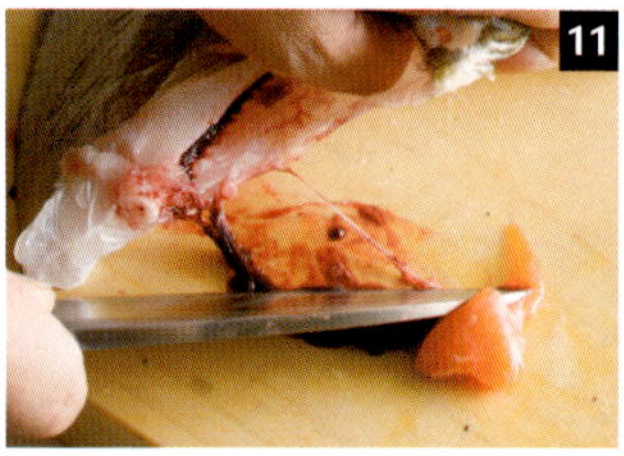

11 背骨に沿ってある**薄膜に切り目を入れ、血わたをかき出す。**さらに、腹膜と共に、腹の中に残っている内臓、血わたを取り出す。

仕上がり

手早く水で洗い、キッチンペーパーで水気を拭き取る。腹の中に残った血わたや内臓なども拭き取る。

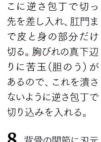

身をおろす
［五枚おろし］

使う道具
出刃包丁

p.30～32「五枚おろし」と同様にする。

縁側をはずす

使う道具
出刃包丁

1 皮を下、縁側を手前に置く。身と縁側の境目に指を差し入れ、スーッと動かして隙間を広げる。

2 縁側を右にして縦に置く。**1**の境目に沿って包丁の切っ先を入れ、引くようにして縁側を切り離す。

腹骨・小骨（血合い骨）を取る

＊縁側をはずした腹節を使用

使う道具
出刃包丁

1 腹側を左にして縦に置く。腹骨の付け根に刃先を入れて身からはずす。包丁をねかせて薄くそぐように切り進め、端までいったら、包丁を立てて引き切る。

2 背骨側に残る小骨を切り取る。

仕上がり
縁側をはずし、腹骨、小骨を取ったもの

皮を除く

使う道具
柳刃包丁

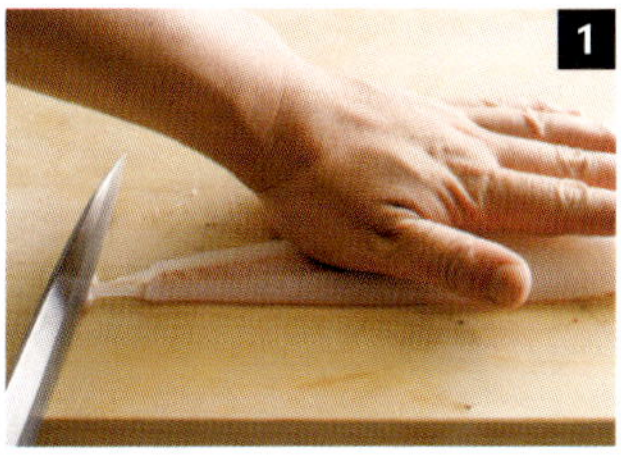

1 皮を下、尾側を左に置く。尾側の端から2cmくらいの所に切り目を入れ、尾側に向かって皮を残して身をそぎ取る。

2 包丁の刃先を切り目から皮と身の間に入れる。皮を左へ引きながら、刃先をまな板にぴったり押しつけて、上下に細かく動かして頭側へ進め、皮をはがし取る。

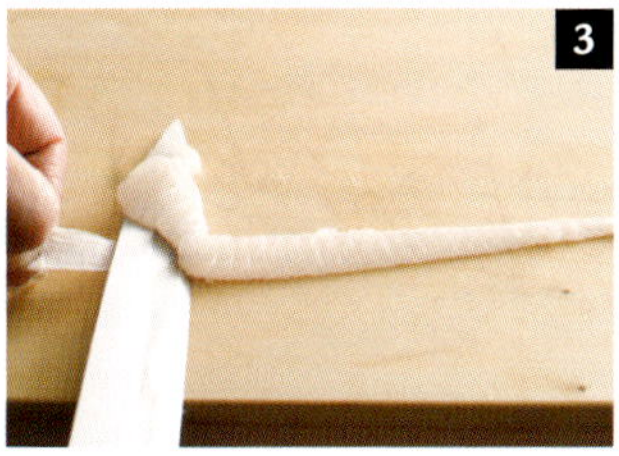

3 縁側の皮も、同じ要領ではがし取る。

仕上がり
皮を取り除いたもの

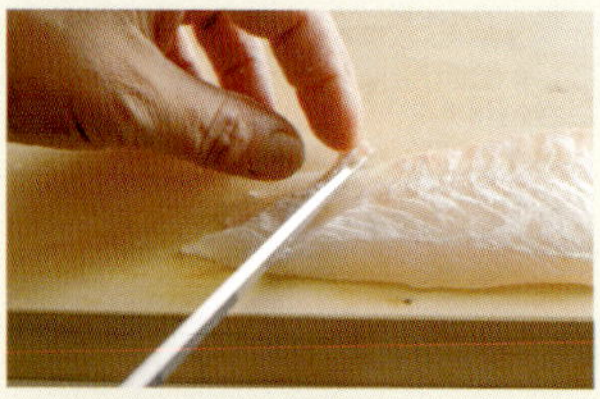

POINT

切り身の断面を大きく（広く）したい場合は、包丁に角度をつけて斜めに薄く切る。

2 刃先がまな板に当たったら、切っ先をまっすぐに立てて引き、身を切り離す。

ひらめの薄作り
▶下記

薄作り

＊皮を除いた腹節を使用

使う道具
柳刃包丁

1 尾側を左にして向こう高に置く。左端から包丁を斜めにねかせて刃元を身に当て、手前にスッと引く。厚さの目安は5mm。

刃元から切っ先まで刃渡りいっぱいを使い、一気に引いて薄くそぐように切る。

ひらめの薄作り

材料（2人分）

ひらめの上身《じょうみ》（皮を除いた節身）…… ½節
ひらめの縁側（皮を除いたもの）…… ½節分
大根（せん切り）…… 適量
青じそ …… 2枚
塩 …… 少量
ゆず皮（すりおろす）…… 少々

1 ひらめは薄作りにする。縁側は食べやすく切る。
2 器に**1**と大根、青じそを盛り合わせる。塩を添え、ゆず皮を散らす。

ぶり

Japanese amberjack 鰤

［分類］スズキ目アジ科　［別名］あおぶり、すずいお、にうどう、かんどうなど　［産地］北海道、新潟、富山、石川、千葉、長崎他

旬　産卵期前の脂がのる冬。この時期のぶりは「寒ぶり」と呼ばれる

出世魚の代表格。成長するにつれて変わる呼び名は地方によって異なるが、築地では体長20cm前後（1kg前後）のものを「わかし」、40cm前後（2～4kg）を「いなだ」、60cm前後（6～8kg）を「わらさ」、そして1m以上（10kg以上）を「ぶり」と呼ぶ。群れをなして春から夏にかけてオホーツク海を目指し北上したぶりは、水温が下がる秋に南下を始め、冬に旬を迎える。脂肪をたっぷり蓄えた極寒の海で獲れたものだけが「寒ぶり」と呼ばれ、珍重される。脂ののった身は淡いピンク色をしてきめ細かく、脂はすっきりとして後味もよい。あらにも旨味が多く、煮物、汁物など余すことなく利用できる。

おろすポイント

- ●うろこは細かく、皮に密着しているので、柳刃包丁ですき引きする。
- ●魚体が大きいので、三枚おろしにしてから背節と腹節に切り分ける。

選ぶポイント

皮目につやがあり、色も鮮明なもの。鮮度が落ちると色がくすんで全体の色調が鈍くなる
鮮度のよいものは、目が盛り上がっている
中央の黄色い帯がはっきりしている
体に厚みがあり、正面から見ると尻びれ辺りの身が横に張り出している

下処理

使う道具

柳刃包丁、出刃包丁

1

1　うろこを柳刃包丁ですき引きする（p.18～19「すき引き1」参照）。頭を右、腹を手前に置く。逆さ包丁で尾の付け根からうろこと皮の間に刃先を入れ、身を傷つけないように、うろこをすき取っていく。

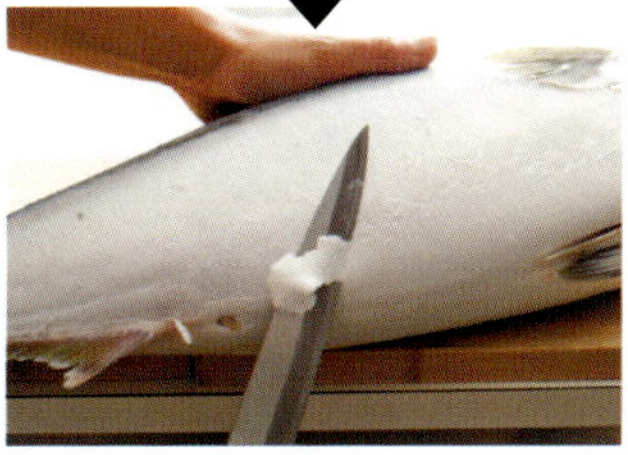

腹側は皮が薄く身も柔らかいので、薄皮をそいだり、身をえぐってしまわないように注意する。

背側をすき引きする際は、刃先がひれに当たらないように魚体を向こう側に少し傾けるとよい。

ひれ際はすきにくいので、切っ先側を細かく動かしながら丁寧にすき取る。

ひれ際や頭の周辺も残さず取り除く。

2 えら蓋を持ち上げ、その下のうろこをすき取る。細部などは出刃包丁を使うと作業しやすい。

裏身をすき引きした状態。
裏返して背側を手前に置き、同様に表身のうろこをすき取る。

3 **えらをはずす。**出刃包丁に持ち替え、頭を右、腹を手前に置く。えら蓋を持ち上げ、頭の付け根部分に包丁を差し入れ、えらの縁をなぞるように動かして、胴とつながっている薄膜を切る。

4 えらと下あごの接合部を切り離す。

5 あご下と頭の接合部を切り離す。

6 あご部分を広げて包丁を奥まで差し込み、裏側のえらの縁をなぞるように動かして、薄膜を切る。大量に出血する場合があるので、血を拭い取りながら作業を進める。

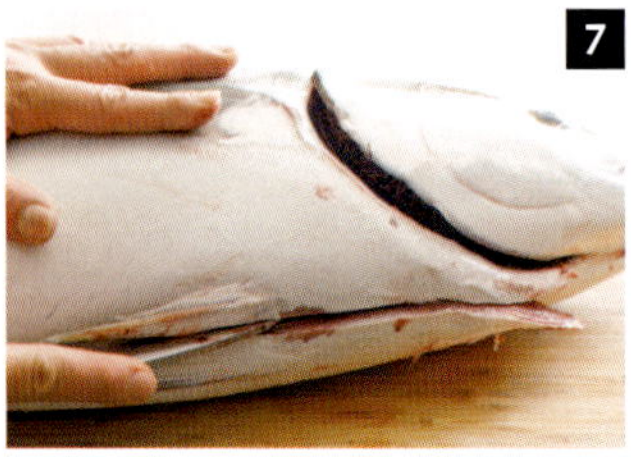

7 あご下から肛門まで包丁を進め、腹を切り開く。内臓を切らないように注意する。

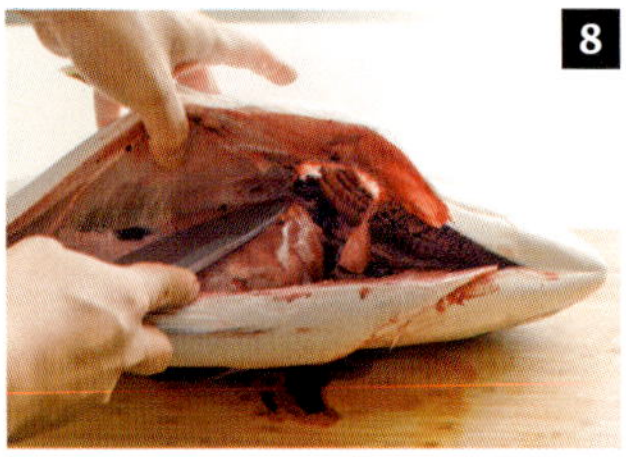

8 腹を開き、包丁を腹の奥に入れて、薄膜や筋を切り離す。

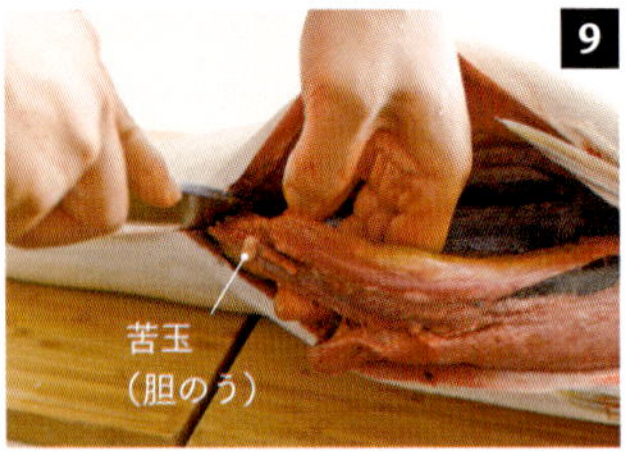

9 肛門とつながっている部分を切り離す。苦玉（胆のう）を傷つけないように注意する。

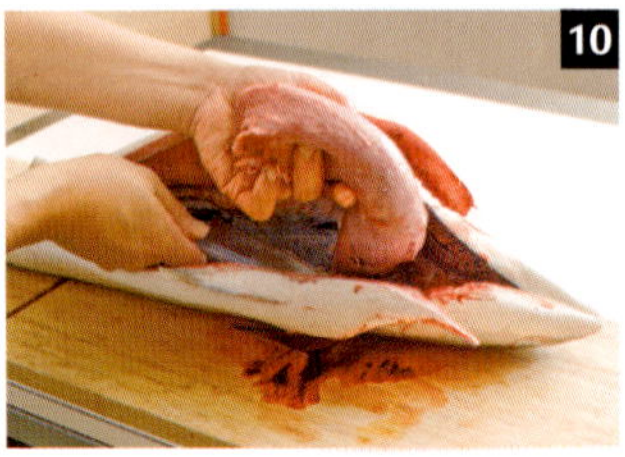

10 内臓を頭の方へ引き上げながら、周りの筋や薄膜を切る。

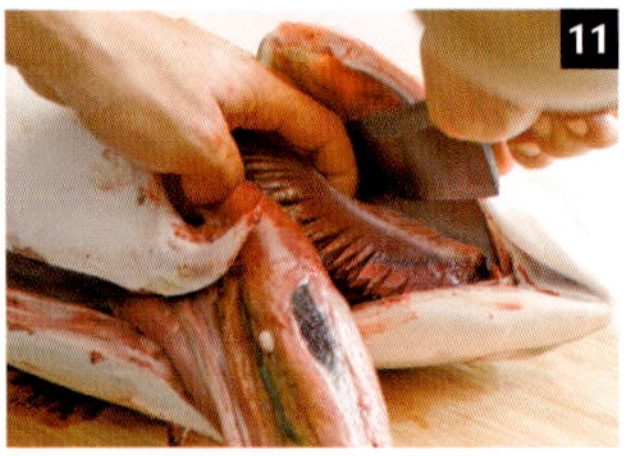

11 えら蓋を開き、奥まで包丁を差し入れて、頭頂部とえらの接合部を切り離す。

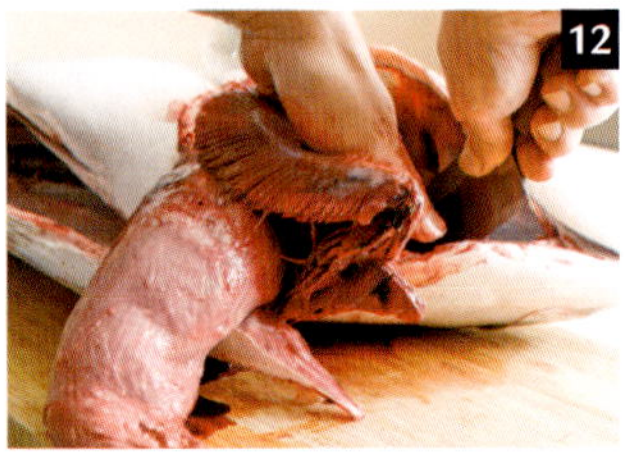

12 裏側のえらと下あごの接合部を切り離し、**えらと内臓を一緒に取り出す。**

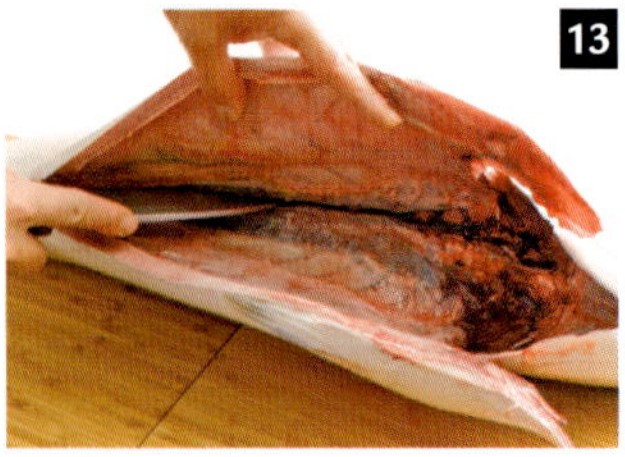

13 背骨に沿ってある薄膜に切り目を入れる。

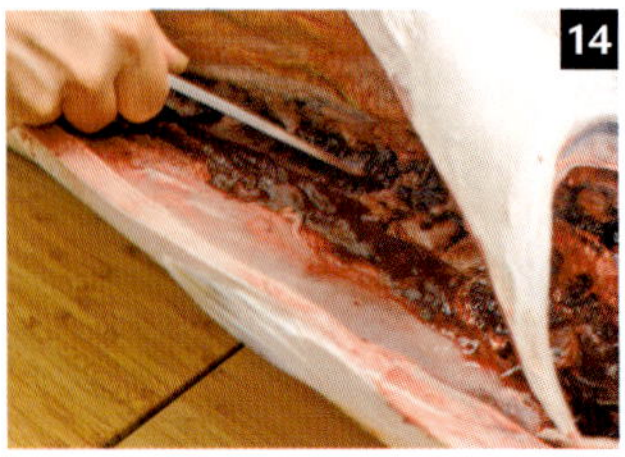

14 **血わたを刃先でこそげ取る。手早く水で洗い**、キッチンペーパーで表面と腹の中の**水気をしっかり拭き取る。**腹の中に残った血わたや内臓なども丁寧に拭き取る。

身をおろす

［三枚おろし］

使う道具

出刃包丁

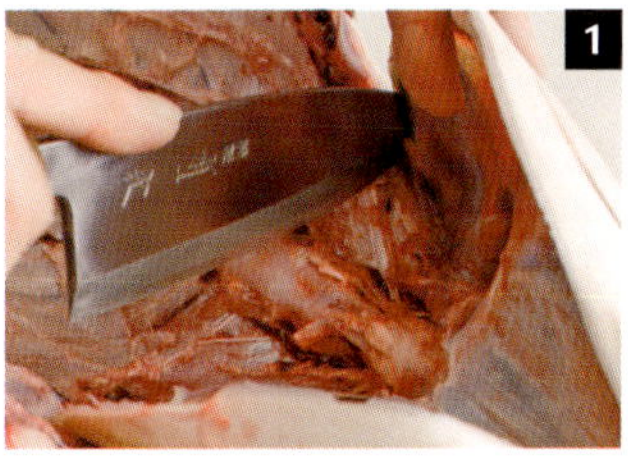

1 **かまを残して頭を落とす。**頭を右、腹を手前に置く。両側のえら蓋をそれぞれ開き、付け根部分から背骨に当たるまで包丁を入れる。

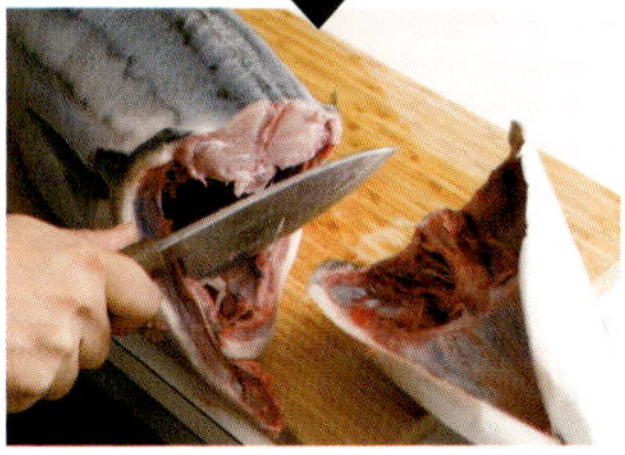

2 頭を起こし、**1**で入れた切り目に包丁をまっすぐ入れ、頭を切り落とす。

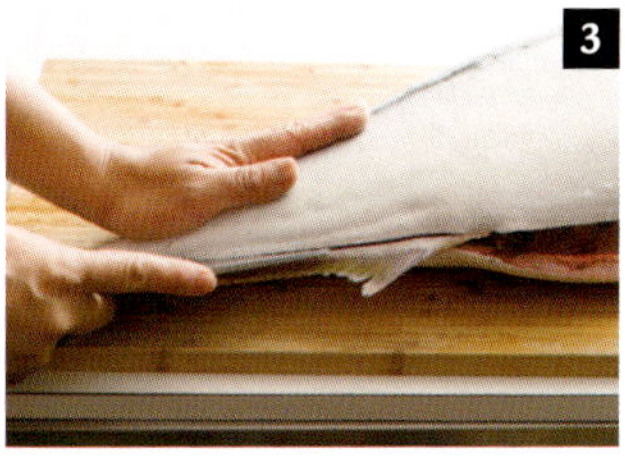

3 身をねかせ、肛門から尾の付け根まで、尻びれの上に切り目を入れる。

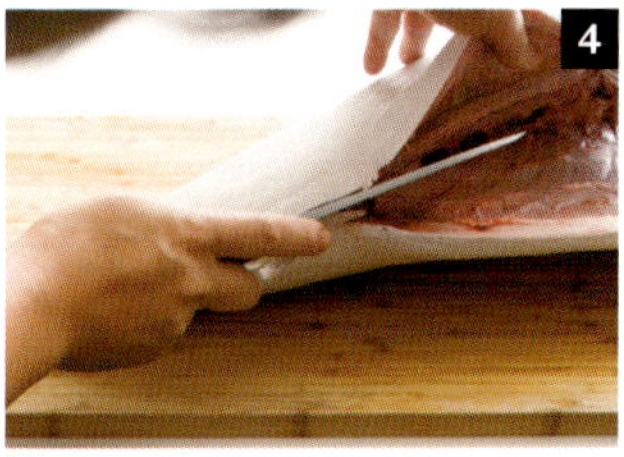

4 切り目に沿って包丁を当て、なぞるように切り下ろしながら、切っ先を背骨に合わせる。

5 右手の力を抜いて包丁の平を中骨にぴたりとのせ、そのまま切っ先で背骨をなぞりながら尾の付け根まで切る。

POINT

奥の白っぽく見えるところが背骨。身幅があるので、ここに届くまで2〜3回繰り返し包丁を入れてもよい。

6 身を裏返して頭側を左、背を手前に置く。尾の付け根から肩口まで、背びれの上に切り目を入れる。

7 切り目に沿って包丁を入れ、切っ先を背骨に合わせる。右手の力を抜いて包丁の平を中骨にぴたりとのせ、そのまま切っ先で背骨をなぞりながら肩口まで切る。切り残しがあれば、背骨に届くまで繰り返し包丁を入れる。

8 尾の付け根に逆さ包丁を差し入れて尾側に少し切り込み、包丁を返して背骨の上を滑らせるように動かし、身を切り離す。

9 腹骨に当たったら、切っ先をまな板側に傾け、刃元を肩口側に向けて斜めにして切り進め、背骨から身を切り離す。

10 尾の付け根を切り離す。

骨のついた上側の身と、ついていない下側の身の2枚に切り分けた二枚おろしの状態。

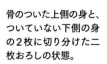

かまを切り取る

＊三枚おろしにしたものを使用

使う道具

出刃包丁

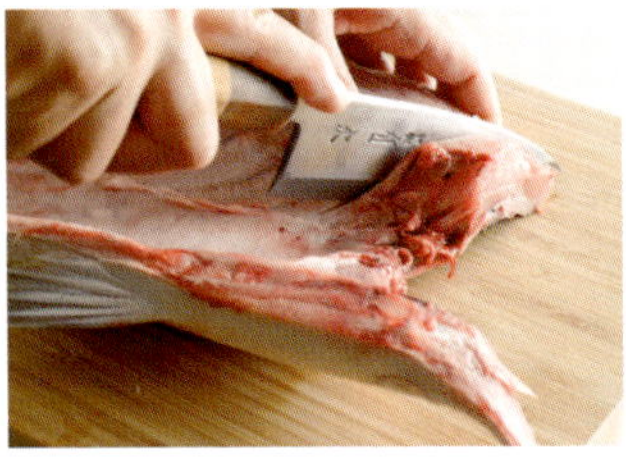

頭側を右に置く。肩口と尾びれの後ろを結ぶ斜めのラインに包丁を入れ、かまを切り取る。

仕上がり

上側の身と下側の身から切り落としたかま

節取りする

＊かまを切り落とした下側の身を使用

使う道具

出刃包丁

1 腹側を左にして縦に置く。身の中央にある**小骨と血合い部分の右側ギリギリを、頭側から尾の付け根までまっすぐ切る。**

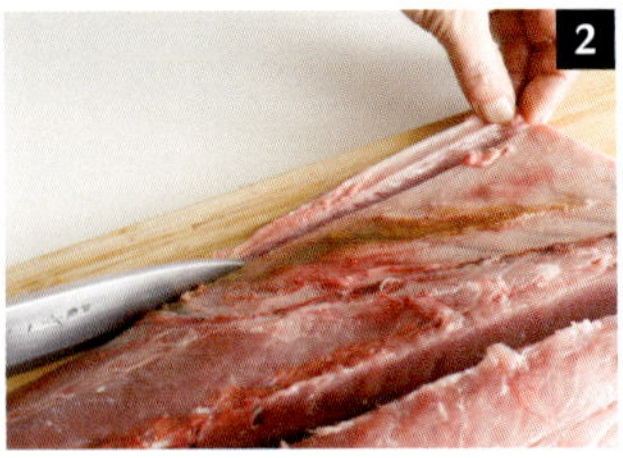

2 腹側の端にある、腹骨が終わった辺りの**骨のない部分（はらす）を切り取る。**

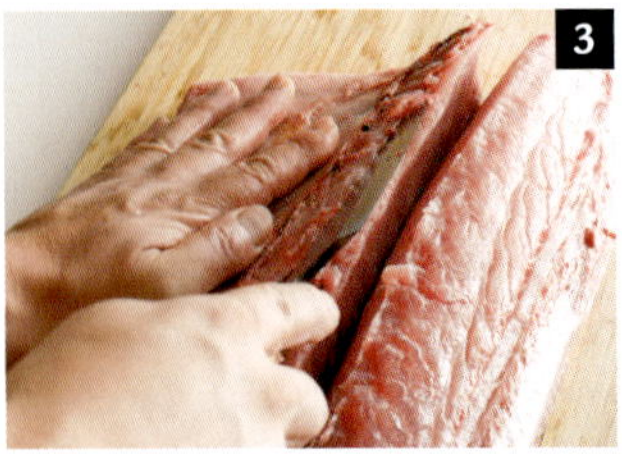

3 **腹骨を取る**（p.33「腹骨の付け根をはずす1」、p.34「腹骨をそぎ取る／下側の身」参照）。腹骨の付け根に逆さ包丁で切っ先を差し入れ、切り上げて骨の端を1本ずつ身からはずす。

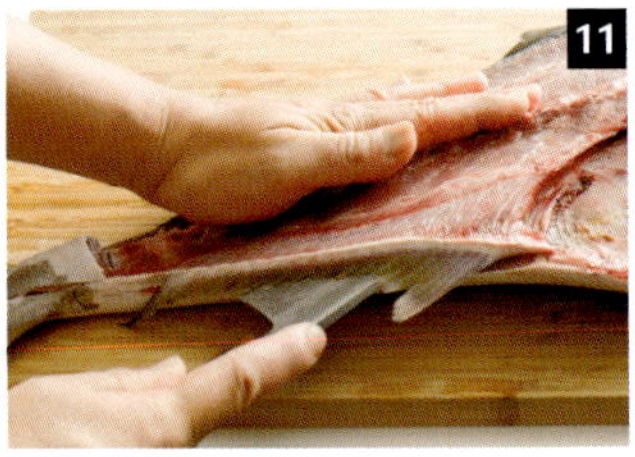

11 骨側を上にしたまま、頭側を右に置く。**3**～**5**の要領で、肛門から尾の付け根まで切る。包丁の平は身にぴたりとのせて切り進める。

POINT

左手で背側を軽く押さえ、腹側を少し浮かせると包丁が入れやすい。

12 頭側を左、背を手前に置く。**6**、**7**の要領で、尾の付け根から肩口まで切る。包丁の平は**11**と同様に、身にぴたりとのせて切り進める。

POINT

中骨を持ち上げ、背骨の中央部まで切り込む。

13 尾の付け根に逆さ包丁を差し入れて尾側に少し切り込み、包丁を返して背骨の下を滑らせるように動かし、身を切り離す。

14 尾の付け根を切り離す。

仕上がり

三枚おろしにしたもの

頭を切り分ける

使う道具

出刃包丁

1 **頭を内側から割る**(p.38「内側から割る」参照)。口を上、あごを手前にして立てて置き、下唇の中央を切る。滑らないように、固く絞ったぬれ布巾を敷く。

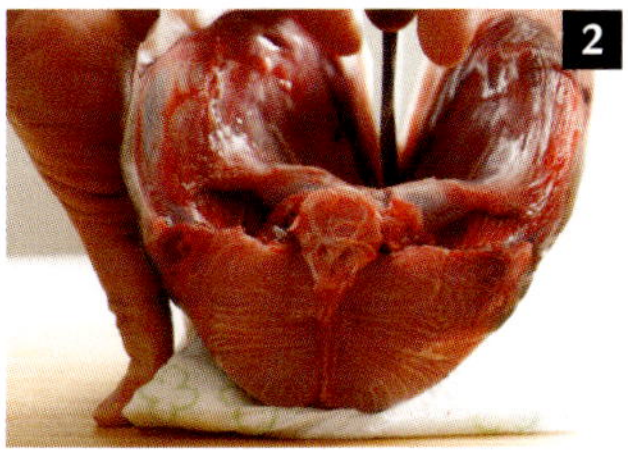

2 右側の目と太い骨の間に包丁を当て、向こう側に突き出すようにして、切っ先がまな板に当たるまで一気に切り込む。

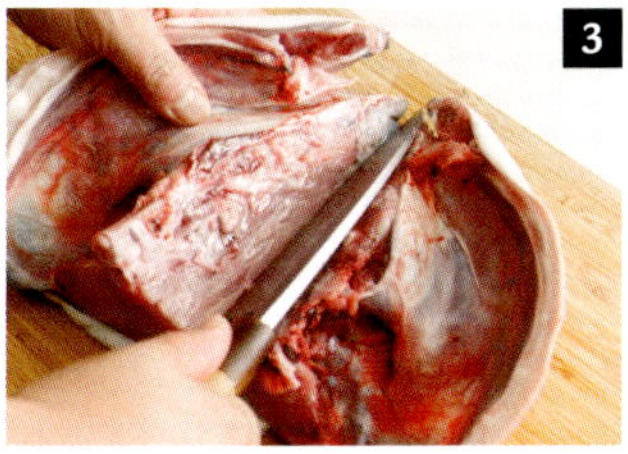

3 頭を左右にグッと開き、つながっている部分に刃先を当てて峰を叩き、左右2つに割る。

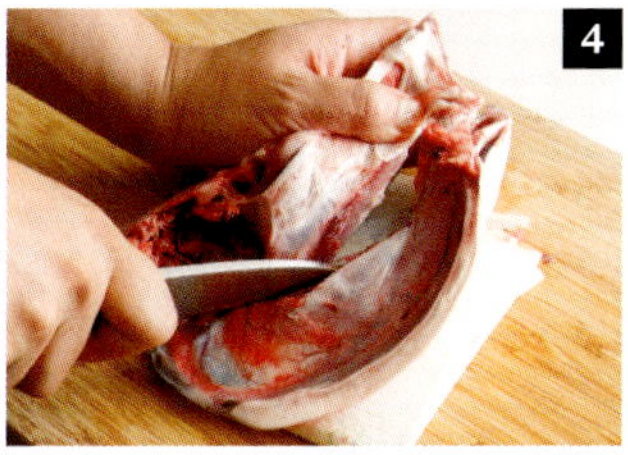

4 **割った頭を切り分ける。**下唇からえら蓋に向かって包丁を入れて切り離す。

5 頭と目の部分を食べやすい大きさに切り分ける。骨が堅いので、包丁の峰を左手で叩いて切り離す。

仕上がり

頭を切り分けたもの

ぶり大根
▶ *p.179*

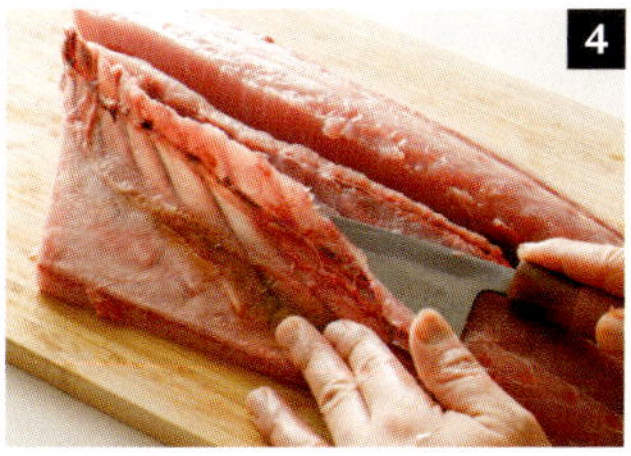

4 包丁を順手に持ち替え、右にねかせて**3**の切り口に差し入れ、腹骨の流れに沿って手前に引くようにして薄くそぎ取る。

5 腹側の身に残った**小骨と血合い部分を、左側ギリギリのところで切り取る。**

仕上がり

背節と腹節に節取りしたもの

切り身にする

＊腹節（下側の身）を使用

使う道具

出刃包丁

皮を下にして向こう高に置く。包丁をねかせて刃渡りいっぱいを使って2～3cm幅で斜めに切る。

POINT

刃先を身に当てて前に押し出すように切り、刃元まで進んだら手前に引いて切り離す。

仕上がり

腹節を切り分けたもの

ぶりの照り焼き
▶ *p.179*

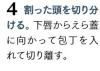

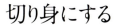

ぶりしゃぶ用平作り

＊背節を使用

使う道具

柳刃包丁

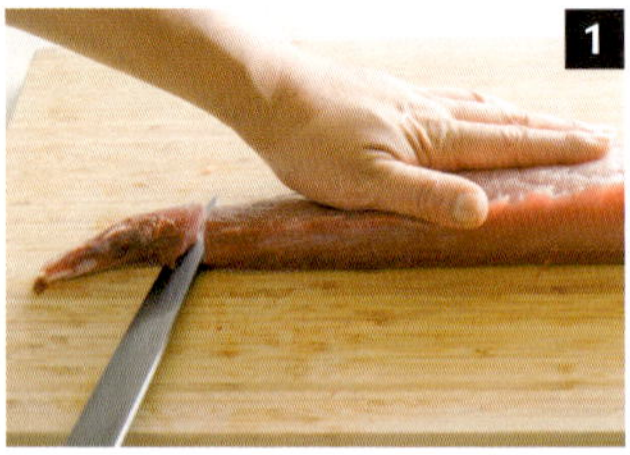

1 皮を下、尾側を左に置く。尾側の端から3cmくらいの所に切り目を入れ、尾側に向かって皮を残して身をそぎ取る。

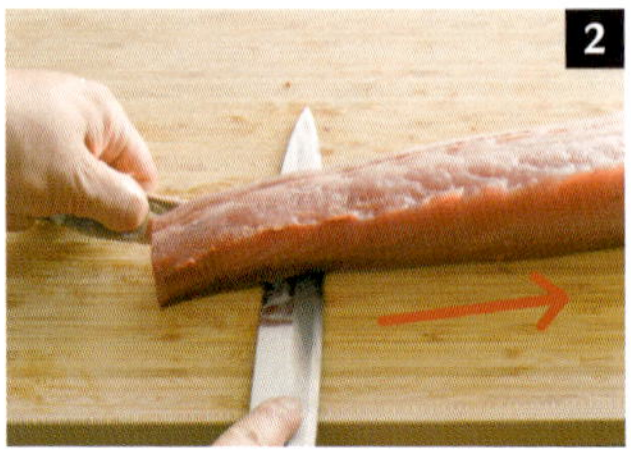

2 包丁の刃先を切り目から皮と身の間に入れてまな板にぴったり押しつける。皮を左へ引きながら上下に細かく動かし、包丁を頭側へ進めて皮をはがし取る。

3 皮側を上にして向こう高に置き、右端から切る。刃先を身の傾斜に沿わせるように当て、手前にスッと引く。厚さの目安は5mm。

4 刃元から切っ先まで刃渡りいっぱいを使い、一気に引いて薄く切る。

仕上がり

平作りにしたもの

ぶりしゃぶ
雪見仕立て▶下記

ぶりしゃぶ雪見仕立て

材料（2人分）

ぶり（平作りにしたもの）……約200g
昆布だし……2½カップ
大根おろし（汁ごと）……2½カップ
赤唐辛子……1本
塩……小さじ1
好みの野菜（白髪ねぎ、水菜など）……適量
○薬味
　もみじおろし
　大根おろし、……各適宜
ぽん酢しょうゆ……適量

1 器にぶり、食べやすく切った野菜、薬味を盛る。
2 赤唐辛子は種を除き、小口切りにする。
3 鍋に昆布だしを熱し、一煮立ちしたら大根おろしを汁ごと入れ、**2**と塩を加える。
4 再び煮立ったら、ぶりと野菜をしゃぶしゃぶにし、好みで薬味を加えたぽん酢しょうゆで食べる。

ぶりの照り焼き

材料（2人分）
ぶりの切り身……2切れ
ごぼう……6cm
塩……少量
○漬け汁
しょうゆ、みりん、
酒……各½カップ
大根おろし、一味唐辛子
……各適量

1. ぶりは両面に振り塩をして30分程おき、表面に浮き出た水気を拭き取る。
2. 漬け汁の材料を合わせ、**1**のぶりを15分程浸ける。
3. ごぼうは3cm長さに切って4つ割りにし、熱湯で2分程ゆでて水気をきる。
4. フライパンにオーブンペーパーを敷き、**2**のぶりを汁気をきってのせ、刷毛で漬け汁を塗りながら中火で両面を焼く。
5. 焼き上がり直前に**3**を加え、漬け汁を絡める。
6. 器にぶりとごぼうを盛り合わせ、大根おろしを添えて、一味唐辛子を振る。

ぶり大根

材料（4人分）
ぶりのあら（切り分けた頭）
……½尾分（約500g）
大根……½本
米……少量
ほうれん草……½束
塩……適量
水……4カップ
酒、みりん、砂糖、
しょうゆ……各大さじ3
白髪ねぎ……適量

1. ぶりのあらは振り塩をして30分程おき、熱湯にさっと通して冷水に取り、うろこや血わたを手早く取り除き、ざるに上げて水気をきる。
2. 大根は2.5cm厚さの半月切りにする。
3. 鍋に**2**を入れてかぶるくらいの水を注いで米を加え、強火にかけて下ゆでする。竹串がスッと通るようになったら、水に取って洗う。
4. ほうれん草は塩ゆでし、水に取って水気を絞り、3cm長さに切る。
5. 鍋に**1**と**3**を入れ、分量の水と酒、みりん、砂糖を加えて強火にかける。煮立ったら中火にし、アクを取りながら20分程煮る。
6. **5**にしょうゆを加え、落とし蓋をしてさらに10～15分煮る。
7. 器に盛りつけて**4**を添え、白髪ねぎをのせる。

Tuna 鮪

まぐろ

［分類］スズキ目サバ科　［別名］成魚／くろまぐろ・ほんまぐろ・しびなど。若魚／よこわ・めじなど　［主産地］太平洋北部、温帯海域

旬 **通年（国産クロマグロは冬、日本近海の漁期は春～夏）**

国内で食用とされているのは、黒まぐろ（本まぐろ）、南まぐろ（インドまぐろ）、めばちまぐろ、きはだまぐろ、びんながまぐろ（びんちょう）の5種。その中で絶大な人気を誇るのが、黒まぐろ。この人気ゆえに漁獲量が増えて個体数が減り、2014年、絶滅危惧種に指定された。一般の店頭に並ぶのは主にめばちまぐろで、そのほとんどが冷凍もの。漁獲後、直ちに下処理され、船上でマイナス60℃の超低温で急速冷凍されるまぐろは、生まぐろに勝るとも劣らない鮮度で流通している。「さく（柵）」と呼ばれる板状の切り身は、解体したまぐろのブロックから切り出されたもの。

おろすポイント

- 冷凍ものは、できるだけドリップを出さず、品質低下が進むマイナス7℃～0℃の温度帯を速やかに通過させるため、40℃の温塩水（塩分濃度4％）に浸けて解凍する。

選ぶポイント

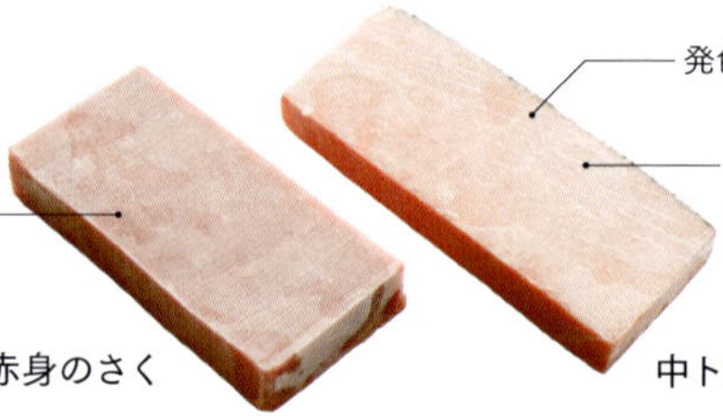

見るからにおいしそうな赤色。発色がよく、透明感とつやがあるものを選ぶ。黒っぽくなっていたり、緑がかっているものは鮮度が落ちている

発色のよいピンク色

きめが細かく、表面の脂がねっとりしている

赤身のさく

中トロのさく

- 赤黒い斑点や筋など血線があるものは避ける
- 筋がない、あるいは薄いさくは「てんぱ」と呼ばれる背骨に近い部位。舌触りが柔らかく、味わい濃厚

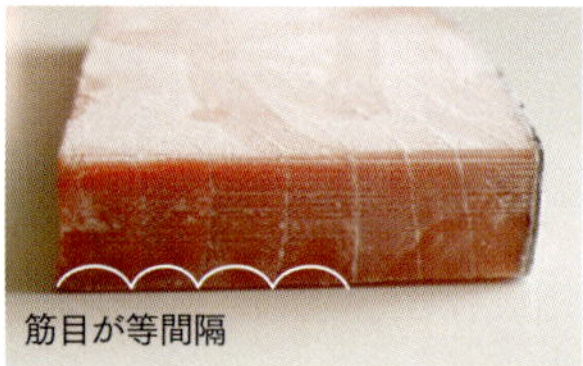

- 筋目が等間隔で平行あるいはやや斜めになっているもの
- 筋の白い線が細いもの

解凍する

使う道具

柳刃包丁

1 塩分濃度4％で40℃の温塩水（40℃の湯1ℓに対して塩40gの割合）を作り、冷凍のさくを1～2分浸ける。温塩水の中で、さくの表面についている削りかすや汚れなどを洗い流す。

表面が溶けて、芯はまだ凍っている状態。

2 温塩水から取り出し、キッチンペーパーで水気をしっかり拭き取る。

3 清潔なキッチンペーパーで包み（クッキングペーパーなど毛羽立っているものは繊維がつくので避ける）、冷蔵庫のチルド室（またはパーシャル室、冷蔵庫の下段）に1～2時間おいて半解凍する。

4 皮を切り落とすなどし、形を整える。

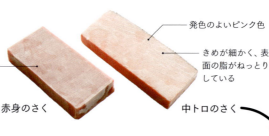

そぎ作り

使う道具

柳刃包丁

1 さくは食べやすい身幅に切る。

2 1のさくをまな板の手前に置き、左端から約5㎜の幅で、包丁を斜めに入れる。左手を身に軽く添え、包丁を右にねかせて刃元を身に当て、切っ先が弧を描くように包丁を手前に引く。

刃元から切っ先まで刃渡りいっぱいを使い、一気に引いて切る。

3 刃先がまな板に当たったら、包丁を起こして刃先を立て、手前に引いて身を切り離す。切った身は、左手で左斜め上へ移動させる。包丁の角度を変えず、残りの身を同様に切る。

仕上がり

そぎ作りにしたもの

まぐろの刺身三種盛り ▶ p.182

平作り

使う道具

柳刃包丁

1 さくをまな板の手前に置き、右端から約5㎜幅で、筋に対して直角に包丁を入れる。切り始めは、刃元をまな板の角に当て、切っ先を上げる。切っ先が弧を描くように包丁を手前に引く。

刃元から切っ先まで刃渡りいっぱいを使い、一気に引いて切る。切り終わったところで、切っ先でまな板を引き切るようにして身から包丁を引き抜く。

2 切った身は動かさずにそのまま置き、残りの身を同様に切る。

仕上がり

平作りにしたもの

1切れの身幅が広ければ、食べやすく切る。

まぐろの刺身三種盛り ▶ p.182

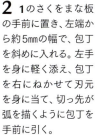

角作り

＊づけ（下記参照）にしたさくを使用

使う道具

柳刃包丁

1 さくの四方を、端を切り落として形を整え、1.5㎝四方の棒状に切り分ける。

2 棒状の身を、右端から1.5㎝幅でまっすぐ切る。刃元から切っ先まで刃渡りいっぱいを使い、一気に引いて切る。

仕上がり

角作りにしたもの

まぐろの刺身三種盛り▶下記

まぐろの刺身三種盛り

まぐろの平作り、そぎ作り、づけ（下記参照）の角作りを盛り合わせ、大根のせん切り、青じそ、立桂をあしらい、おろしわさびを添える。

まぐろのづけ

材料（1さく分）

まぐろ……1さく
（解凍したもの／300g）

○漬け汁
しょうゆ……1¼カップ
煮切り酒……2½カップ
煮切りみりん……大さじ1

1 ボウルに沸騰させた湯を入れ、まぐろを入れる。

2 表面がほんのり白くなったら氷水に取って粗熱を取り、水気を拭く。

3 鍋に漬け汁の材料を合わせ、一煮立ちさせて冷ます。

4 **3**を密閉容器などに移し、**2**のまぐろを入れて冷蔵庫で12時間漬ける。

まながつお

Silver pomfret 真魚鰹／真名鰹

［分類］スズキ目マナガツオ科　［別名］ちょうちょう、ぎんだい、ちょうきん、めんな、まながたなど　［主産地］瀬戸内海、熊本、鹿児島他

旬 冬の終わり～春の始め。瀬戸内海では多く漁獲される夏が旬

「西海にさけなく、東海にまながつおなし」のことわざがあるように、関東ではなじみの薄い魚だが、関西圏ではたいやあまだいと同等の扱いを受ける白身の高級魚。名前の由来には、「女房質に置いても初がつお」と言われた江戸時代、鮮度のよいかつおが入手できない京都・大阪で、同時期に獲れる似た味わいのこの魚をかつおに見立てた「真似《まね》がつお」が転訛した、脂がのって旨いことから「これぞ本物のかつお」の意味を込めた「真名がつお」が転訛したなど、諸説ある。水分の多い魚なので、振り塩をして余分な水分を抜くことで、きめが細かく繊細な身質を堪能できる。

おろすポイント

- 骨が非常に柔らかいので、中骨に切り込んで骨の下の身を傷つけないように注意する。
- 身も柔らかく、身割れしやすいので慎重に扱う。

選ぶポイント

目の透明部分に張りがあるもの
ひれ際部分がふっくらしているものは脂ののりがよい
身が厚く、締まっていて弾力がある
銀色のうろこがはげているのは脂がのっている証し。鮮度が落ちたものもはげているが、その辺は目などで見極める

下処理

使う道具
出刃包丁

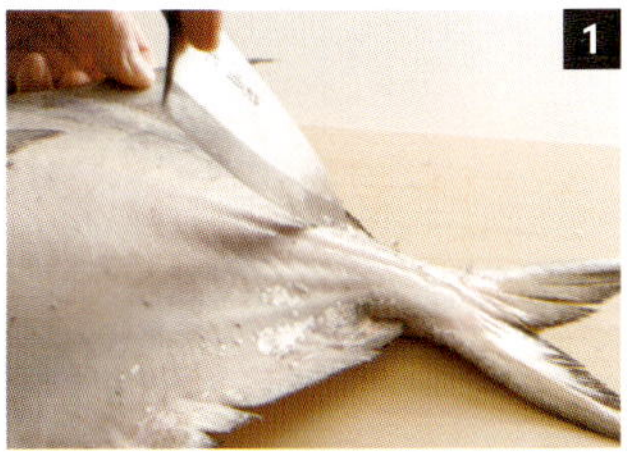
1

2

1 **うろこは包丁でばら引き**する（p.16「ばら引き1」参照）。

2 身をおろす際に邪魔になるので、**両胸びれを切り落とす**。

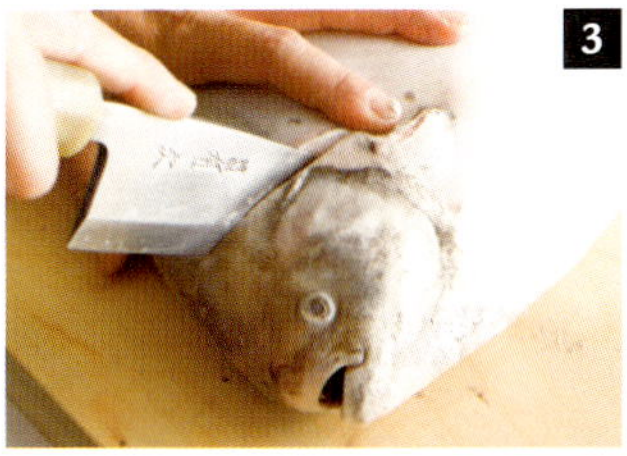
3

3 頭を右、背を手前に置く。切り落とした胸びれの付け根から頭頂部に向けて斜めに下までざっくりと切る。

4

4 頭を左、腹を手前に置く。切り落とした胸びれの付け根からのど下に向けて斜めに包丁を入れ、**V字形に頭を切り落とす**。このとき、内臓につながる食道を切らないようにする。

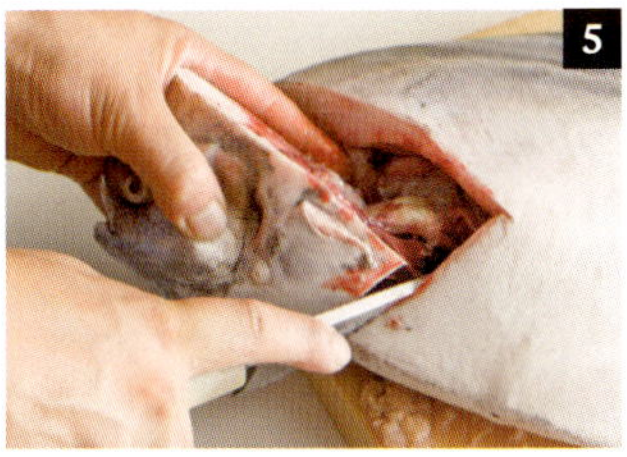
5

5 **頭を引っ張って、内臓ごとはずす。**

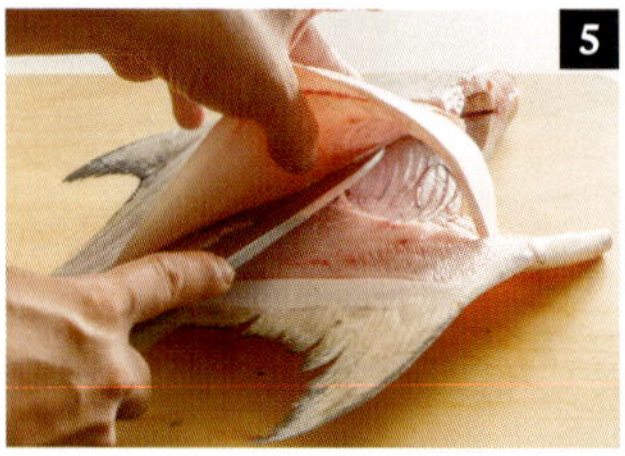

5 背骨の際までしっかり包丁を入れる。

6 向きを変えて頭側を左、背を手前に置く。尾の付け根から背びれの付け根に向かって、ひれ骨の先端に沿って切り目を入れ、さらに肩口に向かって背の縁に切り目を入れる。

7 尾の付け根から包丁をねかせて入れ、中骨の上にぴたりとのせて、切り目に沿って切り進める。

8 背びれの付け根から肩口まで切る。背骨の際までしっかり包丁を入れる。

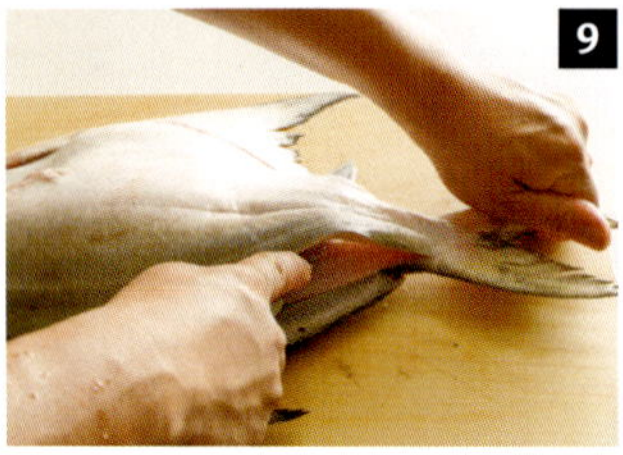

9 尾の付け根に逆さ包丁を差し入れて尾側に少し切り込み、包丁を返して背骨の上を滑らせるように切り進める。

10 腹骨に当たったら、切っ先をまな板側に傾け、刃元を肩口側に向けて斜めにして切り進める。尾の付け根を切り、片身をはずす。

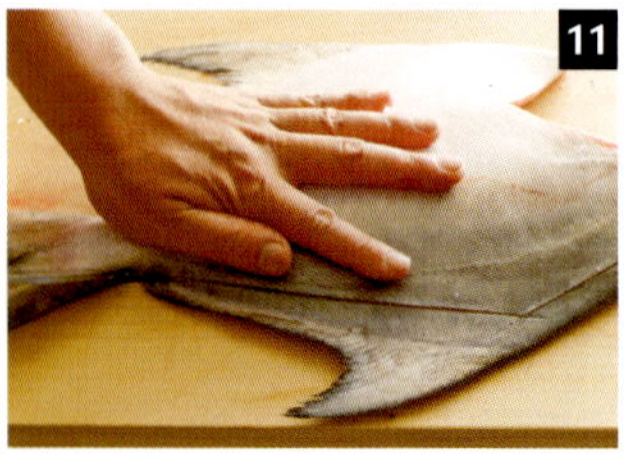

11 骨側を下にし、頭側を右、背を手前に置く。肩口から背びれの付け根に向かって、ひれ骨の先端に沿って切り目を入れ、さらに尾の付け根に向かって背の縁に切り目を入れる。

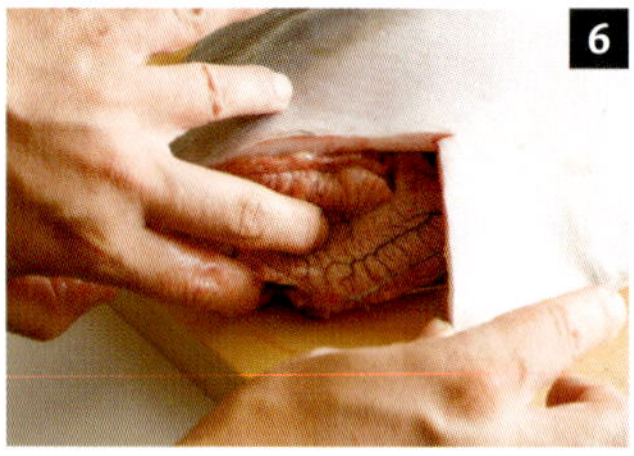

6 腹の中に指を入れて、残っている内臓を取り出す。**手早く水で洗い、水気を丁寧に拭き取る**。腹の中に残った血わたや内臓なども拭き取る。

仕上がり

9 水洗いしたもの

身をおろす
［三枚おろし］

使う道具
出刃包丁

1 頭側を右、腹を手前に置く。頭の方から尻びれの付け根に向かって、腹の縁に沿って切り目を入れる。

2 尻びれの付け根から尾の付け根に向かって、ひれ骨の先端（表面から透けて見える）に沿って切り目を入れる。

3 頭側から腹骨の角度に合わせて包丁を入れ、腹骨部分を切り離す。

4 尻びれの付け根部分から包丁をねかせて入れ、中骨の上にぴたりとのせ、切り目に沿って切り進める。骨が柔らかいので、下側の身まで切り込まないように気をつける。

12 肩口から包丁をねかせて入れ、中骨の上にぴたりとのせて、切り目に沿って背びれの付け根まで切り進める。

13 背びれの付け根から尾の付け根まで切る。何回かに分けて、背骨の際まで包丁を入れる。

14 向きを変えて頭側を左、腹を手前に置く。尾の付け根から尻びれの付け根に向かって、ひれ骨の先端に沿って切り目を入れ、さらに頭の方に向かって、腹の縁に沿って切り目を入れる。

15 尾の付け根から包丁をねかせて入れ、中骨の上にぴたりとのせて、切り目に沿って尻びれの付け根まで切り進める。背骨の際までしっかり包丁を入れる。

16 尻びれの付け根から腹骨の角度に合わせて包丁を入れ、腹骨部分を切り離す。

17 腹骨の部分は、身を指で少し持ち上げて腹骨の付け根のカーブを確認しながら切り進める。

18 尾の付け根に逆さ包丁を差し入れて尾側に少し切り込み、包丁を返して背骨の上を滑らせるように切り進める。

19 尾の付け根を切り、片身をはずす。

仕上がり

三枚おろしにしたもの

切り分ける

＊三枚おろしにした上側の身を使用

使う道具

出刃包丁

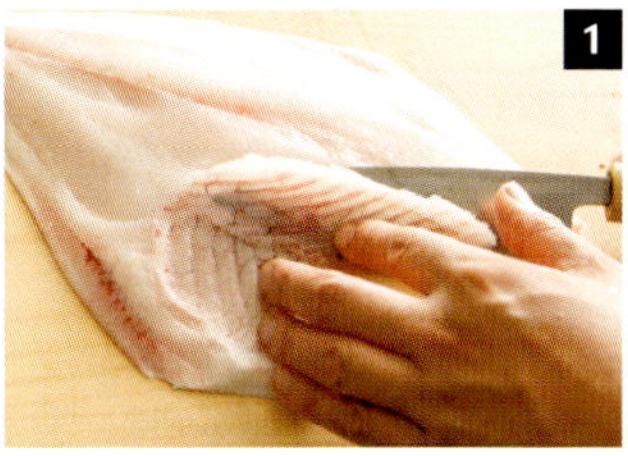

1 **腹骨を取る**（p.33「腹骨の付け根をはずす2」、p.34「腹骨をそぎ取る／上側の身」参照）。腹側を左にして縦に置く。左手で腹骨を軽く押さえ、包丁をねかせるようにして手前に引きながら、腹骨の先端までそぐように切り進む。

2 切り込んだ部分の身を左手でめくり上げ、腹の薄い部分を少しずつ切り進み、最後に包丁を立てて切り取る。

3 **切り身にする**。頭側を左に置く。身幅の狭い尾側の端を切り落とし、形を整える。

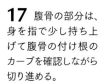

4 頭側を上にして縦に置く。小骨と血合い部分を背身（左）に残して腹身（右）を切り離す。背身に残った小骨と血合い部分を切り落とす。

5 皮を上にして向こう高に置く。左手で身を押さえ、包丁を斜めにねかせて入れ、手前に引いて切り離す。料理に合わせた幅に切る。

仕上がり

切り身にしたもの

まながつおの西京焼き ▶下記

まながつおのカレー ▶p.187

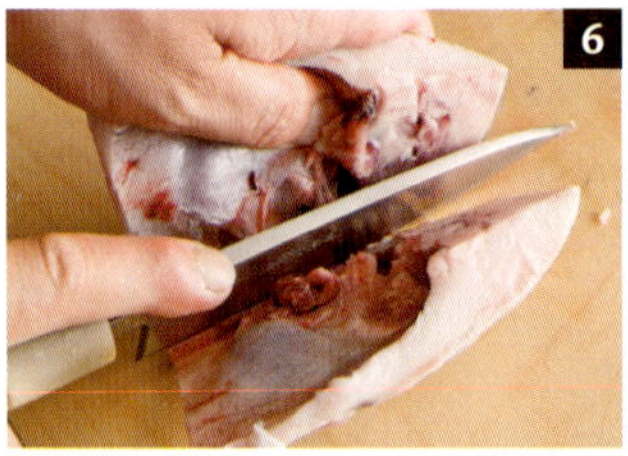

6 **頭を内側から割り**（p.38「内側から割る」参照）、**切り分ける。** 口を上、あごを手前にして立てて置く。下唇の中央を切り、そのまま右側の目と太い骨の間に包丁を当てて切り下ろす。頭を左右にグッと開き、つながっている部分に包丁を入れて2つに割る。

7 頭とえら下を切り離す。

仕上がり

頭を切り分けたもの

まながつおの西京焼き

材料（2人分）

まながつおの切り身 ……4切れ
塩……適量
○みそ床
　白みそ……100g
　みりん……大さじ2
はじかみ（市販品）……適宜

1 まながつおは振り塩をして15分程おき、表面に浮き出た水気を拭き取る。
2 みそ床の材料を混ぜて**1**を漬け、冷蔵庫で一晩おく。
3 **2**のまながつおのみそを洗い流して水気を拭き、皮に細かく切り目を入れる。
4 予熱した魚焼きグリル（両面焼き）で**3**を皮を上にして7〜8分焼く。
5 器に盛り、はじかみを添える。

バットの底にみそを敷いてまながつおを並べ、上から残りのみそを塗ってガーゼで覆う。

まながつおの皮は硬いので、細かい切り目を入れて食べやすくする。

まながつおのカレー

材料（4人分）

まながつおの切り身……½尾分（約200g）
ターメリック……小さじ1
塩……少々

A
- トマト……200g
- プレーンヨーグルト……100g
- カシューナッツ（ローストしたもの）……20粒
- しょうがのみじん切り……小さじ1
- にんにくのみじん切り……小さじ1
- 青唐辛子（好みで）……2本

バター……50g

B
- ナツメグ、カルダモン、シナモン（すべてパウダー）……各小さじ½
- クミン、コリアンダー（共にパウダー）……各小さじ1
- こしょう……小さじ½
- 塩……小さじ1

牛乳、生クリーム……各½カップ
温かいご飯（写真はインディカ米）……適量

1 まながつおはターメリックと塩をまぶしてよくなじませ、15分程おく。

2 **A**をミキサーで撹拌し、ペースト状にする。

3 鍋にバターを溶かし、**2**を加えて油が分離して表面に浮いてくるまで弱火で炒める。

4 **1**を加えて火を通し、**B**を加える。

5 スパイスの香りが立ったら牛乳、生クリームを加えて混ぜ合わせ、軽く煮る。

6 器にご飯を盛り、**5**をかける。

まながつおにターメリックと塩をまぶし、15分程度おいて、下味をつける。

牛乳と生クリームを加えたら、温める程度にサッと煮る。沸騰させると分離する。

魚介類の部位と構造を知る

いかやえび、かに、貝など魚以外の魚介類は、種類によって下処理の方法が違ってきます。慣れないうちは難しそうですが、それぞれの部位や構造が分かればスムーズにおろせるようになります。

いか
（するめいか）

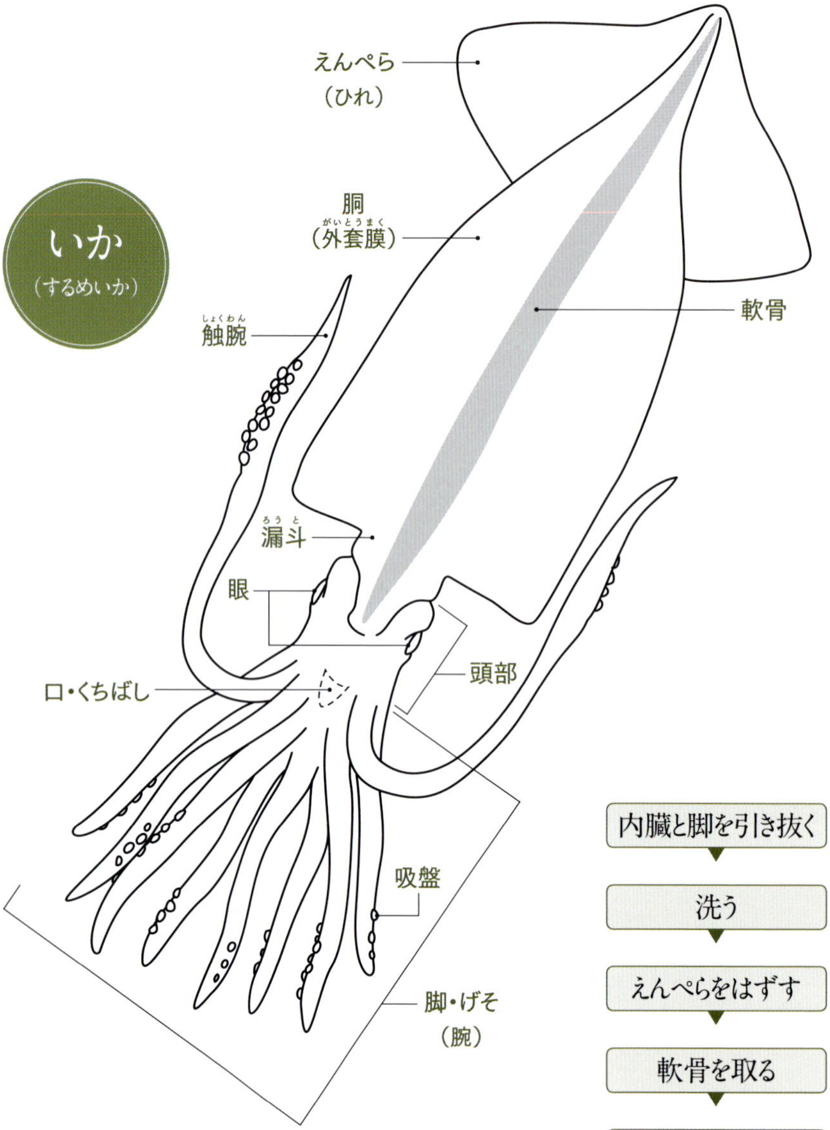

- 内臓と脚を引き抜く
- 洗う
- えんぺらをはずす
- 軟骨を取る
- 皮を除く

えび
（くるまえび）

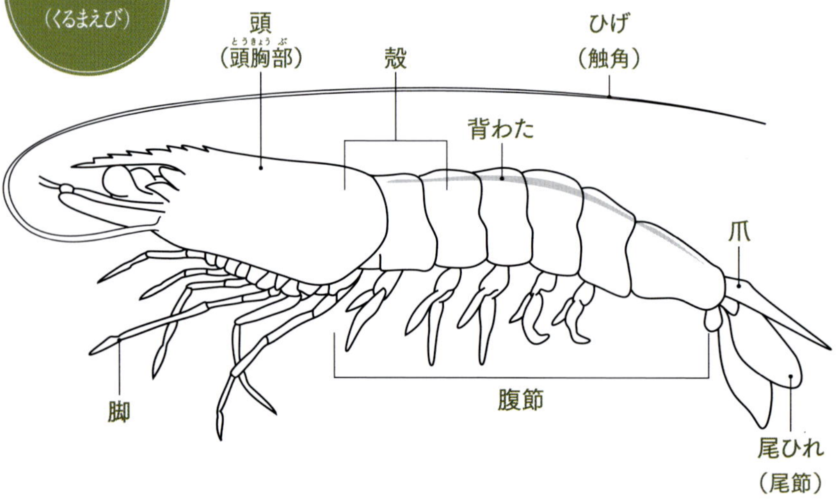

- 頭を取る
- 殻をむく
- 背わたを取る
- 切り目を入れる
- 尾の処理をする

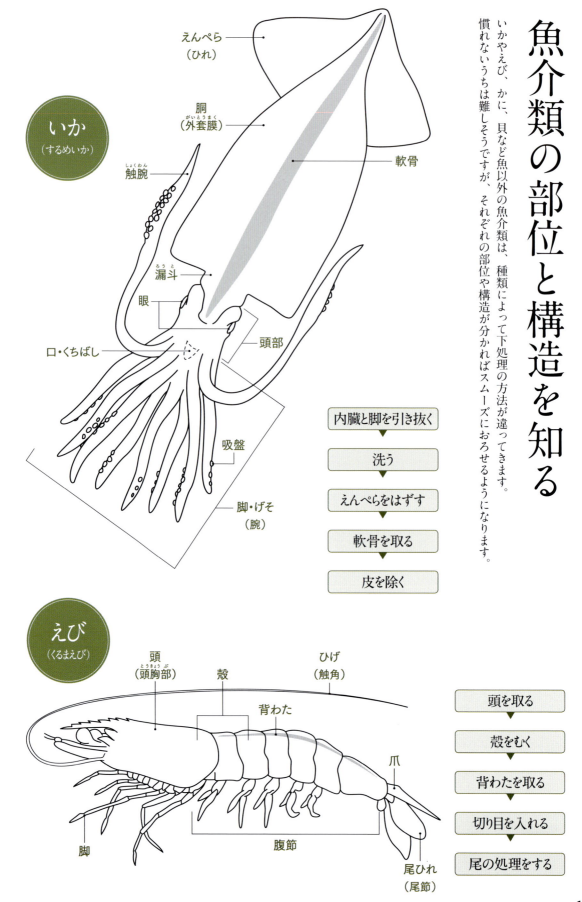

かに
（がざみ）

ふんどしを取る
▼
甲羅をはずす
▼
がにを取る
▼
切り分ける
▼
卵巣・内臓を取り出す

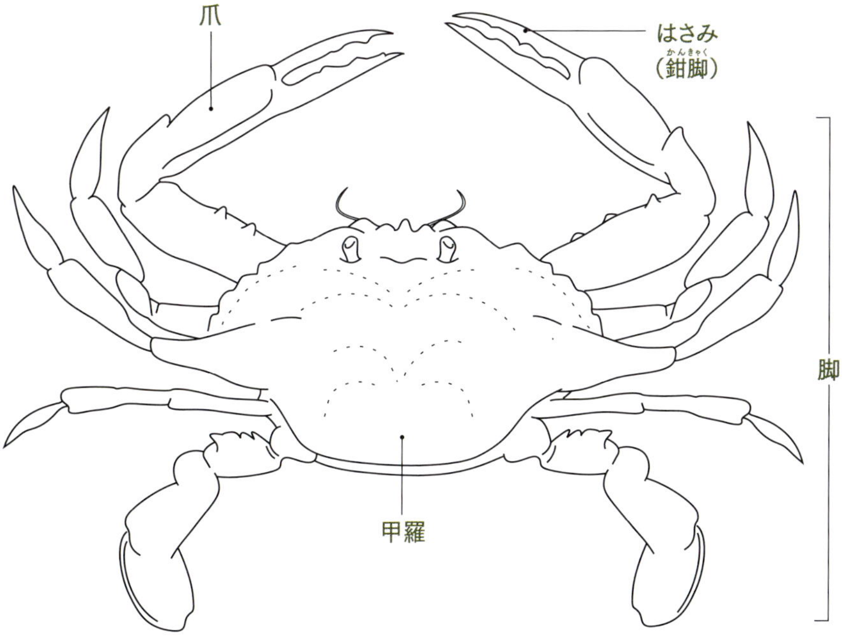

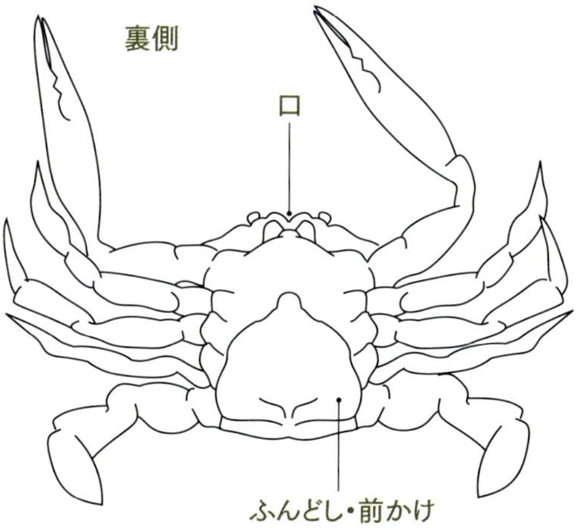

巻貝
（さざえ）

殻から取り出す
▼
身と内臓を分ける
▼
洗う

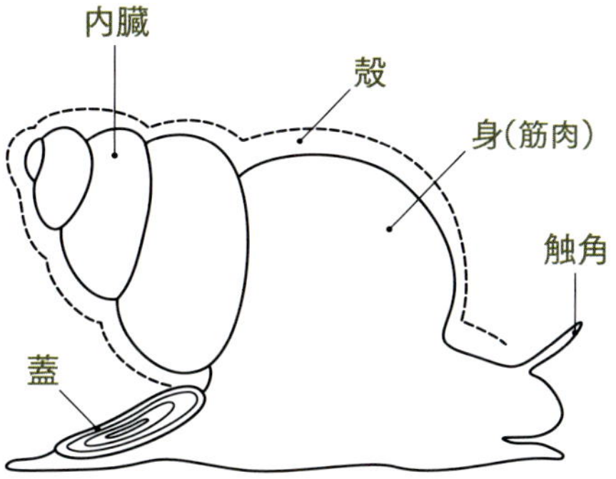

二枚貝

殻から取り出す
▼
内蔵を除く
▼
身、ひも、貝柱を分ける
▼
洗う

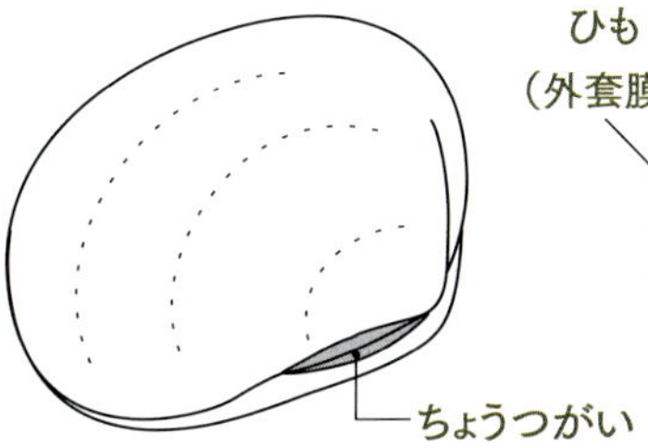

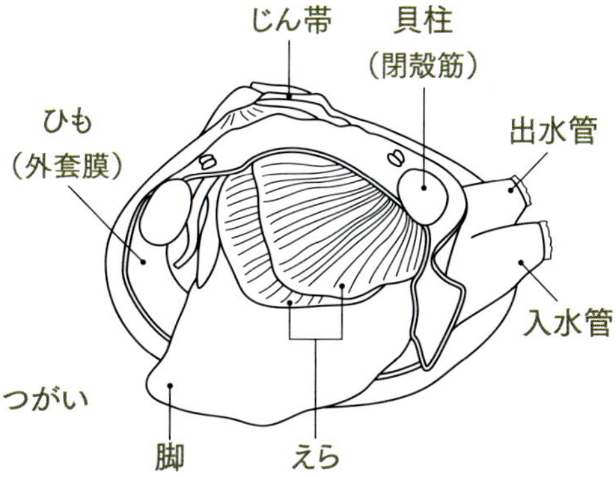

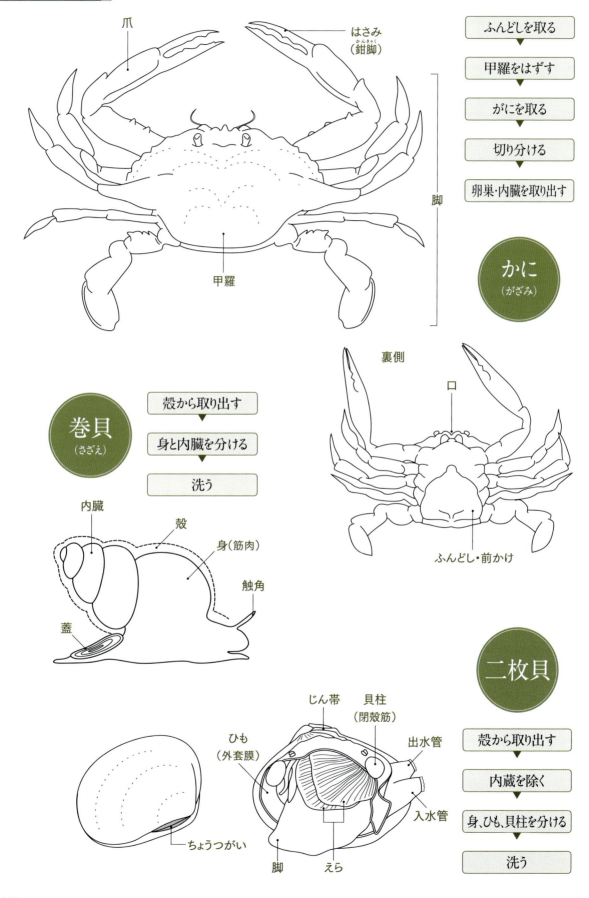

あわび

Abalone 鮑

[分類] 古腹足目ミミガイ科 [別名] 総称としては、「あわび」と呼ばれることが多い [産地] 岩手、宮城、千葉(房州)、静岡、長崎他

旬 種類により異なるが、くろあわび、めがいあわびは夏

縄文時代の貝塚から殻が出土し、古くから不老長寿の妙薬と言われ、楊貴妃も美容のために食べていた、という伝説も残るあわび。伊勢神宮では昔ながらの熨《の》斗《し》鮑《あわび》が神饌《しんせん》として奉納され、縁起物として献上品や贈答品に添えられてきた。一枚貝のように見えるが巻貝の一種で、海女や海士による素潜り漁と、船上から箱メガネで海底を覗き、鉤《かぎ》などで引っかける見突き漁が主な漁法となっている。日本で食用とされるのは、生食に向く「くろあわび」、「えぞあわび」、加熱調理に向く「めがいあわび」、「まだかあわび」の4種。いずれも高級品だが、中でも千葉県大原産のくろあわびは別格。ただしほとんど漁獲がなく、「幻のあわび」となっている。

おろすポイント

- 粗塩をすり込んで塩磨きをし、汚れやぬめりをこすり落とし、身を締める。
- 殻の薄い方にスプーンなどを入れて身をはずす。

選ぶポイント

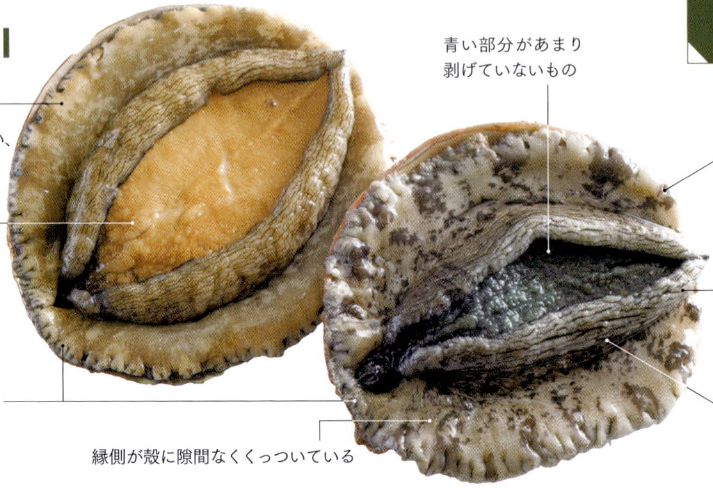
めがいあわび
[別名] めがい、ひらがい、あかがい、びわなど
きれいなびわ色をしたもの
生きているものを選ぶ
縁側が殻に隙間なくくっついている
青い部分があまり剝げていないもの
くろあわび
[別名] おがい、あおがい、せぐろ、くろがいなど
身肉が盛り上がり、殻からはみ出すくらいにたっぷり太ったもの
足が身に被さるくらいの高さがある

殻から取り出す

使う道具
スプーン

1

1 **身に粗塩をたっぷりまぶし、指先で丁寧にこすって塩磨きをし**、汚れやぬめりを取る。脇の部分に汚れが溜まるので、丹念にこする。

2

2 口のある殻の薄い方を手前にし、**口の横から身と殻の間にスプーンを差し込む**。この時、深く入れると肝を傷つけてしまうので注意する。

3

3 殻に沿ってスプーンを少しずつ動かし、**殻の中央にある貝柱をこそげるようにしてはずす**。

4

4 貝柱がはずれたらスプーンを抜き、手で薄膜をはがしながら、わた袋を破かないように注意して身を殻から取り出す。**はずした身はさっと水洗いし、塩と汚れを落とす。**

仕上がり

殻から取り出したもの

水貝用 角切り

使う道具

柳刃包丁、たわし

1 貝柱を上にして置く。身が平らになるように、貝柱をそぐように切り取る。

2 口の部分に残る赤い歯を、斜めに切り落とす。

3 水の中で、吸盤以外の黒い部分をたわしでこすってきれいに落とす。

POINT

水貝にして食べる場合は、器に張った昆布だしが汚れないように、たわしで黒い部分を落とす。

4 吸盤側を上にして縦に置き、1cm幅の棒状に切る。

5 棒状に切った身を、端から食べやすい大きさの角切りにする。**1**で切り離した貝柱も、同様に食べやすく切る。

水貝
▶ *p.192*

身と肝を分ける

使う道具

出刃包丁

1 **貝柱を上にして置く。貝柱の周りにある貝ひも（ひだの部分）と肝をはずす。**まず、口の部分を斜めにそぎ、貝ひもの先端を切り離す。

2 貝柱に沿って包丁を入れ、貝ひもと肝を切り離す。このとき、肝を傷つけないように注意する。

身と肝、貝ひもに切り分けたもの

3 肝に付いている薄皮を切り取る。

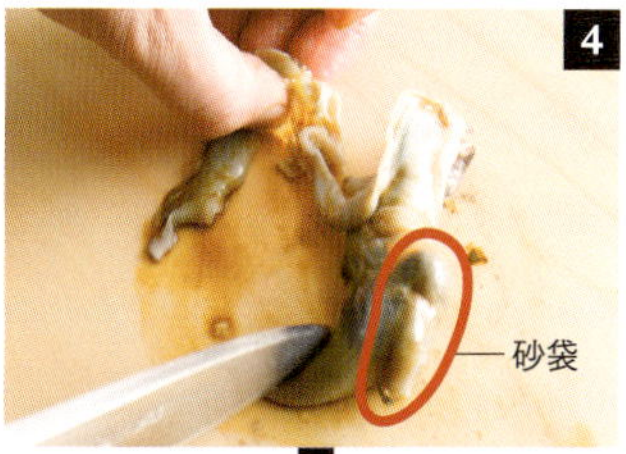

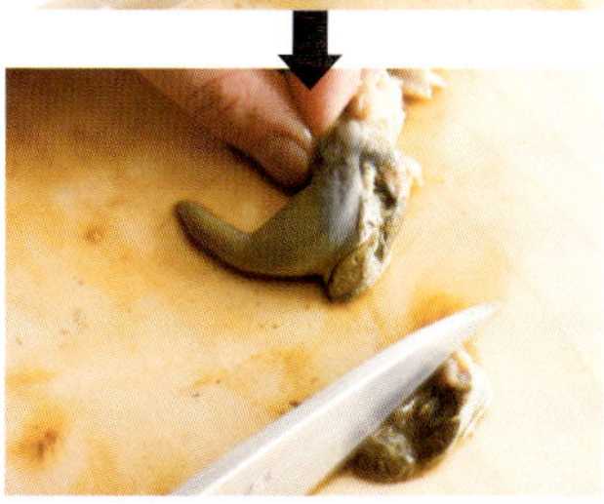

4 肝の横に出っ張って付いている砂袋を切り落とす。

あわびステーキ肝ソース▶ *p.192*

水貝

材料（4人分）

あわび（くろあわび）
……1個（250g）
粗塩……適量
きゅうり……½本
水なす……¼個
オクラ……1本
昆布だし……1カップ
塩……小さじ½
マイクロトマト……適量

1 あわびは粗塩で塩磨きをし、殻から身を取り出して貝ひもと肝をはずす（はずした貝ひもと肝は、炒め物など別の料理に使うとよい）。

2 きゅうり、水なすは、それぞれ7～8㎜厚さのいちょう切りにする。オクラは粗塩でもみ、そのまま熱湯でサッとゆでて水に取り、冷めたら7～8㎜厚さの輪切りにする。

3 あわびの身を食べやすく角切りにする。

4 昆布だしに塩を加えて混ぜ、冷やす。

5 器に**2**、**3**を盛り、**4**を注いでマイクロトマトを散らし、氷を浮かべる。

あわびステーキ 肝ソース

材料（2人分）

あわび（めがいあわび）
……1個（400g）
粗塩……適量
ブランデー……大さじ1
生クリーム……大さじ2
塩……小さじ¼
サラダ油……適量
クレソン……適量

1 あわびは粗塩で塩磨きをし、殻から身を取り出して貝ひもと肝をはずす。

2 肝は熱湯で30秒程ゆで、薄皮と砂袋を除いて裏ごしする。これに生クリームを加え、湯煎しながらとろみがつくまでよく混ぜ、塩で味を調えて肝ソースにする。

3 あわびの身の吸盤側に、格子状の切り目を入れる。

4 フライパンにサラダ油を薄くひき、**3**を吸盤側を下にして入れ、中火で焼く。軽く焼き色がついたら裏返し、ブランデーを回し入れて火を弱め、蓋をして5分程蒸し焼きにして中まで火を通す。

5 器に**4**とクレソンを盛り合わせ、**2**を添える。

ブランデーを加えて蒸し焼きにすることで、アルコールと共にあわびの生臭みがとび、ブランデーの香りが付く。

いか（するめいか）

Japanese common squid　鯣烏賊

［分類］ツツイカ目アカイカ科　［別名］まいか、まついか、ばらいか、むぎいか（初夏の若いか）など　［産地］北海道、青森、千葉、静岡、石川他

旬 **漁獲が多い夏とされるが、産卵場へ南下する晩秋〜初冬が美味**

いかの種類は非常に多く、世界で約500種、日本近海だけでも100種以上が生息している。これらは大別すると、筒いか類と甲いか類に分けられる。日本沿岸を回遊し、日本人にとって最も身近な「するめいか」は、筒いか類の仲間。細長い円筒形の胴と、その先端左右に三角形のえんぺらがあるのが、この類共通の特徴。全国各地で漁獲され、年間を通して楽しむことができるが、晩秋になると肝に脂がのって大きくなり、身も厚くなる。身質は弾力があり、あっさりとしてくせがなく、生、焼く、煮るなど、どんな調理法でもおいしく食べられる。新鮮な肝は塩辛や炒め物に使うと美味。

おろすポイント

- 墨袋を破らないようにはずす。
- いかの繊維は胴に対して横方向に入っているので、刺身にする場合は、えんぺら側から頭側に向かって縦方向に切ると食感がよくなる。

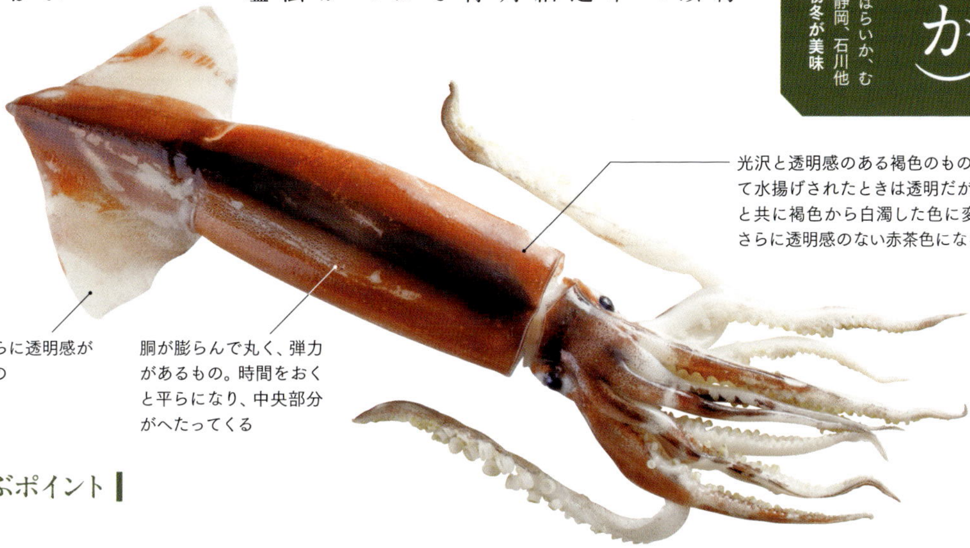

光沢と透明感のある褐色のもの。生きて水揚げされたときは透明だが、時間と共に褐色から白濁した色に変わり、さらに透明感のない赤茶色になる

えんぺらに透明感があるもの

胴が膨らんで丸く、弾力があるもの。時間をおくと平らになり、中央部分がへたってくる

選ぶポイント

下処理

使う道具
出刃包丁

1 まな板を濡らし、軟骨側を上、えんぺらを左に置く。左手の人差し指を胴の中に差し入れ、軟骨を胴からはがす。指をできるだけ奥の方まで入れる。

2 右手で目の下辺りを持ち、左右に2〜3回動かす。パキッと音がすればよい。これで**胴と内臓をつなぐ筋がはずれる。**

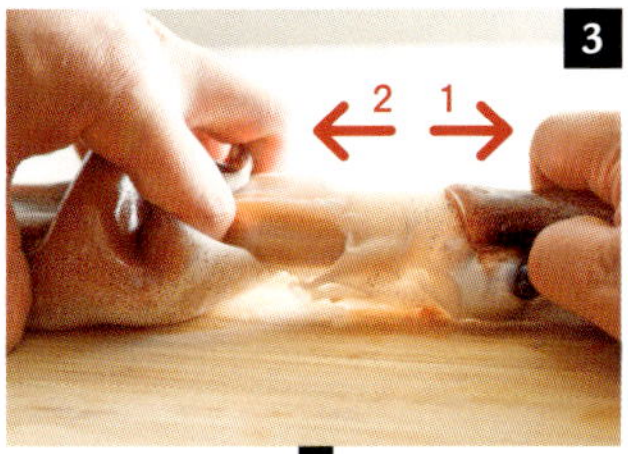

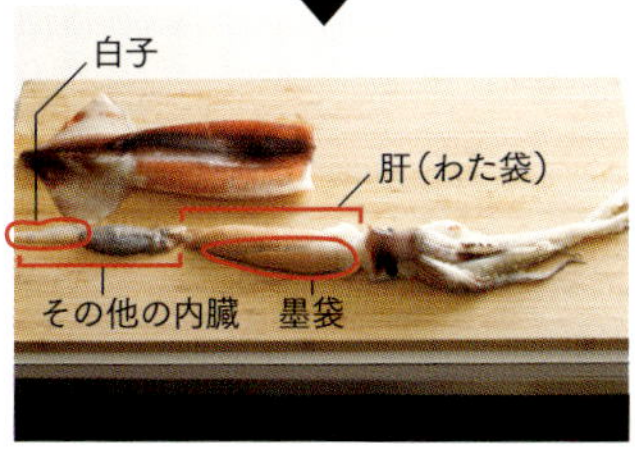

3 左手の人差し指と中指を胴の入り口に引っかけて押さえ、右手で目の下辺りを持って右へ引く。ブチッと音がして抵抗がなくなったら、今度は胴側の方を左へゆっくり引っ張って**内臓を抜き出す。**

4 肝からその他の**内臓を切り取る。**

胴の処理

使う道具
牛刀または柳刃包丁

1 **胴からえんぺらをはずす。**えんぺらと胴の接合部の隙間に指先を入れ、えんぺらの先に向かって動かしてはがす。

2 えんぺらを胴側へ向かって引っ張る。

3 止まったところでえんぺらをひとひねりし、上方向へグッと引っ張ってもぎ取る。

4 えんぺらを取った際に開いた穴の位置で、**胴の先端を切り落とす。**この部分の身は薄くて硬いため、脚と同様の使い方をするとよい。

5 えんぺらがあった方を上、軟骨側を右にして縦に置く。包丁を逆さ包丁にして手前から差し入れ、**軟骨に沿って外側に向けて切り開く。同時に軟骨が抜ける。**

6 一枚に開いて内側を上にして置き、キッチンペーパーを使って残っている**内臓や薄皮を丁寧に取り除く。**

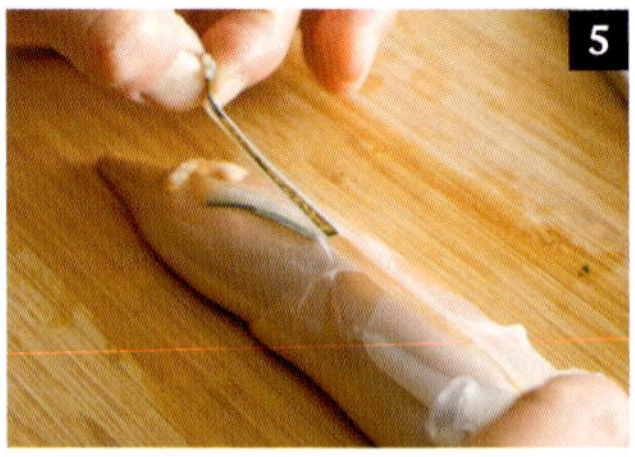

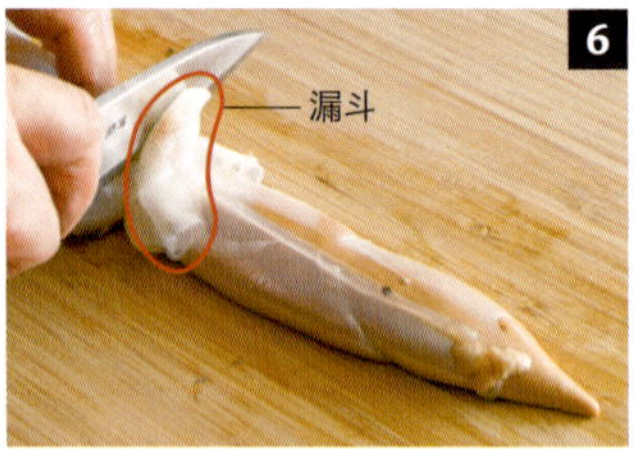

5 肝についている**墨袋をつまみ**、袋を破かないように引っ張って**取り除く。**

6 漏斗《ろうと》の脚側に包丁をピタリと当て、そのまままっすぐ切り下ろし、**肝と脚を切り離す。**

7 脚の中央に包丁を入れる。

8 硬いもの（口）に当たったら、その**左右に包丁を入れて眼球を切り離す。**口の脇を切ることで眼球を潰さず、取り出しやすくなる。

9 **両方の眼球をつまみ取る。**キッチンペーパーを使ってつまむと滑らず、簡単に取り除くことができる。

10 **口をつまみ取る。**

11 口の周りをつまんで中にある**くちばし（からすとんび）を押し出して取り除く。**

3 **脚先を切り落とし**、食べやすい長さに切り分ける。脚の付け根の**軟骨部分を切り離す**。

仕上がり

食べやすく切り分けたもの

いかげその炒め物 ▶ p.197

糸作り

＊皮を除いた上身《じょうみ》を使用

使う道具

牛刀または柳刃包丁

1 上身は内側を上、えんぺら側を左に置き、4～5cm幅に切る。刃渡りいっぱいを使い、一気に引いて切る。

2 切り分けた身を横長に置く。右端から4～5mm幅になるように切る。切っ先でまな板に線を引くように、スッスッとリズミカルに切っていく。

いかの塩辛 ▶ p.196
いかそうめん ▶ p.197

POINT

寄生虫・アニサキスについて

いかなどに寄生するアニサキスは、70℃以上で加熱するか、－20℃以下*で24時間冷凍すれば死滅する。さらに、寄生している部分は他と色が異なり斑点のようになっているので、見落とさないようによく目視して取り除く。刺身など生食する場合は、より新鮮なものを求め、早急に内臓を取り除き、4℃以下で保存すること。

＊－20℃は家庭用冷蔵庫では対応できない場合があるので、仕様書の確認を。

白濁した箇所があれば要注意。

包丁の切っ先などでえぐってアニサキスを取り除く。

寄生しているのは主に幼虫。白い糸状で体調は長さ3～4cm。

7 皮側を上にして**5**の切り口側を手前に持ち、キッチンペーパーを使って、切り口の皮が少しはがれた部分を手がかりにして皮をめくる。左手の親指で身を押し下げるようにして、**皮から身を少しずつはがしていく**。胴の皮は横向きにむくときれいにむける。

8 半分程はがしたら、左手で身を押さえ、皮をまとめてつかんで**一気に引っ張ってむき取る**。

9 胴の下端を切り落として**形を整える**。

仕上がり

皮を除いて形を整えたもの

脚の処理

使う道具

出刃包丁

1 吸盤を上に向けて置く。2本の長い触腕**の先は吸盤が大きくて硬いので、揃えて切り落とす**。

2 残りの吸盤は、包丁の刃先で付け根から先端に向かってこそぎ、**吸盤の中にあるリング状の歯を取り除く**。手で触り、硬いところがなくなればよい。その後手早く洗い、水気を拭く。

6 肝が残るまな板の上に、脱水した身を内側を上、えんぺら側を左に置く。表面に薄皮などあれば取り除き、4～5cm幅に切る。

7 切り分けた身を横長に置く。右端から4～5mm幅で、細作りにする。

8 5に身を加え、菜箸で全体を混ぜながら肝などに残っている筋を箸に絡ませて取り除く。表面をラップでぴったり覆い、冷蔵庫でねかせる。

＊翌日から食べられるが、味のなじむ2～3日後がおいしい。毎日かき混ぜて冷蔵庫で保存し、1週間で食べ切る。寄生虫が気になる場合は、－20℃以下で24時間以上冷凍するとよい。

いかの塩辛

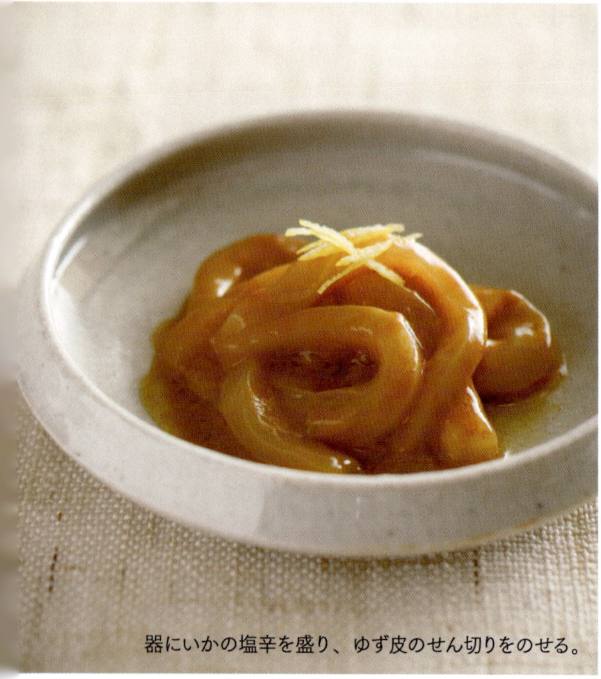

器にいかの塩辛を盛り、ゆず皮のせん切りをのせる。

塩辛を作る

＊上身《じょうみ》と肝1ぱい分

使う道具

柳刃包丁

1 保存容器に粗塩をたっぷり敷いて肝を置き、上から肝が見えなくなるまで粗塩をかぶせて塩釜状態にし、蓋をして冷蔵庫で1～2日ねかせて脱水する。

POINT

肝は、塩漬けにしてねかせることで余分な水分がしっかり抜け、生臭みも取れる。

2 身は市販の脱水シートに挟み、冷蔵庫で1～2日おく。または、身をざるなどにのせ、そのままラップなどせずに冷蔵庫の風が当たる場所に1～2日おいて乾燥させる。

3 肝を塩の中から取り出し、酒で塩を洗い流す。キッチンペーパーで水気を拭く。

4 脚側を左、軟骨が付いていた側の面を下にして置き、中央に切り目を入れる。ただし内臓側（細い方）は先端まで切らない。切ってしまうと、次の5の工程で、先端部分に取りきれずに残った内臓の破片などが肝に混ざってしまう。

5 包丁の峰で、わた袋の中の肝をしごき出す。取り出した肝はボウルに移す。

いかそうめん

材料（2人分）

するめいかの上身《じょうみ》……1ぱい分
大根（せん切り）……適量
青じそ……2枚
おろししょうが……適量

1 するめいかは糸作りにする。

2 器に大根、青じそ、**1**のするめいかを盛り合わせ、おろししょうがを添える。

糸作りにしたいかを盛り付け箸で形を崩さないようにそっと持ち上げ、青じその上に向こう側を折り曲げるように盛り付ける。

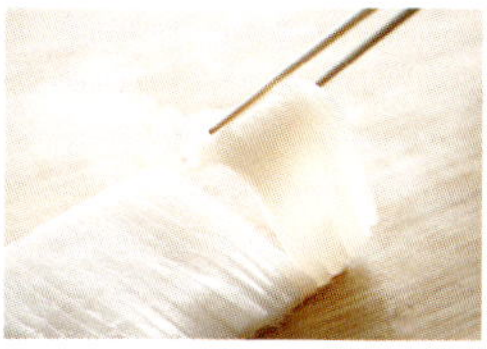

いかげその炒め物

材料（2人分）

するめいかの脚
……1ぱい分（約150g）
するめいかの肝
（わた袋から出したもの）
……1ぱい分（約50g）
トマト……½個
玉ねぎ……¼個
パセリ……適量
にんにく……1かけ
白ワイン……¼カップ
オリーブ油……大さじ2
塩、こしょう……各適量
○付け合わせ
トマト（角切り）、
チコリ……各適量

1 いかの脚は切り分け、塩少々を入れた熱湯で湯通しする。

2 トマトは角切りにし、玉ねぎ、パセリはみじん切りにする。にんにくは包丁の中でつぶす。

3 フライパンにオリーブ油とにんにくを入れて中火にかける。香りが立ってきたらにんにくを取り出し、トマト、玉ねぎを加えて炒める。

4 **3**がソース状になったら**1**と肝を加えて炒め、半分ぐらい火が通ったら白ワインを加えて炒め煮にする。全体に火が通ったら塩、こしょうで味を調え、パセリを散らす。

5 器に盛り、付け合わせのトマトとチコリを添える。

いか（こういか）

Cuttlefish 甲烏賊

［分類］コウイカ目コウイカ科　［別名］すみいか、はりいか、まいか、しんいか（子いか）など　［産地］瀬戸内海沿岸、東京湾、相模湾、九州他

旬 **晩冬～春先。夏～秋にかけては、甲いかの子〝新いか〟が出回る**

背中部に石灰質の甲羅状の軟骨を持つ甲いか類に属するいか。大量の墨を出すことから「すみいか」とも呼ばれる。ずんぐりとした楕円形の胴を縁取るようにひれが付き、8本の短い脚（腕）と、触腕と呼ばれる長い2本の腕を持つ。春に生まれて5cm程に育ったものは、「新いか」として珍重される。甲羅を取り出し、薄皮をむくと現れる純白の身は、ねっとりとした舌触りと歯切れのよい食感、特有の甘みを持つ。肉厚で旨味の濃い身は刺身に向くが、加熱しても硬くなりにくくおいしいので、天ぷらなどもおすすめ。墨袋を破らずにはずせれば、墨はパスタソースなどに使える。

おろすポイント

- 脚と内臓をはずす際、墨袋を傷つけると大量の墨が流れ出すので注意する。
- 外皮とその下の薄皮を一緒にむいたら、身に切り目を入れてさらに表裏の薄皮をもう1枚ずつむく。

選ぶポイント

胴が膨らんで丸く、弾力がある。真ん中辺りがへたっていないもの

表面の褐色が濃く、模様がはっきりしているもの。死後時間が経つと、灰色からオフホワイトに変色する

下処理

使う道具

出刃包丁

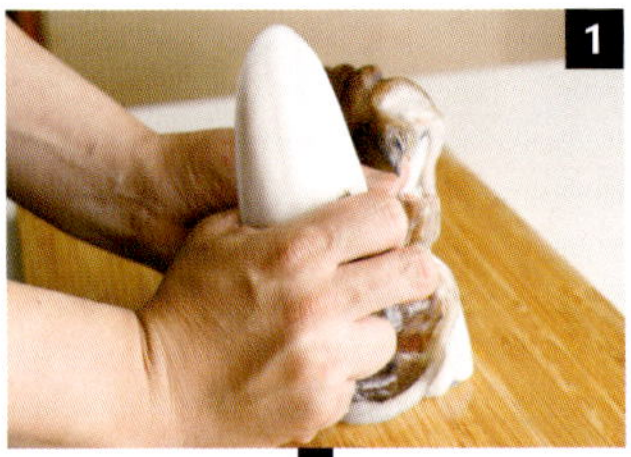

1 **甲羅を取り除く。**まな板を濡らし、甲羅側を手前にし、胴の先端をまな板に当てて立てる。グッと力を入れ、薄皮を破るようにして甲羅の先を押し出す。甲羅の先端にあるトゲ状の突起をまな板に突き立てるようにすると、上に押し出しやすい。甲羅の一部が出れば、簡単に引き抜ける。

2 内臓を覆う薄膜をはがす。左手で胴をまくり上げて押さえ、右手で脚を引き出す。墨袋を破かないように注意する。

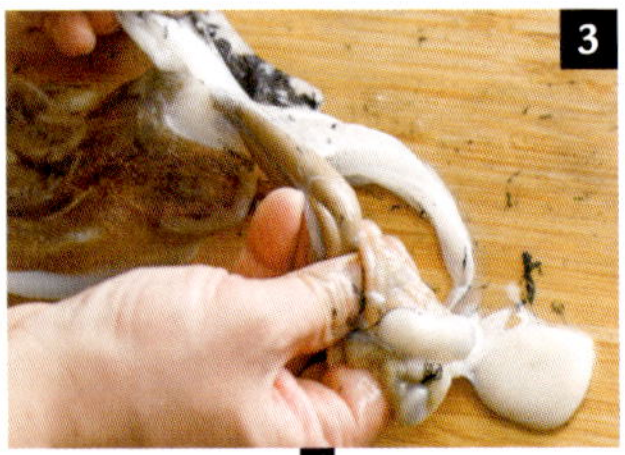

3 薄膜と身の間に指を差し入れ、内臓に沿って指を動かして**内臓を取り出す。**

足と内臓をはずした胴

水で洗って汚れと墨を落とし、水気を拭く。

胴の処理

使う道具
柳刃包丁

1 胴の上端の皮と身の間に親指を差し入れ、身を押し下げるようにして、**皮から身を少しずつはがしていく。**

2 半分程はがしたら、左手で身を押さえ、皮をまとめてつかんで**一気に引っ張ってむき取る。**

3 内側（内蔵を取り出した所）を上にして置き、キッチンペーパーを使って**残っている内臓を丁寧に取り除く。**

4 **水で軽く洗って汚れを落とし、**水気を拭く。

5 外側に残る墨を、キッチンペーパーで拭き取る。

6 **胴の縁の部分は硬いので、切り落とす。**

4 墨袋をつまみ、袋を破かないように引っ張って取り除く。**脚と内臓を切り離す。**

5 脚の中央に包丁を入れる。

6 硬いもの（口）に当たったら、その**左右に包丁を入れて眼球を切り離す。**口の脇を切ることで眼球を潰さず、取り出しやすくなる。

7 **両方の眼球を取り除く。**

8 **口を切り取り、**中から**くちばし（からすとんび）を取り出す。**

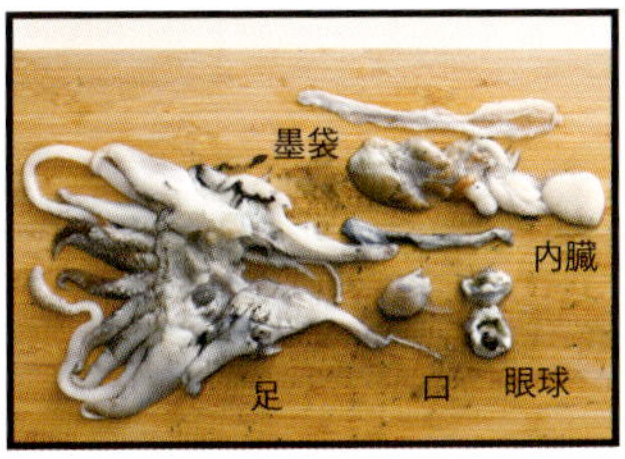

脚を下処理したもの

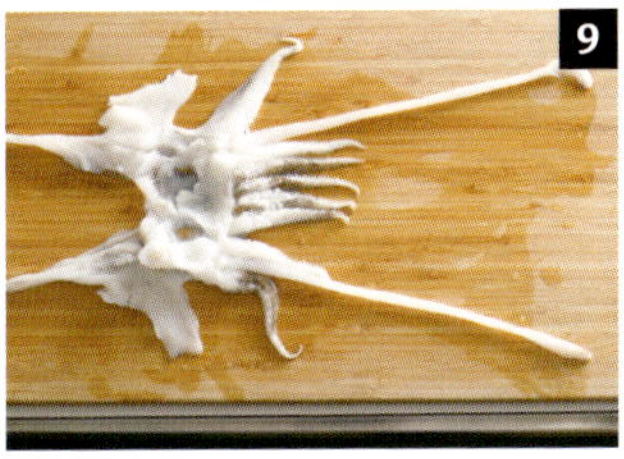

9 脚を水で洗って汚れと墨を落とし、水気を拭く。

7 内側を上にして、下端を右に置く。下端から1㎝ぐらいの所に、**外側の皮1枚を残すように斜めに切り目を入れる。**身を切り落とさないように注意する。

8 裏返して外側を上にし、**切り目を折り返して、そのままゆっくりと引っ張りながら薄皮をはがす。**一気にはがすと途中で皮が切れてしまうので、少しずつ丁寧にはがしていく。皮が切れてしまったら、キッチンペーパーなどでこすってはがす。

9 外側を上にしたまま、上端を右に置く。上端から1㎝ぐらいの所に、**内側の皮1枚を残すように斜めに切り目を入れる。**身を切り落とさないように注意する。

10 裏返して内側を上にし、**切り目を折り返して、そのままゆっくりと引っ張りながら薄皮をはがす。**

仕上がり

形を整え、皮を除いたもの

脚の処理

使う道具

柳刃包丁

1 吸盤を上に向けて置く。包丁の刃先で脚の付け根から先端に向かってこそぎ、吸盤の中にあるリング状の歯を取り除く。その後、2本の長い触腕の先と、各脚の先を切り落とす。

2 食べやすい長さに切り分ける。脚の付け根の軟骨部分を切り離す。

3 脚の付け根部分を1本ずつに切り分ける。

4 軟骨部分を食べやすく切り分ける。

松笠作り

＊皮を除いた胴を使用

使う道具

柳刃包丁

1 外側を上、上端を左に置き、4～5㎝幅に斜めに切る。切っ先でまな板に線を引くようにスーッと切る。

POINT

台形をした胴の形に合わせ、できるだけ無駄が出ないように、斜めに切り分ける。

2 切り分けた身を、右端を少し上げて斜め横長に置く。斜め45度に2～3㎜間隔で切り目を入れる。包丁も45度右に傾け、刃先のまっすぐな所を身に当てて、向こうへ押し出すようにして、深めに切る。

3 先に入れた切り目に交差させ、格子状になるように、**2**と同じ要領で切り目を入れる。

45度で斜め格子状に切り目を入れたもの

切り目の形はひし形になる。

4 右から、3㎝幅に切り分ける。

5 バットを裏返し、切り分けた身を切り目を上にして置き、料理用ガスバーナーで表面を軽く炙って焦げ目を付ける。

こういかの松笠作り
▶下記

こういかの松笠作り

器にこういかの松笠作りを盛り付け、おろしわさびを添える。

うに（むらさきうに）

Purple sea urchin　紫海丹／紫海栗

［分類］ホンウニ目ナガウニ科　［別名］くろうに、くろっかぜ、せんぼんがぜ、しろなど　［産地］北海道、三陸他

旬 6月中旬〜8月初旬の真夏期

国内で食用となるうにのおよそ9割を占めるのが、むらさきうに、きたむらさきうに、ばふんうに、えぞばふんうにの4種。栗のようなトゲを持つので「海栗」、身が赤いことから、赤い色を表す丹で「海丹」と漢字が当てられた。「雲丹」は塩蔵品など加工したものに使われる。実際我々が食べているのは生殖巣（卵巣、精巣）で、うに1個に必ず5つの生殖巣が入っている。むらさきうに、きたむらさきうには淡い黄色をしていることから「白うに系」、濃いオレンジ色をしているばふんうに、えぞばふんうには「赤うに系」と呼ばれている。白うに系は旨味が淡くあっさりとした上品な味わいで、後味がよい。赤うに系はねっとりとして濃厚な甘みがフワーッと広がり後味が強い。

おろすポイント

- キッチンばさみを使い、できるだけ上の位置で口部分を切り取る。
- 生殖巣に付いた黒いものは丁寧に除く。

選ぶポイント

トゲが硬く、しっかり立っているもの。できれば、動いているものを選ぶ
口は閉じている

殻から取り出す

使う道具
キッチンばさみ、スプーン

1

1 表面の汚れを流水で流し、水気をきって口側を上にして持つ。**キッチンばさみで、口の周りのトゲのない柔らかい部分をぐるっと切り取る。**トゲでけがをしないように、キッチンペーパーや軍手で手指を保護する。

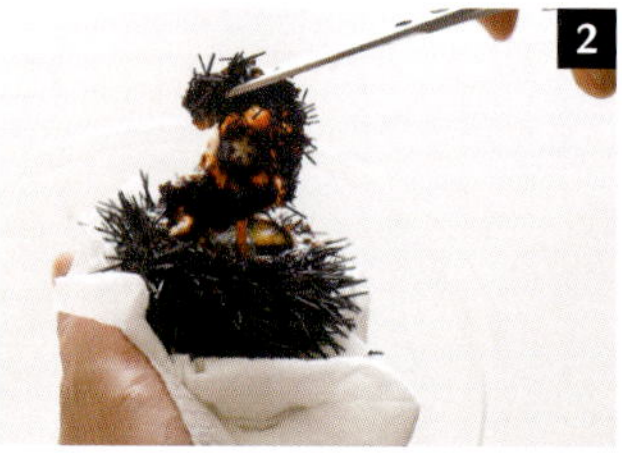

2

2 切り取った口部分を取り除く。

アリストテレスの提灯
3

3 口部にある「アリストテレスの提灯（ランタン）」と呼ばれる**5本の歯（咀嚼部）を取り除く。**

4

4 殻と身の間にスプーンの柄などを差し入れ、身を殻からはずす。

5

5 はずした身をバットなどに取り出す。崩れやすいので丁寧に。

POINT

細かい内臓の破片なども取り除き、掃除をする。

POINT

身以外の黒い部分（うにが食べた昆布や内臓など）を丁寧に取り除く。

仕上がり

殻から取り出したもの

生うにの刺身
▶下記

6 海水くらいの塩水（塩分濃度3%）で振り洗いをし、汚れを落とす。

7 身を一粒ずつ手ですくい上げ、菜箸で残っている**黒い部分を取り除く**。キッチンペーパーの上に取り、水気をきる。

生うにの刺身

身を取り出した殻の中に氷や大根のせん切り、海藻などを詰め、青じそをのせてうにの身を盛り付ける。おろしわさび、くし形に切ったすだちを添える。

えび（いせえび）

Spiny lobster　伊勢海老／伊勢蝦

［分類］十脚目イセエビ科　［別名］かまくらえび、ぐそくえびなど
［産地］千葉、伊豆、和歌山、三重、九州他
旬 **漁期は8月から始まるが、海水温が下がる10月～1月が美味**

古くから、姿形の美しさと加熱後の真紅の色合いから、祝いの席に欠かせないものとして高値で取引されてきたいせえび。その名の語源は、伊勢（三重県）が主産地であったこと、磯に多くいることから「いそえび」が「いせえび」に転訛したなど諸説ある。乱獲を防ぐため漁期が決められているが、その期間や解禁日は全国で統一されてはいない。一番早いのは千葉県の8月初旬。親潮と黒潮がぶつかる房総半島沖は餌となるプランクトンが豊富で、えびの生育がよいことが解禁日の早さにつながっている。続いて九州地方の8月下旬～9月、三重県や和歌山県は10月となる。プリプリとした食感と淡白で上品な甘みのある身と、みその深いコクは、いせえびならではの美味。

おろすポイント

- 頭と胴は、ねじるようにして切り離す。
- 身を取り出す際、腹側の殻を1節ずつはがしていく。

選ぶポイント

ひげ、脚が欠けずに揃い、ピンと張っているもの
生きているものを選ぶ
ずしりと重みがあり、殻が硬く、黒みがかった赤褐色をしているもの。鮮度が落ちると、胴と腹の継ぎ目の辺りが変色してくる

刺身用下処理

使う道具
出刃包丁

1 背を上、尾を手前にし、やや斜めに置く。左手で頭を押さえ、**頭と胴の境目（頭の殻の下）に切っ先を逆さ包丁で差し込む**。殻にはトゲがあるので、押さえる左手は軍手をするとよい。包丁を入れた際に暴れたりするので、包丁を滑らせないように注意する。

2 包丁を右に向かって胴の丸みに沿って進め、**頭と胴をつなぐ薄膜を切る**。

3 順手に持ち替えて切っ先を差し込み、**左に向けて包丁を進めて薄膜を切る**。

4 裏返して腹を上にし、同様に頭と胴の境目に切っ先を差し込んで**腹側の薄膜を切る**。

5 右手で胴を持ち、**軽くひねりながら引き抜く**。頭側に身が残らないように、そっと引くこと。

6 腹を上にして縦に置く。殻の縁にあるひれ状の脚の付け根の内側を、切っ先で突き差すようにして切り、外側の殻と切り離す。

7 反対側の殻の縁の脚の付け根も、同様に切り離す。

8 頭の方から、腹側の殻を1節ずつつまんではがし取る。

9 表側の殻を2節分はがす。

10 殻と身の間に左手の親指を差し入れ、**身を親指で押し下げるようにして殻からはがす**。

11 背わたを指で引っ張って抜き取る。

仕上がり

下処理したもの

洗いにする

使う道具

柳刃包丁

1 身は節目に沿って切り分ける。刃渡り全体を使って、一気に引き切る。

2 氷水に入れ、手早く振り洗いする。身が締まって、花が咲いたようになればよい。

3 キッチンペーパに取り出し、水気をしっかり押さえる。

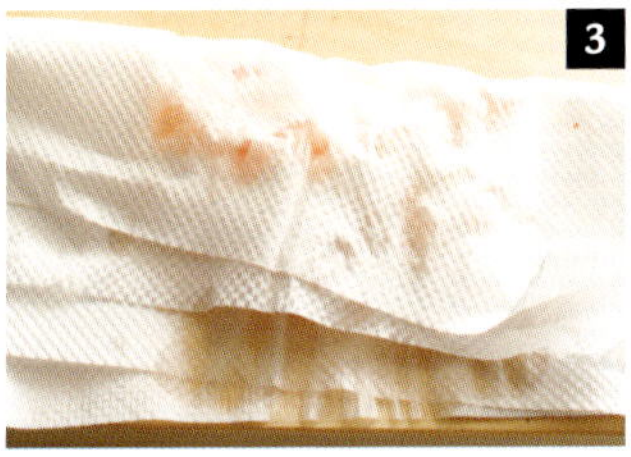

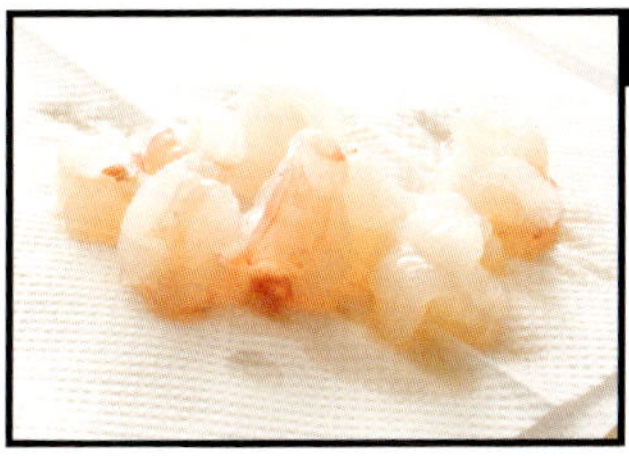

仕上がり

洗いにしたもの

いせえびの洗い

▶ *p.206*

いせえびの洗い

材料（1人分）

いせえびの身……1尾分
いせえびの尾ひれ……1尾分
大根（せん切り）……適量
紅たで、おろしわさび……各適量

1. いせえびはぶつ切りにして氷水で手早く洗い、水気をしっかり押さえる。
2. いせえびの尾ひれは熱湯でゆでて赤くし、水に取って冷まし、水気を拭き取る。
3. 器に大根を置いていせえびの尾、洗いにした身を盛り付け、おろしわさびと紅たでを添える。

いせえびの味噌汁

材料（1人分）

いせえびの頭……1尾分
昆布だし……1カップ
味噌……小さじ1
塩……少々
白髪ねぎ……適量

1. 鍋にいせえびの頭を入れて昆布だしをひたひたに注ぎ、中火にかける。
2. 沸騰したら弱火にし、アクを取りながら10分程煮てえびからだしを取る。
3. 火を止めて味噌を溶き入れ、味を見て塩気が足りなければ塩で味を調える。
4. 椀にいせえびの頭を盛って汁を張り、白髪ねぎをのせる。

Kuruma prawn　車海老／車蝦

えび（くるまえび）

［分類］十脚目クルマエビ科　［別名］ほんまえび、あえび、まだらえび、さいまき（小振り）など［産地］東京湾、熊本、愛知、愛媛、大分他

旬　産卵・脱皮の時期となる夏以外

青みを帯びた灰色の地に入る茶褐色の横筋が、胴を曲げると放射状になり車輪のように見えることが語源とされる「くるまえび」。江戸前の寿司や天ぷらには欠かせない食材で、寿司店では20cm以上100gを超えるものを「おおぐるま」、10〜15cmで20〜40gを「まき」、それ以下を「さいまき」。てんぷら店では手一束（手で握って頭と尾が見える大きさ）など、独自の呼び名がある。ちなみに「さいまき」は、腰刀として用いられる葛藤のつるを巻いた鍔《つば》のない短刀「鞘《さい》巻《まき》」に由来する。独特の甘みを持ち、昔から、「姿のいせえび、味のくるまえび」と称される食味は、加熱することでより引き立つ。特に衣で旨味を閉じ込める天ぷらは甘みが増し、プリッとした食感も楽しめる。

おろすポイント

- 背中の黒い筋、腸にあたる背わたを、金串などですくって抜き取る。

選ぶポイント

生きているものを選ぶ。死ぬと頬が黒くなり、鮮度落ちも早い
色鮮やかで模様がはっきりしている
身が透けて見える

天ぷら用下処理

使う道具
出刃包丁

1 十分に洗っておがくずなどを落とす。右手でえびを持ち、背側の頭と胴の境目（頭の殻の下）に親指を差し込み、押し上げるようにして**頭を胴からはずす**。

2 頭を軽くひねってもぎ取る。

3 腹側を上、頭側を手前にして持つ。殻の縁にあるひれ状の脚の付け根の内側に爪先を引っかけるようにして、**片側だけ1節ずつ薄膜をはずす**。

4 胴の片側だけ、尾の手前から頭の付け根まで1節ずつ殻をむく。

5 頭の付け根までむけたら、親指の腹で殻を押し開くようにして、**反対側のむけていない殻を一気にくるりとむく**。尾は残す。

6 **脚を身からはぐようにして取り除く。**

殻をむいたもの

7 竹串などで**背わたを引っかけて抜き取る。**

8 腹側を上にして置き、関節の部分に**身の厚さの⅓ぐらいまで切り目を入れる。**

9 尾の先端と爪（中心の尖った部分）を切り落とし、**切っ先で中の水分をしごき出す。** 天ぷら以外に使う場合は尾を切る必要はない。

くるまえびの天ぷら
▸ p.209

身を開く

［背開き］

＊下処理した身を使用

使う道具

出刃包丁

1 尾を右、背を手前に置く。包丁を水平にし、背のまん中に切り目を入れる。尾の付け根から頭側まで、一気に引き切る。

仕上がり

9 背開きにしたもの

くるまえびの天ぷら

材料（2人分）
くるまえび（天ぷら用に下処理したもの）……4尾
○衣（作りやすい分量）
　卵……1個
　冷水……½カップ
　薄力粉……120g
薄力粉、揚げ油……各適量

1 衣を作る。ボウルに冷蔵庫から出した卵を割り入れ、冷水を加えて溶き混ぜる。薄力粉をふるい入れ、さっくりと混ぜる。混ぜきらずに、粉気が残っていてよい。

2 くるまえびの頭に薄力粉をまぶして余分な粉を落とし、180℃に熱した油でカリッと揚げる。

3 続けてえびの身に薄力粉をまぶして余分な粉を落とし、衣をつけて180℃の油で揚げる。30秒程で揚がる。頭、身ともに油をきり、器に盛り合わせる。

くるまえびの
アボカドヨーグルトグラタン

材料（2人分）
くるまえび……2尾
アボカド……½個
プレーンヨーグルト……200g
マッシュルーム……4個
かぶ……¼個
塩……小さじ½
パルメザンチーズ（おろしたもの）……適量

1 ざるにキッチンペーパーを敷いてプレーンヨーグルトを入れ、一晩置いて水切りする。

2 くるまえびは頭を付けたまま胴の殻をむき、背わたを抜き取る（p.207〜208「下処理」**3**〜**7**参照）。

3 アボカドは皮をむいて種を取り除き、潰す。

4 **1**、**3**を合わせ、塩を加えてよく混ぜる。

5 マッシュルームは汚れを拭き取り、石突きを落として薄切りにする。かぶは茎を1.5㎝程残して皮をむき、縦半分に切る。

6 耐熱容器にマッシュルーム、**4**、くるまえび、かぶを順に入れ、パルメザンチーズを振りかけて210℃に予熱したオーブンで10分焼く。

かき（真がき）

Oyster 牡蠣

［分類］カキ目イタボガキ科　［別名］いそがき、うちがき、おちがき、ひらがきなど　［産地］北海道、三陸（宮城・岩手）、広島他

旬 11月〜2月。身に栄養を蓄え、濃厚でクリーミーになる

日本近海では20種以上のかきが獲れるが、食用として流通しているほとんどは、養殖の真がき。かきはあさりと同じ二枚貝だが、成育環境によって、丸くなったり細長くなったりと、殻の形が変わる。さらに、通常2つある貝柱が、かきには1つしかない。孵化後岩などに付着すると、そこから一生離れることはない。そのため筋肉は退化し、身のほとんどを内臓が占めるようになった。「動かない」ことで取り込んだ栄養を消費することなく蓄積し、「海のミルク」と称されるほどの高い栄養価を誇る。非加熱状態で食べる機会の多いかきは、細菌やウイルスによる食中毒の危険性が高い。信頼できる店で購入し、体調に考慮し、食べる量を控えることがリスク回避のポイント。

おろすポイント

- 軍手をする、布巾で包むなど、素手での作業は避ける。
- 合わせ目から貝むきを入れ、貝柱を切る。

選ぶポイント

生きているもので、殻がしっかり閉じているもの。殻が開き、叩いても閉じないようなものは弱っている

ずしりと重いもの。同じ大きさでも重いものの方が身は太っている

殻から取り出す

使う道具
貝むき

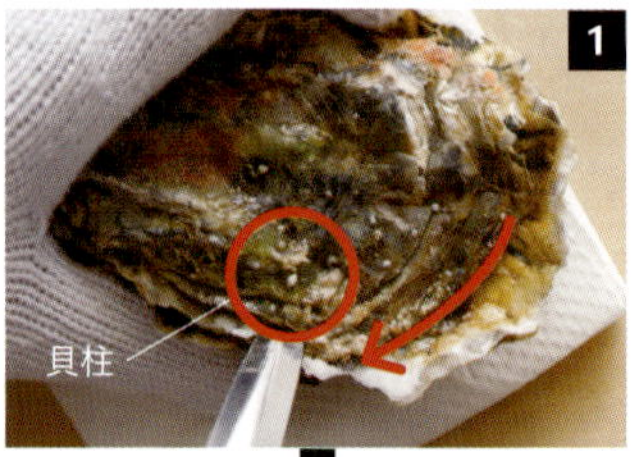

1 殻に付いた汚れをよく洗い落とす。両手に軍手をし、**殻の平らな方を上**、ちょうつがいを向こう側にしてまな板に置く。殻の先の部分から合わせ目をたどり、**少し開いている部分を見つけて貝むきを差し込む。ひとひねりして殻をこじ開ける。**かきの下にキッチンペーパーなどを敷けばまな板を傷つけず、さらに殻が滑らず安全。

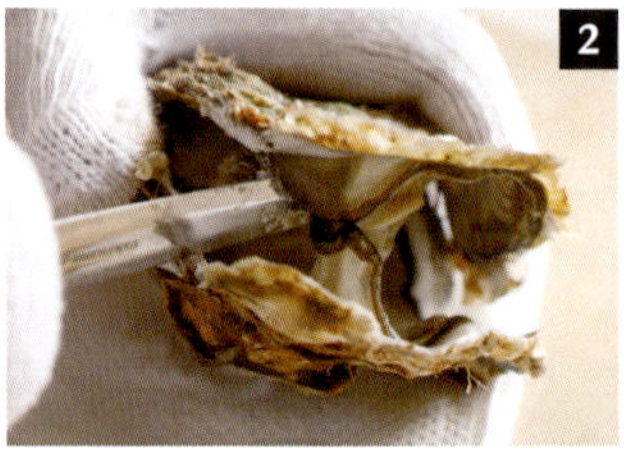

2 下の殻の内側に沿って貝むきを動かし、**貝柱を切る。**

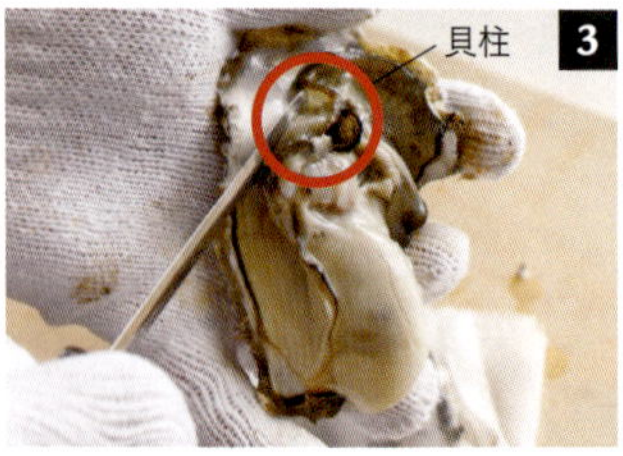

3 殻を持ち上げて下の殻をはずす。**上側の貝柱を切り離し、身を取り出す。**

仕上がり

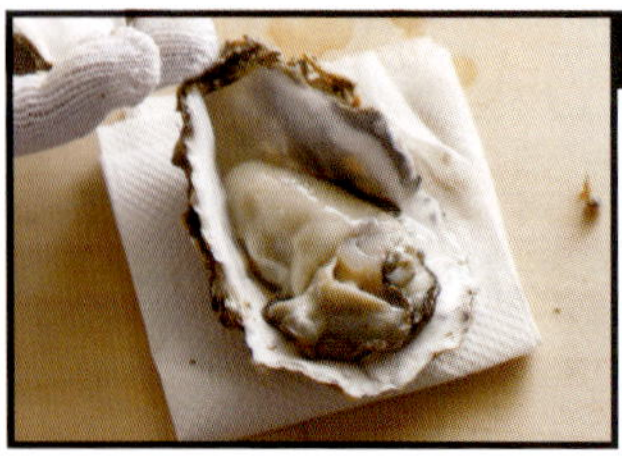

殻から取り出したもの

生がきの白ポン酢ジュレ添え ▶p.211

かきのオイル漬け ▶p.211

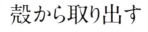

生がきの白ポン酢ジュレ添え

材料（4人分）

かき（殻付き）……4個

○白ポン酢ジュレ

- A
  - 酒……½カップ
  - みりん……½カップ
  - 昆布……5g
- 削り節……20g
- レモン汁……½カップ
- 塩……小さじ1
- 粉ゼラチン……3g

紅芯大根（おろしたもの）……適量

1 白ポン酢ジュレを作る。鍋に**A**を入れて中火にかけ、だしを取る要領で沸騰直前になったら昆布を取り出す。火を強め、沸騰したら火を止めて削り節、レモン汁を加える。削り節が沈むまで待ち、厚手のキッチンペーパーを敷いたざるでこす。塩で調味し、温かいうちに粉ゼラチンを加えて混ぜ溶かす。粗熱が取れたら冷蔵庫で冷やし固める。

2 かきは殻から取り出して、水でよく振り洗いする。ひだの間の汚れなども丁寧に洗い落とす。キッチンペーパーなどで水気をしっかり押さえる。

3 殻はたわしでこすり洗いして汚れを落とし、水気を拭き取る。

4 **3**の殻に身を盛って紅心大根をのせ、**1**のジュレを添える。

かきのオイル漬け

材料（作りやすい分量）

かきのむき身（殻から取り出したもの）……200g（約14個）

酒……¼カップ

にんにく……1かけ

赤唐辛子……1本

ローリエ……1枚

オリーブ油……1カップ

1 かきは塩水（塩分濃度3%）でよく振り洗いし、水気をしっかり押さえる。

2 にんにくは叩いてつぶし、赤唐辛子は種を取り除く。

3 フライパンに**2**とオリーブ油を入れて弱火にかける。香りが立ったらボウルなどに油ごと取り出す。

4 **3**のフライパンに**1**のかきと酒を入れて強火にかけ、フライパンを揺すりながら汁気がなくなるまで酒いりする。

5 煮沸消毒した保存瓶に**4**とローリエを入れ、**3**の油を注ぐ。蓋をして常温に一晩おき、味をなじませる。冷蔵庫で1週間保存可。

Swimming crab　蝤蛑

かに（がざみ）

［分類］十脚目ワタリガニ科　［別名］わたりがに、ひしがに、がんちん、かぜがになど　［産地］有明湾、三河湾、伊勢湾、瀬戸内海沿岸他

旬 春～初夏は内子を持つ雌、秋は交尾後太る雄、冬は再び雌が美味

かつては、「かに」と言えば「がざみ」のことを指し、一番後ろの平たい足をオールのように動かし波間を遠くまで移動することから、「渡りがに」の名称で親しまれてきた。以前は日本各地で獲れたが、近年は乱獲によって激減し、国産品は高級食材となっている。旬は雄と雌とで時期が違う。雌の旬は4月から6月初旬で、甲羅の中の内子（卵巣）が蓄えられる時期。特に4月、5月はオレンジ色の内子が一段と充実し、ねっとりとした食感と濃厚な旨味が楽しめる。一方、雄の旬は秋。冬を控えて餌を食べ込んでみっちり詰まった身の、滑らかな食感と濃厚な旨味が味わえる。かに類は、自らが持つ酵素の働きで死後急速に劣化するため、できるだけ生きているものを購入する。

おろすポイント

- 身を取り出しやすく、食べやすいように、はさみや脚などに細かく切り目を入れておく。

選ぶポイント

左右の突起部分まで内子（卵巣）が入っていると、裏返すと透けて見える

生きているものを入手する。手に持ってずしりと重いものを選ぶ

裏返した側の殻の色が濃いものを選ぶ

外子（外に出ている成熟した卵）を抱えているものは避ける

甲羅をはずす

1 はさみや足を留めている輪ゴムをはずす。

2 腹側を上に向け、下部にある**三角形の殻（ふんどし・前かけ）を手で開いてはがし取る。**

3 三角形の殻を取った所と甲羅の間に右手の親指を差し入れ、**左手で胴体を起こすようにして、甲羅から引きはがす。**

仕上がり

9 甲羅をはずしたもの

6 切り離したはさみは、根元の硬い部分に反りを当て、左手で峰を叩いて縦半分に割る。

7 はさみの二股部分の根元に反りを当て、左手で峰を叩いて縦半分に割り、手でぐっと開く。

仕上がり

切り分けたもの

卵巣(内子)・内臓(みそ)を取り出す

使う道具

スプーン

1 切り分けた胴やはずした甲羅の中に付いているオレンジ色の**卵巣や内臓(みそ)を、スプーンなどで取り出す。**

2 卵巣に付いている薄膜などを手で取り除き、キッチンペーパーの上に並べて汁気を取る。

胴を切り分ける

使う道具

出刃包丁

1 胴の左右に付いている灰色の筋状の**がに(えらにあたる部位)は、食べられないので残さずつまみ取る。**

2 **口をもぎ取る。**

3 胴の真ん中に包丁を当て、左手で峰を叩いて縦半分に切る。

4 脚は胴の身を付けて1本ずつ切り分ける。

5 はさみの部分は付け根から切り離す。

3 腹側を上に向け、下部にある三角形の殻（ふんどし・前かけ）を手で開いてはがし取る。

4 三角形の殻を取ったところと甲羅の間に右手の親指を差し入れ、左手で胴体を起こすようにして、甲羅から引きはがす。

5 胴の左右に付いているがに（えらにあたる部位）と口を取り除き、胴を食べやすくさばく。

ゆでてさばく

使う道具
出刃包丁

1 深鍋にたっぷりの塩水（塩分濃度2％）を沸騰させ、輪ゴムをかけたまま甲羅を下にして入れる。再沸騰したら、さらに20分程ゆでる。

2 ゆで上がったらざるに上げて水気をきり、粗熱を取る。

＊写真は甲羅を上にしているが、内臓（みそ）などが流れ出ないように、腹側を上にして冷ましたほうがよい。

がざみの酢の物

材料（作りやすい分量）

がざみ（ゆでてほぐした身、卵巣）……250g
つるむらさき……150g
とんぶり……20g
○合わせ酢
　酢……小さじ2
　昆布だし……小さじ2
　薄口しょうゆ……小さじ1
塩……適量

1. つるむらさきは葉と茎をちぎって分ける。鍋に湯を沸かして塩少々を入れ、茎をゆでる。30秒程したら葉を入れ、20秒程したら冷水に取って冷まし、水気を絞って2～3㎝長さに切る。
2. 合わせ酢の材料を混ぜる。
3. ボウルにかにのほぐし身と卵巣、**1**を合わせてサッと混ぜる。
4. 器に**3**を盛り、**2**をかけてとんぶりをあしらう。

カンジャンケジャン
（がざみのしょうゆだれ漬け）

材料（2人分）

がざみ……1ぱい（約500g）
長ねぎ……⅓本
りんご……½個
○漬けだれ
　にんにく……10かけ
　しょうが……にんにくの半量
　昆布……10㎝四方1枚
　しょうゆ……2½カップ
　酒……3カップ
　みりん……½カップ

1 がざみは輪ゴムをかけたままたわしでこすり洗いし、汚れを落とす。

2 長ねぎは縦半分に切ってから5㎝長さに切る。りんごは皮つきのまま厚めの薄切りにする。

3 漬けだれを作る。にんにく、しょうがは皮をむいて厚めの薄切りにする。鍋にすべての材料を入れて中火にかけ、沸騰したら昆布を取り出し、強火にして20分煮る。火を止めて、そのまま冷ます。

4 密閉容器に**1**、**2**を入れて**3**をたっぷり注ぎ、蓋をして冷蔵庫で2日おく。

5 **4**を容器に入れたまま、冷凍庫でさらに2日おいて凍らせ、冷蔵庫で解凍して食す。

生のがざみには寄生虫がいる可能性が高いので、必ず冷凍したものを食すこと。

かに（けがに）

Horsehair crab　毛蟹

［分類］十脚目クリガニ科　［別名］おおくりがになど
［産地］北海道、岩手他
旬 **産地によって獲れる時期が違うため、ほぼ通年入手可能**

ずんぐりとした体形で脚は短く、全身が短い剛毛で覆われていることが名前の由来ともなっている、北の海を代表する食材の一つ。雄は1年に1度、雌は2～3年に1度の脱皮を繰り返して成長する。資源保護のため、春はオホーツク海、夏は噴火湾、秋は釧路および根室沿岸、冬は日高沖と十勝沿岸、岩手と、産地ごとに漁期が決められている。けがにのおいしさは、何と言ってもみそ。この部位は栄養を貯蔵する中腸腺、または肝膵臓とも呼ばれる器官で、卵巣の成熟と共に大きくなるが、完全に成熟する頃には小さくなってしまう。つまり、おいしいかにみそがたっぷり食べられるのは、産卵直前の冬がベストと言える。

おろすポイント

- しっかりとゆでてから、食べやすい大きさにさばく。

選ぶポイント

生きたものを入手する。手に持ってずしりと重いものを選ぶ
殻の色が濃いもの
甲羅が硬いものを選ぶ

さばく

使う道具

出刃包丁、キッチンばさみ、スプーン

1

1 深鍋にたっぷりの**塩水（塩分濃度2％）を沸騰させ、輪ゴムをかけたまま甲羅を下にして入れる。**再沸騰したら、500g位なら22分、800g位なら35分ゆで、ざるに上げて冷ます。

2

2 腹側を上に向け、下部にある三角形の殻（ふんどし、前掛け）を手で開いてはがし取る。

3

3 三角形の殻を取ったところと甲羅の間に右手の親指を差し入れ、**左手で胴体を起こすようにして、甲羅から引きはがす。**

4

4 甲羅側に付いている口をもぎ取る。

5

5 胴の左右に付いている**灰色の筋状のがに（えらにあたる部位）は、食べられないので残さずつまみ取る。**

6 胴を手で縦半分に割る。

7 さばいた胴やはずした甲羅の中に付いているオレンジ色の卵巣や内臓（みそ）を、スプーンなどで取り出す。

8 脚とはさみを胴の付け根から切り離し、胴の部分の厚みを包丁で半分に切る。

9 脚を関節部分で切り分ける。

10 切り分けた脚の太い部位の殻をはがす。毛が少なくて柔らかく平らな部分の両縁をキッチンばさみで切り、殻を取り除く。身を崩さないように取り出す。

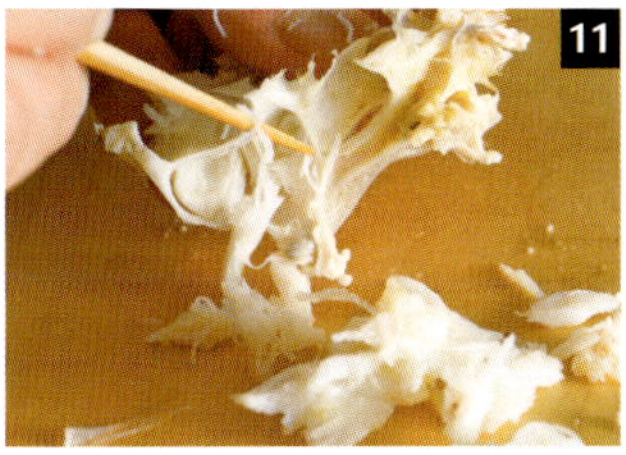

11 それぞれの部位の身を、竹串などを使って取り出す。

かにチャーハン
►下記

かにチャーハン

材料（2人分）
毛がに（ゆでてほぐした身）……80g
かにみそ（取り出した卵巣、内臓）……1ぱい分
かに脚の身……適量
長ねぎ（白い部分）……½本分
温かいご飯……360g
しょうゆ……小さじ1½
卵（S）……2個
紹興酒……大さじ1
オイスターソース……小さじ½
塩……一つまみ
万能ねぎ（小口切り）……適量
サラダ油……適量

1 かにのほぐし身は紹興酒を回しかける。長ねぎはみじん切りにする。
2 卵を溶きほぐし、ご飯を加えてむらなく混ぜ合わせ、しょうゆ、オイスターソースで調味する。
3 フライパンにサラダ油大さじ1を熱して**1**を入れ、炒めて汁気をとばす。かにのほぐし身から湯気が上がらなくなったら、いったん取り出す。
4 **3**のフライパンにサラダ油大さじ2を足し、**2**のご飯を炒める。パラパラにほぐれてきたら、取り出した**3**とかにみそを加えて炒め合わせ、塩で味を調える。
5 器に盛ってかに脚の身を添え、万能ねぎを散らす。

さざえ

Turban shell　栄螺

［分類］古腹足目サザエ科　［別名］あまさざい、さだえ、さざがい、つぼっかいなど　［産地］長崎、山口、島根、石川、千葉他

旬 産卵前の春から初夏が、最も身が充実して美味

野趣あふれる磯の香りと、身のコリコリとした歯応えと甘み、わたのほろ苦さが魅力の巻き貝。殻が小さな家に見えることから、「ささ」は小さい、「え」は家で「ささえ」が転訛したとされる。殻表面の角は、外湾で波に揉まれたものほど立派で、波の静かな内湾の砂底などで育ったものは短く、無いものもある。角の有る無しで味に差はない。さざえには雄と雌があるが、見た目ではわからない。取り出した身の先端の渦巻部分が濃い緑色をしていれば雌、クリーム色は雄となる。古くから巻き貝には願い事を叶えてくれる力があると信じられてきた。関東地方では「三三栄（三月三日に栄える）」と置き換え、ひな祭りでよく使われる食材となっている。

おろすポイント

- 肝が途中でちぎれないように、慎重に引き出す。

選ぶポイント

生きているものを入手する
ずしりと重いもの
蓋をつつくと、素早く閉じる。身が充実しているものは、閉じた蓋の部分が盛り上がっている。蓋が沈んだものは身がやせている

殻から取り出す

使う道具

貝むき

1

1 殻に付いた汚れをよく洗い落とす。左手で蓋側を下にして持ち、**身が出てくるまでしばらく待つ。**

2

2 開いた**蓋の渦巻きの端と殻の間に貝むきを差し込む。**ゆっくりやると蓋が締まってしまうので、躊躇せず一気に差し込む。

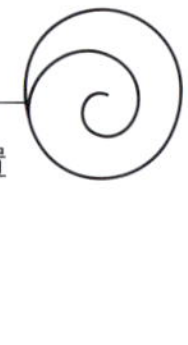

この位置

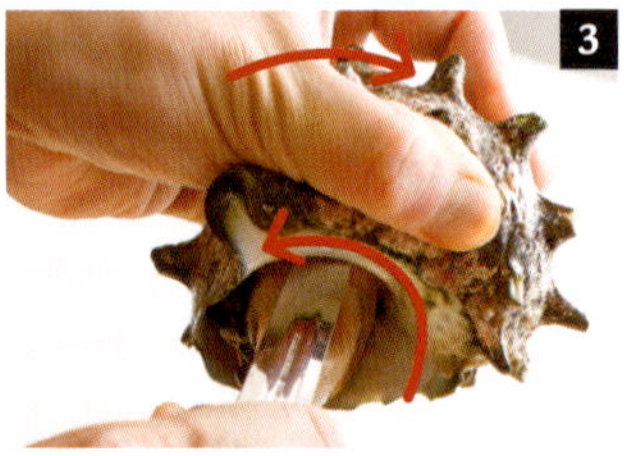

3

3 蓋の渦巻きと反対方向へ殻の縁をなぞるように貝むきをぐるりと回す。同時に、左手は渦巻きと同じ方向へひねるようにして貝を半回転させて**貝柱を切る。**

4

4 貝柱から身がはずれ、蓋と一緒に殻から出てくる。

5

5 身を殻から引き出す。

3 身と蓋の間に包丁を入れて**蓋を切り落とす**。

4 身に付いている**口（赤い部分）を切り取る**。

5 身に**粗塩をたっぷりまぶし**、指先で丁寧にこすって**汚れやぬめりを取る**。

6 水で汚れと塩を洗い流し、水気を拭き取る。

そぎ作り

使う道具

柳刃包丁

1 口のあった方を上にして置き、身を縦半分に切る。

2 切り口を下にして置く。左端から2～3㎜の所に包丁を斜めにねかせて当て、少し押し出してから、包丁の角度を保ったまま手前にスッと引いて切る。刃先がまな板に当たったら、包丁を立てて手前に引き、切り離す。

さざえの刺身► p.220

6 殻の中に人差し指を差し入れ、指先の腹を内側に押しつけ、左右にグリグリと動かして**ひもや内臓をはずし、そのまま引き出す**。

仕上がり

殻から取り出したもの

身と内臓を分ける

使う道具

出刃包丁

1 内臓側に残った身を切り離し、袴と呼ばれるひらひらとした**ひだ（外套膜）は苦いので切り取る**。

2 **砂袋はジャリジャリするので切り取り**、汚れを切っ先でかき取るようにして掃除をし、**貝柱を切り離す**。

内臓を切り分けたもの

さざえの刺身

材料（2人分）
さざえの身、貝柱、肝
……各1個分
さざえの殻……1個
大根（せん切り）……適量
青じそ……1枚
おろしわさび……適量

1 さざえの身はそぎ作りにし、貝柱は食べやすく切る。肝は熱湯でさっとゆで、水に取って冷まし、食べやすい大きさに切る。

2 器にさざえの殻を置き、大根、青じそを添えてさざえの身、貝柱、肝を盛り合わせ、おろしわさびを添える。殻は盛り塩（分量外）の上に置くと安定する。

＊さざえの殻は、水で洗って汚れを落として、熱湯で煮沸消毒してから器として使う。

身、貝柱、肝は、それぞれ食べやすく切る。

さざえの壺焼き

材料（2人分）
さざえの身、貝柱、肝
……各1個分
さざえの殻……1個
はんぺん……¼枚
A
- 昆布だし……1カップ
- 酒……大さじ3
- 薄口しょうゆ……大さじ2
- みりん……大さじ2

三つ葉……1本

1 さざえの身、貝柱、肝は、食べやすい大きさに切る。

2 はんぺんは1cm角くらいに切る。

3 鍋に**A**を入れ、**1**、**2**を加えてサッと煮る。

4 殻に**3**のはんぺんを詰めて底上げしてからさざえを盛り込み、汁を注ぐ。

5 210℃に予熱したオーブンで**4**を焼く。汁が煮立てばよい。オーブントースター（十分に予熱する）や焼き網で焼いてもよい。

6 器に盛り、3cm長さに切った三つ葉をあしらう。

＊さざえの殻は水が漏れないか確認し、水で洗って汚れを落とし、熱湯で煮沸消毒してから器として使う。

たこ（真だこ）

Common octopus　蛸／章魚

［分類］八腕形目マダコ科　［別名］なし　［産地］活けだこ／青森、東京湾、神奈川（久里浜、佐島）、千葉（大原）。ゆでだこ／兵庫（明石）、福岡他

旬 漁獲量が多いのは夏、味がよいのは冬

日本は世界一のたこ消費国。その約8割を占めるのが真だこ。弥生時代の遺跡からたこ壺に似た土器が出土するなど、日本人にとって馴染み深い魚介類の一つ。噛むほどに旨味が増す身のおいしさは、捕食したえびやかに、あわびの旨味成分によると言われる。近年は国内の水揚げ量が極端に減り、モロッコやモーリタニアなどからの輸入で補う状況が続いている。たこはとても神経質な生き物で、水槽に多数閉じ込められたりすると、ストレスで自分の脚を噛みちぎったりする。店頭に並ぶたこに脚が足りなければ、これが要因とも考えられる。しこしことした歯応えや、サクッとした歯切れなど、切り方次第で様々な食感や味わいを楽しめる。

おろすポイント

- 活けだこは、活け締めにする。
- 皮はデリケートで、塩で揉むと傷が付く。さらに、たんぱく質が変成して硬くなるので、薄力粉または片栗粉でぬめりを取る。

選ぶポイント

身が締まり頭部に張りがあるもの
生きているものを選ぶ
脚が太く、吸盤に弾力があるもの
同じ大きさの吸盤が規則的に並ぶのが雌、大小さまざまな吸盤が雑然と並ぶのが雄

下処理

使う道具
牛刀または出刃包丁

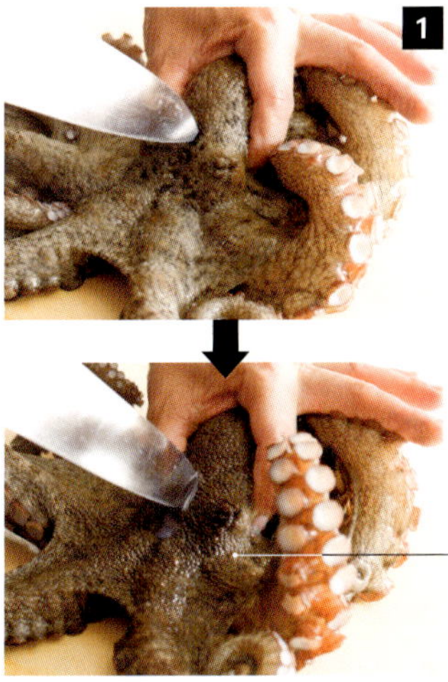
色が変化する

1 眼と眼の間に包丁の先をしっかり突き刺して、**活け締めにする**。体色が変化すれば急所（脳）に刺さった証し。動かなくなるまでしばらく待つ。色が変わらなければ、刺し直す。

2 袋状になっている胴部をめくって裏返し、**内臓を表に出す**。

POINT
くちばしの上辺りにある胴部と内臓をつなぐ太い筋は手で引きちぎる。

3 **内臓を周りの薄膜をはがしながらはずす**。付け根部分にある肝に墨袋があるので、潰さないように注意する。取りづらければ、包丁で切り離す。

脚をゆでる

使う道具

牛刀または出刃包丁

1 胴部を持って持ち上げ、目の下に包丁を入れて、**頭と脚を切り離す**。持ち上げると切る位置が分かりやすい。

POINT

8本の脚は、細くて短い脚、太くて長い脚がそれぞれ対になって2組ずつある。

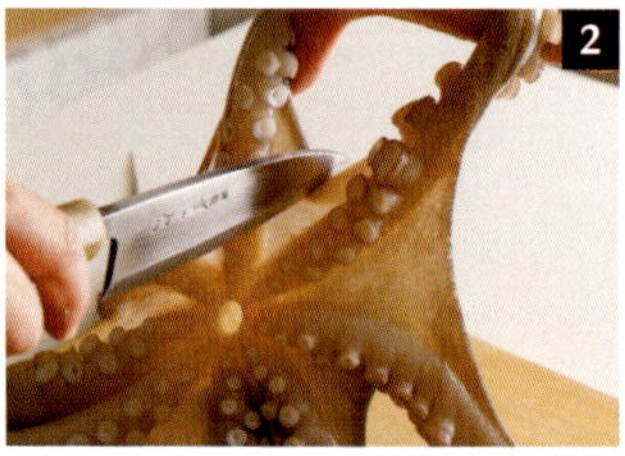

2 左手で太い脚と細い脚の先を一緒に持って開くようにして持ち上げ、間の膜に切り目を入れ、**脚の付け根で太い足、細い脚2本ずつに切り分ける**。

3 大きめの鍋にたっぷりの塩水（塩分濃度1%）を沸騰させ、脚先を少し入れる。先がクルクルと丸まったら引き上げる。

4 再び湯に入れ、丸まったら引き上げる。**この出し入れを繰り返しながら徐々に全体を沈める**。

4 手早く水で墨などを洗い落とし、**胴部を元の形に戻す**。左手で頭部を持ち、眼球の上下に切り目を入れる。

5 **左右の眼球をつまみ取る**。潰すと黒い汁が飛び散るので慎重に取り除く。

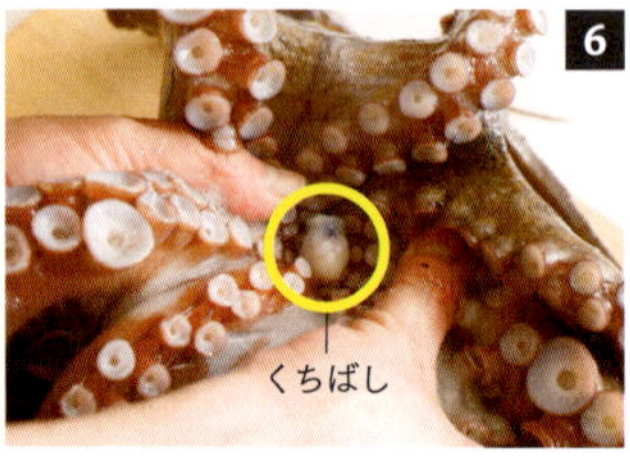

6 脚の付け根部分にある**くちばしをつまみ取る**。

7 **ぬめり取りをする**。たこをボウルに入れ、バットなどに薄力粉を用意し、両手にたっぷりまぶしつける。

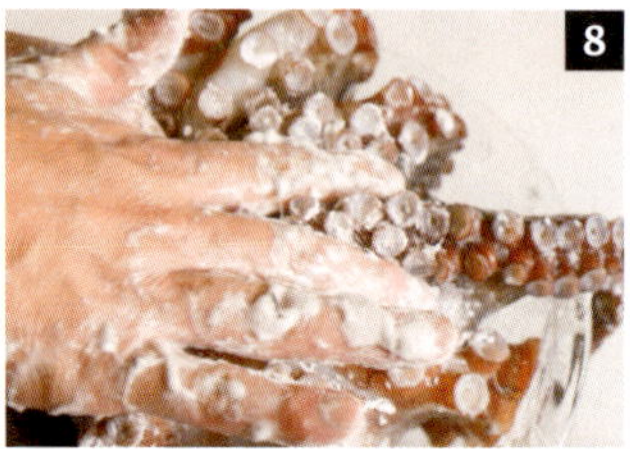

8 脚は1本ずつ付け根から先に向かって、こするように揉んだり、指の間に挟んでしごくようにしてぬめりを取る。

9 **吸盤は特に汚れが溜まっているので、中まで揉んでぬめりを取る**。胴部のぬめりも丹念に取る。

10 **流水で薄力粉と一緒にぬめりや汚れをきれいに洗い流す**。キュッキュッとした手触りになればぬめりは取れている。

切りかけ作り

＊皮を除いた脚を使用

使う道具

柳刃包丁

1 太い方を右にして置く。右端から1～2㎜の所に包丁を当て、身を切り離さないようにギリギリの所まで手前にまっすぐ引いて切り目を入れる。これを7～8回繰り返してから切り離す。

POINT

切った身をまな板に叩きつけると、身が締まって縮み、花が開くように反り返り、歯応えもよくなる。

仕上がり

切りかけ作りにしたもの

たこの刺身
三種盛り► p.224

平作り
［隠し包丁を入れる］

＊ゆでた脚を使用

使う道具

柳刃包丁

1 太い方を右にして置く。右端から1㎝の所に包丁を当て、手前にスッと引いて切る。

5 全体が湯の中に入ったら、**1分程ゆでる**。

6 キッチンペーパーの上に取り出し、表面が乾かないように濡らして固く絞ったキッチンペーパーを被せ、**冷めるまでおいて余熱で中まで火を通す**。

たこ飯► p.225

MEMO

ゆで汁に赤ワインや玉ねぎ、茶葉などを加えると、柔らかくなって色もきれいに仕上がる。

皮を除く

＊太い脚（生）の付け根側から½を使用

使う道具

柳刃包丁

1 脚の付け根側を右にし、吸盤をまな板につけて置く。吸盤がまな板に吸い付くように左手で上から押しつけ、包丁を水平にして吸盤の根元に切り目を入れる。

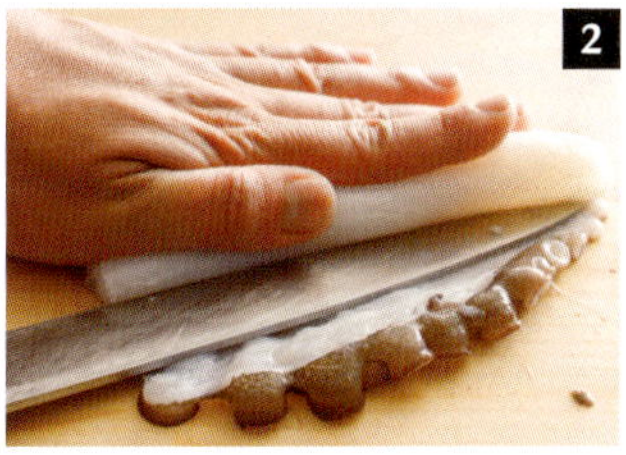

2 左手で身を左へ転がしながら、身と皮の間を少しずつ切り込んで、**皮をそぐようにして取り除く**。

仕上がり

皮を除いたもの

皮はゆでて一口大に切って調理するとよい。吸盤は切り取って刺身に添えてもよい。

さざ波作り

＊ゆでた脚を使用

使う道具

柳刃包丁

1 太い方を左に置く。包丁をねかせ、左端から3～4㎜の所に向こう側から刃先を入れて手前に引く。少し切ったら包丁を立てて、向こう側へ突くように切る。再びねかせて手前へ引き切る。包丁を小刻みに動かして、「ねかせて引く」、「起こして突く」を繰り返し、切り口に波のような段をつけてそぎ切りにする。

たこの刺身
三種盛り▶下記

2 吸盤に切れ目を入れる。

3 吸盤と反対側を手前にし、身の部分に縦に切り目を入れる。

仕上がり

平作りにしたもの

隠し包丁を入れることで食べやすくなる。

たこの刺身
三種盛り▶下記

たこの刺身
三種盛り

たこの脚のさざ波作りはすだち（薄い半月切り）を間に挟み、平作り（隠し包丁入り）はオクラ（ゆでて斜め切り）を添え、生だこの切りかけ作りは青じそを敷いてさっとゆでた吸盤とともに盛り付け、おろしわさびを添える。

ゆでだことじゃがいものサラダ

材料(2人分)

たこの脚(生)……1本(100g)
じゃがいも……大1個
赤ワイン……½カップ
玉ねぎ……¼個

A
- オリーブ油……大さじ4
- 白ワインビネガー……大さじ2
- 粒マスタード、塩……各小さじ½
- こしょう……少々

パセリ(みじん切り)、ピンクペッパー……各適量

1 鍋にたこの脚がかぶるくらいの塩水(塩分濃度1%)と赤ワイン、玉ねぎを入れて沸騰させ、脚を入れて15分程ゆでる。ざるに上げて汁気をきり、一口大に切る。玉ねぎを入れることでたこが柔らかくなる。

2 じゃがいもは皮をむいて一口大に切り、鍋に入れてかぶるくらいの水を加え、竹串を刺してスッと通るぐらいにゆで、ざるに上げる。ゆで汁を捨ててじゃがいもを鍋に戻し入れ、鍋を揺すりながら強火で1〜2分熱して水分をとばし、粉ふきいもにする。

3 ボウルに**A**を混ぜ合わせ、**1**のたこ、**2**、パセリを加えて和える。器に盛り、ピンクペッパーを散らす。

たこ飯

材料(4人分)

たこの脚(ゆでたもの)……2本(200g)
米……3合

A
- 昆布だし……480ml
- 酒、みりん……各40ml
- しょうゆ……20ml
- 塩……小さじ½

粉山椒(あれば粉赤山椒)……適宜

1 米は炊く30分以上前に洗い、ざるに上げておく。

2 たこの脚は3〜4㎜厚さに切る。

3 土鍋に**1**と**A**を入れ、**2**を加えて軽く混ぜ、蓋をして強火にかける。吹くほど沸騰したら弱火にして15分程加熱する。蓋を開けてみて、水気の残り具合を確認する。表面から水や大きな泡がブクブク出ているようならさらに1〜2分加熱する。

4 火を止めて10分蒸らす。全体をざっくりと混ぜて器に盛り、好みで粉山椒を振る。

*炊飯器で同様の水加減で炊いてもよい。
*昆布だし、酒、みりん、しょうゆの割合は、12:1:1:0.5。

なまこ（真なまこ）

Sea cucumber　海鼠

［分類］楯手目シカクナマコ科　［別名］タワラゴ、トラゴなど
［産地］北海道、青森、石川（能登）、新潟（佐渡）、兵庫（淡路）、長崎他
旬 **寒さが厳しい真冬12月～2月は、身が締まって美味**

なまこは、世界中に多くの種類が生息しているが、日本で食用とされるのは真なまこ。青緑色をした青なまこ、赤褐色の赤なまこ、そして黒い黒なまこの3種がいる。この内、身肉が柔らかい青なまこは関東で、コリコリと硬めの赤なまこは関西で好まれ、黒なまこは中国料理の高級食材として干しなまこ（別名いりこ、きんこ）に加工される。内臓を抜いたなまこは、番茶にくぐらせる「茶振り」にすると、特有の臭みが取れて、食感も柔らかくなる。取り出した内臓は、「このこ」「このわた」として楽しめる。なまこは木に含まれる渋、人間の皮脂が苦手で、接触している部分が溶けてしまう。おろす際は、プラスチック製またはゴム製のまな板を使い、なまこにできるだけ触れないようにする。

おろすポイント

- 内臓はオレンジ色の部分が腸管。包丁の切っ先で中の泥などをしごき出し、塩漬けにするとよい。

選ぶポイント

突起がはっきりしているもの。突起が崩れたり、溶けかかっているものは鮮度が落ちている
皮の色が濃く、模様がくっきりとしていて艶があるもの
生きているものを入手する
肉厚でふっくらとしているもの。時間が経つと潰れてぺろんとしてくる

下処理

使う道具
出刃包丁

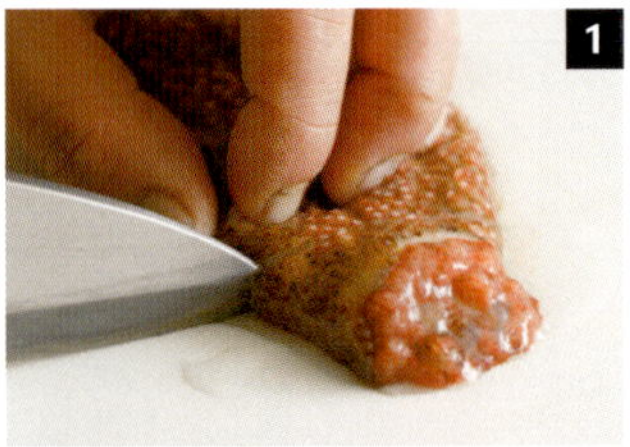

1 表面の汚れを水で洗い落とす。腹側を上にして置き、口を周囲の硬い部分と共に切り落とす。

2 反対側の肛門を1㎝幅くらいの所で切り落とす。

3 腹側の中央に、縦にまっすぐ切り目を入れる。皮は薄いので、身を半分に切り離さないように、腹側だけをスッと切る。

4 身を開き、内臓を取り除く。オレンジ色の部位は腸管。これを塩漬けにして発酵させたものが、日本三大珍味の一つ「このわた」。

5 水で身の内側をよく洗う。白い粘膜状の筋があるのでこそげ取り、身の両端に硬い部分が残っていれば取り除く。キッチンペーパーで水気をしっかり押さえる。

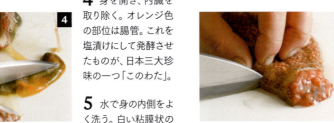

3 冷水に取って冷ます。

4 身に残っている内臓等を取り除く。加熱したことで、取りやすくなる。

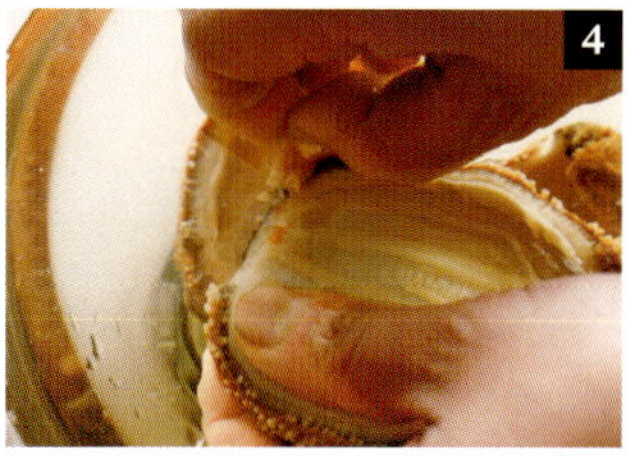

なまこ酢
▶下記

茶振り

1 鍋に焙じ茶を沸かし、ボウルに移して70～80℃くらいに温度を下げる。なまこを穴あきお玉（または手つきざるなど）にのせ、焙じ茶をかける。

2 突起部分が立ってくるまで手早く5～6回繰り返す。熱を入れ過ぎないように注意する。

なまこ酢

材料（作りやすい分量）

なまこ（茶振りしたもの）……3本

〇漬け汁

- だし……1½カップ
- 酢……½カップ
- しょうゆ……¼カップ
- みりん……¼カップ
- 塩……少々

ゆず皮、大根おろし……各適量

1. 漬け汁の材料を合わせる。
2. 保存容器に**1**となまこを入れ、ゆず皮を少量加え、蓋をして冷蔵庫で2時間～一晩おいて味をなじませる。
3. 好みの漬け加減でなまこを取り出し、薄切りにする。
4. 大根おろしとせん切りにしたゆず皮を合わせ、**3**を加えて和える。

なみがい

Japanese geoduck　波貝

［分類］オオノガイ目キヌマトイガイ科　［別名］しろみるがい、おきなのめんがい、しらがいなど　［産地］千葉、愛知、兵庫、山口他

旬 冬から春にかけて、11月～4月

別称「白みるがい」。一部の地域では古くから食用とされてきたが、二枚貝の王者とも称される「みるくい」（みるがい）の漁獲が激減し、その代用品として利用されるようになり、広く知られるようになった。築地では本家みるがいを「本みる」、なみがいは全体が白いことから「白みる」と呼ばれている。みるくいとは分類学上は別の種類。近年はなみがいも水揚げが減少している。身や貝柱も食べるが、主に食用とするのは、長く伸びる太い水管。殻から取り出してぬるま湯にサッとくぐらせると、表皮は簡単にむける。貝特有の磯臭さやくせが少なく、コリコリとした食感で甘みが強い。加熱してもあまり硬くならないので、炒め物にも向く。

おろすポイント

- 貝むきを殻に沿って動かせば、簡単に取り出せる。

選ぶポイント

生きているものを入手する

水管に張りがあり、太いもの

殻から取り出す

使う道具

貝むき

1 殻に付いた汚れをよく洗い落とす。左手で水管を上、殻の合わせ目を手前にして持つ。**右側の殻と身の間に貝むきを差し入れ**、殻の内側に沿って動かし**2か所ある貝柱をはずす**。殻は壊れやすいので注意する。

2 **左側の殻と身の間に貝むきを差し入れ**、殻の内側に沿って動かして**2か所ある貝柱をはずす**。

3 貝の上下を入れ替え、**貝むきで4か所の接合部をしっかり切り離す**。

4 殻を開き、水管を持ち上げるようにして**身を取り出す**。

仕上がり

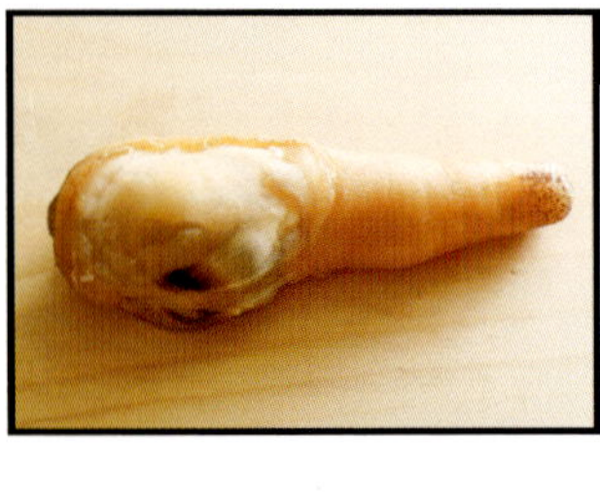

殻から取り出したもの

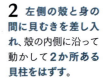

下処理

使う道具

出刃包丁

1 水管と内臓の接合部を切る。

2 もう一方の結合部を切り、**水管から丸い身の部分をはずす**。

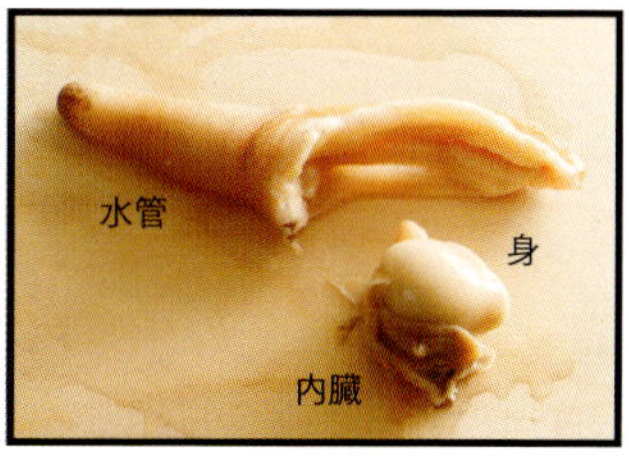

取り出した身を分けたもの

3 身を左、ひだ（内臓）を下にして置く。**包丁の刃先で身とひだの接合部を押さえ**、左手で身を倒すように**引っ張ってはずす**。

4 身を内臓がついている方から横半分に切る。

身を半分に切り分けたもの

5 切り分けた身に付いている**内臓を切っ先で取り除く**。白い卵巣部分は貝の甘みのもとなので、残すようにする。

身から内臓を取り除いたもの

6 鍋に水管と身を入れてかぶるくらいの水を注ぎ、中火にかけて湯温が50～60℃（指が入れられないくらいの熱さ）になるまでゆでる。

7 氷水に取り、完全に冷ます。

8 水管の根元の少しはがれた皮を手がかりにして、**表面の皮を一気にむき取る**。

9 ひもの部分の皮も一緒にむき取る。

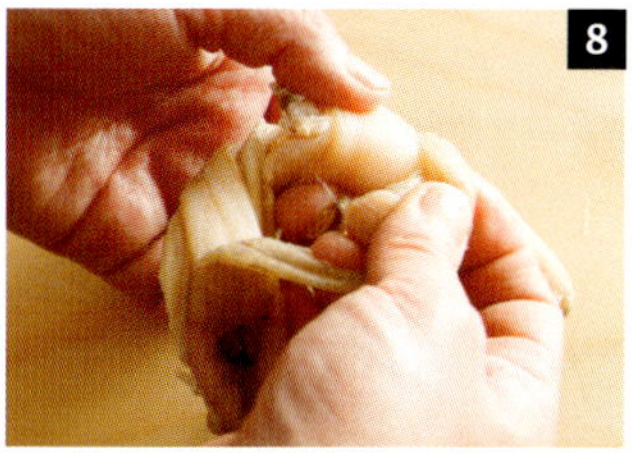

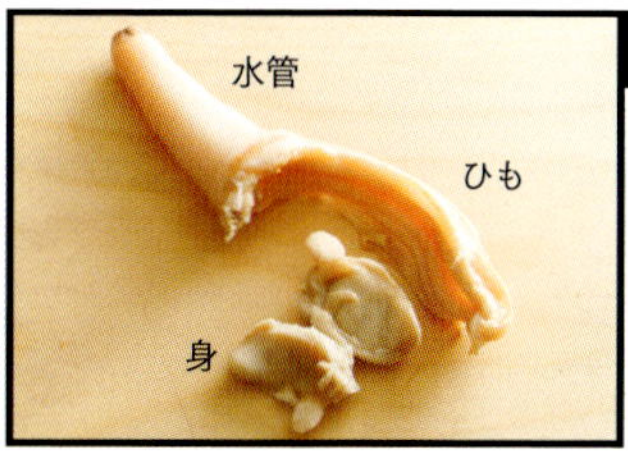

仕上がり

9 下処理したもの

切り分ける
［そぎ切り］

使う道具
柳刃包丁

1 水管とひもを切り分ける。水管の根元から包丁を入れ、縦半分に切る。

水管を縦半分に切ったもの。

2 切り分けた水管の根元部分を切り取り、形を整える。

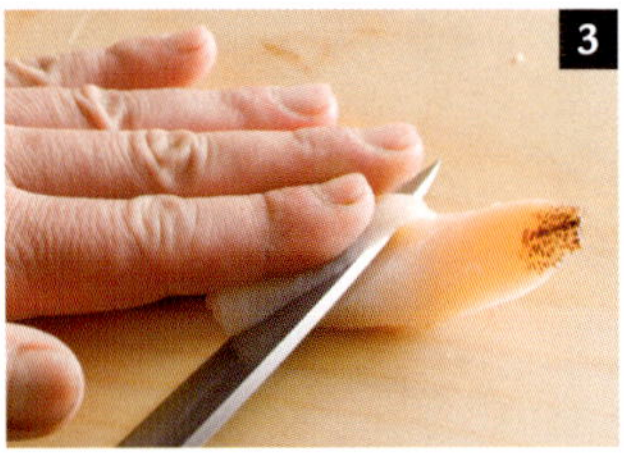

3 切り口を下に、水管の先を右にして置く。包丁を斜めにねかせ、**左端からそぐように薄く切る。**

4 ひもは右端から食べやすい大きさで斜め切りにする。

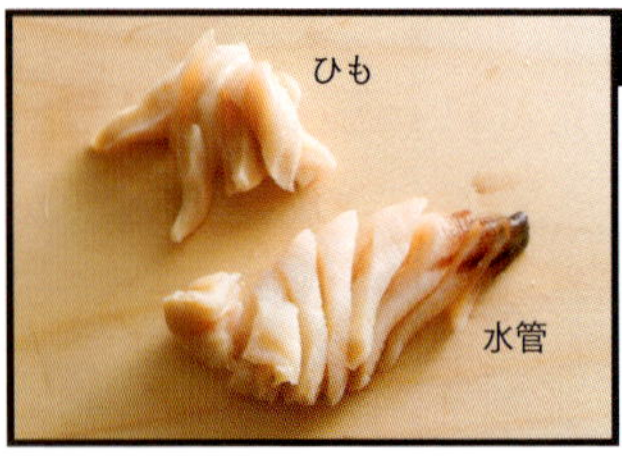

仕上がり

切り分けたもの

なみがいの
中国風炒め物
► *p.231*

切り分ける
［斜め切り］

使う道具
柳刃包丁

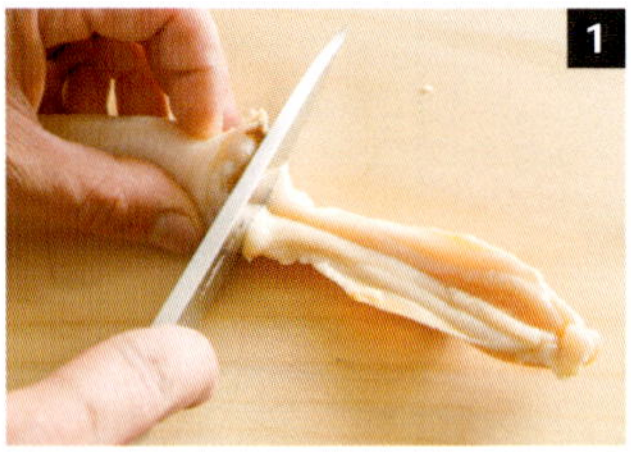

1 水管とひもを切り分ける。

2 水管の先を右にして置く。**右端から4㎜幅で斜め切りにする。**

3 ひもは右端から食べやすい大きさに引き切りにする。

仕上がり

切り分けたもの

なみがいの刺身
► *p.231*

なみがいの刺身

材料（2人分）

なみがいの水管、ひも（下処理したもの）…… 各1個分
なみがいの殻 …… 1個
大根（せん切り）…… 適量
青じそ …… 1枚
おろしわさび …… 適量

1 なみがいの水管は4㎜幅の斜め切りにし、ひもは食べやすい大きさで引き切りにする。

2 器に大根、好みでなみがいの殻、青じそを置き、**1**を盛り付け、おろしわさびを添える。

＊殻は水で洗って汚れを落として、熱湯で煮沸消毒して使う。

なみがいの中国風炒め物

材料（2人分）

なみがいの水管、ひも、身（下処理したもの）
…… 合わせて200g
にんにくの芽 …… 50g
太白ごま油 …… 大さじ2
紹興酒 …… 大さじ3
塩 …… 小さじ¼
糸唐辛子 …… 適宜

1 なみがいの水管は縦半分に切ってそぎ切りにする。ひもは食べやすい大きさで斜め切りにする。身も食べやすい大きさに切る。

2 にんにくの芽は3〜4㎝長さに切る。

3 フライパンに太白ごま油を熱して**1**、**2**を入れ、塩、紹興酒を加えて炒める。

4 器に盛り、あれば糸唐辛子を散らす。

ばかがい

Trough-shell

馬鹿貝／破家貝

［分類］マルスダレガイ目バカガイ科　［別名］あおやぎ、あかがい、きぬがい、さくらがい、みなとがいなど　［産地］北海道、千葉、愛知他

旬 産卵期を迎える前、晩秋頃から3月初旬頃

名前の由来は、殻が薄くて割れやすい事から「破家貝」と言われるようになった、殻がきちんと閉じず、舌のようなオレンジ色の足をだらしなく出している様子から「馬鹿貝」となったなど、諸説ある。潮干狩りでもおなじみの貝で、時にはあさりより多く獲れることがある。見た目ははまぐりと似ているが、こちらの殻は薄く、縦に細い縞模様が入っている。この貝のむき身には「あおやぎ」という呼び名が付いている。これは、江戸時代からの名産地、千葉県青柳にちなむもの。貝柱は「小柱」または「あられ」と呼ばれ、1つの貝に大小2つあり、この大きい方を「大星」、小さい方を「小星」と呼ぶ。身、貝柱ともに貝ならではの香りと濃厚な甘みを持ち、江戸前の寿司、天ぷらには欠かせない貝。

おろすポイント

- 寿司種として使う場合は、ひもごと握るので、ひもを切らないように内臓を取り除く。

選ぶポイント

持つと重いもの
開いた殻を軽く叩くとすぐに閉じるもの

殻から取り出す

使う道具

貝むき

1
貝柱

1 殻に付いた汚れをよく洗い落とす。**貝むきを貝の合わせ目に差し込み**、殻の内側に沿って**手前の貝柱の上下をはずす**。

2

2 貝むきを上側の殻の内側に沿ってひもを切らないように動かし、**奥にある貝柱の上側をはずす**。

3

3 貝むきを下側の殻の内側に沿って動かして**貝柱の下側をはずす**。そのままひもを切らないように手前へ動かし、**殻から貝をはがす**。

4

4 片側の殻をはずし、貝むきですくうようにして**身を取り出す**。

仕上がり

9 殻から取り出したもの

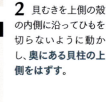

下処理

使う道具

出刃包丁

1 身の尖った方を左、ひもを下にして置く。包丁の切っ先で身とひもの接合部を押さえる。

2 左手で身を倒すように引っ張り、ひもを切り離さないようにして、**内臓などを取り除く**。

3 ひもに付いている**大小2つの貝柱をはずす**。ひもの縁に付いているひだを切り取る。ひもの汚れを切っ先でしごいて取り除く。

4 身を内臓が付いている側を右にして置く。厚みの半分に包丁を入れて開き、切っ先で**内臓、水管などを取り除く**。白い卵巣部分は貝の甘みのもとなので、残すようにする。

5 溜め水で身、ひも、貝柱を**手早く洗い、ぬめりと汚れを取る**。キッチンペーパーで**水気をしっかり取る**。

ばかがいの刺身

下処理したばかがいの身とひもは食べやすく切り、貝柱、大根のせん切り、青じそと共に盛り合わせ、おろしわさびを添える。

ほたてがい

Scallop　帆立貝

［分類］カキ目イタヤガイ科　［別名］あきたがい、かいせん（うみおうぎ）、ぼほがいなど　［産地］北海道、青森、岩手、宮城他

旬 **天然物は産卵期前の冬、養殖物は7月～8月**

「ほたてがい」の名は、大きな貝殻の一片を帆のように立てて海上を移動する、という想像が基となっている。実際は、殻を開閉して取り込んだ海水をちょうつがいの横から噴射させ、海底を飛ぶように移動する。このジェット噴射を可能にしているのが、太くて大きな貝柱だ。二枚貝には通常貝柱が2つあるが、ほたてがいには1つしかない。これは、成長過程で一方が退化し、残った貝柱が中央部に移って肥大化したため。この大きくて柔らかく、モチモチとした貝柱が、主な食用部分となる。天然物の主産地は北海道。さらに青森、岩手などで養殖が盛んに行われ、国内消費分は国産だけで賄えている。旨味の詰まった貝柱はどんな料理にも合う。歯応えのよいひもは、殻付きならではの美味。

おろすポイント

- 殻の平らな方を上にして、殻の合わせ目から貝むきを差し入れる。

選ぶポイント

殻がしっかり閉じている、あるいは触れるとすぐ閉じるもの。
殻が開いて上側もひもが下がっているものは弱っている
活きているもの
を入手する
表
裏

殻から取り出す

使う道具
貝むき

1

1 殻に付いた汚れをよく洗い落とす。殻の平らな方を上に、ちょうつがいを向こうにして持つ。**貝むきを殻と殻の間から貝柱の位置に差し入れる。**

POINT

殻が閉じていても、必ずこの位置に隙間がある。隙間が見つからない場合は、殻の端を少し割る。

2

2 差し込んだ貝むきを、下の殻の内側に沿ってひもを切らないように動かし、**貝柱をはずす。**

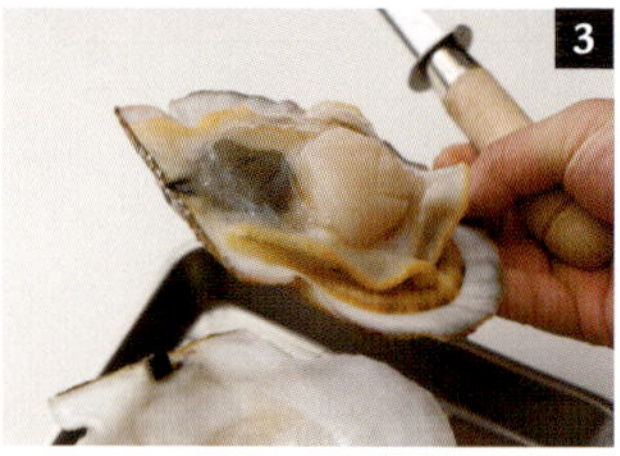
3

3 殻を開き、ちょうつがいから**片側の殻をはずす。**

4

4 左手で身の付いた殻を持ち、貝むきを殻の内側に沿って動かして、**貝柱をはずす。**

5 貝むきですくうようにして**身を取り出す**。

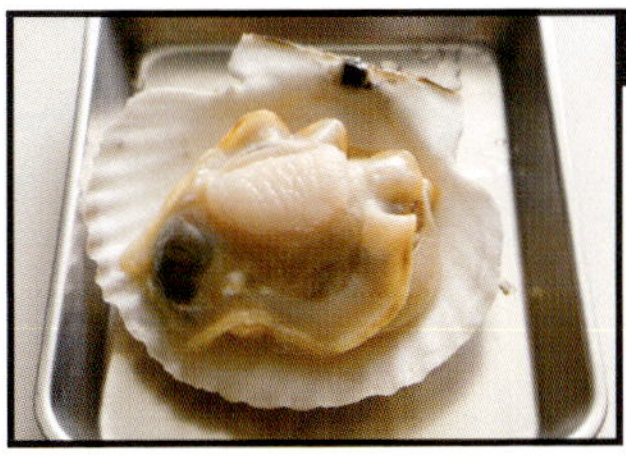

仕上がり

殻から取り出したもの

下処理

使う道具

出刃包丁

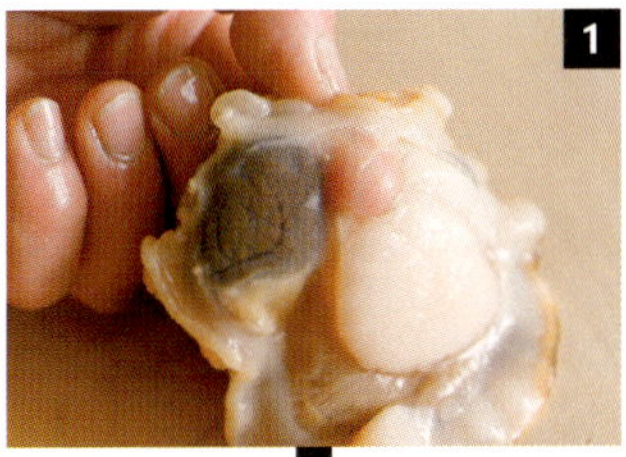

1 貝柱の周りの薄膜の隙間に指を差し入れ、ひも、肝、内臓をはずして**貝柱を取り出す**。貝柱を傷つけたり、身割れさせないように注意する。

2 貝柱の周囲に付いている**筋を取り除く**。

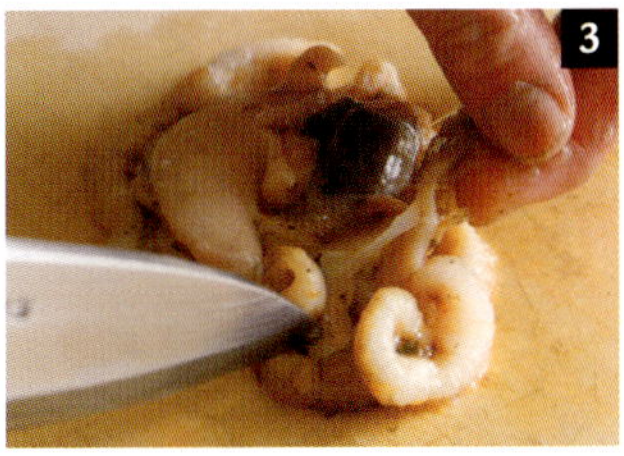

3 ひもの縁に付いている**ひだ切り取る**。

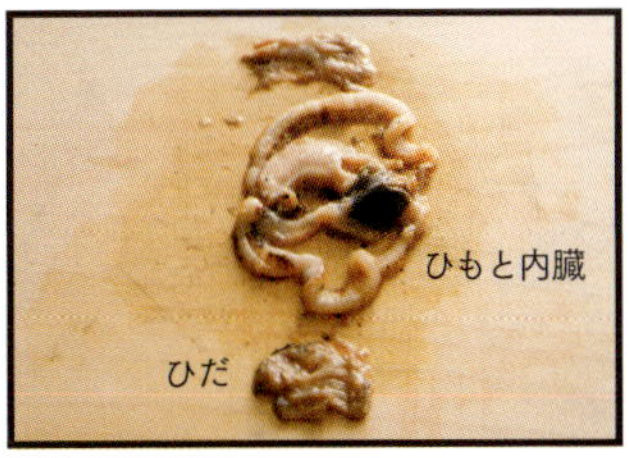

貝柱から取り除いたひだ、ひも、内臓

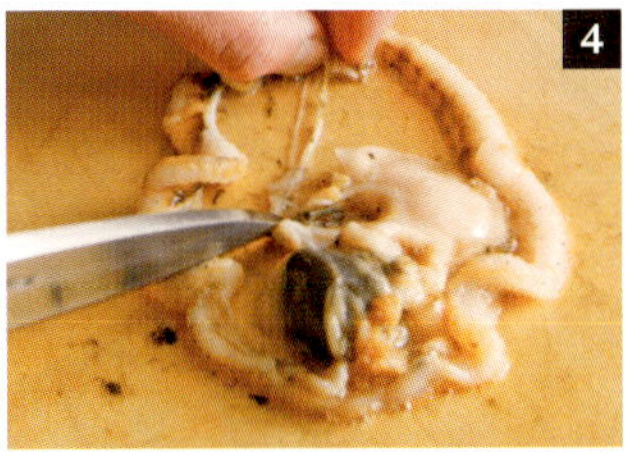

4 ひもに付いている薄膜を切り、**うろ（中腸腺）、えらを切り取る**。ひもの汚れを切っ先でしごいて取り除く。

5 切り取った部分から**生殖巣（写真は白子）を切り離す**。

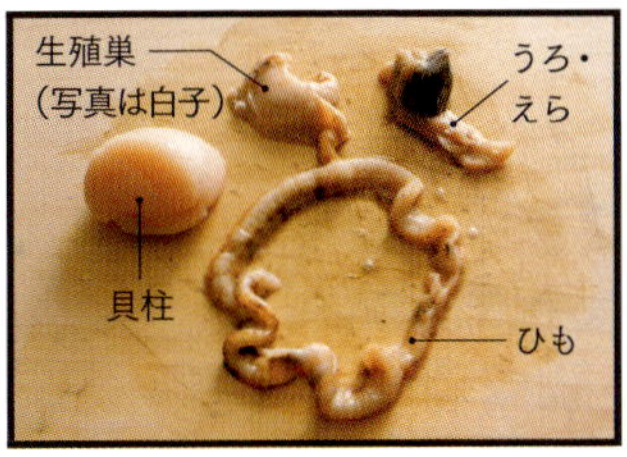

貝柱とひもから切り分けたうろ、えら、生殖巣

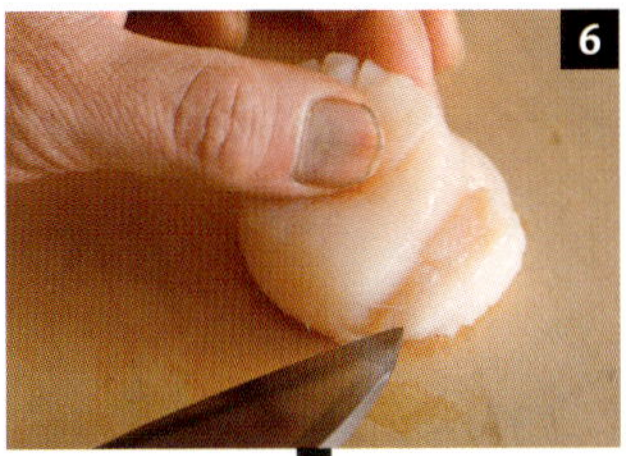

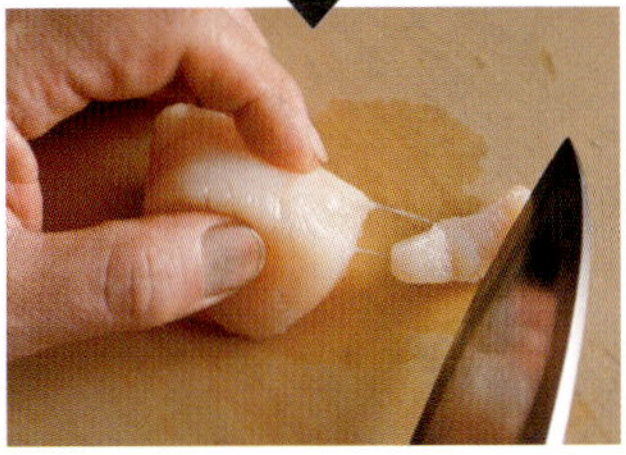

6 **貝柱に付いている、白くて固い部分を取り除く**。この後、塩水（塩分濃度3％）の中で**貝柱、生殖巣を洗い、ひもはしごくように洗ってぬめりや汚れを取り除く**。キッチンペーパーで水気をしっかり取る。

ほたてがいの刺身
トマトバターソース

材料（2人分）

ほたてがいの貝柱……2個

○トマトバターソース

　ミニトマト……250g

　塩……少々

　オリーブ油……大さじ2

　バター（食塩不使用）……30g

ピーマン、黄パプリカ（共に5㎜四方に切る）

　……各適量

あさつき（先の方15㎝程）……2本分

1. 大きめのフライパン（フッ素樹脂加工）を強火で熱し、貝柱を中央に置いて表面に薄く色をつける。
2. 貝柱をフライパンの端に移してごく弱火にし、中がほんのり温かくなるまで加熱し、火を止める。
3. ソースを作る。ミニトマトはヘタを取って縦半分に切る。フライパンにオリーブ油を熱し、トマトを入れて塩を振り、皮が柔らかくなるまで炒める。
4. **3**をミキサーでピュレ状にする。鍋に移して半量になるまで煮詰め、バターを加えて溶かし混ぜる。
5. 器に**4**のトマトバターソースを敷き、**2**の貝柱を食べやすく切って盛り、ピーマン、黄パプリカを添え、あさつきを飾る。

貝柱を熱したフッ素樹脂加工のフライパンの中央に置き、押しつけながら焼いて表面に薄く焼き色をつける。

ごく弱火にし、ほたてがいを火から遠いフライパンの端に移し、じんわり芯まで温める。

ほや

Sea squirt　海鞘／老海鼠

[分類]マボヤ目マボヤ科　[別名]なし
[産地]北海道、青森、岩手、宮城他
旬 **真夏の7月～8月。身が厚くなり、甘み、旨味も増す**

外観から「海のパイナップル」とも呼ばれるほやは、日本沿岸だけでも百数十種いると言われているが、食用とされているのは「真ぼや」、「赤ぼや」などごく一部。奇怪な見た目に、「海を食べているような…」と評される独特の強い磯の風味から、好き嫌いがはっきり分かれる海の幸。成体の形からは想像できないが、孵化した幼生はおたまじゃくしに似ていて、海中を泳ぎ回っている。その後、体の一部が岩などに固着し、ほやへと変成する。頂上部にある2つの突起は、プラス形をした入水孔、マイナス形をした出水孔になっている。鮮やかなオレンジ色をした身はシコシコとした食感で、ほのかな甘みと苦みがある。調味に殻の中に含まれる胎水を加えると、磯の風味がさらに増す。

おろすポイント

- いきなり半分に切ると大量の汁が溢れ出るので、まず入水孔から汁を抜く。

選ぶポイント

表面の色が濃く、全体がぷっくりとして、パンパンに張っているもの

赤ぼや

真ぼや

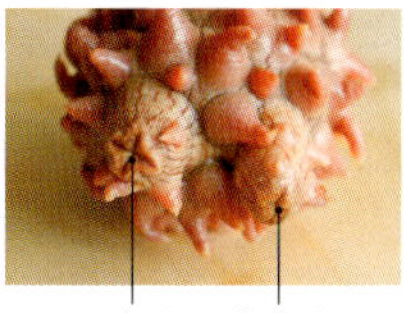

殻を押すと弾力があり硬いもの。ブヨブヨしてしぼんでいるものは、胎水（ほや水）が抜けてしまっている

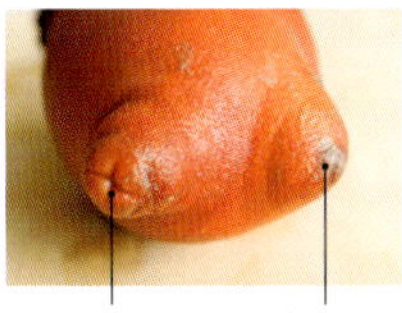

真ぼや用下処理

使う道具
出刃包丁

1 殻に付いた汚れをよく洗い落とす。「＋」の形になった**入水孔の先を切る。**

2 切り口から中の**胎水（ほや水）を絞り出す。**この胎水は使うので捨てずに取り置く。

3 「－」の形になった**出水孔の先を切る。**

4 根の部分を切り取る。

5 孔側を上にし、縦半分に切る。

4 切り取った根の部分にある**身を手で取り出す**。

5 身に包丁を入れないように、表面の殻だけに縦に切り目を入れる。

6 殻をむき、**身を取り出す**。

7 逆さ包丁で切っ先を水管に差し入れ、切り開く。

8 水管の中に入っている**排泄物や泥などの汚れを丁寧に取り除く**。

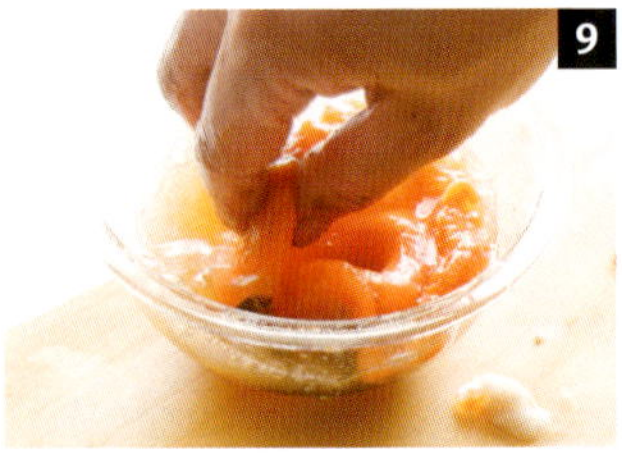

9 取り置いた胎水で洗い、汚れを落とす。キッチンペーパーで水気を押さえる。胎水が足りなければ、塩水（塩分濃度3%）を足す。

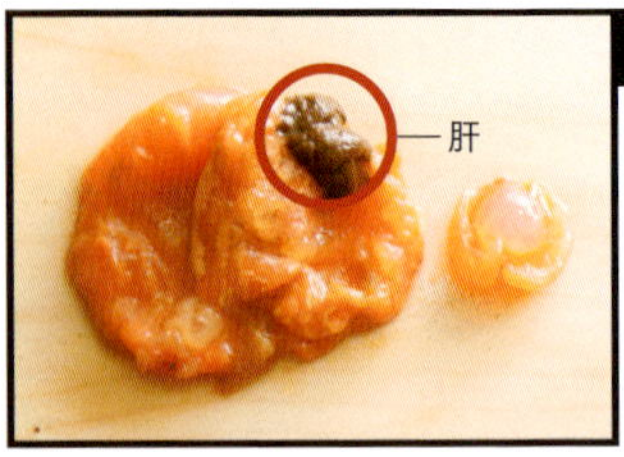

仕上がり

9 下処理したもの

ほやの酢の物
▶ *p.239*

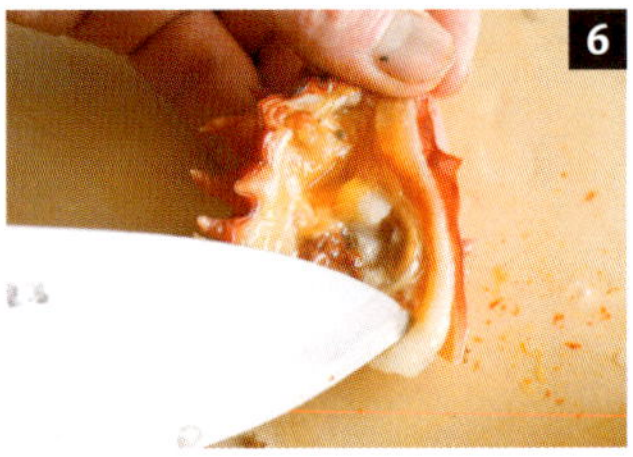

6 切っ先で内臓や泥、排泄物などを丁寧に取り除く。

7 取り置いた**胎水で殻ごと洗い、汚れを落とす**。キッチンペーパーで水気を拭き取る。

仕上がり

9 殻付きで下処理したもの

殻付き蒸しほや
▶ *p.239*

赤ぼや用下処理

使う道具

出刃包丁

1 殻に付いた汚れをよく洗い落とす。「+」の形になった**入水孔の先を切る**。

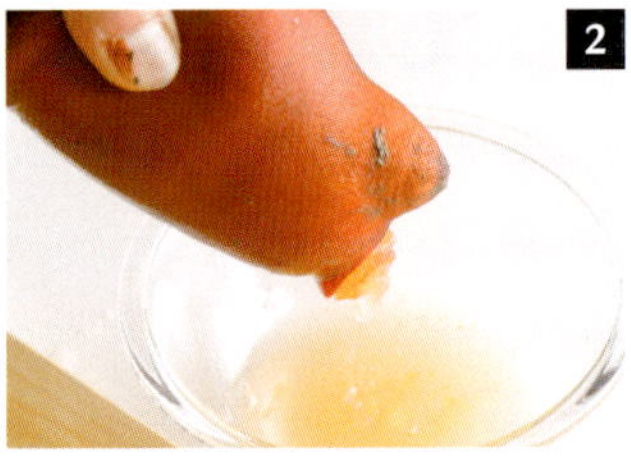

2 切り口から中の**胎水（ほや水）を絞り出す**。この胎水は使うので捨てずに取り置く。

3 「－」の形になった**出水孔の先を切り、根の部分を切り取る**。

殻付き蒸しほや

材料（作りやすい分量）
真ぼや（殻付きで下処理したもの）……5個
酒……½カップ

鍋（またはフライパン）に半分に切った殻付きほやを並べ入れ、酒をほやにかからないように周りに入れて蓋をし、中火で3〜5分蒸す。

身がくるんと丸まっていれば蒸し上がり。身を取り出して食す。

ほやの酢の物

材料（2人分）
赤ぼや（下処理したもの）
……1個
わかめ（乾燥）……5g
きゅうり……¼本
塩……少々
○合わせ酢
酢……大さじ1⅓
だし……大さじ1
塩……小さじ½
針しょうが……少量

1 わかめはたっぷりの水で戻し、水気を絞って茎の硬い部分を切り落として、食べやすく切る。
2 きゅうりは薄い小口切りにし、塩を振ってしばらくおいてしんなりさせ、水気を切る。
3 赤ぼやは肝をつけたまま縦半分に切ってから、食べやすい大きさに切る。
4 器にわかめ、ほや、きゅうりを盛り合わせ、合わせ酢を回しかけ、針しょうがをあしらう。

島津 修（しまづ おさむ）

豊洲市場で特種物（寿司種、貝類など）を扱う水産仲卸「島津商店」三代目。1968年生まれ、東京・中央区入船町育ち。一般企業の内定を辞退し、大学卒業と同時に家業を継ぐ道へ。現在は、島津商店の代表として仲卸業を営むかたわら、魚の扱い方やおろし方、おいしい食べ方が学べる教室「築地お魚くらぶ」を主宰。TVやメディアに特集されるなど、大人気の体験型料理教室となっている。この他、小学生に魚のおいしさを伝える食育授業や高校の非常勤講師など、昼夜分かたず魚食普及に努めている。

Staff

撮影	福岡 拓
アートディレクション	大薮胤美（フレーズ）
デザイン	福田礼花（フレーズ）
イラスト	大森裕美子
校正	関根志野
調理アシスタント	藤城寛子
	「築地お魚くらぶ」アシスタント
構成・編集・スタイリング	関澤真紀子
企画・編集	川上裕子（成美堂出版編集部）

参考文献

『食材図典』小学館／『形別　魚のおろし方』柴田書店／『図解・魚のさばきかた』成瀬宇平・野崎洋光・西ノ宮信一　柴田書店／『食材図鑑　魚』佐藤魚水監修　永岡書店／『包丁の基本』主婦の友社／『料理をおいしくする 包丁の使い方』辻調理師専門学校編　ナツメ社／『イチバン親切な 包丁の教科書』野崎洋光　新星出版社／『料理人が教える 魚の捌き方と仕込み』宮川昌彦　成美堂出版／『プロが教える 魚のさばき方と魚料理』小川貢一他監修　翔泳社／『築地直伝 魚のさばき方』辰巳出版／『築地魚河岸仲卸直伝 おいしい魚の目利きと食べ方』生田與克　PHP研究所／『からだにおいしい 魚の便利帳』藤原昌高　高橋書店

いちばんくわしい 魚のおろし方と料理

著　者　島津《しまづ》 修《おさむ》

発行者　深見公子

発行所　成美堂出版

〒162-8445　東京都新宿区新小川町1-7
電話(03)5206-8151 FAX(03)5206-8159

印　刷　TOPPANクロレ株式会社

ISBN978-4-415-32276-6

落丁·乱丁などの不良本はお取り替えします
定価はカバーに表示してあります